영단어 자동 연상암기법

영단어 자동 연상암기법

읽기만 해도 자동으로 기억되는 영단어 암기의 기적

| 이충호 지음 |

VOL 2.
완성단어 편
(Advanced Vocabulary)

BEYOND
A·L·L

기억은 기술이다

★　★　★

　많은 시간을 들여 어떤 단어를 암기했다 하더라도 시간이 지나면서 기억된 것은 잊히게 된다. 일정 주기로 반복되지 않은 정보는 다른 정보가 머리에 밀려들어오면서 자연스럽게 기억 밖으로 밀려나게 된다. 단어를 눈으로 암기하든, 소리 또는 글로 써서 암기하든 시간이 지나면서 망각이라는 자연스런 과정을 거치게 된다. 이른바 망각곡선이란 것이 그 사실을 증명해준다. 기억을 유지하는 유일한 방법은 습득된 단어를 수없이 반복하여 사용하는 것이다. 그러나 한 시간에도 수백의, 때로는 수천 개의 새로운 정보를 받아들여야 하는 학습자의 입장에서 어떤 단어를 주기적으로 반복한다는 것은 특별한 경우가 아니면 사실상 불가능하다. 때문에 누구나 할 것 없이 사람들은 아무리 단어를 암기해놓아도 오래 기억되지 않는다고 말한다.

　한마디로 그것은 머리에 입력한 정보를 잡아두는 장치가 없기 때문이다.

　모래알과 같은 수천 개의 단어를 머리에 기억한다는 것은 엄청난 노력과 시간이 소요된다. 단어를 기억하려는 많은 노력의 과정을 거쳤다 하더라도 그것이 기억에 남아 있지 않다면 헛된 노력이 되고 만다. 그것이 인간의 한계다. 인간의 한계, 기억의 능력 그 한계를 극복하게 해주는 것이 기억의 기술이다. 기억의 기술 없이 많은 정보를 무리하게 기억하려고 달려드는 것은 어쩌면 무모한 일인지 모른다. 기억의 문제는 두뇌의 명석함의 문제가 아니라 방법의 문제, 기억 기술의 문제란 것이 수많

★ ★ ★

은 두뇌 과학자들의 한결같은 말이다.

　단편적으로 암기된 단어는 허공에 떠 있는 깃털과 같다. 반복하지 않으면 시간이 지나면서 어디론가 흘러가 버린다. 그래서 우리의 기억에 남아 있지 않는다. 연상은 상징이며, 이미 우리가 기억하고 있는 것의 상징을 통해 새로운 개념을 기억 속에 단단히 묶어두는 두뇌의 작용이다. 상징성을 가진 매체를 통해 자동적으로 기억되어 모국어와 같은 수준에서 언어를 구사할 수 있게 해주는 놀라운 것이 기억의 기술이다.

　온 나라가 영어의 열풍 속에서 들썩이고 있는데도 정작 그 성과는 미미하다. 수없이 많은 영어 교재가 날마다 쏟아져 나오고 있지만, 영어 학습에 획기적인 방법을 제시하는 책은 없다. 그래서 이 책을 썼다. 고등학교와 대학, 그리고 대학원에서 유학과 국가고시, TOEIC, NCS, TOEFL SAT, 승진시험에 이르기까지 영어를 공부하는 사람들에게 기본 단어에서 고급 어휘에 이르기까지 영어단어 암기의 획기적인 방법을 제공하여 영단어 암기의 고통에서 해방시켜 주는 것이 이 책이 지향하는 바이다.

　중국 양나라의 주흥사(周興嗣)가 하룻밤에 천자문을 썼다는데 하룻밤에 천 개의 단어를 암기할 수 있는 방법이 없을까? 그 물음에서 출발한 것이 바로 영어단어 연상 암기법이다. 하룻밤에 1,000개의 단어를 암기하고도 잊히지 않는 비법을 제시해주는

★ ★ ★

것이 이 책이 추구하는 진정한 목표다.

　인간의 기억을 연구하는 많은 전문가가 인간의 기억 방법 중 가장 탁월한 방법이 연상(association) 기억법이라고 말한다. 외국어를 배우는 데 가장 어려운 점은 어휘의 습득이다. 방대한 외국어의 어휘를 단시간에 암기한다는 것은 인간의 능력으론 불가능하다. 외국어를 배우는 가장 큰 어려움이 거기에 있다.

　이러한 어려움을 극복해 주는 어휘 암기 방법이 연상암기법이다. 연상암기법은 새로운 것을 암기하는 것이 아니라 이미 자신이 알고 있는 사실이나 개념에 어휘를 연상시키는 것이기 때문에 읽기만 해도 기억되고, 기억된 단어는 잊히지 않는 놀라운 마력을 가지고 있다. 그뿐만 아니라 한번 암기된 단어는 영어에서 우리말로, 우리말에서 영어로 상호 연상되기 때문에 어휘 구사 능력을 획기적으로 높여 영어의 유창성을 확보해주게 된다.

　방법과 기술을 모르는 노력은 귀중한 시간의 낭비며 자칫 무모한 것이 될 수 있다.

　외국어 어휘를 모국어 수준 정도로 암기시켜 주는 것은 연상을 통한 기억법밖에 없다고 필자는 단언한다. 연상을 통해 기억된 것은 거의 영구적이며 모국어 같은 이치에서 기억되어 저장되기 때문에 영어를 모국어처럼 구사할 수 있는 바탕이 된다.

　혹자는 우리말의 음운을 이용한 단어의 연상암기법이 영어 발음에 나쁜 영향을 주

★ ★ ★

는 것이 아닐까 생각할지도 모른다. 그것은 크게 잘못된 생각이다. 연상은 상징이다. 우리말 음운은 영어 음운과 비슷한 우리말의 음운을 연상의 매체로 이용할 뿐이지 그 자체가 그 단어의 음운은 아니기 때문이다. 새를 보고 비행기를 연상하게 될 때 새는 하나의 상징이며 비행기를 연상하게 되는 매체이지 비행기를 새라고 발음하는 사람은 아무도 없다는 것이 그것을 증명해 준다. 가령 비틀거리며 기어가는 것은 딱정벌레다. 딱정벌레는 비틀거리며 기어간다. 이 두 가지 경우 어느 것이든 우리는 우리말의 비틀거린다는 음운의 상징을 통해 'beetle'이라는 단어를 자동적으로 연상하게 되는 것이다. 우리말의 상징적 음운이 정확한 영어 발음을 연상하도록 도와주는 역할을 하게 된다.

'기억은 기술이다'라는 확실한 믿음으로, 많은 사람들의 영어 학습에 획기적인 계기가 되기를 바라는 충심에서 참으로 많은 시간과 노력을 바쳐 이 책을 썼다. 이 책으로 공부하는 사람들의 성공을 빈다. 그리고 그 성공을 믿는다.

2019년 1월
저자 이충호

Contents

Part 2. Advanced Vocabulary 2
완성 단어

Part 3.
Advanced Vocabulary 3
완성 단어

Part.1

완성 단어
Advanced Vocabulary 1

staple
[stéipəl]

n. 주요 산물[상품]; (종이를 철하는) 꺾쇠 **a.** 주요한
v. 스테이플러로 고정시키다

연상 그 회사의 주요산물은 종이 철하는 스테이플러(→스테이플)이다.

예문 Staple food prices have risen by around 10%.
주요 식품의 가격이 10% 가량 올랐다.

파생 stapler n. 스테이플러(증이를 철히는 기기)

lurk
[lə:rk]

v. 숨다, 잠복하다(hide) **n.** 잠복; 밀행

연상 어딘가에 숨을 땐 넉넉(→러억)한 공간을 확보하라.

예문 The criminal lurked in the house.
범인은 그 집에 숨어 있었다.

bait
[beit]

n. 미끼 **v.** 미끼를 달다; 미끼로 유혹하다

연상 사기꾼들은 거기에 투자하면 이익이 배가 있다(→베잇)라는 미끼를 쓴다

예문 He put the bait on a hook.
그는 낚시 바늘에 미끼를 달았다.

amplify
[ǽmpləfài]

v. 확대하다; 증폭하다

연상 그 제과점에서는 앰프로 파이(→엠플러파이)을 선전하는 소리를 확대했다.

예문 He amplified on his remarks with drawing and figures.
그는 그림과 도형을 곁들여 자기의 말을 부연 설명했다.

파생 amplification n. 확대; 증폭 amplifier n. 증폭기

dictate
[díkteit / --́]

v. 받아쓰게 하다; 지시하다, 명령하다

연상 내 친구는 딕(Dick)은 애인과 데이트(→딕테이트)할 때 여자친구 에게 데이트한 날짜와 장소를 받아쓰게 했다.

예문 I will not be dictated to.
나는 남의 지시를 받지 않는다

파생 dictation n. 받아쓰기; 지시

obsess
[əbsés]

v. (귀신·망상 따위가) 들리다, 늘 붙어 다니다

연상 그녀는 불교에서 말하는 업(業)이 세서(→업세스) 걱정이 늘 붙어 다닌다.

예문 He is **obsessed** with soccer.
그는 축구 생각으로 머리가 꽉 차 있다.

파생 obsession n. (귀신. 망상 등이)붙음; 망상; 강박관념
obsessive a. 강박 관념의, 망상에 사로잡힌

remorse
[rimɔ́ːrs]

n. 후회, 양심의 가책

연상 그는 시골마을, 리(里)에서 돈을 more(더 많이) 써(→리모스)서 지금 후회하고 있다.

예문 She was filled with **remorse** after the argument.
그녀는 말다툼 뒤에 후회에 사로잡혔다.

void
[vɔid]

a. (계약 등이)무효인; 공허한, 빈
v. 무효로 하다; 비우다 **n.** 공간, 공허; 결원

연상 그는 투표한 것을 남에게 보이더(→보이드)니 무효의 표로 처리되고 말았다.

예문 The will was declared **void**.
그 유언은 무효임이 선언 되었다.

파생 voidance n. (계약 등의) 취소

patent
[pǽtənt]

n. 특허(권) **a.** 특허의 **v.** 특허를 받다.

연상 새롭고 독창적인 패턴(pattern)에(→페턴(트) 부여하는 것이 특허(권)이다.

예문 He took out a **patent** for the machine.
그는 그 기계의 특허를 얻었다.

dreary
[dríəri]

a. 쓸쓸한, 황량한(desolate) 들이어지다

연상 짙은 구름이 드리워(져) 리(里 시골마을)(→드리어리)가 쓸쓸해 보인다.

예문 Everywhere looked so gray and **dreary**.
빗물에 젖어 모든 곳은 잿빛으로 쓸쓸해 보였다.

obsolete
[ὰbsəlíːt / ɔ́bsəl-]

a. 쓸모없는, 구식의; 낡아빠진

연상 낡아빠진, 구식의 것이 현대식의 것보다 시간적으로 앞서리(=앞서 있으리)(→압서리잇)!

예문 Those customs became **obsolete**.
그런 관습은 낡은 것이 되었다.

blur
[blə:r]

n. 흐림; 얼룩 **v.** 희미하게 하다; 침침해지다

연상 내가 유리창에 대고 입김을 불어(→브러:) 희미하게 했어.

예문 Smoke **blurred** the landscape.
연기로 경치가 흐릿하게 보였다.

---

brood
[bru:d]

v. 골똘히 생각하다; 알을 품다 **n.** 한 배의 병아리

연상 알을 까고 나올 병아리를 골똘히 생각하며 알을 품고 있는 암탉은 배가 부르더라.(→부루:드)

예문 A hen is **brooding**.
암탉이 알을 품고 있다.

---

contemplate
[kántəmplèit]

v. 눈여겨보다; 심사숙고하다; 명상하다

연상 템플 스테이 할 때 큰 temple(절)에서 ate(먹으며)(→칸텀플레이트) 명상을 하면서 앞으로의 일에 대해 심사숙고 한다.

예문 I've never even **contemplated** leaving my job.
나는 일을 그만두는 것에 대해서는 생각조차 해 본 일이 없다.

파생 contemplation n. 눈여겨보기; 심사숙고, 명상
contemplative a. 관조하는

---

desolate
[désəlit]

a. 황폐한, 황량한; 고독한 **v.** [désəlèit] 황폐하게 하다

연상 대설(大雪 많은 눈)이 내린 터(←데설리트)가 황량한 모습이다.

예문 The rural village is **desolate**.
그 시골 마을은 황량하다.

---

reel
[ri:l]

n. 물레, 얼레 **v.** 얼레에 감다

연상 나는 릴(←리일) 낚시를 할 때 줄을 얼레에 감았다.

예문 He **reels** in a fish.
그는 릴을 감아 고기를 끌어 당이고 있다.

---

adhere
[ədhíər]

v. 고수하다; 들러붙다

연상 "집을 얻어 here(여기에)(→어드히어) 있겠다!"고 한다면 그곳을 고수하여, 들러붙어 있겠다는 뜻이다.

예문 The glue would not **adhere** to the metal surface.
그 접착제는 금속 표면에 잘 붙지 않는다.

파생 adherent a. 들러붙는; 고수하는 n. 추종자, 신봉자
adhesive a. 접착성의 n. 접착제; 반창고

humiliation
[hjuːmìliéiʃən]

n. 창피, 굴욕(감)

연상 성적이 어떻게 나올지도 모른 채 성적표에 휴! 미리 A라고 쓴(→ 휴:미리에이션) 것은 창피스러운 일이야.

예문 They have been taught never to forget those national **humiliations**.
그들은 이러한 국가적 치욕을 결코 잊지 않도록 교육받아왔다.

파생 humiliate v. 창피를 주다 humiliating a. 굴욕적인

---

giggle
[gígəl]

v. 킬킬 웃다 (chuckle) **n.** 킬킬거리는 웃음

연상 그녀가 킬킬 웃을 때 입에서 기걸(→기걸)거리는 소리가 나더군.

예문 The students **giggled** about their teacher's mistake.
선생님의 실수를 보고 학생들이 킬킬 웃었다.

---

magnificent
[mægnífəsənt]

a. 장엄한, 훌륭한 (excellent)

연상 맥(혈맥)은 니 피가 일어선 터(→맥니피선트)로 참으로 훌륭한 인체 기관이다.

예문 The invaders destroyed the **magnificent** palace
침략자들은 그 장엄한 궁전을 파괴했다.

파생 magnificence n. 장엄

---

intact
[intǽkt]

a. 본래대로의, 손대지 않은 (untouched),

연상 마을마다 사람(人)이 사는 집(宅)터, 즉 인(人) 택 터(→인택트)는 본래대로 남아있다.(옛날 집터는 주로 문화재니까)

예문 The treasure was found **intact**.
보물은 그대로 남아 있었다.

---

prop
[prɑp]

v. 받치다, 버팀목을 대다 **n.** 지주, 받침대

연상 정원의 쓰러지는 풀 앞(→프랍)에 버팀목을 대다.

예문 They **propped** up an apple tree with wooden supports.
그들은 사과나무를 버팀목으로 받쳤다.

---

exempt
[igzémpt]

v. (책임. 의무 등에서) 면제하다(~from) **a.** 면제된

연상 대학 수시에 합격하면 이그잼(exam: 시험) 터(=수능 고사장)(→이그젬트)에 가는 것을 면제한다.

예문 He was **exempted** from military service.
그는 병역이 면제되었다.

파생 exemption n. 면제; 공제; 면세품

whim
[hwim]

n. 변덕(caprice), 일시적 기분

연상 마음이 곧지 못하고 자주 휨(휘는것)(→휨 / 윔)은 변덕이 심하다는 것을 뜻한다.

예문 She is of full **whims**.
그녀는 변덕이 죽 끓듯 한다.

surge
[səːrdʒ]

v. 파도가 일다, (군중 등이) 밀려오다. **n.** 큰 파도; 파동

연상 ① 피서지(→서지)에는 피서 인파와 바다의 큰 파도가 밀려온다.

② 서지(=멈추지)(→서:지) 않고 파도가 밀려온다.

예문 A great wave **surged** over the swimmer.
큰 파도가 수영하는 사람 위로 밀려왔다.

devastate
[dévəstèi]

v. 황폐화시키다; 압도하다

연상 일부 몰지각한 사람들이 대(大) 버스를 타고 집단 데이트(→데버스테이트)를 하러 다니니 유원지의 분위기를 황폐화시킨다.

예문 The bomb **devastated** the whole region.
폭탄이 전 지역을 폐허로 만들었다.

파생 devastation n. 황폐; 파멸 devastating a. 파괴적인

bang
[bæŋ]

n. 강타하는 소리(딱, 탕, 쾅, 쿵) **v.** 쾅 [쿵] 부딪치다; 세게 치다

연상 그가 북채를 뱅뱅(→뱅)돌려 세게 치니, 쿵하는 소리가 났다.

예문 He closed a door with a **bang**.
그는 문을 쾅 닫았다.

beloved
[bilʌ́vid]

a. 아주 사랑하는, 귀여운(=lovely) **n.** 사랑하는 사람

연상 be + loved(→비러비드)= 다른 사람들에게 '사랑받을' 사람은 다른 사람들이 아주 사랑하는, 귀여운 사람이다.

예문 He did not want to part from his **beloved** daughter.
그는 사랑하는 딸과 헤어지기를 원치 않았다.

catalog
[kǽtəlɔ̀ːg]

n. 카타로그, 목록, 일람표 ; 대학요람 **v.** 목록을 만들다.

연상 오늘날은 도서관의 도서 목록뿐만 아니라 대학 요람. 상품 카타로그(→캐터로그)등 많은 것들이 목록으로 만들어져 있다.

예문 Would you like to show me your **catalog**?
목록 좀 보여 주시겠습니까?

cone
[koun]

n. 원뿔 ; 원뿔 모양의 것. **v.** 원뿔 모양으로 만들다.

연상 아이스 콘(→코운)은 원뿔 모양의 아이스크림이다.

예문 The police have sectioned off part of the rode with traffic **cone**.
경찰은 도로의 일부 구간을 원뿔모양의 교통 차단기구로 차단했다.

crane
[krein]

n. 두루미; 크레인, 기중기 **v.** 목을 빼다; (물건을) 달아 올리다.

연상 공사장 크레인 크레인)은 두루미처럼 목을 빼서 물건을 달아 올린다.

예문 She **craned** over the heads of the crowd to see what was happening.
그녀는 무슨 일이 얼어났나 해서 많은 사람들 머리 위로 목을 뺏다.

peacock
[píːkàk]

n. 공작의 수컷; 허영꾼 **v.** (공작처럼) 뽐내며 걷다

연상 ① pea(완두콩)를 칵칵(→피:칵) 쪼아 먹는 공작
② pea(완두콩)만 먹는 저 cock(수탉)(→피:칵)이 공작이야.

예문 His elder brother is as proud as **peacock**.
그의 형은 공작처럼 교만한 사람이다.

peck
[pek]

v. ~을 쪼다; (구멍 따위를) 쪼아서 파다; (음식을) 쪼아 먹다

연상 닭이 아이에게 팩-팩(→펙) 대들면서 손을 쪼았다

예문 **peck** a hole in a tree.
나무에 구멍을 뚫다

예문 The bird **pecked** at a worn.
새가 벌레를 쪼았다

elbow
[élbou]

n. 팔꿈치 **v.** ~을 팔꿈치로 밀치다

연상 테니스를 하는 사람의 팔꿈치가 아픈 현상을 '테니스 엘보우'(→엘보우)라 한다.

예문 He **elbowed** his way through a crowd.
그는 군중을 헤집고 나아갔다.

예문 at one's elbow 바로 곁에

chin
[tʃin]

n. 턱; 턱끝 **v.** (바이올린 등을) 턱에다 갖다 대다

연상 그 권투 선수가 상대선수를 친(→친) 곳은 턱이다.(턱이 급소니까)

예문 keep your **chin** up.
낙담하지마라. 기운 내라

예문 push out one's chin 턱을 내밀다 (의기양양 하는 자세)

clown
[klaun]

n. 광대; 익살꾼 **v.** 어릿광대 노릇을 하다

연상 옛날에 왕이 아닌 사람으로 크라운(crown : 왕관)(→크라운)을 써볼 수 있 는 사람은 광대뿐이었다.(광대가 하는 짓은 왕도 문제 삼지 않았다)

예문 I used to like the **clowns** best at the circus.
나는 서커스에 나오는 광대를 가장 좋아 했었다.

pitch
[pitʃ]

v. 던지다; (천막 등을)치다 **n.** 소리의 높이

연상 야구 피쳐(pitcher)는 공을 던지는(pitch)(→피치) 사람(-er)이다.

예문 A child **pitched** a bottle into a trash.
아이가 병을 쓰레기통에 집어 던졌다.

파생 pitcher n. 물주전자, 투수

arise
[əráiz]

v. (문제. 논쟁. 결과 등이)생겨나다, 일어나다, 발생하다

연상 a(하나) + rise(올라가다. 일어나다)(→어라이즈)= 하나의 문제가 올라가는 것이 바로 어떤 문제가 생겨나는 것이다.

예문 A faint suspicion **arise** in his mind.
약간의 의혹이 그의 마음속에 일었다.

UNIT 01 TEST

[1~12] 보기에서 영어에 해당되는 우리말을 찾아 쓰시오.

1. staple _____
2. devastate _____
3. lurk _____
4. whim _____
5. remorse _____
6. amplify _____
7. overtake _____
8. peck _____
9. patent _____
10. clown _____
11. void _____
12. converse _____

보기 ① 숨다 ② 주요산물 ③ 변덕 ④ 무효인 ⑤ 따라잡다 ⑥ ~을 쪼다 ⑦ 후회
      ⑧ 확대하다 ⑨ 이야기를 나누다 ⑩ 특허(권) ⑪ 황폐화시키다 ⑫ 광대

[13~17] 다음 빈칸에 들어갈 적절한 어휘를 고르시오.

13. Specialists see various reasons for the recent _____ in inflation.

14. Men in college were _____ from military service.

15. If you have difficulty sitting like this, _____ up your back against a wall.

16. It's thought that the blast occurred when _____ chemicals exploded.

17. Some learning difficulties _____ from the way children are taught.

보기 ① prop ② exempt ③ surge ④ arise ⑤ volatile

[18~21] 다음 빈칸에 들어갈 적절한 어휘를 고르시오.

18. As he lay in his hospital bed that night, he cried as he _____ his future.

19. I became a teacher because I _____ books and people to politics

20. This creates a spectrum of colours at the edges of objects which _____ the image.

21. So much equipment becomes _____ almost as soon as it's made.

보기 ① contemplated ② obsolete ③ preferred ④ blurs

정답 1.② 2.⑪ 3.① 4.③ 5.⑦ 6.⑧ 7.⑤ 8.⑥ 9.⑩ 10.⑫ 11.④ 12.⑨
      13.③ 14.② 15.① 16.⑤ 17.④ 18.①. 19.③ 20.④ 21.②

Further Study

abrasive 마찰을 일으키는; 연마제

access road 진입로

air purifying system 공기 정화 장치

file a complaint 불평 · 불만을 제기하다

estimate for ~의 비용 견적

alert ~ to … ~에게 …에 대해 경고하다

fine print 매우 작은 활자체.

extend one's stay 체류를 연장하다

at its discretion 재량으로, 임의로

be warranted against ~에 없음을 보증하다

buff 완충하다, 부드럽게 하다

call an urgent meeting

비상회의를 소집하다

cap 상한선을 정하다

cardiac care 심장치료

give a presentation 발표하다

have seniority 더 오래 근무했다.

be over budget

예산을 초과해 지출하다, 과도하게 지출하다

food established 음식을 파는 곳

any word on ~에 대한 정보

giftware 선물용 품목

for work-related purposes

업무상 목적으로

give a reason 이유를 말해주다

be open for business 영업 중이디

findings 조사결과

according 따라서, 그러므로

come out well (결과가) 잘 나오다

accommodating 융통성 있는, 친절한

common factor in ~ 부문의 공통 요소

adjust to living in a new area

새로운 곳의 생활에 적응하다

be particular to ~에게만 국한되다

flammable liquid 인화성 액체

have a long day 힘든 하루를 보내다

give a sales presentation

제품 설명을 하다

have a day off 하루 쉬다

do an excellent job with

~을 훌륭하게 처리하다

go into effect (법규 · 규정이) 효력을 발생하다.

---

fortress

[fɔ́:rtris]

n. 요새, 요새지

연상 포(砲)와 트리(tree) 써(서)(→포:트리스) 요새지를 만들었다.

예문 The **fortress** town was enclosed by four miles of ramparts.
그 요새 도시는 4마일의 성벽으로 둘러싸여 있었다.

---

confer

[kənfə́:r]

v. (자격. 칭호 등을) 수여하다(grand); 상의하다. 의논하다

연상 왕은 작위의 상징으로 큰 퍼런(→컨퍼:) 휘장을 수여했다

예문 The principal **conferred** special honors on the student.
교장은 그 학생에게 특별상을 주었다

파생 conference. n. 협의 ; 자격 등의 수여

---

cube

[kju:b]

n. 입방체, 정육면체; 세제곱 큐빅

연상 미술사조에서 큐비즘(cubism)은 입체파다.

예문 She cut the meat into **cubes**.
그녀는 고기를 네모로 썰었다.

예문 The cube of 6 is 216.
6의 세제곱은 216이다.

---

derive

[diráiv]

v. 끌어내다; 유래하다

연상 D급 가수는 D급 라이브(live)(→디라이브) 컨서트를 끌어내고, D급 라이브 컨서트는 D급 가수에게서 유래한다

예문 We can **derive** great pleasure from books.
우리는 책에서 큰 즐거움을 끌어낼 수 있다.

예문 English and Frende derive from Latin.
영어와 불어는 라틴어에서 유래했다

---

dummy

[dʌ́mi]

n. 모형; 모조품; 마네킨 인형 **a.** 모조의 ;가짜의

연상 쓰레기 더미(→더미)에 지나지 않는 것이 모조품, 모형이다.

예문 In the shop window, there was an enormous **dummy** perfume bottle on display.
가게 진열장에 대형 모조 향수병이 전시되어 있었다.

예문 a **dummy** horse 목마 a **dummy** bomb 연습용 폭탄

---

furnace
[fə́:rnis]

n. 아궁이, 난로; 용광로

연상 열기를 덜 느끼도록 하기 위해 용광로 주변에 퍼런 니스(→퍼:니스)을 칠해 두었어.

예문 an electric **furnace** 전기로

예문 This room is like a **furnace**!
이 방은 용광로 같다(=매우 덥다)!

---

forbear
[fɔːrbɛ́əːr]

v. ~을 삼가다, 그만두다 ; (감정 등을) 억제하다

연상 for(위하여) + bear(곰)→곰을(보호하기) 위해서 사냥을 삼가다.

예문 She could not **forbear** crying.
그녀는 울지 않을 수 없었다.

파생 forbearance n. 삼감. 자제

---

halfway
[hǽfwéi]

a. 도중의 **ad.** 도중에

연상 half(절반) + way(길)(→해프웨이)=길의 절반에 있다면 도중에, 있는 것이다.

예문 I was **halfway** up the staircase.
계단을 절반쯤 올라갔다

---

headquarters
[hédkwɔ̀ːrtərz]

n. (경찰. 대학 등의)본부; (군대의) 사령부

연상 head(우두머리) + quarter(¼)(→헤드쿼:터즈)= 수뇌, 우두머리들이 ¼이나 있는 곳이 본부다

예문 The firm's **headquarters** is in New York.
그 회사의 본사는 뉴욕에 있다.

---

headlong
[hédlɔ̀ːŋ]

ad. 곤두박이로, 거꾸로; 저돌적으로 **a.** 거꾸로의, 황급한

연상 head(머리) + long(긴)(→헤드로옹)= 사람이 거꾸로 서면 머리카락이 늘어져 머리가 길어 보인다

예문 He rushed **headlong** into danger.
그는 저돌적으로 위험 속에 뛰어들었다.

예문 a **headlong** flight 황급한 도망 a **headlong** fall 거꾸로 추락하기

---

scar
[skɑːr]

n. 상처. 흉터 **v.** 상처를 남기다

연상 불량배가 칼로 쓱 car(차)(→스카:)에 상처를 남기다.

예문 It left **scars** on her psyche.
그것은 그녀의 마음에 상처를 남겼다.

raft
[ræft]

n. 뗏목 **v.** 뗏목을 타고가다.

연상 여름철 수상스포츠인 래프팅(→래프트)이 바로 뗏목 타기다.

예문 We swam out to the **raft** and lay there sunbathing for a while.
우리는 뗏목이 있는 데로 헤엄쳐가서 거기에 누워 얼마동안 일광욕을 했다.

saddle
[sǽdl]

n. (말, 자전거 따위의) 안장 **v.** 안장을 얹다

연상 농부가 새로 생긴 들판, 즉 새 들에(→새들)에 나갈 때 말 등에 안장을 얹었다. 그러면 새들도 날아와서 말안장에 앉았다.(새 들은 울퉁불퉁 하니까 말안장이 필요했다)

예문 The former president is out of the **saddle**.
전직 대통령은 권력의 자리에서 물러났다.

scan
[skæn]

v. 자세히 조사하다(scrutinize) **n.** 면밀한 조사

연상 사진을 스캔(→스캔)할 때 스캔할 사진을 자세히 조사해야 한다.

예문 A stranger **scanned** me from head to foot.
어떤 낯선 사람이 나를 머리에서 발끝까지 훑어보았다.

sword
[sɔːrd]

n. 검(劍), 칼

연상 칼을 보면 소(가) 더(→소ː드) 겁낸다.(도살장에서)

예문 The pen is mightier than the **sword**.
펜의 힘은 칼의 힘보다 강하다.

vertical
[və́ːrtikəl]

a. 수직의, 수직 이동의 **n.** 수직선

연상 수직으로 드리워진 브라인더를 버티칼(→버ː티컬)이라 한다.

예문 There was a **vertical** cliff to the ocean.
바다 쪽으로 수직의 낭떠러지가 하나 있었다.

thumb
[θʌm]

n. 엄지손가락 **v.** 엄지손가락으로 만지다; 서투르게 다루다.

연상 쌈(→썸/쌈)을 싸서 먹을 때도, 쌈(=싸움)을 할 때도 필요한 것이 엄지손가락이다.

예문 all **thumbs** 손재주가 없는 bite one's **thumb** 안절부절못하고 엄지를 깨물다

예문 turn **thumbs** up 찬성하다 turn **thumbs** down 반대하다

theme
[θiːm]

n. 주제(subject), 논제(topic), 테마
연상 식물에 씨가 핵심이듯 글의 주제는 그 글의 씨임(→씨임)(씨앗임)!
예문 What is the **theme** of the meeting?
그 회의의 주제가 무엇인가?

errand
[érənd]

n. 심부름, 심부름의 용건
연상 심부름을 할 때 에러(error;실수), 즉 에런(=에러는) 더(→에런더) 잘 일어난다.(잘못 듣고 실수하는 경우가 많다)
예문 I sent her on an **errand** to the supermarket.
그녀를 슈퍼마켓에 심부름을 보냈다.

exult
[igzʌ́lt]

v. 몹시 기뻐하다
연상 유적 탐사 대원들은 숲 속에서 옛 절터를 보고 "이거! 절터"(→이그절트) 하면서 몹시 기뻐했다.
예문 His parents **exulted** in his victory.
그의 승리에 부모들이 매우 기뻐했다.
파생 exultation 기뻐 날뜀, 환희

mistress
[místris]

n. 주부, 안주인; 여자 지배자
연상 miss(처녀) 같은 사람이 tree(나무) 밑에 서(→미스트리스) 있다면 그 사람은 아마 주부이거나 그 집의 안주인일 것이다.
예문 Is your **mistress** at home?
부인은 집에 계십니까?

obtain
[əbtéin]

v. 얻다, 획득하다
연상 업(業, 직업)을 태인(친구 이름)(→업태인)이 얻었다.
예문 He **obtained** knowledge through readings.
그는 독서로 지식을 획득했다.

notable
[nóutəbəl]

a. 주목할 만한, 두드러진, 현저한
연상 note(적다) + able(할 수 있는)(→노우터블)=노트에 적을 수 있을 정도의 내용이라면 주목할 만한 내용이다
예문 He is a **notable** figure in the city.
그는 그 시에서는 저명한 인사이다.

poke
[pouk]

v. 찌르다(thrust), 쑤시다; (머리, 손 등을) 쑥 내밀다
n. 찌르기, 쑤시기
연상 포크(fork)는 음식을 찔러서(→포우크) 먹는 도구다.
예문 My wife **poked** me in the ribs.
아내가 내 옆구리를 찔렀다.

splendor
[spléndə:r]

n. 빛남, 광체(brilliance); 호화, 화려
연상 맨땅보다 수풀엔 더(→스프렌더) 화려함, 빛남이 있다.(워즈워드 '초원의 빛')
예문 I was impressed the **splendor** of the palace.
나는 궁정의 화려함에 감명을 받았다.
파생 splendid 호화로운, 화려한

swan
[swɑn]

n. 백조; 매우 아름다운사람
연상 호수에서 생활하는데 수완(→스완)이 좋은 것이 백조다.
예문 All his geese are **swans**.
자기 것은 무엇이든 최고라고 생각한다.

thief
[θi:f]

n. 도둑, 좀도둑
연상 농경 사회에서 곡물의 씨앗과 약초와 같은 값비싼 잎사귀, 즉 씨와 잎(→씨잎)을 훔쳐가는
도둑들이 많았다.
예문 The **thief** struck while the family were out.
가족이 외출 중에 도둑이 침입했다.
파생 thieve v. 도둑질하다 thievery n. 도둑질

terrace
[térəs]

n. (경사면 등의)계단식 대지, (정원, 도로 등의) 계단식 단; 테라스
연상 호텔의 테라스(→테러스)가 마치 산비탈의 계단식 대지처럼 보인다.
예문 We ate lunch on the **terrace**.
우리는 테라스에서 점심을 먹었다.

subdue
[səbdjú:]

v. 정복하다; (남을)복종시키다; (충동 등을)억누르다
연상 섶(=섶나무)의 두(頭;머리)(→섭듀:)에 올라서는 것이 섶나무를 정복하는 것이다
예문 Rome **subdued** Gaul.
로마는 골을 정복했다.
예문 She **subdued** the raging in her heart.
그녀는 마음속의 분노를 억눌렀다.

rap
[ræp]

v. 톡톡 두드리다; 소리질러 말하다 **n.** 가볍게 두드리기

연상 랩(뮤직)(→랲)은 마치 두드리는 듯한 리듬에 소리질러 말하는 노래이다.

예문 An old man **rapped** on the gate.
어떤 노인이 대문을 똑똑 두드렸다.

summary
[sʌ́məri]

n. 요약, 개요 **a.** 요약한; (법 절차가) 즉결의

연상 내용의 요약은 써(라)! (책)머리(→서머리)에!

예문 He is making a **summary** of the treatise.
그는 논문을 요약하고 있다.

파생 summarize v. 요약하다

provisional
[prəvíʒənəl]

a. 임시의, 일시적인(temporary)

연상 pro(프로)선수들이 vision(비전;전망)을(→프러비저널) 임시의, 일시적인 것으로 생각한다.(경쟁이 치열하기 때문에 곧 다른 사람에게 밀려나게 된다)

예문 Data are **provisional** and subject to amendment
자료는 임시적이고 수정될 수도 있다.

placid
[plǽsid]

a. 조용한, 평온한; 만족한

연상 주변의 풀에(풀 때문에) 시(市 도시)가 더(→프래시드) 조용하게 보인다.

예문 A man was swimming in the **placid** pond.
어떤 사람이 잔잔한 연못에서 수영을 하고 있었다.

파생 placidity n. 조용함, 차분함

elliptical
[ilíptikəl]

a. 타원의; (문법) 생략(법)의

연상 이 립(lip,입술)에 티끌(→이립티컬)이 묻어서 입 모양이 타원형으 로 보인다.

예문 The comet is in an **elliptical** orbit.
혜성은 타원 궤도를 돈다.

somber
[sámbəːr]

a. 어두컴컴한; (색 등이)칙칙한; 음침한

연상 경제 불안, 실업 등으로 어두컴컴한 브라질 거리에서 삼바(samba)(→삼버)춤이 음침해 보인다.

예문 His face grew **somber** after he heard the news about the earthquake.
지진에 관한 뉴스를 들은 후 그의 얼굴은 어두워졌다.

potent
[póutənt]

a. 강력한, 유력한 **반** impotent 무력한

연상 대포, 즉 포(砲, po)가 군인들의 tent(텐트)(→포우턴트) 안에 들어 있으니 강력한 군대다.

예문 Our nation needs to have a **potent** new weapons system.
우리나라는 강력한 새 무기 체제를 갖추는 것을 필요로 한다.

파생 potency **n.** 강력함; 권력; 잠재력; 효능

slippery
[slípəri]

a. (바닥 따위가) 미끄러운; (물건이) 미끈거리는

연상 빨리 걸을 때 미끄러운 것이 슬리퍼리(→슬리퍼리)!

예문 The track was wet and **slippery** for the race.
트랙이 젖어서 경주를 하기엔 미끄럽다.

파생 slipper **n.** 실내화

partake
[pɑːrtéik]

v. 참가하다; (기쁨 등을) 함께하다; 먹다, 마시다

연상 어떤 것의 part(부분)를 take(가지는)(→파:테익) 것이 그것에 참가하는 것이다.

예문 They **partook** in a discussion.
그들은 토론에 참가했다.

예문 Would you like to **partake** of some refreshment?
다과 좀 드시겠어요?

pound
[paund]

v. ~을 두드리다, 세게 치다 ; (심장 등이) 고동치다
n. 무게 단위 ; (영국) 화폐 단위

연상 돈이 없는 사람은 영국 화폐 파운드(→파운드)만 보아도 방망이로 두드리는 것처럼 심장이 고동친다

예문 He **pounded** his desk in a rage.
그는 격노해서 책상을 쾅쾅 쳤다.

예문 My heart **pounded** with fear.
공포로 심장이 두근거렸다.

instructive
[instrʌ́ktiv]

a. 교육적인, 교훈적인

연상 인수하는 트럭에 팁(→인스트럭팁)을 주는 것은 그 트럭 사용법을 설명한 교육적인 대가다.

예문 The movie is entertaining and **instructive**.
그 영화는 재미도 있고 교훈적으로 유익하다

파생 instruct **v.** 교육하다, 가르치다   instruction **n.** 교육, 가르침

humane
[hjuːméin]

a. 자비로운, 인정 있는; 인문학의

연상 human(인간)에게 메인(main,가장 주요한)(→휴:메인) 것이 자비로운 마음이다.

예문 Dix began to campaign for **humane** treatment of the mentally ill.
Dix는 정신병 환자들에 대한 인간적인 취급을 위한 운동을 시작했다.

파생 humanity **n.** 인간성   humanism **n.** 인간성, 인도주의

maxim
[mǽksim]

n. 격언, 금언 ; 좌우명

연상 '맥심(→맥심) 커피는 격언, 좌우명이란 뜻의 커피다. 그는 맥심(→맥심) 커피 통에 격언을 적어 두었다.

예문 If you follow a few simple **maxims**, your business should be a success.
몇 가지 간단한 격언만 따른다면 당신의 사업은 성공할 것이다.

purge
[pǝːrdʒ]

v. (몸·마음을)깨끗이 하다;(죄(罪)·더러움을) 제거하다

연상 내가 몸과 마음을 깨끗이 하면 그 영향이 온가족에게 퍼지게(→퍼:즈) 된다.

예문 He **purged** the mind of false notions in the church.
그는 교회에서 마음속의 옳지 않은 생각을 깨끗이 했다.

예문 **purge** away one's sins 죄를 씻다.

UNIT 02 TEST

[1~12] 보기에서 영어에 해당되는 우리말을 찾아 쓰시오.

1. dummy _____
2. summary _____
3. placid _____
4. somber _____
5. provisional _____
6. partake _____
7. derive _____
8. shadow _____
9. humane _____
10. fortress _____
11. confer _____
12. splendor _____

보기 ① 임시의 ② 참가하다 ③ 수여하다 ④요새 ⑤ 끌어내다 ⑥ 모형 ⑦ 빛남
⑧ 자비로운 ⑨그림자 ⑩ 조용한 ⑪ 어두컴컴한 ⑫ 요약

[13~17] 다음 빈칸에 들어갈 적절한 어휘를 고르시오.

13. Senior government officials admit they have not been able to _____ the rebels.

14. Mercury has an _____ orbit and a huge range in temperature.

15. She's always _____ her nose into other people's affairs. It's really annoying.

16. The proposed new structure is _____ not only for its height, but for its shape

17. He wanted to answer back, but he _____ from doing so.

보기 ① elliptical ② poking ③ subdue ④ forbore ⑤ notable

[18~21] 다음 빈칸에 들어갈 적절한 어휘를 고르시오.

18. Such information is easily _____ from the Internet.

19. The gadget can be attached to any _____ surface.

20. The war devastated the economy and _____ the country with a huge foreign debt

21. They _____ when their country won the game.

보기 ① saddled ② exulted ③ vertical ④ obtained

정답 1.⑥ 2.⑫ 3.⑩ 4.⑪ 5.① 6.② 7.⑤ 8.⑨ 9.⑧ 10.④ 11.③ 12.⑦
13.③ 14.① 15.② 16.⑤ 17.④ 18.④ 19.③ 20.① 21.②

Further Study

be back on 약속을 어기다, 지키지 않다

astral 별의

at a great price 아주 저렴한 가격에

cloakroom 휴대품 보관소

be distracted 주의가 산만해지다

drop ~ off ~을 내려놓다, ~을 내려주다

color scheme 색채, 배색

be not too keen on

~에 문외한이다, ~에 대한 감이 없다

complete every section

모든 항목을 기입하다

be on board 탑승하고 있다

drag out 오래 질질 끌다

cluster 밀집하다, 군집하다

driving force 추진력

be merged with ~와 합치다

distribute the papers 서류를 나누어주다

completely overhaul 철저히 조사하다

break room 휴게실

breakthrough

(발명에 의한) 비약적 전진 돌파구

distribution 유통, 판매망

division 부서, 국, 부, 과

be hard of hearing 귀가 멀다

pick up some of the expenses

비용을 일부 부담하다

be subject to ~을 받기 쉽다

downturn 경기 하강, 침체, 하향

pamper

애지중지하다, 하고픈 대로하게 내버려두다

parking pass 주차권

employee lounge 직원 휴게실

pick up one's paycheck 급여를 수령하다

pass each other 서로 지나치다

penalize 유죄를 선고하다, 벌칙을 부과하다

elicit 도출하다, 이끌어내다

emporium 중앙시장, 상업 중심지

cover the cost 비용을 부담하다

crate 나무상자

entry form 참가 신청서

a minimum of 10% 최소 10퍼센트

32

Unit 3
sparkle

sparkle
[spá:rkəl]

v. 불꽃을 튀기다; (보석,별 등이) 반짝거리다 **n.** 불꽃, 섬광

연상 전선이 합선되어 스파컬(→스파:클) 일으키며 불꽃을 튀겼다.

예문 The firework sparked.
꽃불이 튀겼다.

파생 spark n. 불꽃

---

shortcut
[ʃɔ́:rtkʌ̀t]

n. 지름길. 첩경 **a.** 짧게 자른

연상 short(짧게) + cut(자르다)(→쇼:트컷)= 먼 길을 짧게 잘라서 가는 길이 지름길이다

예문 We took a shortcut.
우리는 지름길로 갔다.

---

tortoise
[tɔ́:rtəs]

n. (민물)거북 ; 아주 느린 사람 **cf.** turtle (바다)거북

연상 가뭄에 토(土, 땅)가 터서(→토:터스) 갈라져 마치 거북 등 같다.

예문 We read the fable of the hare and the tortoise.
우리는 토끼와 거북의 우화를 읽었다.

---

tendency
[téndənsi]

n. 경향, 추세; 성향

연상 ① tend(~하는 경향이 있다) + ency(명사어미)(→텐던시)= 경향
② 의미가 ten(열개)나 든(들어있는) 시(詩)(→텐던시)가 현대시의 경향일까?

예문 There's a growing tendency for women to marry later.
여자들이 늦게 결혼하는 경향이 늘어나고 있다.

---

veteran
[vétərən]

n. 고참병; 노련가; 재향 군인 **a.** 노련한

연상 어떤 일에 베테랑(→베터런)이 바로 고참병, 노련가이다.

예문 They are veterans who served in Vietnam.
그들은 베트남전에 참전한 고참병들이다.

vacuum
[vǽkjuəm / kjəm]

n. 진공(공간); 공허 **a.** 진공의

연상 배큠(→배큐엄) 청소기가 진공청소기다

예문 John's death left a **vacuum** in her life.
존의 죽음은 그녀의 인생에 공허를 가져왔다.

thunder
[θʌ́ndəːr]

n. 우레, 천둥 **v.** 우레가 울리다

연상 천둥, 우레가 치면 선득(→썬더)거리는 느낌이 든다.(천둥치고 소나기 내리면 기온이 떨어지니까)

예문 A crash of **thunder** sounded in the distance.
멀리서 천둥치는 소리가 들렸다.

파생 thunderbolt n. 우레를 수반하는 번개

timber
[tímbəːr]

n. 재목, 목재 (미) lumber

연상 목재를 벨 때 잘못하면 함께 일하는 팀(team)을 버린다(망친다)(→팀버).(한 사람이 실수하면 다른 사람들이 다친다)

예문 The structure is made of **timber**.
건물은 목재로 지어졌다.

umpire
[ʌ́mpaiər]

n. (경기의) 심판원 **v.** (경기의) 심판을 보다; (분쟁 등을)중재하다

연상 엄하기가 파이어(fire,불)(→엄파이어) 같은 사람이 경기의 심판원이다.

예문 The **umpire** stopped the baseball game for a moment.
심판은 야구 경기를 잠시 중단했다.

예문 **umpire** in a labor dispute 노동쟁의의 중재를 하다

vengeance
[véndʒəns]

n. 복수, 앙갚음 **동** revenge

연상 영화 어벤져스에서 복수자들이 벤전(戰)서(밴 자동차를 타고 하는 전투에서)(→벤전스) 복수를 하는가?

예문 He was determined to wreak **vengeance** on those who killed his sister.
그는 누이를 죽인 자들에게 복수하기로 결심했다.

verse
[vəːrs]

n. 운문, 시(詩).

연상 버스(→버:스)를 타고 가면서 운문을 써 보세요. 많은 사람들 속 에서 시상이 떠오를 테니까요

예문 The story was written in **verse**.
그 이야기는 운문으로 씌어졌다.

예문 modern lyrical **verse** 현대 서정시 contemporary **verse** 현대시

ascribe
[əskráib]

v. (원인, 동기 등을)~탓으로 돌리다

연상 그 아이는 파티에서 음식을 많이 먹지 못한 것을 작은 입 탓으로 돌리며 "어서 커라! 입(→어스크라입)"이라고 했다.

예문 She **ascribed** her success to good luck.
그녀는 자신의 성공을 운이 좋은 탓으로 돌렸다.

파생 ascription **n.** 탓으로 여김

barrel
[bǽrəl]

n. (중배 부른)통, 맥주 통 ; 배럴, 한 통의 양(약 31.5 gallons)

v. 통에 넣다

연상 석유 1배럴(→배럴)은 석유 한 통을 의미한다.

예문 The price of oil had fallen to $ 70 per **barrel**.
유가가 배럴당 70달러로 떨어졌다.

butterfly
[bʌ́tərflài]

n. 나비 ; 변덕스러운 사람, 경박한 여자

연상 butter(버터) + fly(날다)(→버터플라이)= 버터 위에 날고 있는 것이 있다면 그것은 나비일 것이다.(나비는 버터를 좋아한다?)

예문 a social **butterfly** 호화스런 사교를 좋아하는 사람

예문 She has **butterflies** in the stomach.
그녀는 안절부절 못한다.

armor
[ɑ́ːrmər]

n. 갑옷; 기갑 부대; (군함 등의)장갑

연상 등과 arm(팔)에 뭐(=쇠 같은 무엇)(→아:머)를 두른 것이 갑옷이다.

예문 They put on their **armors** and began to fight.
그들은 갑옷을 차려입고 전투에 나갔다.

chapel
[tʃǽpəl]

n. (학교, 병영, 교도소 등의) 예배당 ; (채플에서의) 예배

연상 챨리 채플린이(→채플) 예배를 보던 대학교 내의 예배당

예문 They always go to **chapel** on Sundays.
그들은 일요일엔 언제나 교회에 간다.

chorus
[kɔ́ːrəs]

n. 합창(곡); 합창단; 일제히 하는 발언 **v.** 합창하다

연상 합창할 때 코로써(→코:러스) 비음을 내는 것이 중요하다.

예문 There is a growing **chorus** of protest against the policy.
그 정책에 이구동성으로 항의하는 소리가 커지고 있다.

cleanse
[klenz]

v. ~을 청결하게 하다, 깨끗하게 하다; (죄 등을) 깨끗이 하다

연상 clean(깨끗하게 하다) + s(복수)(→크렌즈)= 깨끗하게 여러 번 하는 것도 깨끗하게 하는 것이다.

예문 They prayed God to forgive their sins and **cleanse** their soul.
그들은 자신들의 죄를 용서하고 영혼을 맑게 해달라고 신에게 기도했다.

conquer
[kάŋkər / kɔ́ŋ-]

v. 정복하다

연상 그는 간 커(→캉커)(매우 대담해)서 콩이 커(→콩커) 보이는 남의 나라 땅을 정복했다

예문 The Normans **conquered** England in 1066.
노르만족이 1066년 잉글랜드를 정복했다

파생 conqueror n. 정복자   conquest n. 정복, 극복

contend
[kənténd]

v. 싸우다; 경쟁하다

연상 ① 어떤 물건 중에서 큰 ten(10개)를 더(→컨텐드) 가지려고 싸운다.
② 큰(con) + tend(경향이 있다) = 덩치가 큰 것들은 싸우는 경향이 있다.

예문 He had to **contend** against misfortune.
그는 불운과 싸워야 했다.

파생 content n. 내용; 만족

extension
[iksténʃən]

n. 연장; 확대; (손발을) 뻗음; (힘, 영향 등의) 범위; 구내전화

연상 그 회사에 전화선이 한 선 뿐이었는데 내 친구 익서(가) ten(10 개) 선(→익스텐션)으로 확장했다

예문 They're building an **extension** to their house.
그들은 집을 증축하고 있다.

파생 extensive a. 광대한, 광범위한   extent n. 넓이; 범위

intent
[intént]

n. 의도, 의향(intention); 취지   **a.** (시선·주의 따위가) 집중된

연상 in(안에) + tent(천막)(→인텐트) 텐트 안에 있는 의도, 취지는 휴식이겠지.

예문 He wounded me by **intent**.
그는 고의로 나에게 상처를 입혔다.

파생 intend v. ~할 작정이다

wrench
[rentʃ]

v. 비틀다(twist); (발목 따위) 삐다; (사실을) 왜곡하다
n. (세게)비틂; (발목 따위) 삠 ; (뜻의) 왜곡 ; 렌치

연상 ① 내 친구 렌(ren)이 취하자(→렌취) 도둑이 그의 팔을 비틀었다.
② 내 친구 렌(ren)은 술에 취(→렌취)하여 발목을 삐었다.

예문 He **wrenched** the boy's wrist.
그는 소년의 손목을 비틀었다.

예문 He **wrenched** his ankle.
그는 발목을 삐었다.

thence
[ðens]

ad. 그렇기 때문에(therefore); 거기서부터; 그때부터

연상 then서(그때에서)(→덴스)= 그때에서가 그때부터란 뜻이며, 거기서부터 라는 뜻도 된다.

예문 He was promoted to manager, **thence** to the president in the firm.
그는 그 회사의 이사로 승진되었다가 그 뒤에 다시 사장이 되었다.

hospitable
[háspitəbəl]

a. 대접이 좋은, 환대하는 ; 기쁘게 받아들이는

연상 hospital(병원) + able(할 수 있는)(→하스피터블)= 병원이 할 수 있는 일은 환자를 환대해서 치료해 주는 것.

예문 His family are very **hospitable** to strangers.
그의 가족은 낯선 사람들에게 아주 친절하다.

파생 hospitality **n.** 후한 대접, 환대

excursion
[ikskə́ːrʒən / -ʃən]

n. 짧은 여행, 소풍 **a.** 유람의

연상 내 친구 익서가 커서 그가 살고 있는 전지역. 즉, 익서 커(서) 전(→익스 커:전)지역을 돌아보는 것이 짧은 여행이다.

예문 They went to a ski **excursion**.
그들은 스키여행을 갔다.

editorial
[èditɔ́ːriəl]

n. (신문, 잡지의)사설, 논설 **a.** 편집상의; 사설의

연상 editor(편집자)가 **리얼**(real:사실적)(→에디토리얼)하게 써놓은 글 이 사설이다.

예문 The lead **editorial** in today's New York Times criticized the policy.
New York Times 오늘자 사설은 그 정책을 비판했다.

파생 edit 편집하다 edition 편집 editor 편집자

chime
[tʃaim]

n. (가락을 맞춘)한 벌의 종; 종소리 **v.** (차임·종을) 울리다

연상 내릴 때 내린다는 표시로 종이 울리는 곳이 바로 버스와 같은 차임(→차임)!

예문 The **chimes** ring on the hour
종이 한 시간마다 울린다.

예문 The doorbell chimed 문의 벨이 울린다

climax
[kláimæks]

n. 최고조, 절정 ; (문학 작품 따위의) 최후의 고비

연상 그 연극은 클라이막스(→클라이맥스)에서 주인공이 자살함으로써 절정을 맞는다.

예문 He was at the very **climax** of his career.
그는 생애의 절정에 있었다.

crest
[krest]

n. (닭 따위의)볏; 산마루, 꼭대기; (가문·조직을 상징하는) 문장(紋章)

연상 크! rest(휴식)(→크레스트)을 취하고 있는 닭의 볏을 보아라.

예문 We finally reached the **crest** of the ridge.
우리는 마침내 산마루에 도달했다.

flush
[flʌʃ]

n. (얼굴의) 홍조(blush), (하늘, 구름 등의) 주홍빛
v. (얼굴이) 붉어지다; 왈칵 흐르다

연상 풀밭에서 얼굴에 풀이 러시(→플러쉬)하면(달려들면) 얼굴이 붉어진다.

예문 His face was **flushed** with shame.
수치심으로 그의 얼굴이 붉어졌다.

swarm
[swɔːrm]

n. 꿀벌의 떼; (곤충, 새등의) 떼 **v.** 떼를 짓다, 군집하다

연상 수(水) + warm(따뜻한)(→스워움)= 물이 따뜻한 곳에 곤충 떼들 이 군집한다.

예문 a **swarm** of mosquitoes 모기떼

예문 Demonstrators **swarmed** around the embassy.
시위자들이 대사관 주위에 떼 지어 모였다

sublime
[sʌbláim]

a. 장엄한, 웅장한; (생각 따위가) 탁월한 **n.** 장엄함, 웅장함
v. 고상하게 하다

연상 섶(나무)에 라임 오렌지(→섭라임)나무가 섞여 있으니 장엄한 모양이다.

예문 The Himalayan Mountains are **sublime**.
히말라야 산맥은 웅장하다.

terrific
[tərífik]

a. 굉장한, 대단한; 무서운, 무시무시한

연상 갑자기 트리(tree 나무)들이 픽픽(→터리픽) 쓰러진다면 굉장한 일이고, 무서운 일이다.

예문 He drove the car at a **terrific** speed.
그는 굉장한 속력으로 차를 몰았다.

파생 terrify v. 겁나게 하다

influence
[ínfluːəns]

n. 영향, 영향력 **v.** ~ 에게 영향을 미치다

연상 그는 인플루엔자(influenza 독감)와 같이 전염성이 큰 언어를 써서(→인플루:언스) 그의 말은 영향력이 있다.

예문 The climate has great **influence** on farming.
기후는 농사에 큰 영향을 미친다.

파생 influential a. 유력한, 영향력 있는

scandal
[skǽndl]

n. 추문, 부정사건, 불명예, 창피

연상 연예인 스캔들은 주로 추문, 정치인 스캔들(→스캔들)은 주 로 부정사건 불명예스런 일이다.

예문 It is a **scandal** that such a thing should happen
그런 일이 일어나다니 정말 창피한 일이다

파생 scandalous a. 수치스러운

wisdom
[wízdəm]

n. 지혜, 현명

연상 위지(桅地:위험한 곳)에서도 덤덤(→위즈덤)해 질 수 있는 것이 지혜다

예문 His mother was a woman of great **wisdom**.
그의 어머니는 대단히 지혜로운 여성이었다.

responsible
[rispánsəbəl]

a. 책임져야 할; 책임 있는

연상 조선 시대에 시골 마을 리(里)에서 판서가 벌(→리스판서블)을 받았다면 책임져야할 일이 있었기 때문에 리(里)로 귀양간 것이다.

예문 I am **responsible** for the safety of students.
나는 학생들의 안전을 책임지고 있다.

파생 responsibility n. 책임, 책무

trial
[tráiəl]

n. 시련; 시도; 재판

연상 일본에서 창업된 트라이얼 마트(→트라이얼)가 한국에 서 판매를 시도했을 때 시련도 있었다.

예문 Life is full of troubles and **trials**.
인생은 고난과 시련으로 가득 차 있다.

파생 try v. 시도하다 ; (능력 등을)시험해 보다

trail
[treil]

v. (질질)끌다 ; ~뒤를 추적하다 **n.** 발자국, 흔적

연상 트레일러(trailer)(→트레일)는 자동차로 끄는 이동주택이다

예문 She **trailed** her dress through the mud.
그녀는 진흙 위에 옷을 질질 끌었다.

파생 trailer n. 트레일러; 이동주택

UNIT 03 TEST

[1~12] 보기에서 영어에 해당되는 우리말을 찾아 쓰시오.

1. vacuum _____   2. umpire _____

3. timber _____   4. vengeance _____

5. sparkle _____   6. verse _____

7. tendency _____   8. sublime _____

9. foretell _____   10. trail _____

11. thunder _____   12. ascribe _____

보기 ① (경기의) 심판원 ② 경향 ③ 진공 ④ 운문 ⑤ 목재 ⑥ 복수 ⑦ 불꽃을 튀기다
⑧ 천둥 ⑨ ~탓으로 돌리다 ⑩ 장엄한 ⑪ 예고하다 ⑫ (질질)끌다

[13~17] 다음 빈칸에 들어갈 적절한 어휘를 고르시오.

13. The promise in his voice brought a deep _____ to her cheeks.

14. Attitudes are highly _____ by cultural background.

15. He had a _____ sense of humor and could be very amusing.

16. You can read the New York Times _____ page.

17. It was a very pleasant stay and they were extremely _____ .

보기 ① influenced ② flush ③ editorial ④ hospitable ⑤ terrific

[18~21] 다음 빈칸에 들어갈 적절한 어휘를 고르시오.

18. They _____ open the passenger doors and jumped into her car.

19. He first entered Britain on a six-month visa, and was given a further _____ of six months.

20. American businesses could soon have a new kind of lawsuit to _____ with.

21. Straight after your last cigarette your body will begin to _____ itself of tobacco toxins.

보기 ① extension ② cleanse ③ wrenched ④ contend

정답 1.③ 2.① 3.⑤ 4.⑥ 5.⑦ 6.④ 7.② 8.⑩ 9.⑪ 10.⑫ 11.⑧ 12.⑨
13.② 14.① 15.⑤ 16.③ 17.④ 18.③ 19.① 20.④ 21.②

Further Study

chief information officer(CIO)

최고 정보 경영자

clap to the music 음악에 맞춰 손치다

clear a way through the woods

숲에 길을 내다

apply for a visa extension

비자 연장을 신청하다

appraisal system 평가 시스템

maternity leave 출산 휴가

confer with ～와 협의(의논) 하다

monastery 수도원

mop the floor 막대 걸레로 청소하다

be cited for 인용되다. 소환되다

arguable 논할 수 있는, 논쟁의 여지가 있는

aroma 향기, 기품

be chosen from ～가운데 선발되다

complimentary 무료의

argumentative 논쟁을 좋아하는

conference call 전화 회의

consequential 결과로서 일어나는, 필연적인

artistry 예술성, 예술적 수완

artwork 수공예품, 예술품

as per ～에 따르면

ask around 여로 곳에 문의해 보다

associate 동료

consumer affairs department

고객 관리부

assortment 구색을 갖춤, 다양한 것

ballroom 무도회. 회장

atrium 아트리움, 안뜰, 안마당

attend to a client 고객을 상대하다

barbed wire 철조망

return someone's call

～에게 답신 전화를 하다

barring ～을 제외하고

riverfront 강변지대

rough outlines 대략적인 개요

run from ～(날짜) **to** ‧‧‧(날짜)

～일부터 ‧‧‧일까지 진행되다

be assembled for meeting

회의하려고 모이다

assault
[əsɔ́ːlt]

v. 공격(습격)하다(attack) **n.** 습격, 공격

연상 오솔길이 있는 터인 오솔 터(→어소올터)에서 불량배들이 습격하는 경우가 많다

예문 Do you know who **assaulted** him?
누가 그를 폭행했는지 아느냐?

---

traditional
[trədíʃənəl]

n. 전통의, 전통적인; 관습의, 인습의

연상 사회를 구성하는 틀(=구조)은 어디서나 늘(→트저디셔널) 전통적인 것을 가지고 있다.

예문 She likes to wear **traditional** costume.
그녀는 전통적인 의상을 즐겨 입는다.

파생 tradition n. 전통, 전설

---

invasion
[invéiʒən]

n. 침입, 침략

연상 나라 in(안에서) 칼에 국민이 베이는 전(戰:전쟁)(→인베이전)은 적의 침략에 의해서다.

예문 Japan once made an **invasion** upon our country.
일본은 한때 우리나라를 침략했다.

파생 invade v. 침략하다, 침입하다

---

backing
[bǽkiŋ]

n. 역행, 후퇴; 후원, 지지

연상 ① back(뒤에서) 어떤 일 ing(하고 있는)(→배킹) 것이 후원하는 것 이다.
② 어떤 것을 back(뒤로) ing(하고 있는)(→배킹) 것이 역행하는 것이다.

예문 The policy wins the **backing** of public sentiment.
그 정책은 여론의 지지를 얻고 있다.

예문 a **backing** signal 후퇴 신호

---

temptation
[temptéiʃən]

n. 유혹, 유혹물

연상 템테이션(→템테이션)이란 상표의 화장품은 구매자를 유혹한다는 뜻의 화장품이다.

예문 Young men should not fall into any **temptation**.
젊은 사람은 어떤 유혹에도 빠져서는 안 된다

파생 tempt v. 유혹하다

significant
[signífikənt]

a. 중요한(important), 의미 있는　**반** insignificant 무의미한, 하찮은

연상 요즘 사회적으로 '중요한 여성'이란 뜻으로 '시그니피컨트 우먼'(significant woman)'(→시그니피컨트) 단체가 많이 활동하고 있다. 또 다른 단체로 '의미있는 타인'이란 뜻의 '시그니피컨트 아더스'(Significant Others)란 단체도 있다.

예문 These differences are not statistically **significant**.
이 차이점들은 통계적으로 중요한 것은 아니다.

파생 significance n. 중요성 의미　signify v. 의미하다 중요하다

---

genuine
[dʒénjuin]

a. 진짜의; 저자 친필의

연상 쟤 누인(=저 애 누이는)(→제뉴인) 양 누이가 아니라 진짜의 누이 래.

예문 It is a **genuine** signature.
그것은 진짜 서명이다.

---

discomfort
[diskʌ́mfərt]

n. 불편; 불안, 불쾌　**반** comfort 편안(함)

연상 dis(=not) + com(컴퓨터) + fort(요새)(→디스컴펏)= 컴퓨터화 되어 있지 않은 요새는 국민을 불편, 불안하게 한다.

예문 You will experience some minor **discomfort** during the treatment.
치료 중에 약간 가벼운 불편을 느끼게 될 것이다.

---

female
[fíːmeil]

n. 여성　**a.** 여성의(↔male), 암컷의

연상 생리 때 피(를) 매일(→피메일) 보아야 하는 것이 여성이다.

예문 A young **female** has called.
어떤 젊은 여자가 찾아왔더군.

파생 feminine a. 여자의, 여성의

---

create
[kriéit]

v. 창조하다; 새로 만들어 내다

연상 한 화장품 회사가 연어유로 마스크팩 '크리에이트 스킨'(→크리에이트)제품을 창조했고 또한 회사는 끌 때 소리가 안 나는 '크리에이트 캐리어'를 새로 만들었데요.

예문 All men are **created** equal.
인간은 모두 평등하게 창조되었다.

파생 creation n. 창조, 창작품　creative a. 창조적인　creature n. 피조물

---

gauge
[geidʒ]

v. 재다, 측정하다　**n.** 표준 치수, 규격; 계량기

연상 도시가스 회사에서 집집마다 설치된 계량기, 즉 게이지(→게이지) 를 보고 가스 사용량을 측정한다.

예문 A thermometer **gauges** the temperature.
온도계는 온도를 측정한다.

connection
[kənékʃən]

n. 관계, 연결 ; 연락; 접속

연상 ① connect(연결하다) + ion(명사어미) = 연결, 관계
② 사람의 큰 넥(neck:목)의 선(線)(→컨넥션)은 얼굴과 몸통을 연결하는 역할을 한다.

예문 This helps companies strengthen their **connections** to their customers.
이것은 회사가 고객과의 관계를 강화하는데 도움이 된다.

파생 connect **v.** 연결하다

---

voluntary
[váləntèri]

a. 자발적인; 지원의(spontaneous)

연상 사람이 어떤 회의에 가장 자발적인 발언을 하는 것은 반론 때리(→발런테리)(반론할 때는 자발적으로 한다)!

예문 She has done some **voluntary** work at the local hospital.
그녀는 지역 병원에서 자원 봉사 일을 해왔다.

파생 volunteer **n.** 지원자 **v.** 자원하다

---

desirable
[dizáiərəbəl]

a. 바람직한, 호감이 가는

연상 ① desire(바라다) + able(할 수 있는) = 바랄 수 있는 것은 바람직한 것이다.
② 성적표에 D학점의 D자가 이어(서) 너불(→디자이어러블)거린다 면 바람직한 것은 학원 쪽이겠지요.(학생 성적이 나쁠수록 학원은 더 잘 될 테니까)

예문 It is **desirable** that you (should) attend the meeting.
그 모임에 참석하는 것이 바람직하다.

파생 desire **v.** 바라다 **n.** 욕망 desirous **a.** 원하는

---

clog
[klɑɡ / klɔɡ]

n. 방해물, 장애물 **v.** [~의 움직임(기능)]을 방해하다; (도로를) 막다

연상 ①길에 커다란 log(통나무)(→클록)가 있으면 길을 막아, 움직임을 방해한다.
② 감기에 걸린 친구가 앞에서 콜록(→클록)거리면 정신 집중을 막아, 공부를 방해한다.

예문 The trade is **clogged** with restriction.
무역은 제한을 받고 활동이 저해되고 있다.

---

straighten
[stréitn]

v. 똑바르게 하다, 정리(정돈)하다

연상 straight(곧은, 똑바른) + -en(~하게 하다)(→스트레이튼)= 똑바르게 하다

예문 He **straightened** the bend wire.
굽은 철사를 똑바로 바꾸었다.

파생 straight **a.** 곧은

---

conception
[kənsépʃən]

n. 개념 ,생각(concept)

연상 화장품이나 옷을 고를 때 어떤 콘셉(concept 개념)를 선택(→컨셉션)하느냐는 것이 너의 생각이고 개념이다.

예문 We should hake a clear **conception** of our duties as citizens
우리는 시민으로서의 의무를 뚜렷이 인식해야 한다.

파생 conceive **v.** 상상하다

---

intervention
[ìntərvénʃən]

n. 간섭, 개입 ; 조정, 중제

연상 **인터**체인지에 **밴**(화물차)이 **선**(→인터벤션) 것은 보고 경찰이 간섭, 개입했다.

예문 The government's **intervention** is very important.
정부의 개입이 매우 중요하다.

파생 intervene **v.** 방해하다; 조정하다

---

tolerate
[tálərèit / tɔ́-]

v. 너그럽게 용서하다(forgive), 참다

연상 구소련 해체과정에서 러시아 당국은 소수민족들의 **탈러**(시아) **rate**(비율)(→탈러레잇)을 너그럽게 용서했다

예문 I cannot **tolerate** your carelessness.
너의 부주의를 용서할 수 없다.

파생 tolerance **n.** 관용; 인내심   tolerable 참을 수 있는   tolerant 관대한

---

aged
[éidʒid]

a. 늙은, 나이든

연상 **age**(나이) + **-ed**(과거)(→에이지드)=나이가 과거이니 나이든 것.

예문 He died **aged** eighty.
그는 80세에 죽었다.

파생 age **n.** 나이, 시대

---

ballot
[bǽlət]

n. 투표(용지)   **v.** 투표하다

연상 옛날에는 유권자가 찬성 반대의 **ball**(공)을 **lot**(많이)(→밸럿) 던져서 **투표했다고** 생각하세요.(사람 수만큼 공이 많았다)

예문 cast a **ballot** 투표하다

예문 The president is elected by **ballot**.
대통령은 투표로 선출 된다.

---

perspective
[pə:rspéktiv]

n. 전망(view), 시각; 경치; 원근(화)법

연상 퍼런 스펙트럼 광도계와 같은 **TV**(→퍼:스펙팁)가 생산되어 나올 전망이 있는가?

예문 A fine **perspective** opened out before us.
아름다운 전망이 눈앞에 펼쳐졌다.

---

probe
[proub]

n. 탐사, 조사(investigation)   **v.** 면밀히 조사하다

연상 풀로 웁쌀을 만들거나 풀로 **robe**(옷)(→플로웁)을 만든다면 아마 당국에서 면밀히 조사할 것이다.

예문 The police are conducting a **probe** into the financial affairs of the company.
경찰은 그 회사의 재정 문제에 대한 수사를 진행하고 있다.

allegation
[æ̀ligéiʃən]

n. (증거 없는)주장, 진술

연상 내 친구 앨리가 게이(여장남성)는 다 선하다(→앨리게이션)고 말한 것은 증거 없는 주장이다

예문 The **allegation** against him proved incorrect
그에 대한 불리한 진술은 허위로 판명되었다

파생 allege v. 주장[진술]하다

reassure
[rìːəʃúəːr]

v. 안심시키다(comfort) 재보증하다

연상 ① re(다시) + assure(보증하다) = 다시 보증하는 것이 안심시키는 것이고 재보증하는 것이다.
② 시골마을 리(里)에서는 어(語:말)가 sure(확실할)(→리:어슈어) 때 마을사람을 안심시킨다.

예문 All the passengers were **reassured** by the captains confidence during the storm.
폭풍우 속에서 보인 선장의 자신감에 찬 태도에 승객들은 모두 안심 했다.

파생 reassurance n. 안심; 재 보증

profile
[próufail]

n. 옆모습; 윤곽, 인물단평

연상 pro(프로)선수의 file(파일;서류철)(→프로우파일)에는 그 선수의 옆모습 사진과 그 선수에 대한 인물단평 등이 들어있다

예문 A report had written a **profile** about the statesman
어떤 기자가 그 정치에 대한 단평을 썼다

mount
[maunt]

v. (산, 계단 등을)오르다, (수준 등이) 오르다 ; (말 등을) 타다

반 dismount 말에서 내리다

연상 마운튼(mountain :산)(→마운트)에 오르다.

예문 He **mounts** a hill everyday.
그는 날마다 산에 오른다.

파생 mounted a. 말에 탄; 기마의

height
[hait]

v. 높이, 고도; 높음; 해발; (사람의)키; 높은 곳

연상 ① high(높은)의 명사가 height(→하이트)임. 그래서 그 뜻이 높이, 고지다.
② 하이(high:높은) 터(=곳)(→하이트)가 높이, 높은 곳이다.

예문 The plane is flying at a **height** of 30,000 feet.
그 비행기는 30,000피트 고도로 날았다

파생 heighten v. ~을 높게 하다;(가치를)증가시키다

token
[tóukən]

n. 표시, 징후; 배지

연상 버스교통카드 이전에는 승차권 표시로 토큰(→토우큰)을 사용했다.

예문 She presented them with a small gift in **token** of her thanks.
그녀는 감사의 표시로 그들에게 작은 선물을 주었다.

government
[gʌ́vərnmənt]

n. 정부, 행정권, (공중기관의)관리

연상 어떤 지역의 거리의 번지, 즉 **가번**(街番)을 정해 **먼터**(곳)(→가번먼트)까지 관리하는 것이 바로 **정부**다

예문 **Government** of the people, by the people, for the people.
국민의, 국민에 의한, 국민을 위한 정부

파생 govern v. 통치하다 governor n. 주지사

---

segment
[ségmənt]

n. 단편, 조각, 부분

연상 한국 도자기 파편, 조각들이 과연 단단하고 세구먼(→세그먼)!

예문 An orange is easily pulled apart into its **segments**.
오렌지의 열매는 쉽게 한 쪽 한 쪽 떼어낼 수 있다.

---

face
[feis]

n. 얼굴, 표면, 외관 **v.** ~에 면하다; 직면하다(confront)

연상 face(얼굴)(→페이스)을 마주보는 것이 바로 **직면하는** 것이다

예문 My house **faces** the south.
내 집은 남향이다.

파생 facial a. 얼굴의

---

panel
[pǽnl]

n. 네모난 나무판자, 화판; 토론자단

연상 펜을(→패널) 가지고 적으면서 네모난 나무판자에 둘러앉아서 이야기하는 사람이 **토론자단**이다

예문 One of the glass **panels** in the front door is cracked.
현관문의 유리판 중 한 장에 금이 가 있다.

파생 panelist n. (공개토론의)토론자

---

carrier
[kǽriər]

n. 나르는 것, 운반인, 운송업자; (병균의)매개체

연상 ① carry(운반하다) + -er(사람, 도구)(→캐리어)=운반인, 나르는 것.
② 나는 여행할 때 **짐을 나르는 것**(가방), 캐리어(→캐리어)를 샀다.

예문 Mosquitoes are **carrier** of germs.
모기는 병균의 매개체이다.

---

assert
[əsə́:rt]

v. 주장하다(maintain), 단언하다

연상 어떤 것을 **주장할** 땐 **어서**(빨리)(→어섯) 말하려 한다.

예문 His friend **asserted** that he was innocent.
그의 친구들은 그가 결백하다고 주장했다.

파생 assertion n. 주장, 단언

anecdote

[ǽnikdòut]

n. 일화, 기담

연상 하인의 딸 애니가 커서 주인집 딸, 도오터(daughter)(→애니크도우트)를 위험에서 구했다는 일화가 있다.

예문 We are inclined to tal about **anecdote** of our childhood.
우리는 어린 시절의 일화에 대해서 이야기하는 경향이 있다.

UNIT 04 TEST

[1~12] 보기에서 영어에 해당되는 우리말을 찾아 쓰시오.

1. temptation _____   2. discomfort _____

3. genuine _____   4. female _____

5. backing _____   6. assert _____

7. traditional _____   8. scheme _____

9. assault _____   10. invasion _____

11. segment _____   12. token _____

보기 ① 전통적인 ② 주장하다 ③ 계획 ④ 침입 ⑤ 진짜의 ⑥ 불편 ⑦ 역행 ⑧ 여성의
⑨ 조각 ⑩ 표시 ⑪ 공격하다 ⑫ 유혹

[13~17] 다음 빈칸에 들어갈 적절한 어휘를 고르시오.

13. The incident sparked off a major _____ between the two countries.

14. This helps companies strengthen their _____ to their customers.

15. Scientists are _____ deeper and deeper into the secrets of the universe.

16. The result of the _____ will not be known for two weeks.

17. When you reach middle age you get a different _____ on life.

보기 ① perspective ② probing ③ connections ④ dispute ⑤ ballot

[18~21] 다음 빈칸에 들어갈 적절한 어휘를 고르시오.

18. She can no longer _____ the position that she's in.

19. He has made repeated calls for government _____ to save the steel industry.

20. I see him as someone with not the slightest _____ of teamwork.

21. A bank lost several million pounds through a sophisticated computer _____ .

보기 ① intervention ② fraud ③ tolerate ④ conception

정답 1.⑫ 2.⑥ 3.⑤ 4.⑧ 5.⑦ 6.② 7.① 8.③ 9.⑪ 10.④ 11.⑨ 12.⑩
13.④ 14.③ 15.② 16.⑤ 17.① 18.③ 19.① 20.④ 21.②

Further Study

firsthand 직접적인(=direct)

active involvement 적극적인 참여

fitting room (옷가게의) 탈의실

doctoral student 박사과정의 학생

give someone a shot ~에게 주사를 놓다

go out to get some air 바람 쐬러 나가다

date due 기한

be set up in rows 열을 맞추어 정돈되어 있다

detector 탐지기

personal effects 개인 소지품

be on one's own 혼자 처리하다

deafening 귀청이 찢기는 듯한

dispose of litter 쓰레기를 버리다

dissipate 흩어서 없어지다, 흩뜨리다

phenomenal 놀랄만한, 괄목할 만한

ground breaking ceremony
기공식, 착공식

defective 결함이 있는, 불완전한

impractical 비실용적인, 비현실적인

adhesive 접착제, 반창고, 점착성의

group discounted airfare
단체 할인 항공료

deluxe 호화스런, 사치스런

handicraftsman 수공예자, 수공업자

have a vaccination 예방주사를 맞다

follow up on ~을 끝까지 하다

grudgingly 억지로, 마음 내키지 않는

best deal 가장 싼 가격

frayed 닳아 헤진

50

casualty
[kǽʒuəlti]

ⓝ 사상자, 피해자; 재난

🔗 등산을 갈 때 캐주얼 티(셔츠)(→캐주얼티)를 입으면 재난을 당하거나 사상자가 되기 쉽다.(등산복을 입어야 안전하다)

📝 The guerrillas inflicted heavy **casualties** on the local population.
게릴라들은 지역주민들에게 많은 사상자가 생기게 했다.

sector
[séktə:r]

ⓝ 영역, 구역; 부채꼴

🔗 각각 다른 색으로 터(→섹터)를 구분하여 칠하면 영역이 분명해 진 다.

📝 The survey covers a wide range of industry **sectors**.
그 조사는 넓은 범위의 산업 부분을 포함한다.

trend
[trend]

ⓝ 경향, 추세(tendency)

🔗 어떤 트렌드(→트렌드)의 옷을 입는다는 것은 어떤 경향의 옷을 입는 것을 말한다.

📝 The data indicates a **trend** towards earlier retirement.
그 자료는 조기 퇴직에 대한 경향을 나타내 준다.

landmark
[lǽndmà:rk]

ⓝ 경계 표시, 지형지물; 획기적인 일

🔗 land(땅)에 있는 mark(표시)(→랜드마:크)가 바로 경계 표시임.

📝 The tower was once a **landmark** for ships.
그 탑은 한때는 배들에게 지형지물로 이용되었다.

📝 **landmarks** in history 역사상의 대 사건

scold
[skould]

ⓥ 꾸짖다(=blame), 야단치다 ⓥ praise 칭찬하다

🔗 사람의 마음을 썩(매우) cold(차갑게)(→스코울드) 하게 하는 것이 꾸짖는 것이다.

📝 He **scolded** his son for his carelessness.
그는 아들의 부주의함을 꾸짖었다.

thick
[θik]

n. 두꺼운, 짙은(dense) **ad.** 두껍두, 진하게 **반** thin 얇은

연상 호두 같이 씨(가) 크(→씨크)면 껍질도 두껍다.

예문 The wall is 6 inches **thick**.
벽은 6인치 두께이다.

ethnic
[éθnik]

a. 민족의, 인종의

연상 애쓴(=애를 쓴) 익(슾;이익)(→애쓰닉)이 있는 것이 민족의 일이다.

예문 There are several **ethic** religions in the country.
그 나라엔 몇몇의 민족 종교가 있다.

allot
[əlát / əlɔ́]

v. 할당하다; 정하다

연상 a(하나)를 lot(많은)(→어랏) 사람에게 주는 것이 할당하는 것이다.

예문 They **alloted** shares to employees.
그들은 종업원들에게 주를 할당했다.

파생 allotment **n.** 할당, 분배, 수당

allege
[əlédʒ]

v. 주장하다(assert), 진술하다

연상 "하늘을 날려는 연의 자유를 구속하는 것이 얼레지(→얼레지)!"라고 그는 주장했다.

예문 He **alleges** his innocence.
그는 무죄를 주장하고 있다.

파생 allegation **n.** 주장 진술

rally
[rǽli]

v. 다시 모이다[모으다] **n.** 대회, 집회; 자동차 경주

연상 죽음의 경주라 불리는 '다카르 랠리'(→랠리)는 국제 자동차경주다.

예문 He **rallied** the workers.
그는 노동자를 모았다.

ingredient
[ingríːdiənt]

n. 성분, 요소(factor); 재료

연상 ① 주식회사 'GF 인그리디언트'(→인그리:디언트)는 식품 재료를 공급 하는 회사다.
② in(안에) + 거리 뒤(gredi) + 언 터(ent)(→인그리:디언트) = 거리 뒤 안에 언 터의 성분은 흙과 수분이다.

예문 Health is the most import **ingredient** of human happiness.
건강은 인간의 행복을 이루는 가장 중요한 요소다.

cite
[sait]

v. 인용하다(quote); 열거하다   **n.** 인용문

연상 인터넷 사이트(site)(→사이트)를 인용하는 경우가 많다.

예문 Johnson usually **cites** many authorities to prove his views.
존슨은 자신의 의견을 증명하기 위해 많은 권위자들의 견해를 인용했다.

dip
[dip]

v. (액체 등에)담그다, 적시다

연상 무거운 물체를 액체에 담그면 **디입**(deep; 깊이)(→디잎) 내려간다.

예문 The waterfowl **dipped** into the sea.
물새가 바닷물에 살짝 몸을 담궛다.

takeover
[téikòuvəːr]

n. (지배권, 소유권 등의) 취득

연상 take(갖다) + over(~에 대한)(→테이크오우버:)= ~에 대한 권리를 갖는 것이 소유권을 취득하는 것이다.

예문 The company mase a **takeover** bid for the rival firm.
그 회사는 경쟁회사를 공개 매입했다.

파생 take over v. 양도받다, 접수받다

profound
[prəfáund]

a. 심원한, 깊은(deep)   **반** shallow 얕은

연상 Pro(프로) 선수들은 그들의 몸무게 단위인 **파운드**(pound)에(→프러파운드에) 심원한 관심을 가진다.

예문 She gave a **profound** sigh.
그녀는 깊은 한숨을 쉬었다.

streak
[striːk]

n. 줄, 선, 줄무늬   **v.** 줄, 무늬를 넣다

연상 줄무늬를 넣은 넥타이만 매고, 옷을 다 벗은 채 중앙선 따라서 걷는 **스트리:킹**(streaking)(→스트리:크)이 것이 한때 유행 했다.

예문 A **streak** of lightning forked across the sky.
한 줄기의 번개가 하늘을 가로 질러 갈라졌다.

shiver
[ʃívəːr]

v. (추위 등으로) 떨다(tremble)   **n.** 떨림, 전율

연상 눈비에 옷을 **쉬** 버리며(→쉬버) 추위에 떨게 된다.

예문 She **shivered** with cold.
그녀는 추위로 떨었다.

pop
[pɑp / pɔp]

v. 펑하는 소리를 내다; 펑 하고 터뜨리다

연상 펑하는 소리를 내어 튀긴 옥수수튀김이 **팝콘**(→팝)이다.

예문 The proper way to open champagne is not to let the cork **pop**.
삼페인을 따는 적절한 방법은 코크가 펑 소리 나지 않게 하는 것이다.

abolish
[əbáliʃ]

v. (제도 등을) 폐지하다

연상 멍청하고 어리석은 사람을 **어바리 씨**(氏)(→어바리쉬)라고 부르는 것을 **폐지했다**.

예문 We must **abolish** unnecessary punishments.
불필요한 형벌은 폐지해야 한다.

파생 abolition **n.** 폐지, 철폐

deteriorate
[ditíəriərèit]

v. (가치 등이) 떨어지다, 나빠지다; 악화시키다

연상 옛부터 그 마을은 뒤쪽에 방어물이 없이 **뒤**(가) **티어**(져) 있어서 **리어**(rear 마을 뒤에) 사는 **레이트**(rate 비율)(→디티어리어레이트) 가 **떨어지**고. 살기도 **나빠졌다**.

예문 The finest machine will **deteriorate** if it is not given good care.
아무리 정교한 기계라도 손질을 잘 안 해주면 성능이 떨어진다.

파생 deterioration **n.** 악화, 저하

aggressive
[əgrésiv]

a. 공격적인, 침략적인; 진취적인

연상 ① aggress(공격하다) + ive(형용사어미) = **공격적인**
② **a**(하나)의 **그래스**(grass, 풀)를 **입**(ive)(→어그레시브)**으로 공격했다.**(물어뜯어서)

예문 Watching violence on TV makes some children more **aggressive**.
TV에서 폭력 장면을 보는 것은 아이들을 더 폭력적으로 만든다.

파생 aggression **n.** 공격, 침범 aggress **v.** 공격하다

plank
[plæŋk]

n. 판자 **v.** 판자를 대다

연상 유럽 산간지역에 있었던 **프랭크**(→프랭크) 왕국의 주 생산품은 **판자** 가 아니었을까.

예문 Steak is sometimes **planked**.
스테이크는 판자 위에 얹어 놓고 구워내는 때도 있다.

nominate
[námənèit / nɔ́-]

v. (직위에) 임명하다, (후보로)지명 추천하다 ; (일시를)지정하다

연상 ① **no**(부정) + **min**(民, 백성) + **ate**(먹었다) = 귀족이 아닌 백성은 국가의 녹(봉) 을 먹지 못했다. 즉 관직에 **임명하지** 않았다.
② 옛날 왕이 어떤 사람을 어떤 직위에 **임명하면** 그 사람,즉 그 놈이, 네잇!(→노미네잇) 하면서 그 직위를 받았다.

예문 He was **nominated** as president of the company.
그는 그 회사의 사장으로 임명되었다.

파생 nominative **a.** 지명의 nomination **n.** 임명, 지명

structure
[strʌ́ktʃəːr]

n. 구조, 구성, 건축(물)

연상 고장 난 물 트럭, 즉 수(水) 트럭을 망치로 쳐(→스트럭쳐)서 구조를 바꾸다.

예문 He has studied the economic **structure** of korea.
그는 한국의 경제구조를 연구해왔다.

파생 structural a. 구조(상)의

---

administer
[ædmínistər]

v. 관리[통치]하다, 운영하다 ; (사무 등을) 처리하다

연상 정부로부터 권한을 얻어(서) minister(장관)(→어드미니스터)가 국 정을 관리하고, 운영한다.(미니스타(minister)가 장관이다)

예문 The country was **administered** by the British until recently.
그 나라는 최근까지 영국에 의해 통치되었다.

파생 administration n. 관리, 경영, 통치, 행정(기관)
administrative a. 관리상의, 행정상의

---

aggregate
[ǽgrigèit]

n. 합계~가 되다; 모이다, 모으다　**a.** [ǽgrəgit] 집합한, 총계의

연상 애(a)들이 거리(ggre) gate(동대문 같은 문)(→애그리게이트)에 모여 있는데 합계가 100명이 되었다.

예문 The money collected will **aggregate** $2000.
수금한 돈을 2000불이 될 것이다.

파생 aggregation n. 집단, 집합

---

stark
[staːrk]

a. (장소 등이)황량한, 썰렁한(bleak); 순전한

연상 가창력이 없는 스타들이 악(→스타:악)을 쓰는 공연장은 황량한 분위기다.

예문 The desert spreads **stark** on the horizon.
사막이 지평선 위로 황량하게 펼쳐져 있다.

---

norm
[nɔːrm]

n. 표준, 기준(standard), 모범, 규범

연상 놈(者: 사람)(→노옴)이 만물의 표준이고 기준이다.(인간은 만물의 척도다)

예문 He is not familiar with our social **norm**.
그는 우리의 사회 규범에 익숙하지 않다.

---

pity
[píti]

n. 동정(sympathy); 유감　**v.** 불쌍히 여기다　**반** cruelty 학대

연상 피 튀도록 싸우거나 군대에서 피티 체조(PT=physical training) →피티)하는 동료를 동정한다.

예문 It is a **pity** to lose such a chance.
그런 기회를 놓치다니 유감이다.

mediate
[mí:dièit]

v. (논쟁 등을) 중재[조정]하다 **a.** [mi:di:t] 중개의, 조정의

연상 광고물을 한 미디어(media)업체가 다 ate(먹었다)(→미:디에이트)면 중재하는 것이 필요하다.

예문 The government **mediated** the strike.
정부가 그 파업동맹을 중재했다.

파생 mediation **n.** 조정, 중재

---

squad
[skwɑd / skwɔd]

n. 반(班), 분대; 일단(一團), 대(隊), 팀.

연상 개인보다 스코아(score) 더(→스콰드) 얻을 수 있는 것이 팀이고 (선수) 단이다.

예문 We are sending a large **squad** to the upcoming Olympic Games.
우리는 이번 올림픽에 대규모 선수단을 파견한다.

---

legitimate
[lidʒítəmit]

a. 합법적인, 적법한(legal) **v.** 합법화하다

연상 ① 그 경기 주최측은 경기에 참가한 다방 레지팀이 ate(먹은)(→리지터밑) 것을 합법화 해 주었다.(무료로 먹은 것을)
② 내 친구, 레지 티 나는 mate(친구)(→리지터밑)는 늘 합법적인 행동을 한다.

예문 I don't think abortion ought to be **legitimate**.
나는 낙태가 합법화되어선 안 된다고 생각한다.

파생 legitimacy **n.** 합법, 적법

---

retort
[ritɔ́:rt]

v. 말대꾸하다. 반박하다 **n.** 말대꾸, 반박

연상 어른들이 사는 시골마을, 리(里)에서 말에 토(→리토:트)를 다는 것이 바로 말대꾸하는 것이다.

예문 I **retorted** an arguments against him.
나는 그의 주장에 반박했다.

---

authority
[əθɔ́:riti]

n. 권위, 권한; (pl) 당국

연상 권위있는 사람에게선 야생동물인 오소리 티(→어쏘리:티)가 난다?

예문 He is an **authority** on grammar.
그는 문법의 권위자다.

파생 authorize **v.** 권한을 주다 authoritative **a.** 권력 있는

---

transmit
[trænsmít]

v. 보내다; 전하다; (병을) 옮기다, (빛, 열등을) 전도하다.

연상 전기는 트랜스(변압기) 밑(→트랜스밑)에서 위로 보내지고, 전해진다.

예문 Flies **transmit** disease.
파리는 병을 옮긴다.

파생 transmission **n.** 전염, 전도; 변속기

---

spell
[spel]

n. 주문(呪文); 마력; 한참동안 **v.** 철자하다; 주문을 걸다

연상 마술사는 이상한 스펠(→스펠)의 철자를 써서 주문을 걸었다.

예문 cast a **spell** on a person.
아무에게 주문을 걸다.

toll
[toul]

n. 통행료, 통행세 **v.** (조종)을 울리다

연상 교도소로 통행료를 받는 톨게이트(→토울)에서 차가 지나갈 때마다 종이 울린다.

예문 For whom the bell **toll**?
누구를 위하여 종은 울리나?

preside
[prizáid]

v. (회의 등에서) 의장[사회]을 하다

연상 pre(=앞에) + side(=쪽)(→프리자이드) = 회의장 앞에 나가서 의장을 한다.

예문 Who will **preside** at the meeting?
누가 그 모임의 사회를 볼까?

파생 president **n.** 사장, 회장 presidency **n.** 대통령직

UNIT 05 TEST

[1~12] 보기에서 영어에 해당되는 우리말을 찾아 쓰시오.

1. trend _____
2. ethnic _____
3. allege _____
4. allot _____
5. casualty _____
6. ingredient _____
7. rally _____
8. adjourn _____
9. stark _____
10. sector _____
11. recruit _____
12. nominate _____

[보기] ① 민족의 ② 사상자 ③ 영역 ④ 임명하다 ⑤ 신병을 모집하다 ⑥ 경향
⑦ 할당하다 ⑧ 성분 ⑨ 황량한 ⑩ 폐회하다 ⑪ 대회 ⑫ 주장하다

[13~17] 다음 빈칸에 들어갈 적절한 어휘를 고르시오.

13. United Nations officials have _____ a series of peace meetings between the two sides.

14. The plan calls for the UN to _____ the country until elections can be held.

15. England have beaten the Welsh three times in succession with an _____ score of 83-12

16. Her remark drew angry _____ from the unemployed workers.

17. Satellites are also used to _____ data around the world.

[보기] ① administer ② aggregate ③ transmit ④ mediated ⑤ retorts

[18~21] 다음 빈칸에 들어갈 적절한 어휘를 고르시오.

18. Foreign exchange controls were largely _____.

19. The unrest rapidly _____ into civil war.

20. He _____ at the thought of having to run for election.

21. Some children are much more _____ than others.

[보기] ① deteriorated ② abolished ③ aggressive ④ shivered

[정답] 1.⑥ 2.① 3.⑫ 4.⑦ 5.② 6.⑧ 7.⑪ 8.⑩ 9.⑨ 10.③ 11.⑤ 12.④
13.④ 14.① 15.② 16.⑤ 17.③ 18.② 19.① 20.④ 21.③

Further Study

bicycle rack 자전거 보관소

get established

~에 정착하다, ~에 자리를 잡다

bill of sale 구매 영수증

house (물품을)저장하다; (사람을)수용하다

housing 주택, 주택 공급

ideal candidate 지원 적합자

hotelier 호텔 경영자(=hotelkeeper)

accrue (이익 등이 자연 증가로)생기다

acquaint A with B

A에게 B를 알리다, 숙지시키다

be closed to all vehicles[traffic]

차량 출입이 금지되다

current challenge 당면과제

cut back on cost 비용을 줄이다

be the last person to do

절대 ~하지 않을 사람이다

unveil 밝히다, 벗기다

vent 분출구, 배출구

take down 받아 적다

in-flight personnel 기내 승무원

home-based 국내 기반의

blood donor 헌혈자

insurance policy 보험정관

blow around 이리저리 날리다

be effect 실행되다

interpersonal relationship 대인관계

job fair 작업박람회

job title 직함

justifiable 정당한, 지당한

keep track of (진전, 상황 등을) 계속 알고 있다.

transnational

초국가적인, 다국적(多國籍) 기업의

be clear about ~을 명확히 이해하다

unauthorized

권한이 없는, 독단적인, 허가받지 않은

water-soluble paint 수성 페인트

be insured 보험에 들어 있다

centennial 100년마다의, 100년제의

take effect 효과를 보이다, 발효하다

dilapidated 황폐한, 허물어질 것 같은

Unit 6
chamber

chamber
[tʃéimbər]

n. 방, 응접실; 회의소

연상 체임버 뮤직(→체임버)은 원래 대공연장이 아닌 방에서 하는 실내악이었다.

예문 Millions died in the gas **chambers** in the war.
전쟁 중에 수백만 명이 가스실에서 죽었다.

---

complement
[kámplimənt / kɔ́m-]

n. 보충, 보완 **v.** 보충하다

연상 요즘 문제를 com(컴퓨터)로 풀이하는 ment(멘트)(→캄프리먼트)가 바로 인터넷 보충 수업, 인강이다.

예문 The dishes on the menu **complement** each other perfectly.
식단의 음식들은 서로서로 아주 잘 보완한다.

파생 complementary a. 보충의

---

alert
[əlé:rt]

a. 주의 깊은(watchful), 방심 않는 **n.** 경계

연상 전선에서 주의 깊은, 경계를 할 때 얼을 놓지 말라고 '얼(정신)을 넣어!'(→얼러엇)라고 상관이 말한다.

예문 The security forces are now on full **alert**.
보안부대는 지금 빈틈없이 경계하고 있다.

---

stoop
[stu:p]

v. 몸을 구부리다(bend), 허리를 굽히다 **n.** (몸을)구부림

연상 스튜(stew 요리)를 먹던 아이가 갑자기 "웁!"(→스투웁)하는 소리를 냈는데 그것은 그가 몸을 구부렸기 때문이다.

예문 He **stooped** down suddenly.
그는 갑자기 허리를 굽혔다.

---

advocate
[ǽdvəkèit]

v. 주장하다, 옹호하다 **n.** [ǽdvakit] 주창자 옹호자

연상 변호사 애드버씨는 케이트(→애드버케이트)군의 실수를 옹호했다

예문 He **advocated** abolishing class distinctions.
계급차별의 철폐를 주장했다.

파생 advocator n. 옹호자, 주창자

plunge

[plʌndʒ]

v. 뛰어들다, 찌르다 **n.** 뛰어 들어감

연상 그는 푸른 지(池;저수지)(→프런지)에 뛰어 들었다.

예문 He **plunged** into the water.
그는 물에 뛰어들었다.

---

undermine

[ʌndərmáin]

v. (건강 등을) 훼손시키다(ruin); ~의 밑을 파다

연상 under(아래에서) + mine(굴을 파다)(→어더마인)= 아래에서 (굴을) 판다는 것은 그것을
훼손시키는 것이다.

예문 The sea had **undermined** the cliff.
바닷물이 벼랑 밑을 침식시켰다.

---

pledge

[pledʒ]

n. 서약(vow); 보증; 저당 **v.** 서약하다; 보증하다

연상 예전에 사람들이 사랑을 서약, 보증했던 것은 풀에지(→프레지), (풀처럼 푸른 마음 변치
말자고, 풀 반지 끼워주며 …)

예문 He **pledged** his honor.
그는 명예를 걸고 서약했다.

---

vulnerable

[vʌ́lnərəbəl]

a. 상하기 쉬운, (상처, 공격 등을) 받기 쉬운

연상 이곳 바닷물에 발을 넣어 너불(→발너러블)거리면 몸이 상하기 쉽다.(상어, 바다 뱀 등이
있기 때문)

예문 She always find other person's **vulnerable** point.
그녀는 언제나 다른 사람의 약점을 찾아낸다.

---

deficit

[défisit]

n. 부족(액); 적자 불리한 입장[조건]

연상 차에 알짜가 아닌 큰 껍질, 즉 대피(大皮)을 싣고(→대피싯) 있으니 사업이 적자, 부족일
수밖에 없다.

예문 The US trade **deficit** ballooned to a record $167 billion.
미국의 무역적자가 갑자기 늘어나서 1,670억 달러로 기록되었다.

---

tackle

[tǽkəl]

v. 맞싸우다, (일 따위에) 달려들다 **n.** 태클

연상 축구에서 맞싸우거나, 다려드는 것이 태클(→태컬)하는 거다.

예문 He **tackled** the thief fearlessly.
그는 겁 없이 도둑에게 달려들었다.

insular
[ínsələr]

a. 섬의; 섬나라 근성의, 편협한

연상 지금 제일 먼저 인술(=의술)을 넣어(→인술러) 주어야 하는 곳이 섬의 지역이다.

예문 What is the **insular** population?
그 섬의 인구가 얼마인가?

파생 insularism **n.** 편협함, 섬나라 근성

counterpart
[káuntərpà:rt]

n. 상대물; 한 쌍의 한쪽

연상 식당의 counter(카운터) part(부분)(→카운터파앗)의 일을 맡아 보 는 사람은 주로 남자 주인의 상대자인 여자 주인이다.

예문 The **counterpart** of man is woman.
남자와 짝을 이루는 것은 여자다.

stingy
[stíndʒi]

a. 인색한(miserly); 부족한(scare)

연상 어떤 자리에 서(서) 틴(tin : 깡통)을 등에 지고(→스틴지) 있다면 뭔가 부족하고 인색해 보일 것이다.

예문 She is too **stingy** to give money to her children.
그녀는 너무 인색해서 아이들에게 돈을 주지 않는다.

scorn
[skɔːrn]

n. 경멸, 경멸의 대상   **v.** 경멸하다, 비웃다

연상 ① 그는 비꼬아 쏙 (비)꼰(→스코온) 말을 하면서 나를 경멸했다.
② 길에 서(서) corn(옥수수)(→스코온)을 먹으면 사람들이 경멸해!

예문 I felt **scorn** for him.
나는 그에게 경멸감을 느꼈다.

파생 scornful **a.** 경멸적인

intervene
[ìntərvíːn]

v. 사이에 들다; 방해가 되다; 중재하다

연상 inter(사이, 중간)가 빈(→인터비인) 곳에는 어떤 것이 그 사이에 들어와 방해가 되거나 간섭을 하기 쉽다

예문 I will see you tomorrow, should nothing **intervene**.
별일이 없으면 내일 뵙겠습니다.

파생 intervention **n.** 사이에 들어감 ; 중재 ; 간섭

version
[və́ːrʒən]

n. - 판, 형태

연상 그 연극은 주인공이 옷을 벗은(→버:전) 극의 형태, 즉 버전을 취했다.

예문 That is the English **version** of the Bible.
그것은 영역 성서이다.

stern
[stə:rn]

ⓐ 엄격한, 엄한(severe) **ⓝ** (배의) 선미 **ⓟ** gentle. 부드러운

연상 탐험가 리빙 스턴(→스터언)은 자신과 단원들에게 엄격한 사람이었다.

예문 He is **stern** to himself.
그는 자신에게 엄격했다.

will
[wil]

ⓝ 의지, 유언(장)

연상 ① 의지 미래조동사 will(~할 것이다)의 명사로는 의지다.

② 어떤 사람이 죽은 뒤에 재산을 어떻게 will(~할 것이다)라고 적어 노은 것이 유언장이다.(유언장은 미래에 효력이 있다)

예문 You may go or stay at **will**.
가든지 있든지 맘대로 해라

파생 willful **a.** 고의적인 willing **a.** 기꺼이 ~하는

integrate
[íntəgrèit]

ⓥ 통합하다. 전체로 모으다; 조정하다

연상 어떤 것 inter(중간으로) 들어가서 더 큰(great)(→인터그레잇) 것으로 되는 것이 통합하는 것이다.

예문 He usually **integrates** ideal with reality.
그는 보통 이상과 현실을 통합한다.

파생 integration **n.** 통합, 완성

implement
[ímpləmənt]

ⓝ 도구, 기구(instrument) **ⓥ** 시행하다.

연상 어떤 문제를 사랑하는 임이 풀어 멘트(ment)(→임프러먼트)할 때(설명할 때) 마이크나 흑판 같은 도구가 필요하다.

예문 These policies have never been fully **implemented**.
이 정책들은 잘 시행되지 않았다.

예문 agricultural **implements** 농기구 writing **implement** 필기도구

foam
[foum]

ⓝ 거품 **ⓥ** 거품이 일다(bubble)

연상 짧은 순간에 가장 멋진 폼(form, 포옴)(→포움)이 거품이다.

예문 She gave me a glass of beer with a good head of **foam**.
그녀는 나에게 거품이 가득한 맥주잔을 건넸다.

fabric
[fǽbrik]

ⓥ 직물, 천; 구조

연상 폐(못쓰게 된) 블릭(brick; 벽돌)(→패블릭)으로 직물을 만들 수도 있을 것이다.(잘 연구하면)

예문 The **fabric** is woven on these machines.
그 천은 이 기계로 짜여 진다.

파생 fabricate **v.** 제조하다, 조립하다

spur
[spəːr]

n. 박차, 자극 **v.** 박차를 가하다

연상 슈퍼모델, 슈퍼 선수 등, 어떤 분야에서 뛰어나 슈퍼(super)(→스퍼:)가 되기 위해선 자신의 일에 박차를 가해야 한다.

예문 Ambition **spurred** him to success.
야심이 그를 다그쳐 성공케 했다.

anguish
[ǽŋgwiʃ]

n. (심신의) 고통, 고민(agony)

연상 그는 원귀, 앵벌이 같은 귀신, 앵귀가 씌(→앵귀쉬)어서 고통 받고 있다.

예문 He suffered the **anguish** of watching his son go to prison.
그는 아들이 감옥에 가는 것을 보아야 하는 고통을 겪었다.

shed
[ʃed]

v. (눈물 등을)흘리다 **n.** 오두막

연상 마치 눈물을 흘리듯이 물통에서 물이 새더(→쉐드)라!

예문 They **shed** their blood for their country.
그들은 나라를 위해서 피를 흘렸다.

via
[váiə]

pre. ~을 지나서, ~ 을 경유하여

연상 외국 **바이어**(buyer:구매자)(→바이어)들은 보통 어떤 곳을 경유하여 목적지로 간다.(다른 곳의 물건과 비교해 보기 위해서)

예문 He flew to paris **via** London.
그는 비행기로 런던을 경유하여 파리에 갔다.

equivalent
[ikwívələnt]

v. 동등한(equal); (역할등이) ~에 상당한 **n.** 동등한 것, 상당한 것

연상 이 퀴퀴한 감방에서 받는 벌은(→이퀴벌런(트)) 죄지은 사람에게 주어지는 동등한 벌이다.

예문 What is one dollar **equivalent** to in Korean won?
달러는 한국의 원화로 얼마에 해당하는가?

premier
[primíər]

n. (영국, 일본 등의) 수상(prime minister) **a.** 가장 중요한

연상 손흥민이 뛰고 있는 영국 프리미어(→프리미어) 리그는 영국에서 가장 중요한 축구 리그다. 그래서 수상도 팬이다

예문 He is one of **premier** chefs in the hotel.
그는 그 호텔의 주 요리사 중에 한 사람이다.

chop
[tʃɑp]

v. 자르다, 썰다 **n.** 절단

연상 칼로 물건을 자를 때는 마음이 **찹찹**(→찹) 해야 한다. 그래야 다치지 않는다.(찹찹한; 마음이 가라앉아 조용한)

예문 He **chopped** the wood with an ax.
도끼로 나무를 자르다.

grace
[greis]

n. 우아, 고상; 친절; 은혜

연상 ① 모나코의 왕비가 된 미국의 여배우 그레이스 케리(→그레이스)는 우아함의 상징이었어.
② 그 피겨스케이팅 선수의 그 **race**(경주)(→그레이스)는 **우아**했어.

예문 The temple is permeated with **grace** and elegance.
그 사원은 우아함이 넘쳐나고 있다.

파생 graceful **a.** 우아한 gracious **a.** 상냥한, 우아한

fiscal
[fískəl]

a. 국고의 ; 재정(상)의 **n.** 수입인지

연상 활짝 피어서 크게 될, 피(어)서 클(→피스클) 것을 바라는 것이 나라 국고의, 재정의 꽃이다.

예문 Our company's **fiscal** year ends in December.
우리 회사의 회계연도는 12월에 끝난다.

indulge
[indʌ́ldʒ]

v. (욕망 등에) 빠지다, 탐닉하다, 제멋대로 하게 하다

연상 욕망에 빠지면 인간은 애가 달거나 몸이 달지, 다시 말해 인(人;사람)이 달지(→인달지)!

예문 He **indulges** in drinking.
그는 술에 빠져 있다.

파생 indulgence **n.** 탐닉, 방종

pit
[pit]

n. (땅의)구덩이, 구멍 ; (물건 등이) 우묵한 곳 **v.** 구덩이를 파다

연상 땅 아래로 몇 피트(→피트) 파인 곳이 구덩이다.

예문 The ground has been **pitted** by the bombing.
지면에는 폭격으로 구멍이 나 있었다.

decompose
[dìːkəmpóuz]

v. (성분·요소로) 분해시키다; 분해하다, 썩다

연상 어떤 사물을 D급으로 **compose**(구성한)(→디ː포우즈) 것은 분해시키기 쉽다.

예문 The bacteria **decompose** the impurities into a gas and solids.
그 박테리아는 불순물을 기체와 고체로 분해시킨다.

composite
[kəmpázit, kɑm-]

a. 혼성[합성]의 **n.** 합성[복합, 혼합]물;

연상 compose(구성하다) + site(장소)(→컴파짓) = 몇 곳의 장소를 구성하면 **합성**의 장소가 된다.

예문 The photograph was a **composite** of dozens of pictures put together
그 사진은 수십 장의 사진을 합친 합성 사진이다.

empire
[émpaiər]

n. 제국, 통치권

연상 미국 엠파이어 스테이트 빌딩은 제국주의 상징이라고 말하는 사람 도 있다.

예문 The mighty **empire** finally crumbled.
그 막강한 제국은 마침내 멸망했다.

파생 emperor **n.** 황제

renowned
[rináund]

a. 유명한, 명성 있는(famous)

연상 시골마을 리(里)가 now(지금은) 더(→리나운드) **유명한** 곳이 되었다.(관광지로 개발되어)

예문 Korea is **renowned** for its ginseng.
한국은 인삼으로 유명하다.

파생 renown **n.** 영명, 명성(=fame)

surplus
[sə́:rplʌs]

n. 과잉(excess), 잉여 **a.** 과잉의 **반** deficit 부족

연상 어떤 것에 사람들이 서서 플러스(→서:플러스)를 하니 그 물건 이 과잉이 될 수밖에

예문 The country's **surplus** food was used to aid poor countries.
그 나라의 잉여식량은 가난한 나라에 원조로 보내졌다.

pull
[pul]

v. 잡아 당기다(=draw), 뽑다 **n.** 당김

연상 풀(→풀)은 보통 잡아 당겨서 뽑는다.

예문 He **pulled** the rope.
그는 밧줄을 잡아 당겼다.

abnormal
[æbnɔ́:rməl]

a. 비정상적인(unusual), 변칙적인 **반** normal 정상적인

연상 ① 불륜에 빠진 정부, 즉 애부(愛夫)놈을(→애브노:멀) **비정상적**이라 한다.
② 휴대폰 앱만 사용하고 no 말(→앱노:멀) (말은 하지 않으면) **비정상적**이다.

예문 It is **abnormal** to eat so much.
그렇게 많이 먹는 것은 비정상적이다.

risk
[risk]

n. 위험(=danger), 모험　**v.** 위태롭게 하다

연상 그는 시골마을인 리(里)(에)서 커(서)(→리스크) **위험**을 많이 겪었다.(리에는 멧돼지, 늑대 등이 나와서 위험하다)

예문 He was prepared to **risk** everything in order to achieve his ambition.
그는 자신의 야망을 성취하기 위해 어떤 위험도 무릅쓸 태세가 되어 있다.

파생 risky a. 위험한

wonder
[wʌ́ndəːr]

n. 놀라움(=marvel)　**v.** 놀라다 ; 궁금해 하다

연상 원더 걸스(→원더:)은 놀라움을 보여주는 소녀들이다.

예문 I **wonder** what made him angry.
그가 왜 화가 났는지 궁금하다.

파생 wonderful a. 놀라운, 이상한

UNIT 06 TEST

[1~12] 보기에서 영어에 해당되는 우리말을 찾아 쓰시오.

1. stoop _____
2. advocate _____
3. alert _____
4. deficit _____
5. complement _____
6. insular _____
7. vulnerable _____
8. abnormal _____
9. plunge _____
10. capture _____
11. anguish _____
12. pledge _____

보기 ① 상하기 쉬운 ②(심신의) 고통 ③보충 ④ 주의 깊은 ⑤ 몸을 구부리다 ⑥주장하다
⑦ 비정상적인 ⑧ 사로잡다 ⑨ 서약 ⑩ 뛰어들다 ⑪ 부족(액) ⑫ 섬의

[13~17] 다음 빈칸에 들어갈 적절한 어휘를 고르시오.

13. Few people have large sums of _____ cash.

14. The area is _____ for its Romanesque churches.

15. She was free to _____ in a little romantic daydreaming.

16. That is an example of poor _____ management.

17. Even the cheapest car costs the _____ of 70 years' salary for a government worker.

보기 ① fiscal ② equivalent ③ renowned ④ surplus ⑤ indulge

[18~21] 다음 빈칸에 들어갈 적절한 어휘를 고르시오.

18. She sometimes _____ crocodile tears on that issue.

19. It's the money that _____ these fishermen to risk a long ocean journey in their flimsy boats.

20. He didn't _____ successfully into the Italian way of life.

21. The water curved round the rocks in great bursts of _____ .

보기 ① spurs ② foam ③ shed ④ integrate

Further Study

tripod 3각대

unattended 내버려둔, 방치한

keynote speaker 기조 연설자

labor dispute 노동 쟁의, 노사 분규

be doing well (사업이)호조를 보이다

at the construction site 건설 현장에서

leave ~ up to ··· ···에게 ~의 결정권을 주다

account number 계좌번호

unpack one's suitcase 가방 짐을 풀다

be fed up with ~에 지치다, 지겨워하다

lax 엄격하지 못한, 느슨한

in the event of 만약 ~의 경우에는

lay off 해고하다, 실직시키다

be going on (일 · 공사가)진행 중이다

dietician 영양사

keep on top of ~의 선두를 유지하다.

disbursement 지불, 지출

in six phases 여섯 단계로

forgery (문서 · 지폐의)위조

be made public 발표하다

four and under 4세 이하

grueling 힘든, 녹초로 만드는

generate a report 보고서를 작성하다

hold up 방해하다

fraudulent 사기의

get back from ~에서 돌아오다

lakefront 호반

landscaping firm 조경 회사

have other commitments
다른 업무들이 있다

in the format of ~형식으로

legal implications 법률관계

lose ground 기반이나 토대를 알다

lubricant 윤활유, 윤활제

make a move 조치를 취하다

in commemoration of ~
기념하여, ~의 기념으로

embark

[imbáːrk / em-]

v. 승선하다; (일을)착수하다; (배, 비행기에) 태우다

반 disembark. 양륙하다. 착륙하다.

연상 사람들은 보통 시간에 임박(→임바악)해서야 차나 배에 승선하다.

예문 Passengers are waiting to **embark** on the ship.
승객들이 배에 승선하려고 기다리고 있다 .

means

[miːnz]

n. 수단, 방법(measures) ; 재산

연상 ① mean(의미하는) 것들(-s)(→미인즈)이 많으면 그것을 이해하는 수단, 방법이
필요하다.
② 삶에서 mean(의미하는) 것들(-s)(→미인즈)이 많은 것이 재산이다.

예문 We will use every possible **means** to achieve our objective.
우리는 목표를 달성하기 위해 가능한 모든 수단을 다 이용할 것이다.

파생 meaning n. 의미 meaningful a. 의미심장한
mean 의미하다 : (수)평균의, 중간의; 비열한

miser

[máizər]

n. 수전노, 구두쇠(scrooge)

연상 그 구두쇠는 무엇이든 많이 줘(→마이저)라고 한다.

예문 He is known as a **miser**.
그는 구두쇠로 알려져 있다.

affair

[əféər]

n. 일(matter), 사건(occurrence), 관심사

연상 어, 땅이 패어(→어페어)서 일(사건)이 생겼군. 사람들의 관심사가 되겠어.

예문 a love **affair** 연애사건

예문 Mind your own **affairs**.
너 할 일이나 해라.

canopy

[kǽnəpi]

n. 닫집; 닫집 모양의 덮개[차양];
하늘; (항공) (조종석의 투명한) 덮개; 낙하산의 갓

연상 캔(can;양철통) 높이(→캐너피) 크기의 저것이 닫집, 닫집 모양의 덮개란 말인가?

예문 The lioness was sitting beneath a **canopy** of branches.
그 암사자는 가지가 우거진 것 아래 앉아 있었다.

afflict
[əflíkt]

v. 괴롭히다, 고통을 주다(distress)

연상 a(하나의) 물건에서 뿌릭 뿌릭(→어프릭(트)하는 소리가 난다면 사람을 괴롭힌다.

예문 He was **afflicted** with an optical disorder.
그는 눈병을 앓고 있다.

파생 affiction n. 고통, 고난

repay
[ri:péi]

v. (돈을) 갚다(pay back) ; (은혜를) 갚다

연상 시골 마을 리(里)에서 pay(지불하는)(→리:페이) 돈은 주로 빚을 갚는데 쓰인다.(시골엔 갚아야 할 빚이 많기 때문에)

예문 I **repaid** the money to him.
나는 그에게 돈을 갚았다.

abhor
[æbhɔ́ːr]

v. 몹시 싫어하다(detest)

연상 공부시간에 휴대폰 앱을 보면서 호-호(→애브호:) 웃는 학생을 선생님들은 몹시 싫어한다.

예문 He **abhorred** telling lies.
그는 거짓말하기를 매우 싫어한다.

파생 abhorrence n. 혐오

compass
[kΛmpəs]

n. 범위(extent), 나침판, 둘레; **n.** 컴퍼스 **v.** 둘러싸다

연상 수학시간에 쓰는 컴퍼스(→컴퍼스)는 나침판과 마찬가지로 일정한 범위의 둘레를 둘러싸는 원을 그리는데 사용된다.

예문 With a **compass**, you can draw circles on the paper.
컴퍼스를 가지고 종이 위에 원을 그릴 수 있다.

tactics
[tæktiks]

n. 전술(학), 작전

연상 그 나라 국경지역의 집에, 즉 택(宅; 집)에 티크(목재)를 써(→ 택틱스)서 적의 총알을 막는 전술을 세웠다.

예문 Strategy wins wars, **tactics** wins battles.
전략은 전쟁을 이기게 하고, 전술은 전투를 이기게 한다.

파생 tactical 전술적인

executive
[igzékjətiv]

n. 집행부; 행정부; 중역 ; 집행관 **a.** 행정(상)의, 실행의

연상 고급 호텔마다 있는 이그제큐티브 룸(→이그젝큐팁)은 소규모 행사 를 주최하는 집행부가 사용할 수 있도록 만든 방이다,

예문 He is a chief **executive** in a computer firm.
그는 컴퓨터 회사의 최고 경영자다.

파생 execute v. 실시하다. 집행하다 execution n. 실행, 집행

species
[spíːʃi(ː)z]

n. 종류, (생물의)종(種)

연상 산림당국에선 숲이 쉬지(→스피:쉬즈) 않는(푸른 잎이 쉬지 않고 피는) 품종을 공원에 심었다.

예문 He wrote the famous book -The origin of **species**.
그는 유명한 책– 종의 기원을 썼다.

ritual
[rítʃuəl]

n. 의식(ceremony); 예절, 관례

연상 도시가 시골마을 리(里)를 추월(→리추얼)할 수 있는 것은 제례 같은 의식의 변화이다.(시골 의식은 변화가 느리기 때문에)

예문 We see reason for this **ritual**.
이런 의식이 무슨 소용 있느냐.

forge
[fɔːrdʒ]

v. (철 따위를) 불에 달구어 만들다, 벼리다; 위조하다.

n. 용광로(=furnace)

연상 옛날에 용광로에서 쇠를 벼리어 만들었던 것이 주로 전쟁용 포지(→포:지)(대포지)!(옛날 쇠의 용도는 주로 무기 제조였다)

예문 She **forged** his signature on the check.
그녀는 그 수준에 그의 사인을 위조했다.

woo
[wuː]

v. 구애하다; 간청하다; (명성 따위) 얻으려고 노력하다

연상 동물들이 상대를 보고 "우-우-"(→우:)하는 소리를 내는 것은 구애하거나 간청하는 표시다.

예문 He **wooed** her for months with flowers and expensive presents.
그는 몇 달 동안 꽃과 값비싼 선물로 그녀에게 구애했다.

brim
[brim]

n. (접시 따위의)가장자리, (모자 등의)테두리   **v.** (넘치도록)가득 차다,

연상 물이나 술이 컵의 가장자리에 넘치도록 가득 차면 결국 넘치는 것만큼 버림(→브림)을 뜻한다.

예문 He was **brimming** over with health and spirits.
그는 원기가 넘쳐흘렀다.

assort
[əsɔ́ːrt]

v. 분류하다(classify); 어울리다, 조화되다(math)

연상 ① 하나씩(a) 종류(sort)(→어소옷)를 나누는 것이 분류하는 것이다.
② 솥 공장에선 a(하나)씩 솥(→어소옷)을 분류해서 판매한다.

예문 It well **assorts** with his character.
그것은 그의 성격에 잘 어울린다.

파생 assortment n. 분류, 구분: 일치

sway
[swei]

v. 좌우로 흔들다; 흔들리다(swing) **n.** 흔들림, 동요

연상 수로(水路), 즉 수(水) way(길)(→스웨이)는 파도 때문에 늘 흔들린다.

예문 His speech **swayed** the audience.
그의 연설은 청중들의 마음을 뒤흔들었다.

autonomy
[ɔːtánəmi / -tɔ́n]

n. (의지, 행동 등의) 자주(성), 자율(성); 자치, 자치권, 자치단체

연상 자동차의 자동기어인 오토(auto) 놈이(→오:토너미)(그 물건이) 가장 자율성을 가진 놈이다.

예문 They demanded the **autonomy** for the region.
그들은 그 지역의 자치권을 요구했다.

파생 autonomous **a.** 자주적인; 자치의

austere
[ɔːstíər]

a. 엄한, 엄격한(stern); 검소한, 금욕적인

연상 성직자들은 더러운 오수가 튀어(→오:스티어) 몸을 버리지 않도록 엄격한, 금욕적인 생활을 했다.

예문 The priests lend an **austere** life.
성직자들은 금욕적인 생활을 한다.

파생 austerity **n.** 금욕(생활); 엄숙, 위엄

fascinate
[fǽsənèit]

v. 매혹하다, 황홀하게 하다(charm)

연상 못 쓰게 된 배, 즉 패선을 이용해서 만든 식당, 패선에서 ate(먹었던)(→패서네잇)것이 나를 매혹했다.

예문 The visitors were **fascinated** by the flowers in his garden.
방문객들은 그의 정원에 있는 꽃을 보고 황홀해졌다.

파생 fascination **n.** 매혹, 황홀 fascinating **a.** 매혹적인

bustle
[bʌ́sl]

n. 야단법석, 웅성거림 **v.** 붐비다, 북적대다

연상 버슬(=버스를)(→버슬) 타면 사람들이 북적대고, 야단법석이다.

예문 She was **bustling** about preparing the dinner.
그는 식사를 준비하느라 법석을 떨고 있다.

pint
[paint]

n. 파인트(액량의 단위, 0.47리터(미), 0.57리터(영)

연상 영국 대중술집 pub에 가면 맥주잔에 1파인트를 나타내는 파인 터(홈)(→파인트)가 있다.

예문 Do you want to go for a **pint** later?
뒤에 맥주 한 파인트 하러 갈까요?

compulsory
[kəmpʌ́lsəri]

a. 강제적인; 의무적인, 필수의

연상 앞으로는 많은 작업장에서 **강제적인** 규정을 두어 컴퓨터를 움직이는 팔(로보트 팔). 즉 com(컴퓨터) 팔을 쓰리(→컴팔스리)라!

예문 It is **compulsory** for all motorcyclists to wear helmets.
오토바이를 타는 사람들은 모두가 의무적으로 헬멧을 써야 한다.

파생 compulsion **n.** 강제; 강박현상

---

dole
[doul]

n. 시주, 분배; 실직수당 **v.** (가난한 사람들에게) 나누어주다

연상 어려운 사람을 도울(→도울) 방법으로 **시주**하거나 **실직수당**을 **나누어주는** 것이다.

예문 He has been on the **dole** for a year.
그는 1년 동안 실업 수당을 받고 있다.

---

mar
[mɑːr]

v. 손상[훼손]시키다(=spoil) **n.** 손상, 손해

연상 마(麻: 대마)(→마:), 즉 대마(초)는 인체를 **손상시킨다**.

예문 You **marred** what I was doing.
너가 내 일을 망쳐 놓았다.

---

insert
[insə́ːrt]

v. ~를 삽입하다 ;~에 기입하다, 써넣다 **n.** 삽입물

연상 빈틈에 어떤 물건을 **삽입**하니 그 in(안에)들어가서 섰다(→인서엇)

예문 He **inserts** a key into a lock.
그는 자물쇠에 열쇠를 꽂는다.

---

rave
[reiv]

v. 헛소리를 하다; 사납게 날뛰다; 열심히 이야기하다

연상 나는 찬구에게 내의 버려(→래이버)하는 **헛소리**를 했다.

예문 You have been **raving**!
헛소리만 하고 있군!

---

ominous
[ámənəs / ɔ́m-]

a. 불길한, 나쁜 징조

연상 누군가가 그 음식에 아, 뭐 넣어서(→아머너스) **불길한** 일이 일어 날 것 같아!(혹시 독극물을?)

예문 It was **ominous** of evil.
그것은 불길한 일의 징조였다.

reinforce
[rìːinfɔ́ːrs]

v. 강화하다, 보강하다

연상 시골 마을 리(里) in(안에) force(힘)(→리ː인포ː스)을 넣어 농촌 경제력을 강화했다.

예문 Such remarks tend to **reinforce** racial stereotypes.
그러한 말은 인종에 대한 고정관념을 강화하는 경향이 있다.

파생 reinforcement n. 강화, 증강

esteem
[istíːm]

v. 존경하다(respect) ; ~라고 생각하다　**n.** 존중, 존경

연상 청소년들은 S 농구팀, S 팀(→이스티임)을 존경한다.

예문 He is highly **esteem** in business circles.
그는 사업계에서 크게 존경받고 있다.

queue
[kju(ː)]

n. (자동차 등의)줄 행렬 ; 변발, 닿은 머리　**v.** 줄을 서다

연상 배우들이 감독의 큐(cue)(→큐) 신호를 기다리면 줄을 서 있다.

예문 How long were you in the **queue**?
줄을 얼마나 오래 서 있었니?

transact
[trænsǽkt]

v. (사무 따위를)처리하다 ; (거래 따위를)행하다

연상 trans(트랜스;변압기)가 하는 act(작용)(→트랜스액트)는 전류 를 고압 또는 저압으로 처리한다.

예문 He **transacts** business with a large number of stores.
그는 많은 가게와 거래하고 있다.

파생 transaction n. 처리, 취급, 업무

bliss
[blis]

n. (더 없는) 행복, 지복(至福)

연상 ① 인간은 불(이) 있어(서)(→블리스) 더 없는 행복을 누린다.
　　② 블리스 커피점은(→블리스)는 더 없는 행복 커피점이란 뜻.

예문 The couple led a life of apparent wedded **bliss**.
그 부부는 매우 행복한 결혼 생활을 누렸다.

fuse
[fjuːz]

n. (포탄 따위의) 신관, 도화선, (전기)퓨즈　**v.** 녹이다, 녹다

연상 높은 전압은 폭약의 도화선이나 전기의 퓨즈(→퓨즈)를 녹인다.

예문 Copper and zinc are **fused** to make brass.
구리와 아연은 용화하며 놋쇠가 된다.

flop
[flɑp / flɔp]

v. 파닥파닥 움직이다 ; 쾅 치다, 철썩 던지다, 툭 떨어지다

연상 풀밭의 풀 앞(→플랖)에서 곤충들은 파닥파닥 움직인다.

예문 A number of fish were **flopping** on the deck.
몇 마리의 물고기가 갑판 위에 파닥거리고 있었다.

designate
[dézignèit]

v. 지적하다; 지명하다; 임명하다

연상 다른 사람대신 근무하는, 대직은 (밥을) ate(먹은)(→데지그네잇) 사람에게만 지명했다.(밥 안 먹고 대직은 금했다)

예문 The chairman is allowed to **designate** his successor.
회장은 자기 후임자를 지명할 수 있다.

파생 designation n. 임명, 지정; 지시

contempt
[kəntémpt]

n. 모욕, 경멸(scorn)

연상 ① 사람들이 도박장에서 돈을 크게 태우는 것 즉, 큰 탬(→컨템(트))을 보고 경멸한다.
② 큰 tempt(유혹)(→컨템프트)은 상대방에 대한 경멸이다.

예문 I feel **contempt** for such a hypocritical man.
나는 그런 위선적인 사람을 경멸한다.

파생 contemptuous a. 경멸하는 contemptible a. 경멸할 만한

accumulate
[əkjúːmjəlèit]

v. (재산 등을)모으다, 축적하다; 쌓이다 반 disperse 흩어지게 하다.

연상 그 사람은 먹을 것이 부족해, 어큐! 물을 ate(먹고)(→어큐:뮬레잇) 돈을 축척했다네.

예문 He **accumulated** a fortune by hard work.
그는 열심히 일해서 재산을 모았다.

파생 accumulation n. 축적 : 퇴적(물)

bolster
[bóulstər]

v. (학설 따윌)지지하다. 후원하다 **n.** (기계) 받침대, 긴 베개

연상 체육대회에서 보울링 공, 보울을 잘 다루는 스타, 즉 보울 스타(→보울스터)를 지지하다.

예문 Her letters **bolster** up my spirits.
그녀의 편지가 내 기운을 돋구어준다.

compound
[kəmpáun]

v. (성분 등을)혼합하다; 조립하다 **n.** 합성, 혼합물 **a.** 혼합의

연상 com(컴퓨터)과 pound(파운드; 무게 단위)(→컴파운드)을 혼합하면 compound(혼합하다)란 말이 된다.

예문 Water is a **compound** of hydrogen and oxgen.
물은 수소와 산소의 화합물이다.

UNIT 07 TEST

[1~12] 보기에서 영어에 해당되는 우리말을 찾아 쓰시오.

1. afflict _____
2. abhor _____
3. compass _____
4. tactics _____
5. esteem _____
6. bolster _____
7. ominous _____
8. mar _____
9. means _____
10. bustle _____
11. brim _____
12. assort _____

보기 ① 범위 ② 분류하다 ③ 전술(학) ④ 수단 ⑤ 야단법석 ⑥ 괴롭히다 ⑦ 가장자리
　　　⑧ 몹시 싫어하다 ⑨ 존경하다 ⑩ 불길한 ⑪ 지지하다 ⑫ 손상시키다

[13~17] 다음 빈칸에 들어갈 적절한 어휘를 고르시오.

13. With a _____ heave he lifted the sack onto the truck.

14. Households _____ wealth across a broad spectrum of assets.

15. Jonson _____ down upon the bed and rested his tired feet.

16. The first six months of marriage were sheer _____ .

17. They find it difficult to _____ in those markets

보기 ① flopped ② transact ③ mighty ④ accumulate ⑤ bliss

[18~21] 다음 빈칸에 들어갈 적절한 어휘를 고르시오.

18. The delegation hopes to _____ the idea that human rights are not purely internal

matters

19. He took a small key from his pocket and slowly _____ it into the lock.

20. She cried and _____ for weeks, and people did not know what to do.

21. The government has _____ upon a programme of reforms.

보기 ① raved ② inserted ③ embarked ④ reinforce

정답 1.⑥ 2.⑧ 3.① 4.③ 5.⑨ 6.⑪ 7.⑩ 8.⑫ 9.④ 10.⑤ 11.⑦ 12.②
　　　13.③ 14.④ 15.① 16.⑤ 17.② 18.④ 19.② 20.① 21.③

Further Study

be sold out 매진되다	**presumably** 아마, 생각건대
make it to ~(에)참석하다, (에)도착하다	**fundraising drive** 기금마련 모금(운동)
in person 몸소, 스스로	**hereinafter** 다음 글에, 아래에
make a point 요점을 밝히다	**give an autograph** (유명인사가) 사인해주다
dietary 음식물의, 식이요법	**holder** 보유자, 소유주
be stacked on ~에 쌓여 있다	**prepared-food industry** 포장 식품 산업
move ahead with ~을 계속 진행하다	**make one's practices** ~인 관행을 만들다
movie vet 영화광	**opening remark** 개회 연설
outgoing director 이임하는 회사 중역	**income statement** 소득 명세서, 수입 내역서
multinational company 다국적 기업	**out sell** 더 많이 팔다
not pay very well 효과가 거의 없다	**hang out** (~에서) 많은 시간을 보내다
get reimbursed for ~에 대해 보상받다	**hard-boiled** 감상적이 아닌, 무정한
have one's hands full 분주하다, 바쁘다	**overtime allowance** 초과 근무 수장
on the agenda 의제로 오른, 상정된	**rashly** 분별없이, 무모하게
be in line 줄서다	
prenatal 출생전의	
on-site 현장의, 현지의	
quarterly 연4회 발간의, 계간물	
make no difference 상관없다, 차이가 없다	
recalibrate 재조사하다, 재측정하다	
hold a blood drive 헌혈 운동을 벌이다	

judicious
[dʒuːdíʃəs]

a. 현명한, 신중한(=discreet, prudent)

연상 주디를 썼어(→주:디셔스) 말할 땐 언제나 **현명해**(야) **한다.**(주디: 주둥아리의 방언)

예문 We must make **judicious** use of our expenditure.
우리는 경비를 현명하게 사용해야 한다.

discard
[diskáːrd]

v. 버리다, 내던지다, 해고하다

연상 ① 협상을 할 때나 카드놀이를 할 때 보통 하는 말 "디스(this:이) 카드(→디스카드)는 **버려라!**"
② dis(=not) + card = card가 아니니까 **버려야** 한다.(카드 놀이에서)

예문 The natives **discarded** old beliefs.
원주민들은 낡은 신앙을 버렸다.

glue
[gluː]

n. 아교, 접착제, 풀 **v.** 붙이다, 풀칠하다

연상 옛날에 나무 그루(→글루:)로 아교, 접착제를 만들었다.

예문 He **glued** the wings onto the model airplane.
그는 모형 비행기에 날개를 접착시켰다.

fidelity
[fidéləti]

n. 충성, 충실: 정절

연상 충성, 정절을 지키느라 피(투성이가) 될 너의 티(셔츠)!(→피텔러티)! (충성하려면 피 흘릴 각오가 되어야 한다는 뜻)

예문 They still maintain **fidelity** to their religious tradition.
그들은 아직 종교적 전통에 충실함을 지키고 있다.

lick
[lik]

v. 핥다 **n.** 핥기

연상 애주가들은 혼성주인 리큐어(→리크) 한 방울도 **핥았다.**

예문 The dog **licked** its paws.
개는 발을 핥았다.

hygiene
[háidʒiːn]

n. 위생학 ; 위생상태 **동** sanitation

연상 생활에서 하이(high; 높은) 진(眞; 진실)(→하이진)이 되는 것이 위생학이다.

예문 You should be extra careful about personal **hygiene**.
여러분은 개인위생에 특별히 조심해야 한다.

파생 hygienic 위생의 : 위생적인

---

endanger
[indéindʒər]

v. 위험에 빠뜨리다, 위대롭게 하다

연상 ① en(=make; 하게하다) + danger(위험)=위대롭게 하다.
② 인(人;사람)을 danger(위험)(→인데인저)하게 하는 것이 위험에 빠뜨리는 것.

예문 Fire **endangered** the hotel's guests.
화재로 호텔의 숙박 객들은 위험에 빠졌다.

파생 endangered **a.** 멸종 위기에 처한

---

plod
[plad / plɔd]

v. 터벅터벅 걷다(trudge), 꾸준히 일하다

연상 ① 길에 풀 나(풀이 나서) 더(→플라드) 터벅터벅 걸었다.
② 그는 풀이 우거진 풀 로드(road)(→플로드)를 터벅터벅 걸었다.

예문 The old man **plodded** along.
노인은 터벅터벅 걸어서 갔다.

---

enlist
[inlíst]

v. 병적에 올리다, 입대하다,

연상 인(人:군인)의 list(목록)(→인리스트)에 올리는 것이 병적에 올리는 것이다.

예문 He **enlisted** as a volunteer in the army.
그는 지원병으로서 입대했다.

---

ban
[bæn]

n. 금지 **v.** 금지하다

연상 알을 밴 물고기, 새끼 밴(→밴) 동물의 포획을 금지한다.

예문 Chemical weapons are **banned** internationally.
화학 무기는 국제적으로 금지되고 있다.

---

garment
[gáːrmənt]

n. 의복, (특히)긴 웃옷

연상 ① 가(加)하다(gar) + men + t (→가먼트) = 알몸으로 태어난 인간에게 가해지는 것이
의복이다.
② 가먼트 백(→가먼트)은 옷을 구겨지지 않게 운반할 수 있는 가벼운 옷 가방이다.

예문 She is wearing a black **garment**.
그녀는 검은 긴 웃옷을 입고 있다.

perch
[pəːrtʃ]

n. (새의) 횃대, 높은 지위 **v.** (새 따위가) 횃대에 앉다.

연상 닭은 몸을 뻗치(→퍼ː치)어 횃대에 앉는다.

예문 A little bird **perched** on a twig.
작은 새가 작은 가지에 내려앉았다.

shallow
[ʃǽlou]

n. 얕은; (생각 등이)천박한 **반** deep 깊은

연상 수심이 shall low(낮아질 것이다)(→섈로우)= 수심이 낮아진다는 것은 수심이 얕아진다는 뜻이다.

예문 The water gets **shallow** closer to the shore.
해안에 가까워지면서 물은 얕아진다.

예문 a **shallow** mind 천박한 생각

devaluate
[diːvǽljuèi]

v. (화폐의) 가치를 떨어뜨리다, ~의 평가를 절하하다

연상 사람들이 수준 낮은 D(급) value(가치)의 음식을 ate(먹은)(→디밸류에잇) 것은 삶의 질(가치)을 떨어뜨렸다.

예문 They **devaluated** the pound.
그들은 파운드를 평가절하했다.

파생 devaluation n. 평가절하

modest
[mɑ́dist]

a. 겸손한(humble); 알맞은

연상 말 한 마디 한 마디에 신경 쓰는 -ist(사람)(→마디스트)들은 겸손한 사람들이다.

예문 He is always **modest** to the elderly.
그는 나이든 사람들에게 언제나 겸손하다.

파생 modesty n. 겸손; 정숙 modestly ad. 겸손[얌전]하게

abundant
[əbʌ́ndənt]

a. 풍부한, 많은

연상 a(어떤) 번 돈(→어번던(트)) 있어 그는 돈이 풍부하다.

예문 The North America has **abundant** natural resources.
북미 대륙은 천연 자원이 풍부하다.

파생 abundance n. 풍부; 다수

fluid
[flúːid]

n. 액체 **a.** 유동성의, 유동적인 **반** solid 고체; 고체의

연상 강변에 유동성의 액체(강물) 또는 비온 뒤에 액체(빗물)가 풀밭에 풀을 누이더(→플루이드)라!

예문 You need to reduce patty foods and drink plenty of **fluid**.
당신은 지방질이 많은 음식은 줄이고 액체를 많이 마셔야 한다.

파생 fluidity n. 유동성

rash

[ræʃ]

a. 경솔한(hasty), 성급한

연상 명작동화, <명견 래쉬>(→래쉬)에 나오는 래쉬는 경솔한 짓을 하지 않는다.

예문 It was **rash** of him to promise it.
그 약속을 한 것은 그의 경솔한 짓이었다.

---

barbarous

[báːrbərəs]

a. 야만스런; 잔인한(cruel)

연상 학교 주변이 **bar**(술집)(또) **bar**(술집이)라서(→바:버러스) 학생들에겐 야만스럽고 잔인하다

예문 How can they forgive such **barbarous** behaviour?
그들은 그런 야만스런 행위를 어떻게 용서할 수 있는가?

파생 barbarian a. 야만적인

---

adversity

[ædvéːrsəti / əd-]

n. 역경, 불행, 불운(misfortune)

연상 국가이든 가정이든 역경에 처하면 애들이 더 벗어(헐벗어) 그 티(→가난한 티)(→애드버:서티)가 난다.

예문 He has suffered much **adversity** in her life.
그는 많은 역경을 겪어 왔다.

---

repose

[ripóuz]

n. 휴식(rest), 휴양 v. 쉬게 하다; 휴식하다

연상 사람들은 휴가철이 되면 시골마을인 리(里)에 가서 **pose**(자세)(→리포우즈)를 취하며 휴식한다.

예문 take **repose** 휴식하다.

예문 Go and **repose** on the sofa.
소파에 가서 쉬어라.

---

respective

[rispéktiv]

a. 제각기의, 각각의

연상 학생들이 휴가철 봉사활동으로 농촌마을 리(里)에서 스펙(spec) 쌓고 TV(→리스펙티브)에도 나오는 것은 개인 각각의 일이다.

예문 The tourists went back to their **respective** countries.
관광객들은 각각 자기 나라로 돌아갔다.

파생 respectively ad. 제각기. 각각.

---

fragrant

[fréigrənt]

a. (꽃 등이) 향기로운; (추억 등이) 달콤한

연상 골프와 같은 프레이(play)를 꽃이 우거진 그런 터(→프레이그런트)에서 하면 향기로운 냄새가 난다.

예문 The air is **fragrant** with the smell of flowers.
대기는 꽃 냄새로 향긋하다.

파생 fragrance n. 향기로움

catastrophe
[kətǽstrəfi]

n. 대참사, 대 재해 ; 불행

연상 cat 터(=고양이가 사는 터)에 스트로(straw;빨대)에 피(→커태스트러피)를 묻혀 가면 대참사를 당한다.(들 고양이들이 피 냄새를 맡고 공격해 온다)

예문 These policies could lead us to environmental **catastrophe**.
이 정책들은 우리를 환경적 대 재해에 이르게 할 것이다.

파생 catastrophe **a.** 대변동의, 대재해의

propagate
[prápəgèit / prɔ-́]

v. 선동하다· 선전하다 ; 번식하다, 전파시키다　**반** eradicate 근접하다

연상 골프 pro(프로)선수가 par(파)를 치고 gate(문)(→프라퍼게잇) 앞에 와서는 자신이 최고라고 선전한다.

예문 She **propagated** the gossip.
그녀는 그 소문을 퍼뜨렸다.

파생 propagation **n.** 번식; 보급; 전파　propaganda **n.** (이념 등의)선전

barren
[bǽrən]

a. 불모의(=sterile) ; 불임의　**반** fertile 비옥한

연상 배란(排卵)이 안 되면 불모의, 불임의(→배런) 상태가 된다.(반대 연상을 해볼 것)

예문 Some deserts are **barren**, with no life.
어떤 사막들은 아무런 생명체도 없는 불모지다.

simmer
[síməːr]

v. (약한 불에)부글부글 끓다, (분노 따위가)부글부글 끓다

연상 경멸에 찬 말 한마디가 그 사람의 가슴에 분노를 심어(→시머ː)(분노가) 부글부글 끓었다.

예문 He **simmered** with indignation.
그는 노여움을 참느라 부글부글 속이 끓었다.

secretary
[sékrətèri / -tr]

n. 비서, 서기 ; (미)장관

연상 비서가 지켜야 할 첫 번째는 상사의 secret(비밀)이리(→세크리트리)!

예문 The **Secretary** of State for Education will visit our university next week.
다음 주에 미국 교육장관이 우리대학을 방문할 것이다.

scrape
[skreip]

v. 문지르다, 긁다, 문질러 벗기다; (돈 등을)긁어 모으다

연상 스크랩(scrap)을 하려면 신문에서 필요한 것을 오려서 긁어 모으는(scrape)(→스크레잎) 작업을 해야 한다.

예문 He **scraped** paint off.
그는 페인트를 긁어내었다.

mystery
[místəri]

n. 신비, 불가사의

연상 밤마다 처녀가 납치당하는 미스(miss;처녀) 털이(→미스터리)사건을 말하는 미스터 리(Mr. Lee)((→미스터리)는 불가사의한 사람이다.

예문 The creation of life remains a **mystery**.
생명의 발생은 신비로 남아있다.

파생 mysterious a. 신비한, 불가사의한

bloody
[bládi]

a. 피의, 피나는, 피비린내 나는

연상 옛날 러시아 블라디 보스톡에선(→블라디) 자주 피비린내 나는 사건이 일어났다.

예문 Police found a **bloody** knife at the scene of the crime.
경찰은 범죄 현장에서 피 묻은 칼을 발견했다.

파생 blood n. 피, 혈액

empty
[émpti]

a. 텅 빈(vacant), 공허한 **v.** 비우다

연상 엠티 (M.T;모임)(→엠티)는 보통 텅 빈 장소에서 한다.

예문 The cupboards had all been completely **emptied**.
찬장들은 모두가 완전히 비워져 있었다.

escort
[éskɔːrt]

n. 호위자, 호위대 **v.** 호위하다, 호송하다

연상 세계최고의 테니스 선수를 호위하기 위해서 호위대들은 에스(s)자 형태로 테니스 코트(→에스코ː트)를 둘러쌌다.

예문 She **escorted** the guests to the table.
그녀는 손님들을 식탁으로 안내했다.

mound
[maund]

n. 둔덕, 작은 언덕(=small hill), 흙무더기 **v.** 흙무더기를 만들다

연상 야구경기에서 투수는 흙무더기의 작은 언덕인 투수판, 마운드(→마운드)에 서서 공을 던진다.

예문 A small **mound** showed where the grave had been bug.
작은 흙무더기를 보고 무덤이 파헤쳐진 곳임을 알 수 있었다.

mow
[mou]

v. (풀 따위를)베다, 베어 눕히다

연상 풀을 베면 모으(→모우)는 일을 해야 한다.

예문 He **mowed** the lawn.
그는 잔디를 베었다(깎았다).

supplement
[sʌ́plimənt]

n. 추가, 보충 ; (책 등의)증보, 부록 **v.** 보충하다.

연상 ① 도시 교외에 있는 섶 풀이(섶나무와 풀이) 먼 터(멀리 떨어진 곳)(→서플리먼트)에까지
산소와 녹색 환경을 보충해 준다.
② 어떤 것을 supply(공급)하고 나서는 ment(멘트;말)(→서플리먼트)를 보충한다.

예문 Perhaps you should take a vitamin **supplement**.
아마도 당신은 비타민을 보충해야겠습니다.

파생 supplementary a. 보충의; 추가의, 부록의

---

revolt
[rivóult]

v. 반란을 일으키다(rebel); 반감을 품다. **n.** 반항(심), 반란

연상 반란군들은 송전탑이 있는 시골마을 리(里)의 높은 볼트(전압)(→리보울트)를 이용해서
반란을 일으켰다.

예문 People **revolted** against the government.
국민은 정부에 반기를 들었다.

---

spontaneous
[spɑntéiniəs / spɔn-]

a. 자발적인(voluntary); 자연발생적인 **반** compulsory 강제적인

연상 붓글씨를 쓸 때 종이 밑에 까는 서판(書板)을 테인이 us(우리에게)(→스판테이니어스)준
것은 자발적인 행동이었다.(테인=사람이름)

예문 Crying is a natural emotion and **spontaneous** reaction.
운다는 것은 자연스런 감성이고 자연 발생적인 것이다.

파생 spontaneity n. 자발성. 자발적 행위

---

surmount
[sərmáunt]

v. (산에) 오르다; 완전히 오르다; (곤란 등을) 이겨내다; ~의 위에 놓다,

연상 앉아서가 아니라 서서 서 있는 mount(산)(→서마운트)을 오른다.

예문 That is difficulties for him to **surmount**.
그것은 그가 극복해야 할 난관이다.

파생 surmountable a. 이겨낼 수 있는

UNIT 08 TEST

[1~12] 보기에서 영어에 해당되는 우리말을 찾아 쓰시오.

1. discard _____
2. hygiene _____
3. barren _____
4. garment _____
5. judicious _____
6. shallow _____
7. empty _____
8. fidelity _____
9. revolt _____
10. rash _____
11. spontaneous _____
12. banish _____

[보기] ① 경솔한 ② 얕은 ③ 현명한 ④ 버리다 ⑤ 정절 ⑥ 위생학 ⑦ 의복
⑧ 자발적인 ⑨ 텅 빈 ⑩ 불모의 ⑪ 추방하다 ⑫ 반란을 일으키다

[13~17] 다음 빈칸에 들어갈 적절한 어휘를 고르시오.

13. They _____ political doctrines which promised to tear apart the fabric of Korean society.

14. The peace of this island community has been repeatedly _____ .

15. She spent all day _____ paint off the walls.

16. He _____ as a doctor from London University over 20 years ago.

17. David and his brother were at very different stages in their _____ careers.

[보기] ① scraping ② propagated ③ qualified ④ respective ⑤ violated

[18~21] 다음 빈칸에 들어갈 적절한 어휘를 고르시오.

18. The air was _____ with the smell of orange blossoms.

19. They described its behaviour as _____ and an act of terrorism.

20. They are _____ all the currencies in tandem to hide the depreciation.

21. When faced with _____ she was never tempted to give up.

[보기] ① adversity ② fragrant ③ devaluating ④ barbarous

[정답] 1.④ 2.⑥ 3.⑩ 4.⑦ 5.③ 6.② 7.⑨ 8.⑤ 9.⑫ 10.① 11.⑧ 12.⑪
13.② 14.⑤ 15.① 16.③ 17.④ 18.② 19.④ 20.③ 21.①

Further Study

overhaul 면밀히 조사하다	**hilarious** 유쾌한, 즐거운
political climate 정치적 상황	**proprietor** 경영자, 소유자
overhead cost 경상비, 고정비, 간접비	**off-season** 비수기
popular belief (일반적인) 통념	**take a false step** 발을 헛디디다
power failure 정전(停電)	**relocate** (사무실 근무처)를 이전하다
practice (의사 변호사 등의) 개업, 관행	**pull out of the station**
marked down 가격이 할인된(=discounted)	정거장에서 빠져 나오다
overly 지나치게, 몹시	**sales associate** 동료 영업 직원
preclude 배제하다, 방해하다	**seismic activity** 지진 활동
outstanding payment 미 지불금	**remuneration** 보상, 급료
overbill 지나치게 지불하다	**pull over to the side of the road**
push one's way through the crowd	(차를)길가에 세우다
청중들을 뚫고 지나가다	**regular check-up** 정기건강 검진
quadruple 네 배로 늘(리)다	**punitive** 형벌의, 징벌의
incorporate ~ into …	**remain closed** 닫혀있다
~을 …에 통합[합병]시키다	**outweigh** (가치 · 중요성이) ~보다 뛰어나다,
infallible 틀림없는, 확실한	~보다 무겁다
outlying areas 외곽 지역	**retractable** 취소할 수 있는, 쑥 들어갈 수 있는
give out notices 공지사항을 발표하다	**safety issue** 안전 문제
opt 선택하다, 채택하다	**written consent** 서면 동의
prowess 뛰어난 능력 · 역량	**safety standards** 안전 수칙

ordeal
[ɔːrdíːəl / ɔ́ːrdiːl]

n. 시련(trial), 고난, 고생(hardship)

연상 뽕나무에서 오디 따는 일(→오: 디일)은 나에게 고난이었다.

예문 The hostages' **ordeal** came to an end when soldiers stormed the building.
군인들이 그 건물을 급습 했을 때 인질들의 고난은 끝났다.

immense
[iméns]

a. 거대한(enormous, vast), 엄청난　**반** minute 아주 작은

연상 내 임의 멘스(생리)(→임멘스)의 양이 거대하다.

예문 They spent an **immense** amount of money.
그들은 엄청난 돈을 썼다.

파생 immensity　n. 광대, 거대

aspiration
[æspəréiʃən]

n. 열망, 포부

연상 애들은 스프레이로 선(→애스퍼레이션)을 긋는 것을 열망한다 (스프레이로 낙서 장난하기를 너무 하고 싶어 한다)

예문 He talked about his **aspirations** for fame.
그는 자신의 명예에 대한 열망에 대해서 말했다.

파생 aspire　v. 열망하다

hardy
[háːrdi]

a. 강건한(robust), (척박한 환경에) 강한

연상 ① hard(튼튼한,단단한) + y(형용사 어미)(→하:디) = 튼튼한, 강건한
② 영국의 소설가 토마스 하디(→하:디)는 몸이 강건하고 튼튼해서 <테스> 같은 장편을 쓸 수 있었을 것이다.

예문 New Englanders are a **hardy** people.
뉴잉글랜드 사람들은 강건한 민족이다.

manipulate
[mənípjəlèit]

v. 조종[조작]하다; 기계를 잘 다루다

연상 앞으로 man(인간)이 풀을 late(늦게)(→머니퓰레이트) 시들도록 조종할 수 있을까?

예문 He **manipulated** the levers of a machine.
그는 기계의 지레를 조종하다.

파생 manipulation　n. 조종, 조작; 취급

constrain
[kənstréin]

v. 제한하다(limit), 억제하다 ; 구속하다

연상 ① 증기로 움직이는 기차, 즉 큰 수(水), train(기차)(→컨스트레인) 사용을 정부가 제한하고 있다.(공해 때문에)
② 큰 strain(긴장)(→컨스트레인)은 억제하고, 제한하는 것이 건강에 좋다.

예문 Building houses in the area is **constrained** by law.
그 지역에서 건물을 짓는 것은 법에 의해 제한되고 있다.

파생 constraint n. 제한; 속박, 구속

trifle
[tráifəl]

n. 사소한 일, 하찮은 물건; 소량 **v.** 소홀이 하다

연상 트라이 내의 풀(→트라이플)을 먹이는 일은 사소한 일이다.

예문 Don't worry over **trifles**.
사소한 일로 걱정하지 마라.

yardstick
[jáːrdstik]

n. (판단의) 기준, 척도(standard); 야드 자

연상 yard(야드, 길이 단위) + stick(막대기)(→야:드스틱)=야드를 재는 막대기가 길이를 판단하는 척도, 기준이다.

예문 Wealth should not be the **yardstick** of success.
부는 성공의 척도가 되어선 안 된다.

shudder
[ʃʌdəːr]

v. (공포, 추위 따위로)떨다(tremble), (싫어서)몸서리치다 **n.** 떨림, 전율

연상 사람들은 어깨 위로 샤워기의 물이 쏴 - 하고 더(→샤더) 많이 떨어 지면 부들부들 떨었다.

예문 He **shuddered** to think what might happen.
그는 무슨 일이 일어날까 생각하니 후들후들 떨렸다.

allocate
[ǽləkèit]

v. (토지, 자금 등을)할당하다(allot), 배분하다

연상 선생님은 애들에게 all(모든) 로케트(장난감로케트)(→앨러케이트)를 할당해 주었다.

예문 Rations were **allocated** to those people.
그 사람들에게 식량이 배급되었다.

파생 allocation n. 할당, 배분

crave
[kreiv]

v. 갈망[열망]하다(long for); 간청하다.

연상 한창 클 때 애(의) 입(→클레입)은 언제나 먹을 것을 열망한다.

예문 He **craved** mercy.
그는 자비를 베풀어 달라고 간청하다.

doze
[douz]

v. 졸다, 꾸벅꾸벅 졸다, 선잠 자다   **n.** 선잠

연상 불도저(bulldozer)(→도우즈) 운전자는 차 위에서 **꾸벅꾸벅 조는** 것 처럼 보인다(너무 천천히 움직이니까)

예문 Some of the students **dozed** off during the recture.
학생들 중에는 강의 중에 꾸벅꾸벅 조는 자도 있었다.

innate
[inéit]

a. 타고난, 천부의, 선천적인   **맨** acquired 습득된

연상 동굴이든 현대주택이든 어떤 곳 in(안에서) ate(먹는)(→인네잇) 것 은 인간이 **타고난, 선천적인** 본능이다.

예문 Americans have an **innate** sense of fairness.
미국인들은 공정성에 대한 타고난 의식이 있다.

estrange
[istréindʒ]

v. 이간하다(alienate), 의 사이를 나쁘게 하다

연상 이 strange(낯설고, 이상한)(→이스트레인지)한 것이 사람들 사이를 **이간했다.**

예문 The affair has **estranged** him from his family.
그 일 때문에 아이들 사이가 나빠졌다.

decay
[dikéi]

v. 썩다, 부패하다(rotten); (힘, 건강 등이) 쇠퇴하다   **n.** 부패, 쇠퇴

연상 디 케이(DK)그룹의 뒤를 케니(→디케이) 상당히 **부패**하고 재정상태가 **쇠퇴**하여 있었다.

예문 Our powers **decay** in old age.
나이가 들면 체력이 쇠해진다.

poise
[pɔiz]

v. 균형이 잡히게 하다(balance), 평형 되게 하다   **n.** 평형, 균형

연상 양국 간의 군사력 **균형**이 잡히게 하는 것이 포(砲)이지(→포이즈)!

예문 She **poised** herself on her toes.
그녀는 발끝으로 균형을 잡아 섰다.

clay
[klei]

n. 진흙, 점토

연상 땅 위에 크게 lay(놓여있는)(→클레이) 것이 **진흙**이다.

예문 The man was dead and turn to **clay**.
그 사람은 죽어서 흙으로 돌아갔다.

arrogant
[ǽrəgənt]

a. 거만한, 오만한 **반** modest 겸손한

연상 애로 영화를 보는 건달(→애러건트) 태도는 정말 거만하군.

예문 He is so **arrogant** that I sometimes resent his attitude.
그는 너무 오만해서 나는 가끔 그의 태도에 분개한다.

파생 arrogance **n.** 건방짐, 오만함

---

grin
[grin]

v. (이를 드러내고) 씩 웃다; 히죽히죽 웃다

n. (이를 드러낸) 씩[싱긋] 웃음

연상 그림을 그린(→그린) 듯이 아름다운 것이 씩 웃는 웃음이야.

예문 She **grinned** broadly at her friends.
그녀는 친구들을 보고 생긋 웃었다.

---

turnover
[tə́ːrnòuvəːr]

n. (마차 따위의)전복; 자금(상품)의 회전율; (일정기간의)거래액

연상 turn(돌리다) + over(~위로)(→터:노우버:)= 아래의 것을 위로 돌려지는 것이 전복되는 것, 회전되는 것이다

예문 They reduced prices to make a quick **turnover**.
그들은 자금 회전율을 높이기 위해 가격을 인하하였다.

---

tangle
[tǽŋgəl]

v. (실 등을)엉키게 하다; 엉클어지다; (일을) 꼬이게 하다

n. 엉킴; 혼란

연상 식물의 탱글탱글(→탱글)한 줄기가 잘 엉키게 한다.

예문 The hedges are **tangled** with wild roses.
울타리에는 들장미가 뒤얽혀 있다.

---

dignity
[dígnəti]

n. 위엄, 체면 ; 존엄성

연상 땅을 dig(파고) 있는 너(의) 티(셔츠)(→딕너티)가 위엄있어 보인다.(노동은 위엄, 존엄한 것이니까)

예문 Slavery destroys human **dignity**.
노예제도는 인간의 존엄성을 말살한다.

파생 dignify **v.** 위엄을 주다

---

jingle
[dʒíŋgəl]

n. 딸랑딸랑 소리 **v.** 딸랑딸랑 울리다, 딸랑딸랑 울리게 하다.

연상 징글(→징글)벨 징글벨은 종소리 울려라 종소리 울려.

예문 The bell **jingled**.
방울이 짤랑짤랑 울렸다.

예문 **jingle** a bell 종을 울리다.

cart
[kɑːrt]

n. 마차; 손수레

연상 슈퍼마켓의 쇼핑카트(→카트)가 쇼핑용 손수레다.

예문 Put[set] the **cart** before the house.
본말(本末)을 전도하다

intercourse
[íntərkɔ̀ːrs]

n. 교제, 교류

연상 inter(가운데, 사이에) + course(과정, 경로)(→인터코:스)=어떤 일을 이루는 가운데 과정이 교제하는 것이다.

예문 He emphasized the importance of social **intercourse** between different age groups.
그는 다른 연령대 사이의 사교의 중요성을 강조했다.

tuck
[tʌk]

v. 쑤셔 넣다, 말아 넣다

연상 자루에 물건을 쑤셔 넣으면 자루 턱(→턱)까지 찬다.

예문 He has his trousers **tucked** into his boots.
그는 바지자락을 장화 속에 쑤셔 넣었다.

mishap
[míshæp, --́]

n. 불행한 사건, 재난(accident, disaster)

연상 mis(잘못) + happen(일어나다)(→미스햅)=잘못 일어난 일이 재난이다.

예문 He arrived without **mishap**.
그는 무사히 도착했다.

ferocious
[fəróuʃəs]

a. (짐승 따위가) 사나운, 잔인한(cruel)

연상 놈들의 잔인하고 사나운 행동을 보고 어머니는 폐로 우셨어(→퍼로우셔스)!(폐가 터지도록 우셨어)

예문 She has got a **ferocious** temper.
그녀는 포악한 기질이 있다.

파생 ferocity n. 잔인, 포악

regain
[rigéin]

v. 되찾다(recover), 회복하다

연상 ① re(다시) + gain(얻다) = 다시 얻은 것이 되찾은 것이다.
② 환경보호로 시골마을 리(里)가 gain(얻은)(→리게인) 것은 아름다운 시골풍경을 되찾은 것이다.

예문 Lost wealth may be **regained** industry and economy.
잃어버린 재산은 근면과 절약으로 되찾을 수 있다.

wail
[weil]

n. 통곡 **v.** 통곡하다, 슬피 울다

연상 사람은 왜 일(→웨 일) 때문에 통곡하는가?(어떤 사람은 일이 너무 힘들어서, 어떤 사람은 할 일이 없어서 통곡한다)

예문 The wind **wailed** around the hut.
오두막 언저리에서 바람이 구슬픈 소리를 냈다.

treasure
[tréʒəːr]

n. 보물, 보배 귀중품 **v.** 소중히 여기다

연상 옛날엔 보물을 튼튼한 틀에 넣어 등에 져(→트레저)서 운반했다

예문 This book is a **treasure** house of information on Arctic birds.
이 책은 북극의 조류에 대한 정보의 보물 창고다.

brand
[brænd]

n. 타고 있는 나무토막 ; 상표 ; 낙인 **v.** 낙인을 찍다

연상 불로 낙인을 찍어 상표인 브랜드(→브랜드)를 만든다

예문 He was **branded** as a swindler.
그는 사기꾼이라는 낙인이 찍혔다.

malice
[mǽlis]

n. 악의, 원한

연상 중동호흡기증후군 메르스(MERS)(→멜리스) 균은 인간에게 악의가 있었을까?

예문 I bear him no **malice**.
나는 그에게 악의가 없다.

stake
[steik]

n. (끝이 뾰족한) 말뚝, 내기

연상 식탁위의 스테이크(steak)는 소를 매는 말뚝(stake)(→스테이크) 에서 나왔다.(사육장 말뚝)

예문 We cannot afford to take risks when a man's life is at **stake**.
우리는 사람의 목숨이 위태로운 때에 위험을 무릅쓸 여유가 없다.

예문 drive a **stake** 말뚝을 박다   pull up a **stake** 말뚝을 빼다.

foster
[fɔ́(ː)stəːr]

v. 촉진(육성)하다. 기르다 ; (수양아이를)기르다

연상 벽보인 포스터(poster)(→포스터)는 광고 기능을 촉진한다.

예문 They founded a school to **foster** the younger generation.
그들은 후진을 양성하기 위해 학교를 설립했다

예문 a **foster** son 수양아들   a **foster** father 수양아버지

bundle
[bʌ́ndl]

n. 다발. 뭉치 꾸러미(package) **v.** 싸다. 꾸리다

연상 새로 찍은 돈 **다발**이 불빛을 받아 번들(→번들)거렸다.

예문 He sent her a **bundle** of red roses.
그는 그녀에게 붉은 장미 한 다발을 보냈다.

scorch
[skɔːrtʃ]

v. 타다, 눋다 ; (채소들이) 시들해 지다 **n.** 그슬림

연상 늘 운동장에 서 있는 스포츠 코:치(→스코:치)의 햇빛 얼굴이 **탔다**.

예문 I **scorched** my dress when I was ironing it.
내가 다림질을 하다가 드레스를 태웠다.

depict
[dipíkt]

v. 묘사하다, 표현하다, 그리다

연상 뒤에서 픽픽거리며 트집(→디픽트) 잡는 것도 자신의 감정을 **표현**하여 행동으로 **묘사**하고 있는 것이다.

예문 Biblical scenes had been **depicted** in the tapestry.
성서 이야기의 장면이 양탄자에 표현되어 있었다.

파생 depiction **n.** 표현, 묘사

gasp
[gæsp / gɑː-]

v. 헐떡거리다, 숨차다(pant) **n.** 헐떡임

연상 맨홀 같은 곳에서 갇혀 있는 **gas**(개스)를 퍼(→개스프)내는 사람은 숨이찬다.

예문 She **gasped** for breath.
그녀는 헐떡거렸다.

distress
[distrés]

a. 고뇌, 고통 **v.** 괴롭히다. 쪼들리게 하다

연상 스트레스 중에서 D급 **stress**(스트레스)(→디스트레스)는 사람에게 고통을 준다.

예문 Don't **distress** yourself
걱정하지 마시오.

patron
[péitrən]

n. 후원자, 고객(customer)

연상 ① 네 페이(pay, 보수)로 친구 트론(→페이트런)의 후원자가 되겠다고?
② 네가 가진 한 개의 페트론(pet병으론)(→페이트런) **후원자**가 될 수 없어.(팔아도 돈이 안돼)

예문 **Patrons** of the store come from all over the town.
그 상점의 고객들은 시 전 지역에서 온다.

파생 patronage **n.** 후원, 단골거래

liquid
[líkwid]

a. 액체의, 유동적인   **n.** 액체   **반** solid 고체의

연상 시골 마을인 **리**(里)가 **퀴퀴**한 것이 **더**(→리퀴드) 심해지는 것은 **액체** 때문이다.(요즘 시골엔 더러운 물이 많으니까)

예문 Pineapple will release a lot of **liquid**.
파인애플은 많은 양의 액체를 내놓을 것이다.

reproach
[ripróut∫]

v. 비난하다, 나무라다(blame) 꾸짖다   **n.** 비난, 질책

연상 시골마을 **리**(里)에서 (TV)**프로**, 프로 스포츠에 같은 프로에 **취**(→리프로우취)해 있으면 사람들이 **비난한다**.(일할 것이 많은데 놀고 있으니까)

예문 She **reproached** her son for laziness.
그녀는 아들이 게으르다고 비난했다.

eminent
[éminənt]

a. 저명한(distinguished) ; 돌출한

연상 너의 **에미**는(→에미넌(트)) 젊었을 때 에미미상을 탄 **저명한** 배우였다

예문 He is **eminent** in the field of economics.
그는 경제학 분야에서 저명하다

파생 eminence **n.** 탁월, 저명

UNIT 09 TEST

[1~12] 보기에서 영어에 해당되는 우리말을 찾아 쓰시오.

1. manipulate _____   2. trifle _____

3. constrain _____   4. allocate _____

5. doze _____   6. innate _____

7. aspiration _____   8. decay _____

9. detach _____   10. shudder _____

11. scorch _____   12. immense _____

보기 ① 사소한 일 ② 거대한 ③ 조작하다 ④ 열망 ⑤ 썩다 ⑥ 제한하다
      ⑦ 떼어내다 ⑧ 타다 ⑨ 타고난 ⑩ 졸다 ⑪ 할당하다 ⑫ 떨다

[13~17] 다음 빈칸에 들어갈 적절한 어휘를 고르시오.

13. My family has supported me through this whole _____ .

14. With a _____ he threw himself on the bed and buried his face in the pillow.

15. I bear no _____ towards anybody.

16. The club's aim is to _____ better relations within the community.

17 One man's trash is another man's _____ .

보기 ① malice ② treasure ③ ordeal ④ wail ⑤ foster

[18~21] 다음 빈칸에 들어갈 적절한 어휘를 고르시오.

18. The group suffered an extraordinary series of minor _____ .

19. He _____ his jeans neatly into his boots.

20. There was social _____ between the old and the young.

21. She ran her fingers through the _____ in her hair.

보기 ① tucked ② mishaps ③ tangles ④ intercourse

정답 1.③ 2.① 3.⑥ 4.⑪ 5.⑩ 6.⑨ 7.④ 8.⑤ 9.⑦ 10.⑫ 11.⑧ 12.②
      13.③ 14.④ 15.① 16.⑤ 17.② 18.② 19.① 20.④ 21.③

Further Study

workmanship 기량, 솜씨

set up a date 날짜를 잡다

play on the swing 그네를 타다

sales representatives 판매(영업)직원

resourceful 자원이 풍부한, 자력이 있는

send ~overnight ～을 속달로 보내다

place ~ in … ～을 …에 넣어두다

set up an appointment with

～와 약속을 잡다

incurable 불치의, 고칠 수 없는

refreshments 가벼운 음식물, 다과

share a bench 벤치에 함께 앉다

share an umbrella 우산을 같이 쓰다

plywood 베니어판, 합판

slip 전표(傳票), 종잇조각, 미끄러지다

downright lie 새빨간 거짓말

illumination 조명

redo 다시 하다

sick leave 병가

registrant 등록자

unauthorized reproduction 불법 복제

snap into 착수하다, 행동을 개시하다

unlawful 불법의, 비합법적인

slip one's mind 잊어버리다

speak up 더 큰 소리로 말하다

viability 생존 능력, 생활력

tow away (차량 등을) 견인하다

violator 위반자

wave to one's friends

친구들에게 손을 흔들며 인사하다

a wealth of experience 풍부한 경험

wing of the school 학교 별관

step on ～을 밟다

humanity 입정, 인간성

devoid ～이 빠진, 결여된

cast a ballot 투표하다

Unit 10
smother

smother

[smʌ́ðəːr]

v. 숨막히게 하다(choke, suffocate); 숨막히다

연상 smoke(담배 연기) + mother(어머니)(→스마더:)=아버지의 담배 연기가 어머니를 숨막히게 한다

예문 The dust was **smothering** us.
먼지 때문에 우리는 숨이 막힐 것 같았다.

---

fraction

[frǽkʃən]

n. 일부분(part), 조금; 파편; 분수(수학)

연상 바람 불 때 가만히 보면 풀 action(행동, 움직임)(→프랙션)은 풀잎 부분, 부분 움직인다.

예문 The cost is only a **fraction** of his salary.
그 비용은 그의 급료의 일부이다.

---

slam

[slæm]

v. (문을) 쾅 닫다; 탁 내려놓다

연상 그는 여자 친구를 만나게 되리라는 마음의 설렘(→슬램) 때문에 문을 쾅 닫았다.

예문 He often **slams** the door shut.
그는 가끔씩 문을 쾅 닫는다.

---

frenzy

[frénzi]

v. 격앙시키다; 격노시키다. **n.** 격앙(fury) **동** rage

연상 그들이 프렌지(→프렌지)꽃을 짓밟아 그녀를 격앙시켰다.

예문 Her rude manners drive me to **frenzy**.
그녀의 무례한 태도가 나를 격분시키다.

---

amusing

[əmjúːziŋ]

a. 즐거운, 유쾌한(enentertaining)

연상 a(하나의) 뮤즈(Muse;음악의 신)가 징(→어뮤:징)을 치고 sing(노래한다)면 즐겁고, 유쾌할 것이다

예문 We found the game very **amusing**.
우리는 그 게임이 매우 즐겁다는 것을 알았다.

파생 amuse v. 즐겁게 하다 amusement n. 오락, 즐거움

tardy
[tάːrdi]

a. 느린, 완만한

연상 뚱뚱한 너가 **타디**(=타더니)(→타:디) 차의 속도가 느려졌다.

예문 He was **tardy** in response.
그는 회답이 느리다.

---

scent
[sent]

n. 향기, 냄새 **v.** 냄새를 맡다

연상 1 센트(cent)(→센트)짜리 동전의 냄새를 맡아보세요. 돈에는 돈의 향기가 있다

예문 The hound **scented** a fox.
사냥개는 여우냄새를 맡아냈다.

---

strife
[straif]

n. 불화, 싸움; 투쟁(conflict)

연상 노숙자, 즉 스트리트(street;거리)에서 잠을 자는 사람의 라이프(life: 생활)(→스트라이프)는 불화, 투쟁의 연속입니다

예문 Money is a major cause of **strife** in many houses.
많은 집에서 돈이 불화의 주원인이다.

---

depose
[dipóuz]

v. (고위층 사람을) 면직[해임]하다, (권력의 자리에서) 물러나게 하다

연상 근무할 때 D급 pose(자세)(→디포우즈)를 가진 사람을 해임한다.

예문 He was **deposed** from the position.
그는 그 지위에서 면직되었다.

파생 deposition n. 면직, 파면

---

offset
[ɔ́ːfsét, à-]

v. 차감 계산을 하다, 상쇄하다, 보충하다 **n.** 차감 계산, 보상

연상 off(벗어난) + set(경기단위)(→오옵셋)→경기의 세트에서 벗어난 경우는 끝에 점수를 차감 계산한다.

예문 We **offset** the better roads against the great distance.
도로가 좋으면 거리가 먼 것도 별 문제가 안 된다.

---

aggravate
[ǽgrəvèit]

v. 악화시키다(worsen); 화나게 하다(annoy, irritate)

연상 애가 글러브(glove 장갑)을 ate(삶아 먹었다)(→애그러베잇)면 건강을 악화시킬 것이다.

예문 Their debt problem was **aggravated** by rise in interest rates.
그들의 부채문제는 이자율 상승으로 악화되었다

파생 aggravation n. 악화, 분노

subside
[səbsáid]

v. 침강하다; (감정 등이) 가라앉다; (비바람 따위가) 자다

연상 바람이 섰(나무) 사이드(side;옆)(→섭사이드)에서 가라앉는다.(나무에 막히기 때문에)

예문 The fury of the rain storm has **subsided** during the night.
밤사이에 사나운 폭풍우가 가라앉았다.

파생 subsidence n. 침강, 함몰; 진정

nuisance
[njú:səns]

n. 귀찮음; 방해물, 성가신 것

연상 학교나 회사에 들어갈 때마다 하는 뉴(new;새로운) 선서(→뉴:선스) 는 귀찮음을 주는 일이다.

예문 He would make a **nuisance** of yourself when he was drunk .
그는 술이 취하면 말썽을 피우곤 했다.

sequence
[sí:kwəns]

n. 연속; (연속적인)순서; 결과

연상 시(市) 권역(圈域)에서(→ 시:퀀스) 연속으로 일어난 그 사건의 결과 가 궁금하네요.

예문 The project should be performed in a particular **sequence**.
그 사업은 특정한 순서대로 행해져야 한다.

예문 a **sequence** of rich harvests 풍작의 연속

파생 sequent a. 연속적인; 필연적인

haunt
[hɔ:nt / hɑ:nt]

v. (어떤 장소에)자주가다 ;(유령 따위가)출몰하다; 늘 따라다니다, 괴롭 히다

연상 사람이 무덤과 같이 혼 터(영혼이 깃들어 있는 터)(→호온트)에 자주가면, 유령이 출몰하여 늘 따라 다니는 것은 아닐까?

예문 The house is **haunted** by ghosts.
그 집에는 유령이 나온다.

예문 He is **haunted** with an idea.
그는 어떤 생각에 사로 잡혀 있다.

explicit
[iksplísit]

n. 명백한(clear) 명확한; 노골적인 **반** implicit 암시적인

연상 익서가 문제를 풀이한 시트(seat;자리)(→익스플리시트)는 명백한 익서의 자리다.

예문 He handed out **explicit** instructions and an agenda.
그는 명확한 지시사항과 의제를 배포하였다.

tactful
[tæktfəl]

a. 분별력 있는; 재치 있는

연상 집터, 즉 택(宅) 터를 잡을 때는 공간을 ful(많이, 충분히)(→택트펄)하는 것이 분별력 있는 행동이다.

예문 Helping the poor is **tactful**.
가난한 사람을 돕는 것은 분별력 있는 행동이다.

파생 tact n. 분별력, 재치   tactic n. 전술   tactical a. 전술(상)의

fabulous
[fǽbjələs]

a. 전설상의(legendary); 엄청난, 굉장한

연상 조선 시대 어느 왕의 폐비가 얼어서(→패비어러스) 죽었다는 이야기 는 믿어지지 않는, 전설상의 이야기다.

예문 He gathered **fabulous** wealth.
그는 엄청난 부를 축척했다.

예문 a **fabulous** hero 전설상의 영웅

gleam
[gli:m]

n. 미광, 희미한 빛 **v.** 희미하게 반짝이다

연상 때로는 그림(→그리임)을 희미한 빛 아래 두고 보아야 제멋이 난다.

예문 We saw the **gleam** of a fire in the forest.
우리는 숲속에서 희미한 불빛을 보았다.

restrain
[ri:stréin]

v. (활동 등을)억제하다, 제지하다(limit) ;구속하다

연상 ① 농번기에 시골마을 리서(里에서) train(훈련)(→리스트레인)(→리:스트레인)하는 것을 억제해야 한다.
② 시골 마을 리(里)에서 수(水) 실어가는 train(기차)(→리스트레인)을 마을 사람들이 제지했다.

예문 The meeting was dispersed by the **restraining** police.
그 집회는 경찰의 제지로 무산되었다.

파생 restraint n. 억제, 저지: 구속:자제

blunt
[blʌnt]

a. (날 등이)무딘, 둔한 ;무뚝뚝한 **반** sharp 날카로운

연상 산불과 같은 불난 터(→블란트)에 있었던 것들은 끝이 무딘 것뿐 이다.(다 타버려서)

예문 He is **blunt** in his bearing.
그는 태도가 무뚝뚝한

cruise
[kru:z]

v. (함선이) 순항하다 ;놀며 돌아다니다 **n.** 순양항해; 순항

연상 요즘 크루즈(→크루:즈) 여행선을 타고 바다를 순항하는 여행이 인 기다.

예문 The battleships **cruised** along the shore looking for enemy submarines.
전함은 적의 잠수함을 찾아 연안을 순항했다.

pending
[péndiŋ]

a. (문제, 업무 등이) 미정의 ;(문제 등이) 임박한

연상 그는 해결이 임박한 그 문제를 미정의 상태에서 책상을 Pen(펜)으 로 딩딩(→펜딩) 치면서 고심하고 있다.

예문 The decision is still **pending**.
그 결정은 아직 미정이다.

spinster
[spínstəːr]

n. 미혼여자, 노처녀 **반** bachelor 미혼남자

연상 탁구경기에서 스핀(spin)볼을 잘 치는 스타(star)(→스핀스터)는 주로 미혼여성이다.(한국의 여자 탁구선수를 생각해 보세요)

예문 The term 'spinster' can be an insulting word meaning an unmarried woman.
'노처녀'란 용어는 결혼하지 않은 여자를 의미하는 모 욕적인 말이 될 수 있다.

abstain
[əbstéin]

v. (행동을) 자제하다. 절제하다; 그만두다

연상 "나에겐 없어요 stain(얼룩, 오점)!"(→업.스테인)라고 말할려면 자제하고, 절제하는 삶을 살아야 한다.

예문 You had better abstain from smoking.
너는 담배를 끊는 것이 좋겠다.

sneak
[sniːk]

v. 살금살금 걷다, 몰래 움직이다; 훔치다(steal)

연상 그는 스니커(→스니크) 운동화를 신고 살금살금 걷는다.

예문 The boy sneaked into the movie without paying.
그 소년은 입장료를 내지 않고 극장 안으로 살금살금 들어갔다.

파생 sneaker n. 살금살금 행동하는 사람; 고무창 운동화

signify
[sígnəfài]

v. 의미하다(mean); 중요하다(matter)

연상 그 시그널(signal;신호)은 파이(→시그니파이)를 의미한다.

예문 Do dark clouds signify rain?
먹구름은 비가 올 징조인가?

파생 significance n. 중요; 의미 significant a. 중요한

dim
[dim]

a. 어둑어둑한, 희미한 ; (눈 등이) 침침한 **반** bright 밝은

연상 ① 어둑어둑하고 희미한 곳은 주로 집 뒤임(→딤)
② 밝기를 A, B, C, D로 나눌 때 어둑어둑하고 희미한 것은 D임(→딤).

예문 It's dim in the room.
방 안이 어둑하다.

예문 in a dim light 어둑한 빛으로 a dim memory 희미한 기억

speculate
[spékjəlèit]

v. 사색하다, 추측하다 ;투기하다

연상 영화감독이 촬영하는 숲에서 cue(큐;신호) late(늦게)(→스페큐레잇) 한 것은 어떻게 촬영할까 사색하고 있었기 때문이다.

예문 Physicists speculate on the origin of the universe.
물리학자들은 우주의 기원에 대해서 깊이 생각하다.

파생 speculation n. 추측, 투기

endorse

[endɔ́ːrs / in-]

v. (어음, 서류 등에) 이서하다; 보증하다, 지지하다

연상 수표를 인도(리渡;넘겨주는) 서(書;글)(→인도:스)를 쓰는 것이 수표에 이서하는 것이다

예문 The newspaper has formally **endorsed** the Democratic candidate.
그 신문은 공식적으로 민주당 후보자를 지지했다.

파생 endorsement n. 보증, 이서

---

coarse

[kɔːrs]

a. 조잡한, 거친, 야비한 **반** fine 세련된, 고운

연상 자동차 경주의 코:스(=course)(→코:스)는 보통 조잡하고, 거칠다

예문 We all were amazed and confounded by his **coarse** manners.
우리는 그의 품위 없는 태도에 놀라고 당황했다.

---

whirl

[hwəːrl]

v. 빙빙 돌다(돌리다) **n.** 회전 선풍

연상 월풀(while pool)세탁기(→워얼)는 물이 빙빙 돌아가는 풀(pool 연못) 같은 세탁기다.

예문 His hat was **whirled** away by the wind.
그의 모자는 바람에 빙빙 돌며 날아갔다.

---

thrust

[θrʌst]

v. 밀어 넣다; 찔러 넣다; (칼로) 찌르다

연상 그는 바닥을 쓸어서 휴지통이 터질(→쓰러스트)정도로 밀어 넣다.

예문 Don't **trust** your hands into your pockets.
양손을 포켓에 넣지 마라.

---

renew

[rinjúː]

v. 새롭게 하다, 갱신하다, (힘 등을) 되찾다

연상 ① re(다시) + new(새로운) = 다시 새로운 것으로 하는 것이 새롭게 하는 것이고, 갱신하는 것이다.
② 새마을 운동은 시골 마을인 리(里)를 new(→리뉴:)하게, 즉 새롭게 하는 운동이다.

예문 You must **renew** your enthusiasm.
너는 열의를 새롭게 해야한다

파생 renewal 기한 연기, 회복;재생

---

ponder

[pándər / pɔ́n]

v. 곰곰이 생각하다, 숙고하다(deliberate)

연상 ① 우리는 폰(phone)을 더(→폰더) 사용하는 것에 대해 곰곰히 생각해야한다.(지금도 폰 사용이 지나치기 때문에)
② pond(연못)에 가면 더(→폰더) 곰곰이 생각하게 된다. (물이 잔잔해서)

예문 I **pondered** on what my father had said.
나는 아버지가 하신 말씀을 곰곰이 생각해 보았다.

dormant
[dɔ́ːrmənt]

a. 잠자는, (화산이)활동하지 않는 ;(감정 등이) 잠재하고 있는

연상 도(道:도로)에서 먼 터(=멀리 떨어진 곳)(→도:먼트)는 아직 잠자는 땅이 많다.(교통이 불편해서 활용되지 못하고 잠자는 땅)

예문 The dormant volcano has recently shown signs of life.
그 휴화산이 최근에 활동하고 있다는 신호를 보여 주었다

exquisite
[ikskwízit / ékskwi-]

a. 정교한, 절묘한 ;훌륭한

연상 정말 절묘한 문제는 엑스(X) 퀴즈 it(그것)(→엑스퀴짓)이었어!

예문 She has an exquisite ear for music.
그녀는 음악에 예민한 귀를 가졌다.

collapse
[kəlǽps]

v. 무너지다; 붕괴하다; (제도 등이) 실패하다 **n.** 붕괴

연상 그 사람은 등치가 커(서) 애인의 lap(무릎) 위에 서면(→컬랲스) 무릎이 무너진다.

예문 His bed collapsed under his weight.
그의 체중에 못 이겨 침대가 부러졌다.

UNIT 10 TEST

[1~12] 보기에서 영어에 해당되는 우리말을 찾아 쓰시오.

1. ponder _____
2. tardy _____
3. strife _____
4. scent _____
5. fraction _____
6. aggravate _____
7. pioneer _____
8. smother _____
9. fabulous _____
10. tactful _____
11. speculate _____
12. dormant _____

보기 ① 향기 ② 사색하다 ③ 일부분 ④ 숙고하다 ⑤ 느린 ⑥ 잠자는 ⑦ 악화시키다
⑧ 분별력 있는 ⑨ 숨 막히게 하다 ⑩ 전설상의 ⑪ 개척자 ⑫ 불화

[13~17] 다음 빈칸에 들어갈 적절한 어휘를 고르시오.

13. We saw the _____ of a fire in the forest.

14. Things are cooler and more damp as we _____ to the cellar.

15. She _____ her hands deep into her pockets.

16. She found their laughter and noisy games _____ and rather vulgar.

17. It was his responsibility for foreign affairs that gained him international _____ .

보기 ① coarse ② gleam ③ prestige ④ descend ⑤ thrust

[18~21] 다음 빈칸에 들어갈 적절한 어휘를 고르시오.

18. She wants to _____ the canals of France in a barge.

19. The Queen has _____ a knighthood on him.

20. I barely _____ myself from hitting him.

21. Sometimes he would _____ out of his house late at night to be with me.

보기 ① sneak ② restrained ③ bestowed ④ cruise

정답 1.④ 2.⑤ 3.⑫ 4.① 5.③ 6.⑦ 7.⑪ 8.⑨ 9.⑩ 10.⑧ 11.② 12.⑥
13.② 14.④ 15.⑤ 16.① 17.③ 18.④ 19.③ 20.② 21.①

Further Study

make it 성공하다, 해내다

exchange civilities 문안 인사를 하다

inalienable 양도할 수 없는

outstay 오래 앉아 있다

crusade 십자군

purple 자줏빛, 자줏빛의

feudal age 봉건시대

feudal system 봉건제도

diggings 발굴물

affluent 풍부한, 부유한

ramp 진입로, (입차 교차로 등의) 경사로

attic 다락방

watchful 주의 깊은

wiry 강인한, 철사의

autograph 사인, 자필, 친필

thieve 훔치다

stay ahead of the competition

경쟁에서 앞서다

inaudible 들을 수 없는

supply depot 물품 창고

table of content 목차

pricey 비싼

staff turnover 전직(轉職), 이직(離職)

lethal 치명적인, 치사의, 죽음의

steaming hot 찌는 듯이 더운

dissimulate (의시, 감정 등을) 숨기다, 가장하다

stop by ~에 잠깐 들리다

make a difference 차이를 만들다, 중요하다

figuratively 비유적으로, 상징적으로

tranquilizer 진정제

onset 개시, 시작

baggage claim (공항의) 수화물 찾는 곳

be out of hospital 퇴원하다

luster 광채, 윤

spin off (회사, 자산 등을) 분리하다

manifest

[mǽnəfèst]

a. 명백한, 분명한(obvious)　**v.** 명백히 하다

연상 man(인간)이 페스트(pest:해충)(→매니페스트)가 아닌 것은 명백한 사실이다

예문 It is **manifest** to all of us.
그것은 우리 누구나 명백히 알 수 있는 것이다

파생 manifestation n. 명시, 표명

---

conceit

[kənsíːt]

n. 자만(심), 자부심　**v.** 우쭐대다. 자만하다　**반** modesty 겸손

연상 그는 자동차에 큰 시트(seat)(=컨시:트)를 가진 것을 **자만**한다.

예문 She is full of **conceit**.
그녀는 혼자 잘난 체 한다.

파생 conceited a. 자만하는, 우쭐대는

---

lament

[ləmént]

v. 슬퍼하다, 한탄하다(deplore, wail)　**n.** 슬픔　**반** rejoice 기뻐하다

연상 러시아어 멘트(ment; 말)(→러멘트)는 슬퍼하는 것처럼 들린다.

예문 He **laments** his fate.
그는 자신의 운명을 한탄한다.

---

dispatch

[dispǽtʃ]

v. (군대 등을)파견하다; (편지 등을) 발송하다　**n.** 발송; 파견

연상 ① 기후가 디(=매우) 습해(서 그 습기에) 취(→디스패취)해버린 사람들을 구하러
인도정부에서 구조대를 파견했다.
② 인터넷 연예 전문 언론 매체인 디스패치(→디스패취)는 아이돌의 행적을 취재하기 위해
기자를 파견했다.

예문 We **dispatch** rescue parties to the sea.
구조대를 파견하다.

---

rebuke

[ribjúːk]

v. (남을) 책망하다, 비난하다　**n.** 책망, 비난

연상 시골마을 리(里)에서 농구선수 데빈 부커(Devin Booker)(→리뷰;크)를 **비난했다.**(시골에
와서 농구한다고)

예문 He received a **rebuke**.
그는 견책 당했다.

linger
[líŋgər]

v. (우물쭈물)오래 머무르다, 떠나지 못하다, 꾸물거리다, 지체하다

연상 생리 식염수인 링거(ringer)(→링거:) 액을 정맥에 주사 할 때 액이 병속에 오래 머무른다.

예문 Somebody is still **lingering** about.
아직 그 근처에 서성거리는 자가 있다.

---

curb
[kə:rb]

n. 재갈, 고삐(rein); 구속, 억제(restraint) **v.** 재갈을 물리다. 억제하다

연상 커;브(curve)(→커;브) 길은 마치 말에게 재갈을 물리듯 운전자에게 속도를 억제하는 역할을 한다.

예문 Many companies have imposed **curbs** on smoking in the workplace.
많은 회사는 작업장에서 흡연을 제한해왔다.

---

assent
[əsént]

n. 동의 **v.** 동의하다 **반** dissent 반대하다

연상 누구에겐가 a(하나)를 sent(보낸)(→어센트) 것은 그 사람에게 동의하는 것이다.

예문 They formally **assented** to the statement.
그들은 정식으로 그 성명에 찬동했다.

---

confront
[kənfrʌnt]

v. 직면하다(face) ;~를 만나다

연상 호텔의 큰 프론트(→컨프런트)는 여러 사람과 직면하는 곳이다.

예문 Many difficulties **confronted** him.
그의 앞에는 많은 난관이 닥쳤다.

파생 confrontation **n.** 직면, 조우

---

proclaim
[proukléim]

v. 공포하다, 선언하다 (declare)

연상 자신이 Pro(프로)선수라고 claim(주장, 요구하는)(→프로클레임) 것이 프로 선수임을 선언하는 것이다.

예문 The people **proclaimed** him King.
국민들은 그를 왕이라고 공포했다.

파생 proclamation **n.** 공표, 선언: 성명서

---

forthcoming
[fɔ:rəkʌmi]

a. 다가오는 ;곧 나타나려 하는; 오는, 이번의

연상 ① forth(앞으로) + coming(오는)(→포;쓰카밍)= 내 앞으로 오는 것이 나에게 다가오는 것이다.
② 야구 포수에게 coming(오는)(→포;쓰카밍) 것이 포수에게 다가오는 것이다.

예문 He will run for the **forthcoming** elections.
그는 다가오는 선거에 출마할 것이다.

harass
[hǽrəs / hərǽs]

v. 괴롭히다(annoy) ; 학대하다(mistreat)

연상 허-허 웃으면서 **ass**(당나귀)(→허래스)를 괴롭히는 것은 당나귀에게 해(害, 피해)가 되는 것이라서, 즉 해(害)라서(→해러스) 하면 안된다.

예문 Nowadays he is **harassed** by anxiety.
그는 요즘 근심에 시달린다.

파생 harassment n. 괴롭힘; 학대

rotation
[routéiʃən]

n. 회전; 순환; 교대

연상 우리 반은 1주일에 한 번씩 자리를 로테이션(→로테이션) 한다면 자리를 순환한다는 뜻이다.

예문 The **rotation** of the earth causes day and night.
지구의 자전으로 밤과 낮이 있게 된다.

파생 rotate v. 회전(순환)하다 ; 교대하다

criterion
[kraitíəriən]

n. (판단, 평가를 위한) 기준, 표준, 규범 **pl.** criteria

연상 크라이(cry 울다) + 티어(tear 눈물) + 리온(일본 여배우)(→크라이티어리언) = 울어서 눈물을 흘린 일본 여배우 리온을 평가하는 기준을 무엇으로 해야 할까?

예문 What **criteria** do you use to judge a good perfume?
당신은 어떤 기준으로 좋은 향수를 판단합니까?

array
[əréi]

v. 정렬시키다(arrange), 배열하다; 잘 차려 입다 **n.** 정렬, 배치

연상 분광기(스펙트럼스코프)는 a(하나) **ray**(광선)(→어레이)을 여러 가지 색으로 배열하여 보여준다.

예문 Make an **array** of your books.
네 책들을 정렬해라.

alter
[ɔ́:ltər]

v. (형태, 성질, 위치 따위를) 바꾸다, 변경하다; (집, 옷을)개조하다

연상 우리는 개발이란 미명아래 all(모든) 터(땅)(→오올터)를 바꾸고 있다.

예문 He **altered** his plan.
그는 계획을 변경했다.

upright
[ʌ́pràit]

a. (위치, 자세가) 똑바른, 수직의; 올바른

연상 up(위로) + right(바른 ; 바로)(→엎라이트)=위로 바로 선 것이 똑바른, 수직의 자세다.

예문 He stand bolt **upright** when he speak.
그는 말을 할 때는 똑바로 섰다.

retard
[ritáːrd]

v. (성장, 진보 등을) 더디게 하다, 지체시키다(delay)

연상 강원도 산불이 나서 시골 마을인 리(里)가 타더(→리타드)니 풀과 나무의 성장을 더디게 한다.

예문 Smoking **retards** growth.
흡연은 성장을 더디게 한다.

파생 retardation n. 지연

dubious
[djúːbiəs]

a. 수상스러운, 의심스러운(suspicious)

연상 (속된 말로) 그 사람은 골이 비어서, 다시 말해 두(頭;머리) 비어서(→ 듀;비어스) 수상스러운 행동을 잘한다.

예문 He has never been **dubious** of success.
그는 성공을 조금도 의심해 본 적이 없다.

aftermath
[ǽftərmæθ]

n. (재해, 대 사건 등의) 여파, 결과(consequence), 후유증

연상 after(뒤에) + math(수학)(→애프터매쓰)= 수학(시험)뒤에는 늘 여파가 따른다.(시험을 잘 못 치르기 때문에)

예문 In the **aftermath** of the coup, the troops opened fire on the demonstrators.
쿠데타의 여파로 군대가 시위자들에게 발포했다.

enact
[enǽkt]

v. (법안을)제정하다 (legislate); 상연하다

연상 ① en(=make) + act(법, 조례)(→엔액트)= 법을 제정하다.
② 앤 여왕은 국민들이 act(행동할)(→엔액트) 법을 제정했다.

예문 The congress **enacted** the new criminal law.
국회는 새로운 형법을 제정했다.

cripple
[krípəl]

n. 신체[정신]장애자 **v.** 절게 하다: (사물을) 손상시키다.

연상 서류를 철하는 클립(clip)을(→크리플) 잘못 밟으면 발을 절게 한다.

예문 The old man was **crippled** with rheumatism.
노인은 류머티즘으로 절게 되었다.

spark
[spɑːrk]

n. 불꽃, 섬광(sparkle) **v.** 불꽃이 튀다, 번쩍이다.

연상 미국독립 축제일엔 수 개(=여러 개)의 park(공원)(→스파악)에서 불꽃이 번쩍인다.(불꽃놀이 불꽃)

예문 Strike a **spark** from a flint.
부싯돌로 불을 치다.

rein
[rein]

n. 고삐; 구속 **v.** 구속하다, 억제하다; (말에) 고삐를 매다.

연상 레인(rain;비)(→레인)는 고삐를 매 듯 인간의 행동을 **구속한다**.(비가 많이 오면 제대로 행동하지 못한다)

예문 The Democrats hold the **reins**.
민주당이 정권을 잡다.

stain
[stein]

n. 얼룩(spot); 오점, 흠(bolt) **v.** 얼룩지게 하다

연상 교회의 스테인 그라스(→스테인)는 많은 얼룩무늬가 있는 유리 창을 말한다.

예문 The shirt was heavily **stained** with blood.
그의 셔츠는 피로 심하게 얼룩이 졌다.

파생 stainless a. 녹슬지 않은; 얼룩지지 않은

merciful
[mə́:rsifəl]

a. 자비로운; 인정 많은 **반** 무자비한

연상 인간으로 가장 멋이 ful(가득)(→머:시플)한 것은 **자비로운** 행동을 하는 것이다.

예문 "God is **merciful**"said the priest.
"신은 자비롭다"고 신부가 말했다.

파생 mercy 자비; 인정

vouch
[vautʃ]

v. 보증하다, 단언하다(guarantee)

연상 바우는 취하면(→바우취) **보증하는** 일을 쉽게 했다. 그래서 술 깨고 곤혹을 치르곤 했다.

예문 I will **vouch** his honesty.
그가 정직하다는 것을 내가 보증하겠소.

underestimate
[ʌ̀ndəréstəmeìt]

v. 과소평가하다, 지나치게 얕잡아보다

연상 under(=down; 아래로) + estimate(평가하다)(→언더레스터미이트) =본래 가치보다 아래로 평가하는 것이 **과소평가**하는 것이다

예문 They **underestimate** the enemy's strength.
그들은 적의 힘을 너무 얕잡아 본다.

lodge
[lɑdʒ / lɔdʒ]

v. 숙박하다 **n.** 오두막

연상 산골 사람들이 **오두막**을 지어 **숙박하려면** 라지(large)(→라지)사이즈의 통나무를 사용해야 했다.

예문 Where are you **lodging**?
어디에 묵고 계십니까?

파생 lodging n. 하숙; 숙박

blink
[bliŋk]

v. (눈 등이) 깜박이다 **n.** 깜박임.

연상 사람들은 불과 ink(잉크)(→블링크)가 함께 있을 때 눈을 깜박인다.(잉크에 불빛이 반사되기 때문에)

예문 She **blinked** at the sudden light.
갑자기 빛을 받아 그녀는 눈을 깜박였다.

conceive
[kənsíːv]

v. 상상하다(imagine), 생각하다, 임신하다

연상 성적이 나쁜 아이들은 80이나 90과 같은 큰 십(=10)(→컨시입) 자리 수를 상상한다.(높은 점수를 상상한다)

예문 I can't **conceive** why he has made such a mistake.
그가 왜 그런 실수를 저질렀는지 상상할 수 없다.

파생 concept n. 개념. 생각

dizzy
[dízi]

a. 현기증이 나는, 아찔한

연상 학점 중에서 현기증 나는 점수가 바로 D지(→디지)!

예문 He drove the car at **dizzy** speed.
그는 현기증이 날 정도로 차를 몰았다.

premise
[prémis]

n. 전제 **v.** ~를 전제로 하다. 가정하다(assume)

연상 현대 환경생물학은 공단지역의 풀에 미스(miss;잘못)(→플레미스)가 있다고 전제한다.(풀이 공해로 잘못되어졌다고)

예문 The basic **premise** of her argument is a false one.
그녀 주장의 기본 전제는 잘못된 것이다.

external
[ikstéːrnəl]

a. 바깥쪽의, 외부의; 대외의 **반** internal 내부의

연상 내 친구 익서는 터널(tunnel)(→익스터: 널) 바깥쪽의 마을에 산다.(터널안쪽엔 사람이 살지 못한다)

예문 The second type of conflict is **external** conflict.
두 번째 유형의 갈등은 외부적인 갈등이다.

juvenile
[dʒúːvənəl / -nài]

n. 청소년의 **n.** 소년, 소녀

연상 학교에서 주번을(→주:버널) 하는 것은 청소년의 일이다.

예문 **Juvenile** delinquency hits every area of the country.
소년범죄는 이 나라의 도처에서 일어난다.

distort
[distɔ́:rt]

v. (사실, 진실 등을) 왜곡하다; 비틀다. 찌그러뜨리다

연상 dis(=not) + tort(Tottenham, 토트넘)(→디스토:트) = 손흥민이 속해있는 토트넘은 팀이 아니라고 말한다면 진실을 왜곡하는 것이다.

예문 His face was **distorted** by rage.
그의 얼굴은 격분으로 일그러졌다.

파생 distorted a. 왜곡된, (정신, 도덕적으로) 삐뚤어진 : 찌그러진
distortion n. 왜곡, 비틀림.

rebel
[rébəl]

n. 반역자, 반란자 **v.** 반역 **v.** [ribél] 배반하다

연상 ① 보통 사람과 레벨(level, 수준)(→레벌)이 다른 사람이 주로 반역자가 된다.
② 그 반역자는 그가 살던 시골마을, 리(里) 교회의 벨(bell, 종)(→리벨)을 깨고 마을 사람들을 배반했다.

예문 The southern parts of the country had fallen into **rebel** control.
그 나라의 남부지방은 반군의 손 안에 들어갔다.

bashful
[bǽʃfəl]

a. 수줍어하는 (shy)

연상 배씨(裵氏)가 펄(→배쉬펄)에 빠져 수줍어한다.

예문 He is too **bashful** to ask her for a date.
그는 너무 수줍어해서 그녀에게 데이트 신청을 하지 못한다.

disperse
[dispə́:rs]

v. 흩어지게 하다, 흩어지다 ; (지식을) 전파하다

연상 삽으로 디스(this;이것)를 퍼서(→디스퍼;스) 들에 흩어라.

예문 The police **dispersed** the crow.
경찰은 군중을 흩어지게 했다.

파생 dispersion n. 분산. 살포; 유포

awkward
[ɔ́:kwərd]

a. (솜씨 등이)서투른(clumsy);(동작 등이)어색한

반 dexterous 솜씨 있는

연상 오크(oak) 나무에 워드(word;단어)(→오:쿼드) 새기는 작업을 한다면 얼마나 어색하고, 서툴까?

예문 They sat in an **awkward** silence.
그들은 어색한 침묵 속에 앉아 있었다.

boring
[bɔ́:riŋ]

a. 지루한, 싫증나게 하는; 구멍을 뚫음

연상 볼링(bowling)(→보:링)을 오래하면 지루하다.

예문 The lecture was so long and **boring** that I felt sleepy.
강의가 너무 길고 지루해서 졸렸다.

genetic
[dʒinétik]

n. 유전(학)의; 유전인자의

연상 gene(유전자) + (t)ic(형용사 어미)(→지네틱) = 유전의
(gene[dʒiːn] 세상에서 진(眞)실한 것, 참된 진(眞)(→지인)이 유전자다)

예문 Scientists think that aging is part of human **genetic** program.
학자들은 노화가 유전 프로그램의 일부라고 생각한다.

파생 genetics n. 유전자

remarkable
[rimáːrkəbəl]

a. 주목할만한, 두드러진, 현저한

연상 시골마을, 리(里)마다 상징하는 mark(마크) able(할 수 있다면)(→리마커블) 주목할만한 일이 될 것이다.

예문 He is **remarkable** for wisdom.
그의 현명함은 놀랍다.

파생 remarkably ad. 두드러지게, 매우

rigorous
[rígərəs]

a. (규칙 등이) 엄격한(rigid); (기후 등이)혹독한(harsh)

연상 그는 혹독한 추위에도 시골의 마을 즉 리(里)지역을 걸어서(→리거러스) 다니는 엄격한 생활규칙을 지키고 있다.

예문 The planes have to undergo **rigorous** safety checks.
비행기들은 엄격한 안전 검사를 받아야 한다.

파생 rigor n. 엄격함. 가혹함

UNIT 11 TEST

[1~12] 보기에서 영어에 해당되는 우리말을 찾아 쓰시오.

1. genetic _____
2. rebuke _____
3. conceit _____
4. assent _____
5. lament _____
6. disperse _____
7. linger _____
8. rigorous _____
9. conceive _____
10. manifest _____
11. juvenile _____
12. confront _____

보기 ① 동의 ② 청소년의 ③ 슬퍼하다 ④ 유전(학)의 ⑤ 자만(심) ⑥ 엄격한
⑦ 명백한 ⑧ 책망하다 ⑨ 흩어지게 하다 ⑩ 직면하다 ⑪ 상상하다 ⑫ 오래 머무르다

[13~17] 다음 빈칸에 들어갈 적절한 어휘를 고르시오.

13. She is _____ with people she doesn't know.

14. The southern parts of the country had fallen into _____ control.

15. He was accused of grossly _____ the facts.

16. Such events occur only when the _____ conditions are favorable.

17. The _____ of this novel is to show the world a "dystopia".

보기 ① external ② rebel ③ premise ④ awkward ⑤ distorting

[18~21] 다음 빈칸에 들어갈 적절한 어휘를 고르시오.

18. The first lesson I learnt as a soldier was never to _____ the enemy.

19. Green and yellow lights _____ on the surface of the harbour.

20. They asked whether I was prepared to _____ for him.

21. The vice-president was forced to take up the _____ of office.

보기 ① blinked ② reins ③ vouch ④ underestimate

정답 1.④ 2.⑧ 3.⑤ 4.① 5.③ 6.⑨ 7.⑫ 8.⑥ 9.⑪ 10.⑦ 11.② 12.⑩
13.④ 14.② 15.⑤ 16.① 17.③ 18.④ 19.① 20.③ 21.②

Further Study

tailor ~ to … ~을 …의 용도, 목적에 맞추다

stay with ~의 집에 머무르다

thermostat 자동 온도 조절기

to my knowledge 내가 알기로는

venue 회합 장소, 개최지, 예정지

within reach 손에 닿을 수 있는 곳에

multiple-choice test 선다형 시험

take a leave of absence 휴가 가다

start up 일을 시작하다, 창업하다

touch on ~을 언급하다, ~에 관해 다루다

excuse oneself 변명하다, 사과하다

accessibility 접근성

coherent 시종일관된, 이치가 닿는

take sides 편을 들다

sneak 몰래 들어가다

involuntarily 자신도 모르게

puberty 사춘기

gobble up ~을 게걸스럽게 먹어치우다

put one's nose into ~에 참견하다

be preoccupied with ~에 몰두하다

forgetful 잘 잊어버리는, 건망증이 있는

empty into ~흘러들다

interminable 끝없는, 지루하게 긴

standardized 표준화된

embed 묻다, 끼워 넣다

supersede ~을 대신하다, 대치하다

rapper 랩 음악인

iron 다림질하다

captivate 사로잡다

take on (성질을) 띠다, 갖다

labor-management dispute

노사 간의 분쟁

distract ~ from …ing

~를 …하는 것으로부터 벗어나게 하다

opt 선택하다

pull over 차를 도로가에 세우다

formidable
[fɔ́ːrmidəbəl]

a. 무서운, 만만치 않은; 강력한

연상 그 팀의 투수는 공을 던지는 form(폼)이 더블(double;이중적)(→포;미더블)이라서 상대하기가 무서운 선수다.

예문 We have a **formidable** task ahead of us.
우리들 앞엔 만만치 않는 과업이 놓여 있다.

cheerful
[tʃíərfəl]

a. 기분좋은, 경쾌한

연상 스탠드에 응원하는 취어 걸들이 ful(가득하니)(→취어플)하니 기분좋은 분위기다.

예문 You seem to be in a **cheerful** mood this morning.
너는 오늘 아침 기분이 좋아 보이군.

파생 cheer n. 환호 v. 갈채를 보내다.

assure
[əʃúər]

v. 확신하다, 장담하다, 약속하다 **반** deceive 속이다

연상 a(하나) sure(확실한)(→어슈어:) 것이 있으면 그것을 확신하게 된다.

예문 I **assure** you of her innocence.
나는 그녀의 결백을 보증한다.

파생 assurance n. 확신 장담. 보증

disadvantage
[dìsədvǽntidʒ]

n. 불리, 불리한 상태 **v.** 불리하게 하다; 손해를 주다

연상 dis(=not) + advantage(유리함)(→디서드밴티지) = 불리함(advantage - 얻어 탄 밴(van)이 튀지(→어드밴티지)! 그게 이익이다)

예문 The high cost of living is a **disadvantage** to live in a big city.
높은 생활비는 대도시에 사는 불리한 점이다.

파생 disadvantageous a. 불리한 disadvantaged a. 혜택 받지 못한

righteous
[ráitʃəs]

a. 정의의, 고결한(=virtuous); 정당한, 당연한

연상 right(정의; 정당함) + -ous(형용사 어미)(→라이쳐스)= 정의의, 정당한.

예문 He is full of **righteous** indignation.
그는 정의로운 분노로 가득 차 있다

파생 righteousness n. 정의, 공정

subsequent
[sʌ́bsikwənt]

a. 뒤의, 차후의, 다음의(following) **↔** antecedent 이전의

연상 기상대에서 초기엔 화씨 사용을 권터니 그 뒤의 시기엔 섭씨(subse)(를) 권터(quent)(→섭씨퀜트)라!(권하더라)

예문 **Subsequent** events proved the man to be right.
그 뒤의 사건들은 그 사람이 옳다는 것을 입증해 주었다.

dismay
[disméi]

v. 당황하게 하다; 깜짝 놀라게 하다 **n.** 놀람, 공포

연상 dis(=not) + may(할 수 있다)(→디스메이) = 맡은 일을 할 수 없을 때 그것은 사람을 당황하게 한다.

예문 To his **dismay**, he found that his feet could not touch the bottom.
놀랍게도 그는 자신이 발이 바닥에 닿지 않는다는 것을 알았다.

naught
[nɔːt / nɑːt]

n. 제로. 영 : 무(無)

연상 naught(나얕) 는 **not** [nɑt 낱/ nɔt](→나얕) 거의 같은 발음이다. 어떤 것도 아닌(not) 것이 바로 영, 무(無)가 아니겠는가.

예문 His efforts come to **naught**.
그의 노력은 수포로 돌아갔다.

assail
[əséil]

v. 습격하다, 공격하다(attack)

연상 그 백화점은 a(한번)씩 세일(→어세일)로 재래시장을 공격했다.

예문 They **assailed** the fortress.
그들은 그 요새를 공격했다.

construction
[kənstrʌ́kʃən]

n. 건설, 건축, 구조

연상 큰 수(水)트럭(수조차)이 선(→컨스트럭션) 곳은 건설 공사장이다.

예문 The building is under **construction**.
그 건물은 건설 중에 있다.

파생 construct v. 건축하다 constructive a. 건설적인

induce
[indjúːs]

v. 꾀다, 권유하다; 야기하다

연상 in(안에) + 두서(頭緖, 앞뒤의 조리)(→인두ː스) = 앞뒤 조리가 맞는 말 안(in)에서 사람을 꾀거나, 권유할 수 있다.

예문 The sales man **induced** her to buy the car.
그 판매원은 그녀를 설득하여 차를 사도록 했다.

파생 inducement n. 권유, 자극, 동기 induction n. 유도; 귀납(법)

optimistic
[àptəmístik]

a. 낙관적인, 낙천적인(↔pessimistic)

연상 하키 경기에서 앞 팀이 스틱(→앞터미스틱)을 가지고 있으니 앞 팀의 승리가 낙관적일 수밖에 없다.

예문 She is **optimistic** about her chances of winning a gold medal.
그녀는 금메달을 딸 수 있는 가능성에 대해 매우 낙관적이다.

파생 optimism n. 낙천주의 optimum n. 최적 조건(의)

grim
[grim]

a. (얼굴 따위가) 험상궂은, 엄숙한; 엄격한; (사실 따위가) 냉혹한

연상 귀 잘린 고흐의 자화상 그림(→그림)은 험상궂은 표정이다.

예문 He spoke with a **grim** face.
그는 엄숙한 얼굴로 말했다.

파생 grimace n. 찡그린 상. v. 얼굴을 찌푸리다.

elite
[ilíːt / eilíːt]

n. 선택된 사람들, 정예, 정수

연상 그는 정예의 엘리트(→엘리트) 사원이다.

예문 He was an influential member of the ruling **elite**.
그는 지배계층의 영향력 있는 인사 중에 하나다.

shrewd
[ʃruːd]

a. 빈틈없는, 재치 있는, 기민한 **반** dull 우둔한

연상 빈틈없는 사람은 쉬(쉽게) 루드(rude:무례한)(→슈루:드)하지 않는다.

예문 He is a **shrewd** engineer.
그는 빈틈없는 기계기사다.

strengthen
[stréŋkəən]

v. 강화하다, 튼튼하게 하다 **반** weaken 약화시키다

연상 ① strength(힘) + en(=make)(→스트렝션) 강화하다.
② 스트렝쓴(strengthen는, 힘은)(→스트렝션) 어떤 것은 강화하는 데 쓰인다.

예문 I think India **strengthened** Britain's class system.
인도가 영국의 계급제도를 강화시켰다고 나는 생각한다.

파생 strength n. 힘, 세기, 체력 strenuous a. 정력적인: 열심인

chivalry
[ʃívəlri]

n. (중세의) 기사제도, 기사도, 기사도 정신

연상 불의에 맞서서 싸움을 쉬 벌이는(→쉬벌리) 기사도!

예문 The people of the south of the country followed a code of **chivalry**.
그 나라의 남부지역 사람들은 기사도의 규약을 따랐다.

dissent
[disént]

v. 의견을 달리하다   **반** assent 동의하다

연상 dis(=not) + sent (보내다)(→디센트)= 어떤 의견에 같은 뜻을 보내지 않았으니 의견을 달리하는 것이다.

예문 They **dissented** from their neighbors on the point.
그들은 그 점에 있어서 이웃사람들과 의견이 달랐다.

파생 dissension n. 의견의 충돌; 불화   dissident n. 반대자.

consensus
[kənsénsəs]

n. (의견, 증언 등의) 일치, 합의(=agreement)

연상 사람이 가진 큰 sense(감각)에서(→컨센서스) 의견의 일치, 합의가 이루어진다.

예문 There are signs that the **consensus** is breaking down.
합의가 깨어져 가고 있다는 징후가 있다.

endow
[endáu]

v. (재능 따위) 부여하다, 기부하다

연상 우리가 어떤 사람에게 특권을 부여하면 그 사람은 end(끝)에 것까 지 "다우(다오)!"(→엔다우)라고 한다.(인간의 욕심이 한정 없다)

예문 The boy was **endowed** with a musical gift.
그 소년은 음악의 재능을 타고 났다.

파생 endowment n. 자질, 재능; 기부

plea
[pliː]

n. 간청, 탄원(appeal), 진술

연상 사람들이 간청할 땐 please(프리즈 제발)(→프리:)란 말을 사용한다.

예문 The poor girl made a **plea** for help.
불쌍한 소녀는 도와달라고 간청했다.

condense
[kəndéns]

v. 압축하다, 응축하다 ;(렌즈가 빛을)모으다

연상 큰 댄스(→컨덴스)파티가 열리는 곳은 실내의 습기가 압축, 응결되어 창문에 물방물이 맺힌다.

예문 The steam has been **condensed** into a few drops of water.
수증기는 몇 방울의 물로 응결되었다.

bumper
[bʌ́mpər]

n. 충격완충장치 ; 대풍작

연상 자동차 앞뒤의 범퍼(→범퍼)는 충격완충장치다.

예문 The traffic is **bumper** to bumper on the road to the coast.
해안으로 가는 도로에는 교통이 매우 혼잡하다.

파생 bump v. 부딪히다. n. 충돌

withhold
[wiðhóuld]

v. 고의로 보류하다(retain); 억누르다 ;저지하다(oppress)

연상 with(~와 함께) + hold(잡다)(→위드호울드)=함께 잡고 있으니 보류하는 것이다.

예문 The company decided to **withhold** its payment.
그 회사는 지불을 보류하기로 결정했다.

sinister
[sínistə:r]

a. 사악한(wicked), 불길한(ominous)

연상 ① 신(神)이 스타(→시니스터)가 되면 사악한 인간을 벌주겠지.
② sin(죄) 짓는 것이 스타(→시니스터)가 되면 사악한 세상이 될 것이다.

예문 We felt there was something cold and **sinister** about him.
그에게는 차갑고 사악한 뭔가가 있다는 것을 느꼈다.

combustion
[kəmbʌ́stʃən]

n. 연소 ; 자연 연소

연상 배기량이 1000cc인 큰 버스 1000(→컴버스천)은 연소가 잘 될까?

예문 Air pollutants are derived mainly from the **combustion** of fuel.
대기 오염 물질은 주로 연료의 연소에서 생겨난다.

파생 combustible a. 타기 쉬운, 가연성의

scrutinize
[skrú:tənàiz]

v. 세밀히 조사하다

연상 배의 고장난 스크루를 조사하던 경찰이 현장에 있던 아이에게 "너가 스크루(screw) 튼 아이지(→스크루: 터나이즈)?"하면서 세밀히 조사했다.

예문 The jeweler **scrutinized** the diamond for flaws.
그 보석상인은 다이아몬드에 흠이 있나 하고 세밀히 조사하였다.

파생 scrutiny n. 정밀한 조사

perfect
[pə́:rfikt]

a. 완전한, 완벽한 **v.** 완성하다

연상 퍼:펙트(→퍼:픽트)게임은 야구에서 한 명의 주자도 내보내지 않고 이긴 완전한 게임을 말한다.

예문 Practice makes **perfect**.
연습은 완전한 것으로 통한다.

파생 perfection 완전, 완벽, 완성

wildlife
[wáildlàif]

n. 야생동물, 야생생물

연상 wild(야생의, 거친) + life(생명체)(→와일드라이프)= 야생의 생명체가 바로 야생동물, 야생생물이다.

예문 We should protect endangered **wildlife**.
우리는 멸종위기에 있는 야생동물을 보호해야 한다.

scoop
[skuːp]

n. 국자, (신문의) 특종기사 **v.** 푸다; 특종 기사를 내다

연상 ① 스쿠프 (→스쿠프) 자동차는 국자 모양을 본따서 만든 것일까?
② 스쿠프(→스쿠프) 자동차를 타고 특종기사를 취재했다.

예문 The children **scooped** out holes in the sand.
아이들은 모래를 파서 구멍을 만들었다.

---

peril
[pérəl]

n. 위험, 위기 **v.** 위태롭게 하다

연상 불량 패거리, 즉 패를(→페럴) 건드리면 위험이 닥친다.

예문 The ship was in imminent **peril** of being wrecked.
배는 당장 난파할 것 같은 위험한 형세이다.

---

congregate
[káŋgrigèit / kɔ́ŋ-]

v. 모이다, 집합하다(assemble)

연상 시위를 할 때 사람들이 보통 큰 거리 gate(문)(→캉그리게잇) 앞에 모인다.(독립문, 개선문 같은)

예문 Pupils **congregated** around the teacher.
학생들은 선생님 주변에 모였다.

---

fling
[fliŋ]

v. 세게 던지다, 내던지다(hurl) , 돌진하다, 달려들다

연상 목동들이 풀로 만든 고리, 즉 풀 링(ring;고리)(→풀링)을 만들어 세게 던지는 놀이를 했다.

예문 He **fling** a stick.
그는 막대기를 내 던졌다.

---

stalk
[stɔːk]

n. (식물의) 줄기, 버팀대 **v.** 몰래 추적하다

연상 유명인을 몰래 추적하는, 스토킹(stalking)(→스토:크)하는 사람 중에 는 튤립이나 장미 줄기를 들고 다가온다고 한다.

예문 She trimmed the **stalks** of the tulips before putting them in a vase.
그녀는 꽃병에 꽂기 전에 튤립의 줄기를 다듬었다.

---

detest
[ditést]

v. 몹시 싫어하다 (abhor)

연상 학생들은 A, B, C, D중에서 수준 낮은 D급 test(테스트)(→디테스트)를 몹시 싫어한다.

예문 I **detest** dishonest people.
나는 부정직한 사람을 몹시 싫어한다.

파생 detestation n. 증오, 혐오

---

mob
[mab]

n. 군중, 폭도 **v.** 몰려들다.

연상 맙소사(→맙)! 몹쓸 인간인 폭도들이 몰려들고 있구나!

예문 The stores were **mobbed** by bargain hunters.
그 백화점에는 특가 상품을 찾는 손님들이 떼를 지어 몰려들었다.

clip
[klip]

v. (가위로)자르다 .(산울타리 따윌) 깎아 다듬다(=trim)
n. 가위질; (서류를 끼우는) 클립

연상 종이를 자르거나, 산울타리를 깎아 다듬을 땐 서류 고정용으로 쓰는 클립(→클립)
모양으로 생긴 가위를 사용했다.

예문 We **clipped** a hedge yesterday.
어제 우리는 산울타리를 깎아 다듬었다.

glare
[glɛər]

v. 눈부시게 빛나다, 번쩍이다 **n.** 번쩍이는 빛

연상 글 속에 들어있는 에어(air:공기), 즉 글 에어(→글레어)는 글 속에서 는 눈부시게
빛난다.(글의 내용은 공기와 같은 것)

예문 The summer sun **glared** down on us.
여름 햇살이 우리에게 쨍쨍 내리 쬐었다.

recite
[risáit]

v. 암송하다, 낭송하다; 상세히 말하다

연상 가수들이 가사와 곡을 암송해서 하는 공연이 바로 리사이틀(recital)(→리사이트)이다.

예문 She **recited** the poem to the class.
그녀는 학생들에게 시를 암송해 들려주었다

파생 recital n. 암송, 낭송, 독주[독창]회

adore
[ədɔ́:r]

v. 숭배하다(worship), 동경하다; 아주 좋아하다

연상 옛부터 사람들은 생활에서 a(하나)의 도(道;마땅히 지켜야 할 도리)(→어도:)를 숭배했다.

예문 They **adored** her as a living goddess.
그들은 그녀를 살아있는 여신으로 경모했다.

inferior
[infíəriər]

a. 열등한, (~보다)하위의, 하급의 **반** superior 우월한

연상 국민들을 탄압하거나 박해해서 인간의 피가 어리어 있는, 즉 인(人) 피가
어리어(→인피어리어)있는 사회는 열등한 사회다.

예문 Gin is **inferior** to wine in flavor.
진은 풍미가 포도주보다 못하다.

wedge
[wedʒ]

n. 쐐기; 쐐기 모양의 것 **v.** 쐐기로 고정시키다; 억지로 제우다

연상 쐐기를 박으면 잘 빠지지 않는 이유가 왜지(→웨지)?

예문 The farmer drive a **wedge** into a log.
농부가 통나무에 쐐기를 박다.

fortnight
[fɔ́:rtnàit]

n. 2주일(간)

연상 옛날엔 포트(fort: 요새지)에 들어가면 그 포트(fort)에서 night(밤)(→포트나잇)을 2주일간 보내야 나올 수 있었다.

예문 If it rains for a **fortnight**, pickers will have no income.
만약 2주일간 비가 온다면 체소를 수확하는 사람들은 아무런 수익도 내 지 못할 것이다.

clumsy
[klʌ́mzi]

a. 어색한, 서투른(awkward); 꼴사나운

연상 큰 엄지손가락이란 말은 바른 표현이지만 클 엄지(→클럼지)손가락 이란 말은 어색한 표현이다.

예문 I am **clumsy** in speaking.
나는 화술이 부족하다.

tedious
[tí:diəs]

a. 지루한, 싫증나는(=boring)

연상 ① 영어를 처음 배우는 학생에게 티(T) 디(D) 어서(빨리)(→티디어스) 배우라고 하면 그 시간이 지루할 수밖에.
② 우리말보다는 영어 티이(t) 디이(d)를 배우는 시간이 us(우리에게)(→티디어스) 지루하다.

예문 The conference was a long and **tedious** affair
그 회의는 길고 지루한 것이었다.

hardware
[há:rdwɛ̀ər]

n. 철물, 금속제품

연상 컴퓨터의 하드웨어(→하드웨어)는 철물로 되어 있다.

예문 He runs a **hardware** store.
그는 철물점을 경영한다.

junk
[dʒʌŋk]

n. 폐품, 쓰레기(trash) **a.** 가치 없는, 불필요한

연상 ① 중국 사람들은 정크(→정크) 선을 이용해서 쓰레기나 폐품을 운반한다.
② 몸에 안좋은 쓰레기 같은 음식은 '정크 풋'이라 한다.

예문 We have cleared out all that old **junk** in the garage.
우리는 차고에 있던 오래된 폐품들을 다 치웠다.

UNIT 12 TEST

[1~12] 보기에서 영어에 해당되는 우리말을 찾아 쓰시오.

1. dismay _____   2. grim _____

3. induce _____   4. assure _____

5. formidable _____   6. assail _____

7. disadvantage _____   8. clumsy _____

9. shrewd _____   10. strengthen _____

11. dissent _____   12. endow _____

보기 ① 험상궂은 ② 강화하다 ③ 불리(함) ④ 당황하게 하다 ⑤ 확신하다 ⑥ 무서운
⑦ 부여하다 ⑧ 습격하다 ⑨ 꾀다 ⑩ 빈틈없는 ⑪ 어색한 ⑫ 의견을 달리하다

[13~17] 다음 빈칸에 들어갈 적절한 어휘를 고르시오.

13. He found committee meetings extremely _____ .

14. Most cars have internal _____ engines.

15. All parts of the aircraft are closely _____ for signs of wear or damage.

16. The government was threatening to _____ future financial aid.

17. When they split up she _____ herself into her work to try to forget him.

보기 ① scrutinized ② flung ③ tedious ④ combustion ⑤ withhold

[18~21] 다음 빈칸에 들어갈 적절한 어휘를 고르시오.

18. No clear _____ exists over the next stage of the plan.

19. She made an emotional _____ for her daughter's killer to be caught.

20. The compressed gas is cooled and _____ into a liquid.

21. Events began to take on a more _____ aspect.

보기 ① plea ② sinister ③ condenses ④ consensus

정답 1.④ 2.① 3.⑨ 4.⑤ 5.⑥ 6.⑧ 7.③ 8.⑪ 9.⑩ 10.② 11.⑫ 12.⑦
13.③ 14.④ 15.① 16.⑤ 17.② 18.④ 19.① 20.③ 21.②

Further Study

download 짐을 내리다

ask out 데이트 신청하다, 초대하다

high season 성수기, 전성기

disconnect 끊다

swipe (카드를) 통과시키다, 긁다; 강타하다

guardian 보호자

be in the mood to ∼할 기분이다

narrow down (범위 등이) 좁아지다, 줄이다

go over 점검하다, 검토하다

overall 멜빵바지, 작업바지; 전부의

utility bill (전기, 수도 등의) 요금, 공공요금

reminisce 회상하다

eye-catching 사물이 (단번에) 눈길을 끄는

conductor 도체

semiconductor 반도체

questionnaire 설문지

biotechnology 생명공학

move over 자리를 옮겨 앉다, 자세를 바꾸다

kick off (회합, 경기 등을) 시작하다

most likely 아마, 십중팔구

take aim 겨냥하다

format 체제, 판형

flea market 벼룩시장

freak 열광자; 변덕(스러운 마음)

get out of hand
손에서 벗어나다, 감당할 수 없게 되다

day care 보육, 탁아

nomadic 유목민의, 유목의

flammable 가연성의(=inflammable)

trillion 1조

smart buy 합리적 소비, 알뜰한 소비, 저가

sill 창문턱

plop (소파에) 털썩 주저앉다

obtrusive 강요하는, 주제넘게 참견하는

frill 프릴, 가장자리 주름장식

rip into ∼를 맹공격(맹비난)하다

126

meager
[míːgəːr]

ⓐ 빈약한(poor); 야윈(thin); 불충분한(scanty),

연상 러시아의 전투기 미그(MIG)(→미ː거ː)기는 불충분한 전투기일까?

예문 He exists on a **meager** salary.
그는 박봉으로 살아간다.

affection
[əfékʃən]

ⓝ 애정, 호의

연상 자식을 위해 a(하나) 팩을 선(택)(→어펙션)하는 데도 애정이 있다.

예문 It comes from the **affection** of a parent for his child.
그것은 자식에 대한 부모의 애정에서 비롯된다.

파생 affectionless a. 애정이 없는.

affix
[əfíks]

ⓥ 첨부하다, 붙이다; (도장을) 찍다

연상 어떤 물건에 다른 a(하나)를 fix(고정시키는)(→어픽스) 것이 첨부하는 것이다

예문 You should **affix** a stamp on the envelop.
봉투에 우표를 꼭 붙여라.

예문 **affix** one's signature 서명하다.

파생 affixation n. 첨가(물)

meaningful
[míːniŋfəl]

ⓐ 의미심장한(significant); 뜻있는.

연상 meaning(의미)가 ful(가득한)(→미ː닝펄) 것이 의미심장한 것이다

예문 I want to achieve something **meaningful**.
뭔가 뜻있는 일을 하고 싶다.

whisker
[hwískəːr]

ⓝ 구레나룻. cf. beard, mustache.

연상 얼굴 위서(=위에서) 커(→위스커)버린 구렛나룻

예문 He missed the first prize by a **whisker**.
그는 간발의 차로 일등상을 놓쳤다.

witty
[wíti]

a. 재치[기지] 있는

연상 wit(재치) + -y(형용사 어미)(→위티)= 재치있는

예문 The novelist is **witty** and original.
그 소설가는 재치 있고 독창적이다.

vendor
[véndər]

n. 파는 사람; 행상인, 노점 상인.

연상 일회용 밴드(band)(→벤더)를 파는 행상인이 많다.

예문 My mother works as a street **vendor** selling flowers.
내 어머니는 꽃을 파는 거리 행상으로 일한다.

rock
[rɑk / rɔk]

n. 바위, 암석 **v.** 흔들다, 진동시키다.

연상 1950년대 이후 선풍적인 인기를 모았던 rock and roll(락캔롤)은 몸을 흔드는 춤동작이 많았는데 rock(→락)이 몸을 흔든다는 뜻이다.

예문 The town was **rocked** by an earthquake.
도시는 지진으로 흔들렸다.

visible
[vízəbəl]

a. (눈에) 보이는.

연상 ① vision(시력, 시각) + ible(할 수 있는)(→비저벌) = 시력으로 할 수 있는 것이 볼 수 있는, 보이는 것이다.
② 앵앵거리는, 비 속에 저 벌(→비저벌)은 눈에 보이는 것이다.

예문 His house is not **visible** from the street.
그의 집은 거리에서 보이지 않았다.

frighten
[fráitn]

v. 두려워하게 하다(terrify), 흠칫 놀라게 하다

연상 ① fright(공포, 경악) + -en(=make)(→프라이튼) = 공포스럽게 하다.
② 맨손으로 달걀 프라이(frigh)를 턴(ten)(→ 프라이튼) 사람이 아이들을 두렵게 했다.(만화 영화)

예문 Most children are **frightened** by the sight of blood.
대부분의 아이들은 피를 보고 두려워한다.

파생 fright n. 공포

visual
[víʒuəl]

a. 시각의; 보는, 보기 위한; 눈에 보이는

연상 ① "비 속에 주(主;주님) 얼(굴)(→비주얼)은 분명 시각의 모습이었습니 다."(어느 기도교인의 말)
② 요즘 화제가 되고 있는 비주얼 싱킹(visual thinking)(→비주얼)은 생각을 글과 그림으로 표현하고 나누는 시각적 사고 방법을 말한다.

예문 The mountain makes a tremendous **visual** impact.
그 산은 엄청난 시각적인 영향을 준다.

rosy
[róuzi]

a. 장밋빛의; 밝은, 낙관적인.

연상 꽃 중에서 전망이 가장 밝은 꽃이 바로 rose지(=장미지)(→로우지)! 그래서 밝은 전망을 장밋빛 전망이라 한다.

예문 The future is looking very **rosy** for their marital life.
그들의 결혼 생활의 미래는 아주 장밋빛으로 보인다.

suitor
[súːtər]

n. 원고; 제소인, 원고(plaintiff)

연상 법정에서 원고는 축구장에서 슈터(shooter; 슛하는 선수)(→수:터)와 같다.(주도권을 가지고 있기 때문에)

예문 She rejected a **suitor**.
그녀는 구혼자를 퇴짜 놓았다.

beckon
[békən]

v. 손짓[몸짓]으로 부르다; 손짓해 부르다

연상 베이컨(Bacon)씨가(→베컨) 나를 손짓으로 부른다.

예문 He **beckoned** (to) me to come in.
내게 들어오라고 손짓[신호]했다.

impotent
[ímpətənt]

a. 무력한, 무기력한 **반** potent 유력한

연상 ① im(=not) + potent(유력한)(→임퍼턴트)=무력한
② 그날 여수 임포항에 텐트(→임퍼턴트)가 무기력했다. 바람 때문에.

예문 They were virtually **impotent** against the power of the large companies.
대기업의 힘에 대해서 그들은 사실상 무력하였다.

파생 impotence n. 무기력, 무력

beneficial
[bènəfíʃəl]

a. 유익한, 이익을 가져오는

연상 벤(Ben) 너가 피설(피서를)(→베너피셜)가는 것은 너에게 유익한 일이다.

예문 Vitamins are **beneficial** to our health.
비타민은 우리 건강에 유익하다.

incentive
[inséntiv]

n. 장려금; 격려 **a.** 자극적인, 장려하는

연상 저자가 출판사에서 책 판매의 인센(=인세는) 팁(→인센팁)으로 받는 다면 그것이 장려금이다.

예문 There will be tax **incentives** to encourage savings.
저축 장려를 위한 세금 우대 조치들이 있게 될 것이다.

bough
[bau]

n. 큰 가지

연상 산수화를 보면 나무의 큰 가지는 바우(→바우)에 걸쳐져 있다.(바우는 바위의 방언)

예문 I rested my fishing rod against a pine **bough**.
소나무 가지에 낚싯대를 세워 두었다.

variation
[vɛ̀əriéiʃən]

n. 변화(change), 변동; 변종

연상 vary(변화하다) + -ation(명사어미)(→베리에이션) =변화

예문 There will be an agreeable **variation** in weather.
날씨에 기분 좋은 변화가 있게 될 것이다.

goodness
[gúdnis]

n. 선량, 미덕

연상 good(선한) + ness(명사어미)(→굳니스)= 선량

예문 He had the **goodness** to accompany me.
그는 친절히도 나와 동행해 주었다.

예문 the essential **goodness** of human nature 인간 본성의 근본적인 선량함

goodwill
[gúdwíl]

n. 호의, 선의, 친선   **동** friendliness, benevolence

연상 good(좋은) + will(의지)(→굳윌)=선의, 호의

예문 They are in danger of losing the government's **goodwill**.
그들은 정부의 선의를 상실할 위기에 처해 있다.

stairway
[stɛ́ərwèi]

n. 계단

연상 stair(계단의 한 단) + way(길)(→스테어웨이) = 계단 한 단 한 단이 합쳐서 길이 되는 것이 계단이다.

예문 A young couple was kissing and hugging on the **stairway**.
한 젊은 부부가 계단에서 껴안고 키스를 하고 있었다.

stall
[stɔːl]

n. 마구간, 외양간; 매점, 가게

연상 서 있는 tall(키 큰)(→스톨) 건물이 마구간이거나 매점이다

예문 I bought a pretty doll at a market **stall**.
나는 시장 가판대에서 예쁜 인형 하나를 샀다.

vegetarian
[vèdʒətέəriən]

n. 채식주의자; **a.** 채식주의(자)의

연상 ① vegetable(야채) + ian(사람)(→베저테리언) = 주로 야채를 먹는 사람이 채식주의자다.
② vegetable(야체)를 리온(rion 일본 인기 여배우)(→베저테리언)이 먹 는 것을 좋아한다면 그녀는 채식주의자다.

예문 All my family are **vegetarians**.
우리 가족은 모두 체식주의자다.

---

behave
[bihéiv]

v. 행동하다; (특히) 예절 바르게 행동하다.

연상 be(있다) + have(가지다)(→비헤입)=가지고 있는 것이 바로 행동하는 것이다.

예문 She **behaved** well towards me.
나에게 잘 해 주었다.

---

proceed
[prousí:d]

v. 나아가다, 앞으로 나아가다(advance)

연상 pro(프로)선수들은 농촌보다는 시(市)로 더(→프로우시:드) 나아간다.(농촌엔 프로팀이 없으니까)

예문 Let's **proceed** to the dining room.
식당으로 가십시다.

파생 procession **n.** 행진, 행렬

---

procession
[prəséʃən]

n. 행진, 행렬

연상 ① process(과정) + ion(명사어미)(→프로세션) = 군인들이 어떤 곳으로 가고 있는 과정에 있다면 행진하고 있는 것이다.
② 프로세션(process는, 과정은)(→프로세션) 행진하는 것도 포함된다. 행진하는 것이 어떤 곳에 가기 위한 과정에 행위니까.

예문 The children marched in **procession** behind the band.
아이들은 악단 뒤에 행렬을 지어 행진했다.

---

bimonthly
[baimʌ́nəli]

a. **ad.** 한 달 걸러의[서], 두 달에 한 번씩

연상 ① bi(둘) + monthly(달의)(→바이먼쓰리)= 두 달에 한번의, 격월의
② 그는 바이크(bike)를 monthly(월별로)(→바이먼쓰리) 탈 때 두 달에 한 번씩 탄다.(타이어가 두 개라서)

예문 The magazine is published **bimonthly**.
그 잡지는 두 달에 한 번씩 발행된다.

---

bowl
[boul]

n. 사발, 탕기(湯器), 공기 **v.** 공굴리기를 하다; 볼링을 하다

연상 볼링(bowling)(→보울)의 시초는 사발 굴리기였을까?.

예문 The chef place the eggs and sugar in a large **bowl**.
오리사는 달걀과 설탕을 사발에 넣었다.

confidence
[kánfidəns / kɔ́n-]

n. 신뢰(trust); 확신, 자신감

연상 그 물건은 콘(cone, 원뿔) 형태 피(皮, 외피)가 든든해서(→콘피던스) 신뢰감과 튼튼한 물건을 사야한다는 자신감을 주었다.

예문 She seems to lack **confidence** in herself.
그녀는 자신감이 없어 보인다.

파생 confident a. 자신 있는; 확신하는
confidential a. 은밀한; 믿을 만한 confide v. 신용하다

---

complimentary
[kàmpliméntəri]

a. 칭찬의, 찬사의; 무료의

연상 사람들이 컴퓨터에 대해 칭찬의 말을 한다면 어떤 문제를 com(컴 퓨터)가 풀이한 것에 대한 ment리(멘터리)(→캄프리멘터리)! (말하는 것이리)!

예문 She made some highly **complimentary** remarks about their school.
그녀는 그들 학교에 대해 대단한 칭찬의 말을 했다.

---

tolerable
[tálərəbəl]

a. 참을 수 있는.

연상 ① 담배의 타르(tar)를 able(할 수 있는)(→탈러러블) 것은 타르 냄새를 참을 수 있는 것을 말한다.
② 세상을 살아가려면 위선의 탈로(toler, 탈을 쓰고) 너불(rable)(→탈러러블)거리는 인간들을 못 본 척하고 참을 수 있어야 한다.

예문 The heat in the desert was barely **tolerable**.
사막의 열기는 참기가 어려웠다.

---

tolerant
[tálərənt]

a. 관대한, 아량 있는

연상 ① 담배의 타르(tar) 먹은 ant(개미)(→탈러런트)는 관대한 개미가 된다 든데 정말일까?
② 가면, 즉 탈로 ant(개미)(→탈러런트)의 집을 만들어 준다면 관대한 행동이 아닐까?

예문 He is **tolerant** toward his son.
그는 아들에게 너그럽다.

---

tolerate
[tálərèit]

v. 관대히 다루다, 너그럽게 보아주다; 참다, 견디다

연상 그는 학생이 담배의 타르(tar) ate(먹은)(→탈러레이트) 것을 관대히 다루고, 그리고 참았다.

예문 I won't **tolerate** anyone bullying the smaller boys.
누구건 작은 아이를 괴롭히는 자는 용서하지 않겠다.

---

paralyze
[pǽrəlàiz]

v. 마비시키다; 정체시키다; 무력하게 하다.

연상 ① 조폭과 같은 패거리, 즉 패를 라이즈(rise;떠오르게)(→패럴라이즈)하면 사회를 마비시키게 된다.
② 장애인 올림픽인 패럴림픽은 마비시키다(paralyze)(→패럴라이즈)의 파생어인 Paraplegic(하반신 마비)과 Olympic을 합쳐서 만든 말이다.

예문 One mosquito bite can **paralyze** you for life.
한 마리 모기에게 물리는 것만으로도 당신의 삶은 마비될 수 있다.

notify
[nóutəfài]

v. ~에게 통지하다, ~에 공시(公示)하다 **동** inform

연상 백화점에서 "no(없다), 티(셔츠)와 파이"(→노우터파이)(티와 파이가 없다고) 고객들에게 통지했다.

예문 Then we would **notify** you of the departing time.
그때 출발 시간을 통지해 드리겠습니다.

notification
[nòutəfikéiʃən]

n. 통지, 통고, 고시

연상 notify(통지하다) + -ation(명사어미)(→노우티피케이션)= 통지

예문 They failed to give **notification** of their intention to demolish the building.
그들은 건물의 철거의사를 통지하지 못했다.

skinny
[skíni]

a. 피골이 상접한, 매우 마른

연상 스키니(→스키니) 진을 입으니 피골이 상접한 모습이다.

예문 She looks a little too **skinny**.
그녀는 너무 말라 보인다.

slash
[slæʃ]

v. 휙[썩] 베다; 내리쳐 베다; (휙휙) 채찍으로[회초리로] 치다(lash)

연상 나무를 벨 때 / 슬레쉬(→슬레쉬) 기호 방향으로 휙 벤다.

예문 He **slashed** at the vines with machete.
그는 넓적한 칼로 덩굴을 마구 갈겼다.

unlock
[ʌnlák / -lɔ́k]

v. (문 따위의) 자물쇠를 열다; (꼭 닫힌 것을) 열다.

연상 un(=not) + lock(자물쇠를 잠그다)= 자물쇠를 열다.

예문 The thief **unlocked** the door.
도둑이 문을 열었다.

unoccupied
[ʌnákjəpàid]

a. (집·토지 따위가) 임자 없는, 사람이 살고 있지 않는. 점거되지 않은.

연상 un(=not) + occupied(점유한, 차지한)=점유되지 않은

예문 Many of the houses are **unoccupied**.
많은 집들이 비어 있다.

concave
[kɑnkéiv / kɔn-]

a. 옴폭한, 오목한   **반** convex 볼록한

연상 cone(콘) cave(동굴)(→콘케입)은 콘 모양으로 안쪽이 오목하게 되 어 있다

예문 There are basically two basic types of lenses, **concave** and convex.

기본적으로 두 가지 유형의 렌즈, 오목렌즈와 볼록렌즈가 있다

dart
[dɑ:rt]

n. 투창(던지는 창)   **v.** (창을) 던지다

연상 다트 게임(→다트)은 다트 판에 투창을 던져 맞추는 게임이다.

예문 He **darted** an angry look at his wife.

그는 성난 눈으로 아내를 힐끗 보았다.

chairman
[ʧɛ́ərmən]

n. 의장, 사회자, 회장, 위원장

연상 chair(의자; 의장석)에 앉은 man(사람)(→체어먼)이 의장, 사회자다.

예문 He was elected **chairman** of the corporation.

그는 그 기업체의 회장으로 피선되었다.

recipient
[risípiənt]

a. 받는, 수용하는   **n.** 수신자, 수령인

연상 레시피(recipe 요리법)가 배달되어 온 터(장소)(→리시피언트)는 수령인이 물건을 받는 장소다.

예문 She was not the intended **recipient** of the reward.

그녀는 그 보상의 의도된 수혜자는 아니었다.

예문 a degree **recipient** 학위취득자   **recipients** of awards 수상자

concise
[kənsáis]

a. 간결한, 간명한

연상 큰 사이즈(size)는 간결한(→컨사이스) 것으로 바뀌는 경향이 있다.

예문 His explanation was **concise** and to the point.

그의 설명은 간결하고 정확했다.

UNIT 13 TEST

[1~12] 보기에서 영어에 해당되는 우리말을 찾아 쓰시오.

1. affix _____
2. meager _____
3. visible _____
4. beneficial _____
5. concise _____
6. unlock _____
7. construction _____
8. proceed _____
9. vendor _____
10. notification _____
11. concave _____
12. paralyze _____

[보기] ① 간결한 ② 유익한 ③ 행상인 ④ 건설 ⑤ 빈약한 ⑥ (눈에) 보이는 ⑦ 나아가다
⑧ 첨부하다 ⑨ 통지 ⑩ 마비시키다 ⑪ 자물쇠를 열다 ⑫ 오목한

[13~17] 다음 빈칸에 들어갈 적절한 어휘를 고르시오.

13. These properties are considered especially _____ for older people.

14. The government has created tax _____ to encourage investment.

15. She is studying linguistic _____ across the social range.

16. The officers investigated whether soldiers had _____ correctly.

17. He is the United States _____ Ambassador for UNICEF.

[보기] ① variation ② behaved ③ suitable ④ Goodwill ⑤ incentives

[18~21] 다음 빈칸에 들어갈 적절한 어휘를 고르시오.

18. She asked me to tell her about a _____ event or period in my life.

19. The teacher showed _____ to all her students.

20. He _____ her to sit down on the sofa.

21. Without the chairman's support, the committee is _____ .

[보기] ① beckoned ② meaningful ③ impotent ④ affection

Further Study

complement 보충물; 보충하다

compliment 칭찬, 칭찬하다

installment 할부

installation 설치

intimidate ~을 두려워하게 하다

intimate 친밀한

spacious 넓은

specious 그럴듯한

indelible (얼룩 따위를) 지울 수 없는

dual citizenship 이중 국적의

monoculture (농업) 단일경작

dressed in suit 정장을 입은

job seeker 구직자

newcomer 새로 온 사람, 신입 사원

reapply 재신청하다

a history of work 이력, 경력

help wanted 구인 광고, 사람을 구함

convict ~ to ··· ~을 ···의 죄로 유죄 판결하다

embezzlement 횡령, 도용

on-site 현장의, 현지의

name tag 명찰, 명패

see red 분노하다

boisterous 떠들썩한

fish-and-game administrator

수렵감시관

jump to conclusion 속단을 내리다

compartment 객차, 구획

lurking 숨은, 잠복한

roomy 널찍한

housewarming party 집들이

gofer 잔심부름꾼

ladder truck 사다리차

imprint 강한 인상을 주다

overt 명백한, 공공연한

security guard 경비원

streambed 강바닥

microbe 미생물, 세균

slip one's mind 잊어버리다

medley

[médli]

n. 잡동사니 ;접속곡   **v.** 뒤섞다

연상 음악에서 메들리(→메들리) 곡은 여러 노래를 뒤섞어 놓은 잡동사니 곡이다.

예문 She want to buy a **medley** of furniture, Korean and foreign.
그녀는 한·양식이 뒤섞인 잡다한 가구류를 구입하고 싶어 한다.

---

plastic

[plǽstik]

a. 형성력이 있는; 플라스틱의[으로 만든]; 유연한   **n.** 플라스틱

연상 플라스틱(→프래스틱)은 형성력이 있고, 유연하다

예문 This material is very **plastic**.
이 물질은 매우 유연하다.

---

playful

[pléifəl]

a. 쾌활한; 장난의, 장난기 많은

연상 play(노는) 것이 ful(가득한)(→플레이펄) 것이니 쾌활한 것이다.

예문 His son is a **playful** boy.
그의 아들은 장난기 많은 아이다.

---

blackmail

[blǽkmèil]

n. 등치기, 공갈, 갈취(한 돈)

연상 black(검은) + mail(우편물)(→브랙메일)=검은 우편물 속에 들은 것은 보통 등치기, 공갈이 그 내용이다

예문 He levied **blackmail** on an friend of his.
그는 친구를 등쳤다.

---

perplex

[pərpléks]

v. 당혹케 하다, 난감하게 하다

연상 시험장에서 퍼런 플렉스(→플렉스) 시험지가 나를 당혹케 했다.(플렉스Flex는 공인 외국어능력시험)

예문 His strange silence **perplexes** me.
그의 기묘한 침묵이 나를 당혹하게 한다.

파생 perplexity n. 당혹감, 당혹스러운 것

blond
[bland]

a. 금발의 **n.** (살결이 흰) 금발의 사람(여자는 blonde)

연상 마치 불란듯(→블란드)한 색깔의 머리가 금발의 머리다.

예문 She has long wavy **blond** hair and blue eyes.
그녀는 약간 곱슬거리는 긴 금발에다 파란 눈을 가졌다.

pest
[pest]

n. 유해물; 해충

연상 해충은 패스트(fast 빨리)(→페스트) 퍼지니까 페스트라 하는 걸까?

예문 Cockroaches are just a **pest** contaminating food.
바퀴벌레는 음식을 오염시키는 해충이다.

flip
[flip]

v. (손톱·손가락으로) 튀기다, 홱 던지다; 톡 치다

연상 그는 풀잎(→플립)을 손톱으로 튀겼다.

예문 Let's just **flip** (a coin) up to decide who will do first.
그냥 누가 먼저 할지 동전을 던져 결정하자.

speck
[spek]

n. 작은 반점(spot), 얼룩(stain); 적은 양(量),

연상 요즘 아이폰 케이스 '스펙크 케이스'(→스펙)가 유행이던데, 작은 반점도 없는 투명 케이스더라고요.

예문 There is not a **speck** of cloud in the sky.
하늘엔 구름 한 점 없다.

floral
[flɔ́ːrəl]

a. 꽃의; 꽃무늬의 **동** flowery

연상 플로를(floor(바닥)을)(→플로:럴) 꽃의 장식으로 했다.

예문 There were so many **floral** tributes placed at her tomb.
그녀의 무덤에는 수많은 조화가 놓여 있었다.

파생 florist n. 꽃장수, 화예재배가

bolt
[boult]

n. 빗장, 걸쇠; 볼트, 나사[죔]못; 전광, 번개

연상 볼트(volt; 전압)가 높은 곳에는 빗장(bolt→보울트)을 걸어두세요

예문 Be sure to **bolt** the door.
문에 빗장을 꼭 걸어라.

예문 a **bolt** of lightning 번개

grassy
[grǽsi]

ⓐ 풀이 무성한

연상 grass(풀) + -y(형용사 어미)(→글래시)=풀이 무성한

예문 The house was half-hidden behind **grassy** bank.
그 집은 풀이 무성한 둑 뒤에 반 쯤 가려져 이었다.

---

pertinent
[pə́:rtənənt]

ⓐ 타당한, 적절한[관련성이 있는] 반 impertinent 동 relevant

연상 풀이 나서 퍼런 터는(→퍼터넌(트))는 농사짓기에 적절한 땅이다.

예문 He asked me some **pertinent** questions.
그는 적절한 질문을 했다.

---

medium
[mí:diəm]

ⓝ 중간, 중위(中位); 매개(물), 매체 ⓐ 중간의,

연상 스테이크를 중간 정도로 익혀 먹는 것을 미디엄(→미:디음)이라 한다.

예문 Air is the **medium** of sound.
공기는 소리의 매체이다

예문 a man of **medium** height 중간키의 사람

---

spectacle
[spéktəkəl]

ⓝ 광경, 장관; pl. 안경

연상 스펙타클(→스펙터컬)한 영화가 장관이 펼쳐지는 영화다.

예문 He bought a pair of **spectacles**.
그는 안경 하나를 샀다.

파생 spectacular a. 구경거리의, 볼 만한, 장관의

---

birch
[bə:rtʃ]

ⓝ 자작나무 ⓐ 자작나무의

연상 스스로 가지를 벋치(→버:취)는 나무가 자작나무다. 왜냐면 자작나무 니까.

예문 We stopped by a grove of **birch** trees.
우리는 자작나무 숲 옆에 멈춰 섰다.

---

automobile
[ɔ́:təməbì:l / ɔ́:təmóu-]

ⓝ 자동차

연상 auto(자동)으로 mobile(움직일 수 있는)(→오:터모우비일) 것이 자동차다.

예문 Compressed natural gas can be used to power **automobiles**.
자동차에 동력 공급에 압축 천연가스가 사용될 수 있다.

balm
[bɑːm]

n. 향유; 방향(芳香)(fragrance).

연상 밤(→바암)으로 향유를 짠다.(밤꽃이 참 향기롭다)

예문 The firm is selling a new skin **balm**.
그 회사는 새로운 피부 방향제를 판매하고 있다.

barber
[bɑ́ːrbər]

n. 이발사 (hairdresser)

연상 이발사가 바보(→바ː버)라고? 아니야 그건.

예문 I happened to meet an old friend at a **barber's**.
이발소에서 옛 친구를 만났다.

cumbersome
[kʌ́mbərsəm]

a. 크고 무거운, 다루기 힘든, 성가신; 부담이 되는

연상 컴(com; 컴퓨터)를 버려야 하는 some(얼마간의)(→컴버섬) 일은 성가신 일이겠지요.

예문 Many people complain of **cumbersome** legal procedures.
많은 사람들은 다루기 힘든 법률 절차에 대해 불평한다.

temperament
[témpərəmənt]

n. 기질, 성질

연상 어떤 사람의 말하기 템포(tempo;속도)로 멘트(ment;말하기)(→템퍼러먼트)의 성질, 기질을 알 수 있다.

예문 He has an artistic **temperament**.
그는 예술가적 기질을 지니고 있다.

temperance
[témpərəns]

n. 절제; 자제; 절주, 금주

연상 ① 노약자는 운동할 때 템포(tempo;속도)와 런서(run;달리기에서)(→템퍼런스) 절제가 필요하다.
② 템퍼런스 브레넌(→템퍼런스)은 미국 히트 드라마에 나오는 절제의 미녀 법의학자.

예문 There is something anti-human in the pursuit of **temperance**.
절제를 추구하는 것에는 반인간적인 어떤 것이 있다.

momentary
[móuməntəri]

a. 순간의; 시시각각의

연상 ① moment(순간) + -ary(형용사어미) =순간의
② 순간 순간의 시간이 다 moment리(→모우먼터리)!

예문 He lost his consciousness **momentarily**.
그는 순간적으로 정신을 잃었다

momentum
[mouméntəm]

n. 운동량; 힘(impetus); 계기

연상 moment(순간)의 틈(→모우멘텀) 틈에서 운동량을 늘일 계기를 마련 해야 한다.

예문 The car gathered **momentum** as it rolled down the hill.
차가 언덕을 내려가면서 가속도가 붙었다.

momentous
[mouméntəs]

a. 중대한, 중요한

연상 moment(순간)가 us(우리에게)(→모우멘터스)는 중요한 것이다.

예문 Today is a **momentous** day for our country.
오늘은 우리나라에 중대한 날이다.

avenge
[əvéndʒ]

v. 원수를 갚다, 복수하다

연상 ① 로버트 다우니 주니어 주연의 어벤져스(Avengers)(→어벤즈)란 영화는 복수하는 사람들이란 뜻의 영화다.
② 어, 벤지(→어벤지) 꽃이 원수를 갚았다고? 그래, 자기를 꺾어온 사람에게 나쁜 냄새를 풍겨서 원수를 갚았데.

예문 He was determined to **avenge** his father's murder.
그는 자신의 아버지가 살해된 데 대해 복수를 하겠다고 다짐했다.

파생 venger **n.** 복수자, 보복자.

changeable
[tʃéindʒəbəl]

a. 변하기 쉬운, (날씨 따위가) 변덕스러운

연상 change(변하다) + able(할 수 있는)(→체인저블)= 변할 수 있는 것이 변하기 쉬운 것이다

예문 The weather is **changeable** in this region.
이 지역은 날씨가 변덕스럽다.

파생 changeability **n.** 변하기 쉬운 성질, 가변성; 불안정.

weep
[wi:p]

v. 눈물을 흘리다, 울다, 슬퍼하다

연상 슬퍼하며 울 때, we(우리는) 입(→위잎)으로 운다.

예문 She **wept** with pain.
고통 때문에 울다.

bark
[bɑ:rk]

v. (개·여우 따위가) 짖다 ; **n.** 나무껍질 **v.** 나무껍질을 벗기다

연상 나무껍질을 벗기는 것을 보고 개가 박박(→바악) 짖었다.

예문 A dog **barked** at the beggar.
개가 거지에게 짖어댔다.

wrist
[rist]

n. 손목

연상 손목은 인체 리스트(list;목록)(→리스트)에 들어 있다.

예문 She wore a silver bracelet on her **wrist**.
그녀는 팔목에 은팔찌를 차고 있었다.

aloft
[əlɔ́(:)ft / -lá-]

ad. 위에, 높이; (속어) 천국에

연상 a(하나) 로프(rope)를 가지고 오르는 터(→어로프트)는 땅 위에, 높이 솟아 있는 암벽 같은 터이다.

예문 He held the trophy proudly **aloft**.
그는 트로피를 자랑스럽게 높이 들었다.

예문 go **aloft** 천국에 가다. 죽다.

bonfire
[bánfàiə:r / bɔ́n-]

n. (축하·신호의) 큰 화톳불; 모닥불

연상 옛날에 동물 bone(뼈)로 fire(불)(→본파이어) 피운 것이 바로 모닥불이다

예문 Campers sat around the **bonfire** and sang songs.
야영객들은 모닥불 주위에 둘러앉아 노래를 불렀다.

channel
[tʃǽnl]

n. 해협(strait) ; 수로; 경로, 루트; (방송) 채널

연상 방송 채널(→채널)은 전파가 흐르는 해협이나 수로라고 생각하세요.

예문 The boats all have to pass through this narrow **channel**.
모든 배들이 이 좁은 해협을 통과해 가야 한다.

예문 **channels** of trade 무역 루트

foreman
[fɔ́:rmən]

n. (노동자의) 감독, 직장(職長), 공장장

연상 ① 작업자 fore(=before 앞에) 있는 man(사람)(→포:먼)이 감독, 직장이다
② 전 헤비급 프로 복서 조지 포먼(→포:먼)은 십장 출신이었을까?

예문 He is a shop **foreman** now.
그는 현재 공장장이다.

ginger
[ʤínʤər]

n. 생강

연상 몸에 유익한 음식을 테스트하면 생강에게 gin(술, 증류주)이 저(→진저)요.

예문 The dish is spiced with **ginger**.
요리는 생강으로 조미되어 있다

142

hairy
[héəri]

a. 털 많은, 털투성이의 **동** shaggy, furry

연상 털 많은 것이 바로 **hair리**(→헤어리).

예문 There are many kinds of plant with **hairy** stems.
줄기에 솜털이 덮여 있는 식물은 많은 종류가 있다.

grill
[gril]

n. 석쇠 **v.** (석쇠에) 굽다

연상 'OO그릴'(→그릴)이란 식당은 고기를 석쇠에 구워 먹는 식당이다.

예문 Mother is cooking meat on a **grill**.
어머니는 석쇠에 고기를 굽고 있다.

berth
[bəːrə]

n. 침상(기선·기차 따위의); (항구의) 정박지 **v.** (배를)정박시키다

연상 침상에선 옷을 벗어(→버:쓰)요.

예문 I've managed to get **berths** on the overnight ferry.
야간 연락선에서 이럭저럭 침상을 구했다.

mortify
[mɔ́ːrtəfài]

v. 굴욕감을 주다(humiliate); 몹시 당황하게 만들다;

연상 기사가 모터(motor; 자동차) 운전 중에 파이(pie)(→모:터파이)를 먹는 것은 승객에게 굴욕감을 준다.

예문 I was really **mortified** by the mistake, but I learned my lesson.
나는 그 실수로 매우 수치스러웠지만 교훈을 얻었다.

aerial
[έəriəl]

a. 공중의; 공기의, 대기의; 공기와 같은

연상 에어(air;공기) 중에서 가장 리얼(real 진짜의)(→에어리얼)한 공기는 공중의 공기다

예문 **Aerial** surveys have tried to track the dolphin population.
공중 관찰로 돌고래의 수효를 추적하려고 노력해 왔다.

cuddle
[kʌ́dl]

v. (애정 표시로) 꼭 껴안다

연상 그 여자는 자신의 거들(girdle;여자 속옷)(→커들)을 꼭 껴안았다.

예문 A young couple were kissing and **cuddling** on the street.
한 쌍의 젊은이가 거리에서 껴안은 채 입맞춤을 하고 있었다.

zealous
[zéləs]

a. 열심인, 열광적인, 열성적인

연상 ① zeal(열의, 열심) + ous(형용사 어미)(→젤러스) = 열심인, 열성적인

② 부모들은 자식에게 "젤(=제를) 어서(→젤러스) 결혼시켜야지!" 하면서 자식에게 열성적이다.

예문 He is **zealous** to satisfy his parents.
그는 부모를 만족시키기에 열심이다

lucid
[lúːsid]

a. 맑은, 투명한; 명료한

연상 ① 누(구) 시(詩)가 더(→루:시드) 맑고 투명한가?

② 눈은 너보다 루시가 더(→루시드) 맑고, 투명하다.

예문 His explanation was **lucid**.
그의 설명은 명료했다.

파생 lucidity n. 냉료, 넝석

grateful
[gréitfəl]

a. 감사하고 있는, 고마워하는 **동** thankful

연상 우리에게 great(위대한) 일이 ful(가득한)(→그레이트펄) 것에 감사하는 마음을 가져야 한다.

예문 I am **grateful** to you for your help.
도와주셔서 감사합니다.

파생 gratefulness n. 감사(하는 마음)

prosperity
[prɑspérəti / prɔs-]

n. 번영, 번창 **반** adversity.

연상 prosper(번영하다) + -ity(명사어미)(→프라스페러티)=번영

(prosper[prɑ́spər] - 그는 프로(pro)팀 서퍼(surfer , 파도타기 선수)(→프로스퍼)로 성공하고, 번창했다)

예문 The growth of tourism brought **prosperity** to the island.
관광업의 성장으로 그 섬은 번창했다.

파생 prosperous a. 번영하는, 번창하고 있는

starry
[stáːri]

a. 별의; 별이 많은; 별처럼 빛나는

연상 ① star(별) + y(형용사 어미) = 별의, 별이 많은

② 별처럼 빛나는 것이 인기 스타리(→스타리)!

예문 We looked up at the beautiful **starry** night.
우리는 별이 총총한 아름다운 밤하늘을 올려다보았다.

provision
[prəvíʒən]

n. 예비; 양식, 식량 ; (법률)규정, 조항

연상 pro(프로)선수들의 vision(시력; 통찰력)(→프러비젼)은 게임을 위한 예비(물)이나 식량과 같은 것이다.

예문 He makes **provision** for his old age.
그는 노년에 대비하고 있다.

예문 the **provisions** in a will 유언장의 조항

accessible

[æksésəbəl]

ⓐ 접근하기 쉬운; 이용할 수 있는　**凰** inaccessible

연상 access(접근) + able(할 수 있는)(→액세서블)= 접근하기 쉬운

예문 The museum is easily **accessible** by public transport.
그 박물관은 대중교통수단으로 쉽게 접근할 수 있다.

---

torrid

[tɔ́:rid, tár-]

ⓐ (햇볕에) 탄, 뙤약볕에 드러낸; (기후 따위가) 타는 듯이 뜨거운,

연상 지나치게 햇볕에 탄 땅은 건조해서 바람이 토(土;흙)을 rid(제거하는)(→토리드) 일이
일어난다.

예문 He walked in a **torrid** desert.
불타듯 뜨거운 사막을 걸었다.

---

well-being

[wélbí:iŋ]

ⓝ 복지, 행복(welfare)　**凰** ill-being.

연상 well(잘) being(존재하는 것)(→웰빙)이 복지, 행복이다.

예문 We all hope for the physical and moral **well-being**.
우리 모두는 신체적, 정신적 행복을 희망한다.

UNIT 14 TEST

[1~12] 보기에서 영어에 해당되는 우리말을 찾아 쓰시오.

1. speck _____
2. floral _____
3. blackmail _____
4. blunt _____
5. bolt _____
6. perplex _____
7. playful _____
8. medium _____
9. prosperity _____
10. zealous _____
11. channel _____
12. momentous _____

보기 ① 무딘 ② 장난의 ③ 해협 ④ 공갈 ⑤ 당혹케 하다 ⑥ 꽃의 ⑦ 작은 반점
⑧ 빗장 ⑨ 중간 ⑩ 중대한 ⑪ 열심인 ⑫ 번영

[13~17] 다음 빈칸에 들어갈 적절한 어휘를 고르시오.

13. The opera house is easily _____ by public transportation.

14. I attended solely to witness the sheer _____ of a political rally.

15. I'm eternally _____ that we managed to go there before the war.

16. Weeks of _____ bombardment had destroyed factories and highways.

17. She was pictured today with one arm raised _____ in triumphant salute.

보기 ① aerial ② aloft ③ accessible ④ spectacle ⑤ grateful

[18~21] 다음 빈칸에 들어갈 적절한 어휘를 고르시오.

18. The mourners followed the funeral procession, _____ and wailing.

19. He vowed to _____ his brother's murder.

20. His impulsive _____ regularly got him into difficulties.

21. Memories are also very _____ over time.

보기 ① temperament ② changeable ③ weeping ④ avenge

정답 1.⑦ 2.⑥ 3.④ 4.① 5.⑧ 6.⑤ 7.② 8.⑨ 9.⑫ 10.⑪ 11.③ 12.⑩
13.③ 14.④ 15.⑤ 16.① 17.② 18.③ 19.④ 20.① 21.②

Further Study

redo 고치다, 다시 하다

retarded children 학습 부진아

speeding 속도위반

saggy 처진, 늘어진

cut in line 새치기하다

neck and neck (경주·시합에서) 막상막하의

fume 노발대발하다, 연기가 나다, 매연

treadmill 러닝머신

refreshment store 매점

lifesaver 생명의 은인, 인명 구조자

hands are full 바쁘다

let off (승객을) 내려주다

time after time 몇 번이고, 되풀이 하여

against the rule 규칙에 어긋난

pay a price 대가를 치르다

go out (불이) 나가다, 외출하다

light up 불이 켜지다, (담배를) 피워 물다

currency 통화, 화폐

dress down (보통 때보다) 간편한 옷을 입다

on the ball 영리한, 사정을 꿰고 있다

butterflies in my stomach 가슴이 두근거리는

flare up at ～에게 버럭 화를 내다

a dirty look 기분 나쁜 눈길

play by ear 악보를 안 보고 연주하다

miss the boat 기회를 놓치다

take under one's wing 돌보다(보살피다); 감싸서 보호하다

jump to conclusion 성급한 결론을 내리다

hit below the belt 규칙을 위반하다

bite the bullet 고통을 참다

over my dead body 절대 안된다

supervision

[sùːpərvíʒən]

n. 관리, 감독

연상 super(뛰어난) + vision(시력, 통찰력)(→수ː퍼비전)=뛰어난 시력(통 찰력)은 관리, 감독에 필수적인 것이다.

예문 They had to live under close **supervision**.
그들은 철저한 관리를 받으며 살아야 했다.

---

rectangle

[réktæŋgəl]

n. 직사각형

연상 레크레이션(recreation)으로 탱골(탱고를)(→레크탱글) 추면 몸 상체가 직사각형이 될 것이다.

예문 The schoolyard is a large **rectangle**.
학교 운동장은 커다란 직사각형이다.

파생 rectangular a. 직사각형의

---

host

[houst]

n. (연회 등의) 주인; (여관 따위의) 주인(landlord)

연상 홈쇼핑 쇼호스트(→호우스트)는 프로를 진행하는 주인(진행자)이다.

예문 The **host** of the game is the city's former mayor.
그 시합의 주최자는 그 시의 전임 시장이었다.

---

hostage

[hάstidʒ / hɔ́s-]

n. 볼모(의 처지); 인질 통 captive, prisoner

연상 집에 인질로 잡히는 사람은 늘 주인, 즉 host이지(→호스티지)!(큰집의 주인은 집을 비워 두지 못하고 늘 집을 지켜야 하니까 그게 바로 인질로 잡히는 거지)

예문 He was held **hostage** during the bank robbery.
은행 강도 사건 때 그는 인질로 잡혀 있었다.

---

chill

[tʃil]

n. 냉기, 한기; 냉담 a. 차가운, 냉랭한

연상 푸른 칠(→칠)은 냉기가 느껴진다.

예문 I could feel the **chill** as soon as I went outside.
밖으로 나가자마자 찬 기운을 느낄 수 있었다.

파생 chilly a. 차가운, 냉담한

---

decease

[disíːs]

n. 사망 **v.** 사망하다

연상 그는 D시(에)서(→디시:스) 사망했다.

예문 When you **decease**, your wife and son will inherit everything.
당신이 사망하면 당신 아내와 아들이 모든 것을 상속받게 될 것이다.

파생 deceased a. 사망한

edible

[édəbəl]

a. 식용에 적합한, 식용의 **반** inedible

연상 애들이 -ible(할 수 있는)(→에더블)(요리할 수 있는) 식품은 애들이 먹을 수 있는 식품이다.

예문 He said his food was barely **edible** and the water putrid.
음식은 거의 먹을 수기 없었고 물은 악취가 났다고 그는 말했다.

deficient

[difíʃənt]

a. 부족한; 불충분한

연상 어떤 사람이 선거에서 D등급으로 피선(선출)된 터(=곳)(→디피션트)는 그곳에서 그 사람의 부족한 능력 때문이다.

예문 Usually your diet is **deficient** in vitamin C.
보통 당신의 식사는 비타민 C가 부족하다.

파생 deficiency n. 부족, 결핍

technician

[tekníʃən]

n. 기술자; 전문가; (음악 등의) 기교가

연상 ① technic(기술) + ian(사람)(→테크니션) = 기술자
② 어떤 일에 테크닉(technic ;기술)을 쓴(→테크니션) 사람이 바로 기술자다.

예문 He works as a movie **technician**.
그는 영화 기술자로 일한다.

technology

[teknálədʒi]

n. 과학 기술, 공업 기술

연상 ① techo(기술의) + logy(학문)(→테크날러지) = 과학 기술(학)
② "하늘을 테크닉(technic ;기술)으로 날렸지(→테크날러지)!" 한다면 그것은 로켓트 과학기술로 날았다는 말이다.

예문 The company is investing heavily in new **technologies**.
그 회사는 신기술의 개발에 많은 투자를 하고 있다.

elevate

[éləvèit]

v. (들어) 올리다, 높이다(raise)

연상 엘리베이터(elevator)(→에러베이트)는 사람을 들어 올리는 기계다.

예문 He **elevated** the voice in the meeting.
그는 회의에서 목소리를 높였다.

파생 elevation n. 높이, 고도

exhale

[ekshéil]

v. (숨을) 내쉬다, (말을) 내뱉다 **반** inhale

연상 바닷가엔 이름을 알 수 없는 그 엑스(x) 해일(→엑스헤일)이 세차게 숨을 내쉬었다.(바람을 내뿜었다)

예문 He stopped running and **exhaled** deeply
그는 달리기를 멈추고 깊이 숨을 내쉬었다.

---

sage

[seidʒ]

a. 슬기로운, 현명한 **n.** 현인

연상 동물 중에서 **현명한** 것이 새이지(→세이지)! (하늘을 날 수 있으니 까)

예문 You are to follow the teaching of the **sages**.
성현의 가르침에 따라야 한다.

---

sagacious

[səgéiʃəs]

a. 현명한(wise), 총명한

연상 고려시대 행정구역으로 양계(兩界)인 동계(東界), 서계(西界)가 있어서(→서계이셔스) 현명하게 통치할 수 있었다.

예문 He is very **sagacious**, so others seek his advice.
그는 매우 현명해서 다른 사람들이 그에게 조언을 구했다.

파생 sagacity n. 현명; 기민

---

sagacity

[səgǽsəti]

n. 현명, 총명

연상 횡단보도 앞에 차가 서게 해 놓은 city(시)(→서개서티)는 현명함이 있는 도시다.

예문 My teacher is a man of great **sagacity**.
우리 선생님은 대단히 현명한 분이다.

---

robe

[roub]

n. (남녀가 같이 쓰는) 길고 품이 넓은 겉옷; 관복, 예복, 법복;
pl. 「일반적」의복, 옷 **v.** ~을 입다; (-에) ~을 입히다.

연상 옷이 귀하던 옛날엔 강도들이 로브(rob 강탈해) 가는 것이 옷(robe)(→로우브)이었다

예문 The priests were **robed** in black.
사제들은 검은 사제복을 입고 있었다.

---

referee

[rèfərí:]

n. 심판원 **v.** 심판하다

연상 축구 경기에서 휘슬을 부는 레프리(→레퍼리)가 바로 **심판원**이다.

예문 The **referee** awarded a free kick to the home team.
심판은 홈팀에 프리 킥을 주었다.

---

unemployed
[ʌnemplɔ́id]

a. 실직한; (the unemployed) (집합적) 실업자.

연상 un(=not) + employed(고용된)=고용되지 않은 사람이 실직한 사람들이다.

예문 This program will help young **unemployed** people.
이 프로그램은 실직한 젊은 사람들을 도와주게 될 것이다.

unemployment
[ʌnemplɔ́imənt]

n. 실업, 실직

연상 un(=not) + employment(고용)=실업

예문 The county's **unemployment** rate has dropped to 10%.
그 나라의 실업률은 10%로 떨어졌다.

captain
[kǽptin]

n. 장(長); 선장, (항공기)기장 ; (육군. 공군) 대위

연상 cap(모자)의 틴(=티는)(→캡틴) 역시 선장이나 대위가 썼을 때 나는군!

예문 He is the **captain** of the ship.
그는 그 배의 선장이다.

carbon
[ká:rbən]

n. 탄소

연상 이 땅에서 car(차)가 번(→카:번) 것은 탄소뿐이다.

예문 Diamonds are crystals of pure **carbon**.
다이아몬드는 순수한 탄소의 결정체다.

예문 **carbon** dioxide 이산화탄소

caustic
[kɔ́:stik]

a. 부식성의; 신랄한(sarcastic), 빈정대는

연상 우리가 만약에 아마존 원주민처럼 코에 stick(막대기)(→코:스틱)을 꽂아 다닌다면 막대기라는 부식성의 물질로 건강이 위협받고, 사람들은 우리에게 신랄한 비판을 할 것이다.

예문 The novelist is subjected to a **caustic** remark.
그 소설가는 신랄한 평을 받고 있다.

flowery
[fláuəri]

a. 꽃이 많은, 꽃으로 뒤덮인

연상 flower(꽃) + -y(형용사 어미)(→플라워리)= 꽃이 많은

예문 She likes this **flowery** wallpaper.
그녀는 꽃무늬 벽지를 좋아한다.

gallery
[gǽləri]

n. 화랑, 미술관(picture~); (골프 경기 등의) 관중; (의회 등의) 방청인

연상 미술관인 갤러리와 마찬 가가지로 우즈와 같은 선수에겐 많은 관중, 즉 갤러리가 몰린다.

예문 Some of his work has been exhibited by local art **galleries**.
그의 작품 중에 얼마는 지역 미술관에 전시되어지고 있다.

예문 bring down the **gallery** 관중의 갈채를 받다.

robbery
[rɑ́bəri]

n. 강도(행위), 약탈

연상 robber(도둑, 강도) + y(명사 어미)(→라버리) = 강도가 하는 짓이 강도질이다.

예문 He was shot as he tried to foil a bank **robbery**.
그는 은행 강도를 저지하려다 총을 맞았다.

demon
[díːmən]

n. 악마, 귀신

연상 불법 데몬(demo는)(→디ː먼) 악마들이 하는 짓!

예문 **Demons** torture the sinners in Hell
악마는 지옥에서 죄인들에게 고통을 가한다.

translate
[trænsléit]

v. ~을 번역하다; (행동·말 따위를) (~로) 해석하다.

연상 글을 trans(옮기다) 보면 late(늦어)(→트랜스레이트)지는 것이 번역하는 것이다.

예문 I **translated** an English novel into Korean.
나는 영어 소설을 한국어로 번역했다.

파생 translation n. 번역

spirited
[spíritid]

a. 기운찬, 활발한

연상 spirit(기운을 돋우다) + -ed(→스피리티드) = 기운이 돋아진 것이 바 로 기운찬 것이다.

예문 His son is a high-**spirited** child.
그의 아들은 매우 활달한 아이다.

trash
[træʃ]

n. 쓰레기, 폐물

연상 어린이 여러분! 사진틀, 창틀과 같은 틀에 쉬(→트래쉬)하면 틀이 쓰레기가 됩니다.

예문 There is a lot of **trash** in the park.
공원에는 많은 쓰레기들이 있다.

destine
[déstin]

v. 운명으로 정해지다, 운명 지어지다

연상 ① 어떤 일이 잘 돼서 튄(→데스틴) 것은 운명 지어진 것일지 모른다.
② 어떤 일에 대수(=대운수)가 튄(=데스틴) 것은 운명 지어진 것이다.

예문 They were **destined** never to meet again.
두 번 다시 못 만날 운명이었다.

originate
[ərídʒənèit]

v. 시작하다, 근원이 되다.

연상 originate란 말은 오리를 진 사람이 그 오리를 잡아 ate(먹었다)(→어리지네이트)는 데서 시작된 것은 아닐까?

예문 The quarrel **originated** in [from] a misunderstanding.
싸움은 오해에서 비롯되었다.

dramatic
[drəmǽtik]

a. 극적인, 연극 같은

연상 drama(연극) + -tic(형용사 어미)(→드러매틱)= 극적인

예문 Our team won a **dramatic** victory.
우리 팀은 극적인 승리를 했다.

drowsy
[dráuzi]

a. 졸음이 오는, 졸리게 하는(lulling); 졸리는

연상 늘 졸리는 사람이 들에 사는 들 아우지(→드라우지)!(들에서 일 하 느라 피곤해서)

예문 The tablets made me feel **drowsy**.
그 약은 나를 졸리게 했다.

파생 drowsiness n. 졸림; 께느른함

hazy
[héizi]

a. 흐릿한, 안개 낀

연상 안개 낀 곳에서 서로를 부르는 소리가 "헤이(hey)지(→헤이지)" (안개 속에서 서로가 보이지 않으니까 "헤이" 하고 부른다)

예문 The village was **hazy** in the distance.
멀리 보이는 마을이 흐릿했다.

horrible
[hɔ́:rəbəl / , hár-]

a. 무서운 **n.** 무서운 것

연상 ① horror(공포) + -ible(할 수 있는)(→호:러벌) = 공포가 될 수 있는 것이 무서운 것이다.
② 땅이 우묵하게 파여 깊게 물이 있는 호(湖)로 보내서 벌(→호:러벌)을 준다면 무서운 것이다.

예문 The driver's carelessness caused this **horrible** accident.
기사의 부주의가 이 끔찍한 사고를 불렀다.

destitute
[déstətjù:t]

a. 빈곤한; (~이) 결핍한

연상 강의 원고에 글을 대신 써준 대서 티가 나는 튜터(tutor; 강사)(→데스터튜:트)는 능력이 결핍한 듯 해보인다.

예문 They are **destitute** of common sense.
그들은 상식이 없다.

spiteful
[spáitfəl]

a. 원한을 품은; 악의가 있는　**동** malicious

연상 ① spite(악의) + ful(가득한)(→스파이트펄) = 악의가 가득한 것이 바로 악의가 있다는 말이다.
② 스파이 터(spite, 스파이들이 있는 터)에 ful(가득)(→스파이트펄) 차 있는 것은 악의가 있는 행동들이다.

예문 Ho is **spiteful** against me.
그는 나에게 원한을 품고 있다.

directory
[diréktəri]

n. 전화번호부; 인명부

연상 전화번호부는 전화번호를 direct(똑바로) 알려 주는 터리(터전이리)(→디렉터리)!

예문 You can look up my number in the telephone **directory**.
당신은 전화번호부에서 내 번호를 찾을 수 있다.

orient
[ɔ́:riənt]

n. 동양　**v.** (…을) 지향하게 하다; (특정 목적에) 맞추다

연상 ① 오리엔테이션(orientation)(→오리엔트)은 옛날에 배를 동양으로 향해서 가도록 했던 데서 나온 말은 아닐까?
② 옛날 동양에 너무 추워서 모든 오리가 언 터(→오리엔트)가 있었을까?

예문 Her father lived in the **Orient** in his thirties.
그녀의 아버지는 삼십대 때 동양에서 살았다.

respectable
[rispéktəbəl]

a. 존경할 만한, 훌륭한　**동** honourable

연상 respect(존경하다) + able(할 수 있는)(→리스펙터블) = 존경할 수 있는 것이 바로 존경할 만한 것이다.

예문 My teacher is **respectable** one.
우리 선생님은 존경할만한 분이다.

respectful
[rispéktfəl]

a. 경의를 표하는, 공손한

연상 respect(존경) + ful(가득한)(→리스펙트펄)=마음속에 존경이 가득한 것이 바로 경의를 표하는 것이고 공손한 것이다.

예문 He is **respectful** to the elderly.
그는 노인을 존경한다.

respective
[rispéktiv]

ⓐ 각각의, 각기의

연상 사람마다 respect(존경)하는 TV(→리스펙티브)는 각각의(=각자의) TV다.

예문 They have their **respective** merits.
그들은 각기 장점이 있다

sack
[sæk]

ⓝ 마대, 자루

연상 마대를 메고 갈 때 힘겨워서 색색(→색)거리니까 색이라 하는 것이 아닐까?

예문 I helped him move a **sack** of potatoes.
나는 그가 감자자루를 옮기는 것을 도와주었다.

poultry
[póultri]

ⓝ 가금(家禽, 사육조류: 새[닭]고기.

연상 사육조류를 기르려면 말린 고기인 포(脯)와 울(타리), 트리(tree)(→포울트리)(포는 먹이, 울은 도망방지, 트리는 그늘 제공)

예문 He keeps rabbits and **poultry** on the farm.
그는 농장에서 토끼와 닭을 키운다.

denote
[dinóut]

ⓥ 나타내다, 표시하다

연상 어떤 사람의 D급 note(노트,메모)(→디노우트)는 노트한 수준이 D급임을 나타낸다.

예문 Those clouds **denote** an approaching storm.
저 구름은 폭풍우가 다가오고 있음을 나타낸다.

파생 denotement n. 표시

pressing
[présiŋ]

ⓐ 절박한, 긴급한(urgent)

연상 어떤 것이 우리를 계속 pressing(누르고 있다)(→프레싱)면 그것을 절박한 문제다.

예문 He could not attend the meeting on some **pressing** business.
그는 급한 용무가 있어 그 모임에 참석하지 못했다.

UNIT 15 TEST

[1~12] 보기에서 영어에 해당되는 우리말을 찾아 쓰시오.

1. edible _____
2. pressing _____
3. drowsy _____
4. supervision _____
5. hostage _____
6. decease _____
7. spiteful _____
8. deficient _____
9. chill _____
10. rectangle _____
11. trash _____
12. carbon _____

보기 ① 절박한 ② 냉기 ③ 인질 ④ 부족한 ⑤ 사망하다 ⑥ 감독 ⑦ 직사각형
⑧ 졸음이 오는 ⑨ 식용에 적합한 ⑩ 원한을 품은 ⑪ 탄소 ⑫ 쓰레기

[13~17] 다음 빈칸에 들어갈 적절한 어휘를 고르시오.

13. Emotional stress can _____ blood pressure.

14. This television program provoked a _____ debate in the United Kingdom.

15. Here I met a _____ old farmer named Gunter, who cared for ten hives.

16. Your body absorbs the radioactive carbon and expels it when you _____ .

17. In 1986 more than three million were receiving _____ benefit.

보기 ① exhale ② unemployment ③ elevate ④ spirited ⑤ sagacious

[18~21] 다음 빈칸에 들어갈 적절한 어휘를 고르시오.

18. This is an entirely different tasting cookie which _____ in Germany.

19. They were forced to seek _____ from the fighting.

20. All the gang members are involved in _____ and drug dealing.

21. So you can tell that he was _____ never to return home.

보기 ① destine ② refuge ③ originated ④ robbery

정답 1.⑨ 2.① 3.⑧ 4.⑥ 5.③ 6.⑤ 7.⑩ 8.④ 9.② 10.⑦ 11.⑫ 12.⑪
13.③ 14.④ 15.⑤ 16.① 17.② 18.③ 19.② 20.④ 21.①

Further Study

under the counter 암거래로, 불법으로

goof off 농땡이 치다

nutshell 요약

cut it short 간단히 말하다

rank-and-file 평사원의, 일반 조합원의

up in the air 아직 미정인

sloppy 단정치 못한

walk on air 너무 기쁘다, 기뻐 날뛰다

read between the lines

말속에 숨은 뜻을 알아내다

make a pitch 설득하다, 설득하려 열을 올리다

never say die! 포기하지 마라

grin from ear to ear

입이 귀에 걸리도록 싱글벙글하다

indecisive 우유부단한, 결단성이 없는

nag 잔소리하다

finger food

(샌드위치와 같이) 손으로 집어먹는 음식

preview 시사회

draw up budget 예산을 짜다

merry-go-round 회전목마

polka dots 물방울무늬

sick as a dog 몹시 아프다

raise a red flag 화나게 하다, 적기를 들다

pull one's leg 놀리다

a slip of the tongue 말실수

unquestionable 의심할 바 없는, 확실한

poker-faced 무표정한, 표정이 없는

make headway 전진하다, 진척되다

save one's skin 목숨을 건지다, 화를 면하다

hang out with~ ~와 어울리다

scare away 겁주어 쫓아버리다

crop rotation 윤작

unsupervised 감독되지 않은 채

sweetheart
[swíːthàːrt]

n. 연인, 애인(특히 여성에 대해서)

연상 sweet(달콤한) + heart(마음)(→스위:트하:트)=달콤한 마음을 가진 사 람이 바로 연인, 애인이다.

예문 She is my old **sweetheart**.
그녀는 나의 오랜 연인이다.

tangible
[tǽndʒəbəl]

a. 만져서 알 수 있는: 실체적인 **n. pl.** 유형 자산(=~ ássets)

연상 뜨거운 여름 tan(=sun tan, 선탠) 저 벌(→탠저벌)은 몸을 만져서 알 수 있는, 실체적인 벌이야.(억지로 해야하는 선탠은 벌과 같은 것)

예문 There are some **tangible** grounds for suspicion.
의심할 만한 확실한 근거가 다소 있다.

bow
[bou]

n. 활; (악기의) 활

연상 나라를 보우(保佑; 보호, 도움)(→보우)하기 위해선 활이 있어야 했다.

예문 Ancient soldiers were armed with a **bow** and arrow.
옛날 군인들은 활과 화살로 무장했다.

bow
[bau]

n. 절, 경례 **v.** 절하다

연상 옛날 사람들은 바우(→바우)를 보고 절했다.(이는 미륵 신앙이며 바우는 바위의 방언임)

예문 The student **bowed** low to his homeroom teacher.
학생은 담임선생님께 고개 숙여 절을 했다.

surgeon
[sə́ːrdʒən]

n. 외과 의사

연상 ① 서 있는 것을 전문(→서:전)으로 하는 것이 외과 의사다.(수술 하 느라 늘 서 있어야 한다)
② 질병과의 싸움에서 늘 서전(첫싸움)(→서:전)에 나서야 했던 외과의사!

예문 The **surgeon** operated on her broken arm last week.
외과의사가 지난주에 그녀의 부러진 팔을 수술했다.

passerby
[pǽsərbái, pάːs-]

n. 지나가는 사람, 통행인.

연상 pass(지나가다) + -er(사람) + by(곁에)(→패서바이)= 곁에 지나가 는 사람이 **통행인**이다.

예문 We usually ask a **passerby** for directions.
우리는 보통 행인에게 길을 묻는다.

---

swine
[swain]

a. 돼지

연상 서서 wine(→스와인) 먹기를 좋아하는 것이 **돼지**! (돼지는 어떤 것이든 잘 먹으니까).

예문 Don't throw pearls before **swine**.
돼지한테 진주를 던져주다.

---

repel
[ripél]

v. 쫓아버리다, 격퇴하다.

연상 시골 마을인 리(里)에선 불량 팰(=패거리를)(→리펠) **쫓아버린다**.(시골마을엔 선한 사람들이 살기 때문에)

예문 Troops **repelled** an attack from enemy.
군대는 적의 공격을 격퇴했다

---

impel
[impél]

v. 재촉하다, 몰아대다

연상 나는 임이 데리고 온 패거리, 즉 **임 팰**(패를)(→임펠) **재촉한다**, 더 빨리 일하라고.

예문 I felt **impelled** to speak.
말하지 않으면 안 되겠다고 생각하였다.

---

reprove
[riprúːv]

v. 꾸짖다, 비난하다; 훈계하다   **동** reproach

연상 시골 마을 리(里)에서 prove(증명하라)(→리푸루ː브)고 하면 사람들이 **비난한다**.(시골 사람들은 논리적인 것을 싫어하기 때문에)

예문 He **reproved** her for telling lies.
그는 거짓말을 한다고 그녀를 나무랐다.

파생 reproof **n.** 비난, 책망

---

hay
[hei]

n. 건초

연상 **건초**를 만드는 것은 햇님, 즉 **해이**(→헤이)지.

예문 Make **hay** while the sun shines.
해 있을 때 풀을 말려라.

haystack
[héistæk]

n. 건초 더미

연상 건초로 소가 먹을 스테이크(먹이), 즉 hay(건초)로 스테이크(steak)(→헤이스택)를 만들기 위해 쌓아둔 것이 건초더미라고 생각하세요.

예문 It is like looking for a needle in a **haystack**.
그것은 건초더미에서 바늘을 찾기와 같다.

nomination
[nàmənéiʃən / nòmi-]

n. 임명, 지명

연상 그 놈이 nation(나라)(→노미네이션)의 관직에 임명을 받다.(옛날엔 놈(남자)가 관직에 임명되었다)

예문 She is seeking **nomination** as a candidate in the elections.
그녀는 선거의 후보자로 지명받기를 바라고 있다.

pastime
[pǽstàim]

n. 기분 전환, 오락 **동** entertainment

연상 pass(보내다) + time(→패스타임)= 시간 보내기가 바로 오락이다.

예문 Taking a walk is an enjoyable **pastime** for people of all ages.
산책은 누구나 즐길 수 있는 취미[오락]다.

slum
[slʌm]

n. 빈민굴, 슬럼가(街)

연상 '스럼 아웃(Slum Out)(→슬럼)!' - 아프리카 아이들을 빈민가에서 벗어나게 하자는 구호.

예문 The park verges on the **slum** area.
고원은 빈민 지구와 인접해 있다

notable
[nóutəbəl]

a. 주목할 만한; 두드러진; 저명한

연상 note(적다) + able(할 수 있다)(→노우터블) =글로 적는 것을 할 수 있을 정도의 물건이라면 주목할 만한 물건이다.

예문 This district is **notable** for its pottery.
이 지방은 도자기로 유명하다.

파생 notability n. 유명함, 명사

noticeable
[nóutisəbəl]

a. 눈에 띄는; 두드러진; 주목할 만한. **동** obvious

연상 ① notice(주목, 통지) + able(할 수 있는)(→노우티서벌) = 주목할 수 있는 것이 눈에 띄는 것이다.
② 학교에서 no 티(셔츠) 차림으로 서(서) 벌(→노우티서벌) 받고 있으면 눈에 띄는 모습이다.

예문 These changes were more **noticeable** in women than in men.
이런 변화는 남성들에게서보다 여성들에게 더 두드러졌다.

160

slit
[slit]

n. 길게 베어진 상처[자국]; 갈라진 틈; (스커트나 포켓의) 슬릿
v. 세로로 베다[자르다, 째다, 찢다].

(연상) 시골집 마당을 청소할 때 보드라운 흙이 빗자루에 쓸리어 터(→슬리트)진 부분이 바로 길게 베어진 자국이다.

(예문) She **slit** the roll with a sharp knife.
그녀는 잘 드는 칼로 빵을 세로로 길게 잘랐다.

---

slay
[slei]

v. (과거 slew / 고거분사 slain) **v.** 죽이다, 살해하다 **동** slaughter

(연상) 무기를 써서 사람을 슬쩍 lay(눕히는)(→슬레이) 것이 사람을 죽이는 것이다.

(예문) Several passengers were **slain** by the hijackers.
몇 명의 승객이 그 비행기 탈취범들에게 살해되었다.

---

opaque
[oupéik]

a. 불투명한; (전파·소리 따위를) 통과시키지 않는

(연상) 그가 요구하는 페이가 너무 커서 사장은 "오! 페이(pay;봉급)가 너무 커(→오페이크)서 그의 취업이 불투명한 일이다"라고 말한다.

(예문) The windows were nearly **opaque** with grime.
창문은 때가 묻어 거의 불투명했다.

(파생) sayer n. 살해자, 살인범

---

resolve
[rizálv]

v. 용해하다; 분해하다; (문제·곤란 따위를) 풀다; 결심하다(decide)

(연상) ① 도시에서 내 보낸 폐수를 시골마을 리(里)에서 solve(해결한다). (→리잘버)(하수처리장이 주로 시골에 있다)
② 폐기물을 시골마을 리(里)에서 잘 버리는(→리잘버) 방법은 용해하거나, 분해해서 버리는 것이다.

(예문) Water may be **resolved** into oxygen and hydrogen.
물은 산소와 수소로 분해할 수도 있다.

(파생) resolution n. 해결, 결의안

---

object
[əbdʒékt]

v. 반대하다, 이의를 말하다 **n.** 물건, 물체

(연상) 어부들이 잭(jack;기중기)(→어부젝트) 사용을 반대하다.(잭의 사용으로 어장이 파괴될까봐)

(예문) I **objected** (against him) that his proposal was impracticable.
나는 그의 제안은 실행이 불가능하다고 (그에게) 반대하였다.

---

objective
[əbdʒéktiv]

a. 객관적인(↔subjective) ; 목표(purpose, aim)

(연상) 어부들이 잭(jack;기중기)의 사용을 반대하는 것을 TV(→어브젝티브)는 객관적인 보도를 했다.

(예문) an **objective** assessment 객관적인 평가
(예문) You must achieve your **objectives**.
너는 목적을 달성해야 한다.

spider
[spáidər]

n. 거미

연상 영화 '스파이더맨'(→스파이더)은 거미처럼 기어 다니는 거미 인간의 이야기다.

예문 There are always a **spider** and a fly in the world.
세상에는 언제나 농락하는 자와 당하는 자가 있다.

spire
[spaiə:r]

n. 뾰족탑; (탑의) 뾰족한 꼭대기.

연상 스파이(spy) 들이 쓰는 언어, 즉 스파이 어(語)(→스파이어)는 날카 롭기가 뾰족탑과 같다.

예문 The church **spire** pokes above the trees.
교회 첨탑이 나무들 위로 솟아 있다.

hub
[hʌb]

n. (활동·권위·상업 등의) 중심, 중추

연상 아시아의 허브(→허브) 공항인 인천공항은 아시아의 중심 공항이다.

예문 The city is the commercial **hub** of the country.
그 도시는 그 나라의 상업 중심지다.

notwithstanding
[nàtwiðstǽndiŋ]

prep. ~에도 불구하고(in spite of)

연상 not(아닌) + with(가지고) + standing(서 있는)(→낫위드스탠딩)= 나무는 아무 것도 가지지 않고 서 있는데도 불구하고 바람이 끊임없이 괴롭힌다.

예문 The bad weather **notwithstanding**, the training flight was a great success.
나쁜 날씨에도 불구하고 그 훈련비행은 대성공이었다.

hull
[hʌl]

n. 껍질, 껍데기; (배의) 선체

연상 요즘 젊은이들이 유행어로 사용하는 헐(→ 헐)이란 감탄사는 어원이 없는 껍데기 같은 말이다.

예문 The **hull** of a ship is made of steel.
배의 선체는 강철로 만들어져 있다.

nowhere
[nóuhwὲə:r]

ad. 아무 데도 ~없다.

연상 no(없는) + where(장소)(→노우웨어:)=아무 데도 ~없다.

예문 He was **nowhere** to be found.
아무 데서도 그를 찾아내지 못했다.

slide
[slaid]

v. 미끄러지다, 미끄러져 가다　**n.** 미끄러짐

[연상] 야구에서 슬라이딩(sliding)(→슬라이드)은 미끄러지는 것이고, 휴대 폰의 슬라이드 형은 뚜껑이 미끄러지는 형이다.

[예문] The snow **slided** off the roof.
눈이 지붕에서 미끄러져 내렸다.

---

interval
[íntərvəl]

n. 간격, 거리; 틈

[연상] 수업 inter(중간에서) 벌(→인터벌) 받으려면 시간과 시간 사이에 간격이 있어야 한다.

[예문] Earthquakes struck the area at an **interval** of five years.
5년의 간격으로 지진이 그 지역을 덮쳤다.

---

contemporary
[kəntémpərèri]

a. 동시대의 ; 현대의;　**n.** 동시대의 사람

[연상] 비트 음악과 같이 큰 템포(박자, 빠르기)로 내리(→컨템페러리)치는 듯한 음악이 동시대의, 현대의 음악이다.

[예문] She studies the **contemporary** American literature.
그녀는 현대 미국문학을 공부하고 있다.

[예문] our **contemporaries** 같은 시대 사람들

---

current
[kə́:rənt]

a. 현재의; 현행의, 유통되고 있는　**n.** 흐름, 유동; 해류

[연상] ① 전기를 개발하기 위한 토머스 에디슨과 조지 웨스팅하우스의 경쟁을 그린 영화 '커런트 워(The Current War)'(→커:런트)는 '현재의 전쟁'이란 뜻이다.

② 해류는 그 흐름이 너무 커(서) 런(run, 달려가는) 터(곳)(→커:런트)의 현재의 상태를 구별하기 힘 든다.

[예문] The **current** situation is very different to that in 1990.
현재의 상황은 1990년대 상황과는 매우 다르다.

[파생] currency n. 통화, 화폐; 유통

---

exult
[igzʌ́lt]

v. 크게 기뻐하다, 기뻐 날뛰다

[연상] 불교신자들은 절터를 보고 "이그, 절터(절이 있던 터)(→이그절트)다"하면서 크게 기뻐한다.

[예문] His mother **exulted** to hear the news of his success.
그의 성공 소식을 듣고 어머니는 크게 기뻐하다.

[파생] exultation n. 몹시 기뻐함, 환희.

---

fetch
[fetʃ]

v. (가서) 가져오다, (가서) 데려[불러]오다

[연상] 어떤 것을 폐(廢)하고(폐지하고) 다른 것을 취(取)(→페취)려면 다 른 곳에 가서 가져와야 된다.

[예문] **Fetch** me my umbrella.
내 우산을 갖다 주시오

peach
[piːtʃ]

n. 복숭아, 복숭아나무(~ tree).

연상 ① 야구 피쳐(pitcher, 투수)(→피:춰)들은 복숭아를 좋아할까?
② 복숭아를 싫어하는 사람들이 만든 말이 바로 "피치(→피:춰) 못할 경 우에만 복숭아를 먹어라."

예문 A peach will spoil unless it is eaten soon.
그 복숭아는 빨리 먹지 않으면 잘 상한다.

invaluable
[invǽljuəbəl]

a. 값을 헤아릴 수 없는, 매우 귀중한(priceless)

연상 in(=not) + valuable(귀중한)(→인밸류어블) = 귀중함을 측정할 수 없을 정도로 귀중한 것이 매우 귀중한 것이다.

예문 His knowledge of the area made him invaluable.
그 분야의 지식이 그를 매우 값진 존재로 만들었다.

periodical
[pìəriádikəl]

n. 정기 간행물 **a.** 주기적인

연상 ① period(기간) + cal(형용사 어미)(→피리아디컬) = 기간의 형용사가 주기적인이다. 주기적으로 나오는 출판물이 정기간행물이다.
② period(기간)별로 칼(→피리아디컬)같이 빈틈없이 간행하는 것이 정기 간행물이다.

예문 The periodical highlights the recent earthquakes in Asia.
그 정기간행물은 아시아에서 일어난 최근의 지진을 특집으로 다루고 있다.

amiss
[əmís]

a. (~이) 적합하지 않은, 잘못한; 어울리지 않는

연상 어떤 것에 a(하나) miss(실수)(→어미스)가 있다면 그것은 적합하지 않은, 잘못된 것이다.

예문 What's amiss with it?
그것이 뭐 잘못되었느냐?

mammal
[mǽməl]

n. 포유동물.

연상 어미의 젖을 먹기 위해 어미 곁에서 맴을(→맴믈) 도는 것이 포유동물이다.

예문 Humans forced the large marine mammal to disappear.
인간이 그 큰 해양 포유동물을 사라지게 했다.

maritime
[mǽrətàim]

a. 바다의; 해사(海事)의 **동** marine, nautical

연상 여름에 메리(merry; 즐거운) 시간(time)(→매러타임)을 보내는 것이 바다의 여가활동이다.

예문 That accident did the damage to the British maritime fleet.
그 사고는 영국 해군 함대에 큰 피해를 끼쳤다.

considerable
[kənsídərəbəl]

a. (사람이) 중요한; (수량이) 꽤 많은

연상 consider(고려하다) + able(할 수 있는)(→컨시더러벌) = 고려할 수 있는 어떤 일이라면 꽤 많은 일이고, 그 일을 고려할 수 있는 위치에 있는 사람이라면 중요한 사람일 것이다.

예문 His father is a **considerable** personage in the city.
그의 아버지는 그 도시에선 저명인사다.

jumper
[dʒʌ́mpər]

n. 도약하는 사람; 잠바, 작업용 상의.

연상 jump(뛰어 오르기) + -er(사람) = 도약하는 사람들이 입는 옷이 점퍼(→점퍼)가 아니었을까?

예문 He was wearing a yellow **jumper** and black trousers.
그는 노란 점퍼와 검은 바지를 입고 있었다.

buckle
[bʌ́kəl]

n. 죔쇠, 혁대 장식 **v.** (죔쇠로) 죄다

연상 졸업 기념품으로 학교에서 준 버클(→버클)이 바로 혁대 죔쇠다.

예문 You have to **buckle** up your safety belt when you drive.
운전할 때는 안전벨트를 착용해야 한다.

UNIT 16 TEST

[1~12] 보기에서 영어에 해당되는 우리말을 찾아 쓰시오.

1. impel _____
2. surgeon _____
3. tangible _____
4. reprove _____
5. swine _____
6. nomination _____
7. repel _____
8. pastime _____
9. notable _____
10. nuclear _____
11. invaluable __ ____
12. maritime _____

보기 ① 비난하다 ② 주목할 만한 ③ 재촉하다 ④ 외과 의사 ⑤ 매우 귀중한 ⑥ 만져서 알 수 있는
⑦ 돼지 ⑧ 원자핵의 ⑨ 쫓아버리다 ⑩ 바다의 ⑪ 오락 ⑫ 지명

[13~17] 다음 빈칸에 들어갈 적절한 어휘를 고르시오.

13. Two passengers were _____ by the hijackers.

14. The crisis was finally _____ through high-level negotiations.

15. Many local people _____ to the new airport.

16. Running _____ like cheetahs can travel at high speeds.

17. They felt a woman had a right to choose to have a breast _____ .

보기 ① mammals ② object ③ implant ④ resolved ⑤ slain

[18~21] 다음 빈칸에 들어갈 적절한 어휘를 고르시오.

18. The _____ between major earthquakes might be 200 years.

19. Could you _____ me my bag?

20. They have _____ expertise in dealing with oil spills.

21. No _____ journals are published by the Agency.

보기 ① considerable ② periodical ③ interval ④ fetch

정답 1.③ 2.④ 3.⑥ 4.① 5.⑦ 6.⑫ 7.⑨ 8.⑪ 9.② 10.⑧ 11.⑤ 12.⑩
13.⑤ 14.④ 15.② 16.① 17.③ 18.③ 19.④ 20.① 21.②

166

Further Study

mystic 신비스러운

make oneself clear ~을 이해시키다

a bolt from the blue 청천벽력

flat broke 완전한 빈털터리

nuclear family 핵가족

extended (large) family 대가족

traumatic 정신적 충격이 큰

reminisce 추억하다, 회상에 잠기다

autonomous 자치의

extraneous 관계없는, 밖의

enforce the law 법을 시행하다

crack down on 탄압하다, 엄격히 단속하다

spawn (물고기 등이) 알을 낳다, 산란하다

bombastic 과장하는, 허풍떠는

sweeping victory 완전한 승리

fighting chance 성공의 가능성

demerit 결점

diacritical 구별하기 위한, 구별(판별)할 수 있는

ancillary 부수적인, 보조의

docility 온순

eyesore 눈에 거슬리는 것, 꼴불견

derivative 파생적인, 모방한

nagging 성가시게 잔소리하는

lose one's mind 분별을 잃다

time management 시간 관리

epiphany 직관, 통찰; Epiphany 공현 축일

waiver 포기, 기권, 포기각서

fit into 꼭 들어맞다, 어울리다

do's and don't 해야 할 것과 해서는 안 되는 것

blister 물집

come of age 성인이 되다

head back 뒤로 되돌아가다

browse
[brauz]

n. 어린 잎, 새싹; (상품 따위를) 이것저것 구경하고 다님
v. (살 생각도 없으면서 상품을) 이것저것 구경하다
연상 어머니가 블라우스(blouse; 여성용 상의)(→블라우즈)를 살려고 이것 저것 구경하고 다닌다.
예문 You are welcome to come in and **browse**.
들어오셔서 눌러보세요.

justify
[dʒʌ́stəfài]

v. 옳다고 (주장)하다, 정당화하다
연상 정당하게 획득한 파이, 즉 just(정당한) 파이(pie)(→저스트파이)는 자기 것이라고 정당화하는 것은 당연하다.
예문 The end **justifies** the means.
(격언) 목적은 수단을 정당화한다.

knob
[nɑb]

n. 혹; (문 따위의) 손잡이
연상 옛날엔 문의 손잡이를 납(→납)으로 만들었어.
예문 Please turn the door **knob** and open the door.
손잡이를 돌리고 문을 여세요.

conspire
[kənspáiər]

v. 공모(共謀)하다; 음모를 꾸미다
연상 스파이들 규모가 큰 스파이(spy) 어(語)(스파이들의 암호)(→컨스파이어)를 사용해서 공모하고, 음모를 꾸민다.
예문 They **conspired** to drive him out of the country.
그를 국외로 추방하려고 공모했다.
파생 conspiracy n. 음모

summarize
[sʌ́məràiz]

v. 요약하다, 개괄하다.
연상 기상대에서 서머(summer;여름)에 해가 라이즈(rise;뜨는)(→서머라 이즈) 시간을 요약해 둔다.
예문 You should **summarize** the body of the book.
책의 본문을 요약해야한다.

summary
[sʌ́məri]

n. 요약, 개요, 대략 **a.** 요약한

연상 ① 어떤 서(書; 서적)의 머리(→서머리)에 그 책에 대한 요약, 개요가 적혀 있다.
② 섬에 도착하면 섬의 머리(=입구)(→서머리)에 그 섬에 대한 요약이 적혀 있다.

예문 Please give me a brief **summary** of the book.
그 책의 간단한 개요를 말해 주세요.

urn
[əːrn]

n. 항아리, 단지

연상 은(→ 어언)으로 만든 항아리

예문 Ancient Chinese painted on the **urn**.
고대 중국인들은 항아리에 그림을 그렸다.

vale
[veil]

n. 골짜기, 계곡

연상 숲의 베일(veil), 구름의 베일(→베일)에 싸여 있는 것이 계곡이다.

예문 The **Vale** of the White Horse is a famous sightseeing resort.
화이트호스 계곡은 유명한 관광지다.

triple
[trípəl]

a. 3배[3중]의, 세 겹의 **n.** 3배의 수[양]; 세 개 한 벌
v. 3배로[3중으로] 하다 **동** treble

연상 그 트리(tree; 나무)는 풀(→트리플)보다 3배의 크기다.

예문 My income should **triple** by next year.
내년이면 수입이 3배가 될 것이다.

breast
[brest]

n. 가슴; 옷가슴

연상 분노로 불에서 터(→블레스트)지는 것 같은 이 가슴!

예문 She had **breast**-augmentation surgery.
그녀는 가슴확대 수술을 했다.

terrestrial
[təréstriəl]

a. 지구(상)의; 지상의; 흙의 **반** celestial.

연상 터(=땅)가 rest(휴식하고) 있는 리얼(real;실제적인)(→터레스트리얼) 한 곳이 바로 지구의 표면이다.

예문 **Terrestrial** heat is used to produce electricity.
지열이 전기 생산에 사용되고 있다.

troop
[tru:p]

n. 대(隊), 떼; 군대 **v.** 떼 지어 모이다

연상 트루(true; 진실한) 루프(loop;고리)(→트루웊)와 같이 잘 연결된 조직이 군대다.

예문 Our government decided to send in the **troops**.
우리 정부는 파병을 결정했다

brew
[bru:]

v. (맥주 등을) 양조하다

연상 술을 양조할 때 원액에서 블루(blue; 푸른)(→블루:) 빛이 난다.

예문 Beer is **brewed** from malt.
맥주는 맥아로 양조된다.

파생 brewery 양조장

oblige
[əbláidʒ]

v. ~을 어쩔 수 없이 ~하게 하다, ~ 강요하다 **동** compel.

연상 노블레스 오블리주(Nobless oblige)(→어브라이즈) 귀족들에게 명성만큼 사회적 의무를 강요했던 데서 시작된 말.

예문 The law **obliges** us to pay taxes.
법률에 따라 세금을 내지 않으면 안 된다.

예문 be **obliged** to ~하지 않으면 안 되다

testament
[téstəmənt]

n. 유언(장), 유서. (the T-) 성서

연상 내용을 test(시험, 검정)해서 남기는 a(하나)의 멘트(말, 언급)(→테스터먼트)가 바로 유언(장)이다.(평생 단 한 번의 멘트)

예문 This is the last will and **testament** of him.
이것은 그 사람이 가장 최근에 작성한 유언장이다.

예문 Old **Testament** 구약 성서   New **Testament** 신약성서.

opponent
[əpóunənt]

n. 적, 상대; 대항자 **동** rival

연상 어, 포우는[→어포우넌(트)] 적이 많았다지! 소설을 너무 잘 썼기 때 문에.

예문 She is an **opponent** of the government.
그녀는 반정부 인사다.

tilt
[tilt]

n. 기울기, 경사(slant) **v.** 기울다, 경사지다(up)

연상 도로의 경사진 쪽으로 흙탕물이 튈 터(→틸트)이니 조심해라.

예문 The tower **tilts** to the south.
탑이 남쪽으로 기울어져 있다.

request
[rikwést]

n. 요구, 요청 **v.** 구하다, 신청하다. **동** beg

연상 '사랑의 **리퀘스트**'(→리퀘스트)는 어려운 이웃에게 사랑을 나누는 것 을 요청하는 내용의 모 방송국 프로그램이었다.

예문 She **requested** a permission to go out.
그녀는 외출 허가를 신청했다.

---

liberty
[líbə:rti]

n. 자유; 해방 **동** liberation

연상 리브(live 사는) 것을 티(→리버:티)나게 하는 것이 바로 자유다.

예문 The escaped prisoner has been at **liberty** for five days.
탈옥수는 5일간의 자유를 누렸다.

---

reservation
[rèzə:rvéiʃən]

n. 보류, 보전; 예약

연상 '인디언 **레저베이션**'(→레저:베이션)은 인디언 보전(보류) 구역인데 인디언들에게 미래의 삶을 예약해 주는 것과 같은 역할을 한다.

예문 We have **reservations** at a restaurant at seven tonight.
오늘 저녁 7시에 식당에 예약해 두었다.

---

lifetime
[láiftàim]

n. 평생 **a.** 평생의 **동** existence

연상 life(생존)해 있는 time(시간)(→라이프타임)이 바로 평생이다.

예문 His last novel was not published during his **lifetime**.
그의 마지막 소설은 그의 생전에는 출간되지 않았다.

---

sophisticated
[səfístəkèitid]

a. 교양 있는, 세련된; (기술 등이)정교한

연상 궤변론자 소피스트들이 내 친구 케이트(Kate)보다 더(→서피스터케이티드) 교양있고, 세련된 사람이었을 것이다.

예문 She was a highly **sophisticated** and elegant woman.
그녀는 대단히 세련되고 우아한 여인이다.

파생 sophistication n. 교양, 지성; 정교함

---

assess
[əsés]

v. 평가하다(evaluate); (세금 따위를) 부과하다.

연상 어떤 것을 평가할 때 a(하나씩) 세(어)서(→어세스) 평가한다.

예문 The damage was **assessed** at $ 500.
손해는 500달러 로 추산되었다.

stability
[stəbíləti]

n. 안정; 안정성

연상 ① stable(안정된) + ity(명사 어미)(→스터빌리티) = 안정, 안정성

② 그 스타(의) 집이 빌라 티((→스터빌러티)가 나면서 안정성이 있어 보인다.

예문 Religion enhances family **stability**.
종교는 가족의 안정을 고양시킨다.

---

comely
[kʌ́mli]

a. 잘 생긴, 미모의, 아름다운(얼굴 따위)

연상 잘 생긴 얼굴은 마음에 come리(들어오는 것이리)(→캄리)!

예문 My younger sister has **comely** features.
내 여동생은 용모가 반듯하다.

---

shark
[ʃɑːrk]

n. 상어; 탐욕스러운 사람

연상 날카로운 이빨로 작은 물고기들을 단번에, 싹(→샤악) 먹어치우는 사악(→샤악)한 것이 상어다.

예문 The man became prey for a **shark**.
그는 상어 밥이 되었다.

---

shortcoming
[ʃɔ́ːrtkʌ̀miŋ]

n. 결점, 단점

연상 옷이나 물건이 기준보다 short(짧은) 것이 나에게 coming(오면)(→쇼ː트커밍) 그것은 결점이 있는 물건이 된다.

예문 He is well aware of his own **shortcomings**.
그는 자신의 결점을 잘 알고 있었다.

---

memorial
[mimɔ́ːriəl]

n. 기념물, 기념비[관] **a.** 기념의; 추도의

연상 ① 잊지 않기 위한 memo(비망록) 중에서 가장 리얼(real 실제적인)(→미모ː리얼)한 것이 바로 기념물이다.

② 영화 박물관에는 여배우의 뛰어난 미모를 리얼(real, 사실적)(→미모ː리얼)하게 만들어 세운 기념물이 많다.

예문 The war **memorial** stands where the two roads meet.
전쟁 기념비는 두 도로가 만나는 지점에 서 있다.

---

competent
[kʌ́mpətənt]

a. 적임의, 유능한

연상 못쓰는 com(컴퓨터) 피(皮 껍데기)로 텐트(tent)(→캄피턴(트)를 만드는 사람은 유능한 사람이다.

예문 He is **competent** to act as chairman.
그는 의장을 맡을 역량이 있다.

---

mentor
[méntər, -tɔːr]

n. 조언자; 스승

연상 우리 선생님은 우리에게 훌륭한 멘트(ment 말)(→멘터)를 하는 우리 의 조언자인 멘토야. 조언을 받는 우리는 멘티야.

예문 He's been like a **mentor** to me.
그는 나에게 스승과 같은 존재였다.

miracle
[mírəkəl]

n. 기적; 경이

연상 죽은 미라가 클(=자랄)(→미러클) 경우 그것은 기적이다.

예문 He survived by a **miracle**.
그는 기적적으로 살아남았다.

파생 miraculous a. 기적적인

circulate
[sə́ːrkjəlèit]

v. 돌다, 순환하다; 돌리다, 순환시키다

연상 드라마 촬영 때 연출자의 "서!" 하는 큐(cue;지시)가 late(늦으면)(→서ː큐레이트) 카메라는 계속 돈다(순환한다).

예문 Blood **circulates** through the body.
피는 체내를 순환한다.

파생 circulation n. 순환

dire
[daiər]

a. 대단히 심각한, 지독한; 무서운(terrible); 비참한(dismal)

연상 다이어(diamond;다이아몬드)(→다이어)를 둘러싼 지독한 이야기들이 많다.

예문 They lived in **dire** poverty.
그들은 지독한 가난 속에서 살았다.

cultivate
[kʌ́ltəvèit]

v. 경작하다, 재배하다; 연마하다

연상 곡물이 클 터를 이익이 몇 배 있도록 하는 것이 경작하는 것이다.

예문 The villagers **cultivate** mainly rice and wheat.
그 마을사람들은 주로 쌀과 밀을 재배한다.

web
[web]

n. 피륙, 직물; 거미집(cobweb) **v.** 거미줄같이 치다

연상 웹(→웹) 사이트가 거미집에서 본 딴 것이다

예문 a **web** of expressways 고속도로망

예문 I found the information on the **Web**.
나는 그 정보를 웹에서 찾았다.

gangster
[gǽŋstər]

n. 갱(의 한 사람), 폭력배

연상 갱(gang)단의 스타(star)(→갱스터)가 바로 갱, 폭력배다.

예문 a **gangster** film 갱 영화

예문 The man was so cowed by **gangsters**.
그 사람은 폭력배들에게 위협 당했다.

liver
[lívər]

n. 간장(肝臟); 간

연상 live(살아가는) 데 간장이 매우 중요하니까 간장을 liver(→리버)라고 하는 거겠지.

예문 His father received a **liver** transplant.
그의 부친은 간 이식수술을 받았다

hew
[hju:]

v. (도끼·칼 따위로) 자르다(cut)

연상 도끼로 나무를 자를 때 가끔 "휴-"(→휴-)하고 숨을 내쉰다.

예문 He **hewed** branches from the tree.
그는 나무에서 가지를 잘라냈다.

feverish
[fí:vəriʃ]

a. 열이 있는; 몹시 흥분한, 과열된

연상 ① fever(피) + ish(형용사 어미)(→피:버리쉬) = 열이 있는
② 몸에서 많은 피(를) 버리니 쉬(→피:버리쉬) 열이 있는 상태가 되었다.

예문 the **feverish** market 과열 장세

예문 He is aching and **feverish**.
그는 몸이 아프고 열이 난다.

luxurious
[lʌkʃúəriəs /
lʌgʒúəriəs]

a. 사치스러운, 호사스러운

연상 럭(luck;행운)이 슈어리(surely; 확실히) 어스(us 우리를)(→럭슈어리어스) 사치스러운 생활을 하게 한다.(운이 있어야 사치스런 생활을 할 수 있다)

예문 We stayed in a **luxurious** hotel in New York last week.
지난주 우리는 뉴욕의 한 고급 호텔에 묵었다.

파생 luxury n. 호화로움, 사치(품)

flick
[flik]

n. (매·채찍 따위로) 찰싹 때리기; **v.** 찰싹 치다

연상 플릭(→플릭)은 탁구공을 칠 때 손목을 돌려 찰싹치는 기법이다.

예문 She **flicked** the dust off her clothes.
그녀는 옷에 묻은 먼지를 털어 냈다.

lyric

[lírik]

n. 서정시; 노래 가사   **a.** 서정적인

연상 서정시를 읽으면 즐거워서 **릴리리**(→릴릭) 하는 소리가 절로 나온 다.

예문 He mainly wrote **lyric** poetry, so has been called a **lyric** poet.
그는 주로 서정시를 썼다. 그래서 서정 시인으로 불려왔다.

파생 lyrical a. 서정적인

UNIT 17 TEST

[1~12] 보기에서 영어에 해당되는 우리말을 찾아 쓰시오.

1. conspire _____   2. summarize _____

3. breast _____   4. troop _____

5. justify _____   6. rigor _____

7. triple _____   8. flick _____

9. lyric _____   10. luxurious _____

11. feverish _____   12. brew _____

보기 ① 가슴 ② 3배[3중]의 ③ 정당화하다 ④ 공모하다 ⑤ 서정시 ⑥ 요약하다
⑦ 사치스러운 ⑧ 군대 ⑨ 열이 있는 ⑩ 찰싹 치다 ⑪ 양조하다 ⑫ 엄격함

[13~17] 다음 빈칸에 들어갈 적절한 어휘를 고르시오.

13. Only 23 percent of the total land area is _____ .

14. It was wonderful! He had never seen such beauty, such _____ .

15. The dough will be quite _____ but should form a ball.

16. The document was previously _____ in New York at the United Nations.

17. Women's roles in the _____ of many religions have been limited.

보기 ① circulated ② moist ③ cultivated ④ rituals ⑤ splendor

[18~21] 다음 빈칸에 들어갈 적절한 어휘를 고르시오.

18. The man is a loyal, distinguished and very _____ civil servant.

19. This ruin became a _____ for the victims of the bombing.

20. They believe that religion enhances family _____ .

21. The report was highly _____ of the company's poor safety record.

보기 ① stability ② critical ③ competent ④ memorial

Further Study

lacy 레이스를 두른

cannonball 포탄, 강속 서브

set the latch 빗장을 걸다

unlatch 빗장을 풀다

seesaw 아래위로 움직이다, 변동하다

skyrocket (물가 따위가) 급등하다

plaster cast 석고 모형, 깁스

closeout (폐점 등을 위한) 재고 정리 (상품)

suction 흡입, 흡입력

field crew 현장 직원

ambient air 주변 공기, 대기

boil down 줄이다

put stock in ~을 신뢰하다, 신용하다

at face value 실재 그대로, 액면 그대로

push around 괴롭히다, 차별 대우하다

take the blame for ~에 대해 책임을 지다

setback 좌절, 방해

frequent visitor 단골 고객

shy away from 피하다

squirm 꿈틀거리다

flip out 벌컥 화내다, 실신하다

rave 헛소리를 하다, 고함치다

be open with ~에게 숨기지 않다

white lie 악의 없는 거짓말

set record 기록을 세우다

pull in (구어) 벌어들이다

asexual 무성(無性)의, 무성 생식의

churn 휘젓다, 거품이 일다

heal over 상처가 아물다

equate A with B A를 B와 동일시하다

self-interest 이기심, 사욕

healthcare professional 건강 관리전문가

prey on 착취하다

heave a sigh 한숨을 쉬다

to date ~ 지금까지

Part.2

완성 단어
Advanced Vocabulary 2

Unit 1
stealth

stealth
[stelə]

n. 몰래 하기, 비밀
연상 미국 전투기 스텔스(→스텔쓰)기는 적의 레이더에 탐지되지 않고 비 행을 몰래 하는 전투기다.
예문 The work has been done by **stealth**.
그 일은 비밀리에 행해졌다.

interrogate
[intérəgèit]

v. 질문하다; 심문하다
연상 회의장 inter로(안으로)들어가는 gate(문)(→인터러게이트)앞에서 경비원이 온 목적이 무엇이냐고 질문했다.
예문 She was **interrogated** by the police for over 10 hours.
그는 10시간 넘게 경찰로부터 심문을 받았다.

deck
[dek]

n. 갑판; (이층 버스의) 층
연상 건물이나 거리에 설치된 데크(→데크)는 배의 갑판 같은 바닥 판이 다
예문 tread the deck 선원이 되다
예문 They sat on the top **deck** of the bus.
그들은 버스 위층에 앉아 있었다.

limb
[lim]

n. 수족, 손발
연상 림(林;수풀)(→림)은 산의 손발과 같고 사랑하는 임(→림)은 나의 수족과 같다
예문 Usually fashion models are large of **limb**.
보통 패션모델들은 팔다리가 길다.

deed
[di:d]

n. 행위, 실행
연상 디드(did; 했다)(→디:드)의 명사가 바로 행위다.
예문 **Deeds**, not words, are needed.
말이 아니라 행동이 필요하다.

radiate
[réidièit]

v. (중심에서)방사상으로 퍼지다 ; (빛·열 등을) 방사하다, 발하다

연상 ① radio(라디오)는 ate(먹은, 들어온) 정보를 방사상으로 퍼지게 한다.

② 배고픈 그 레이디(lady, 숙녀)가 ate(먹을)(→레이디에이트) 때 얼굴에 만족한 빛이 방사되었다.

예문 Heat **radiates** from a heater.
열이 난방장치에서 뿜어져 나온다.

파생 radiation n. (빛 · 열 등의) 방사, 복사 radiator n. 라디에이터, 방열기, (자동차) 냉각 장치

rainbow
[réinbòu]

n. 무지개

연상 옛날 사람이 무지개를 보고 'rain(비)을 보우(보시오)'(→레인보우). 라고 한 것은 rain 뒤로 무지개가 나타나기 때문이다.

예문 We can see all the colors of the **rainbow**.
무지개의 갖가지 빛깔을 볼 수 있다.

substantial
[səbstǽnʃəl]

a. 실질적인; 내용이 풍부한; 많은, 상당한

연상 토마토 줄기를 받칠 섶(꼬챙이)으로 스탠(stan;금속)을 쓸(→섭스탠셜) 경우 실질적인 도움은 되지만 상당한 비용이 들 것이다.

예문 The economic benefit here is very **substantial**.
이곳의 경제적 혜택은 매우 상당하다.

celestial
[səléstʃəl]

a. 하늘의; 천체의(↔ terrestrial); 천국의(heavenly)

연상 하늘을 좋아하는 그 소녀는 하늘의 별만 보아도 마음이 설레서 철(→셀레스철) 없이 눈물을 흘렸다. 하늘의 뜻이다.

예문 Gravity governs the motions of **celestial** bodies.
중력이 천체들을 다스린다.

vanity
[vǽnəti]

n. 덧없음, 무상함; 허무; 공허

연상 밴(van) 타고 너(가) 티(→밴어너티)내는 것도 다 덧없음이라!

예문 **Vanity** of **vanities**; all is **vanity**.
(성서) 헛되고 헛되다, 세상만사 헛되다.

messy
[mési]

어질러진, 더러운; 번잡한 **동**untidy

연상 메시(→메시)선수는 어질러진 운동장을 뚫고 공을 차네!

예문 His room is always **messy**.
그의 방은 항상 어질러져 있다.

lance
[læns]

n. 창, 작살.

연상 옛날에 혹시 렌즈(lens)(→랜스)로 창을 만들었을까?.

예문 Lances were used in the past by soldiers riding on horses.
창은 과거에 기마병들에 의해서 사용되어졌다.

mimic
[mímik]

a. 흉내 내는, 모방의   **v.** 흉내내다(imitate)

연상 경우에 따라 미미하기도 하고 크(→미믹)기도 한 것이 흉내내는 것 이다.

예문 Students often mimic the teachers.
학생들은 가끔 선생님들의 흉내를 낸다.

파생 mimicry n. 흉내

nationality
[næʃənǽləti]

n. 국적; 선적

연상 ① national(국가의) + ity(명사 어미)(→내셔낼러티) = 국적
② national(나라의) 티(→내셔낼러티)가 나는 것이 국적이다.

예문 It is a ship of an unidentified nationality.
그것은 국적 불명의 배다.

landfill
[lǽndfil]

n. 쓰레기 매립지.

연상 쓰레기로 land(땅)을 fill(채우는)(→랜드필) 곳이 쓰레기 매립지다.

예문 The city plans to construct a new sewage landfill.
시에선 새로운 쓰레기 매립지를 세울 계획이다.

solemn
[sάləm]

a. 엄숙한; 진지한

연상 유태인 전통적인 인사말 살롬(→살럼)은 엄숙한 인사말이다.

예문 Their most solemn duty is to maintain the territorial integrity.
그들의 가장 엄숙한 사명은 국토를 지키는 것이다.

파생 solemnly ad. 엄숙하게

nip
[nip]

v. (집게발 따위가) 물다, 꼬집다; (개 등이) 물다.

연상 ① 개의 입(→닢)은 무엇인가 자꾸 문다.
② 아이가 동전 한 닢(→닢)을 입에 물었다, 개가 거적 한 닢을 물었다.

예문 A small dog nipped at my heels.
작은 개가 내 뒤꿈치를 물었다.

mumble
[mʌ́mbəl]

v. 중얼거리다. **동** murmur

연상 어릴 때 내가 말을 중얼거리면, 나에게 맘(mom;엄마)이 벌(→맘벌)을 주었어.

예문 The old man **mumbled** to himself.
노인은 혼잣말로 중얼거렸다

oath
[ouθ]

n. 맹세, 서약.

연상 "오우! 써(→오우쓰)서" 맹세하라. 꼭 글로 써서 해!

예문 He took an **oath** of allegiance.
그는 충성을 맹세했다.

murderous
[mə́ːrdərəs]

a. 살인의, 흉악한

연상 ① murder(살인) + ous(형용사 어미) = 살인의(신화에 딸이 머더(mother, 어머니)(→머더)를 살해하였다.
② 공항에서 살인의 무기를 휴대한 사람에게 공항직원이 하는 말이 바로 '뭐 들어서(→머:더러스) 이 가방에?

예문 She gave me a look of **murderous** hatred.
그녀는 살인적인 증오심으로 나를 쳐다보았다.

comprehend
[kàmprihénd / kòmpr-]

v. 이해하다; 포함하다

연상 학생들은 com(컴퓨터)로 풀이한 hen(닭)을 더(→캄플리헨드) 잘 이해할 수 있었다.(선생님보다 컴퓨터가 닭에 대해 더 잘 풀이함)

예문 Science **comprehends** many disciplines.
과학에는 많은 분야가 있다.

파생 comprehensive a. 종합적인, 포괄적인; 이해력이 있는

infuse
[infjúːz]

v. (사상·활력 따위를) 주입하다, 불어넣다

연상 in(안에) + fuse(퓨즈→인퓨:즈) = 전기 회로의 휴즈(fuse) 안에(in) 전기를 주입한다.

예문 She **infused** me with courage.
그녀는 나에게 용기를 불러일으키다.

파생 infusion n. 주입, 혼합

obedient
[oubíːdiənt]

a. 순종하는, 유순한 **반** disobedient

연상 ① obey(복종하다) + -ent(형용사 어미)(→오비:디언트) = 복종하는
② OB(선배) 뒤에서 언(言 말)을 터뜨리는(→오우비:디언트)는 것은 앞에서 말을 터뜨리는 것보다는 순종하는 태도다

예문 He is always **obedient** to his parents.
그는 언제나 부모님께 복종한다.

파생 obedience n. 복종, 순종

shrill
[ʃril]

a. (소리가) 날카로운, 높은; (색깔·빛 등이) 강렬한

연상 아내는 공포 스릴영화에서 스릴(thrill;전율)(→슈릴) 있는 장면이나 속이 쓰릴 때 날카로운 소리를 낸다.

예문 His wife's voice was **shrill** and penetrating.
그의 아내 목소리는 날카로웠다.

awful
[ɔ́:fəl]

a. 두려운, 무시무시한; (문어) 공포를 느끼게 하는

연상 펄에 빠져본 사람은 '오! 펄(→오:펄)은 두려운 것'이라고 말한다.

예문 The accident was the most **awful** experience.
그 사고는 가장 끔찍한 경험이었다.

파생 awfulness n. 두려운 것, 장엄

singular
[síŋgjələ:r]

a. 유일한, 단독의, (문법) 단수의

연상 방에 침대를 싱글(single)로 넣(→싱귤러:)어서 단독의 사용 밖에 안된다.

예문 It is an event **singular** in history.
그것은 사상 유례 없는 사건이다.

automate
[ɔ́:təmèit]

v. 자동화하다

연상 요즘 자동차는 오토메틱(automatic)(→오:터메이트)으로 자동화했다.

예문 He wanted to use computers to **automate** the process.
그는 공정을 자동화하기 위해서 컴퓨터를 사용하기를 원했다.

파생 automation n. 오토메이션, (기계 · 조직의) 자동화
automated a. 자동화한

voluntary
[váləntèri]

a. 자발적인, 지원의, 임의의

연상 자발적인 일을 하는 곳은 사람들이 사람들 스스로 발(을) 넣은 터리(→발런테리)!(발을 들여 놓은)

예문 I do some **voluntary** work in an old people's home.
나는 한 양로원에서 자원 봉사 일을 좀 한다.

wasteful
[wéistfəl]

a. 낭비하는; 사치스런.

연상 waste(낭비하는) + ful(가득한)(→웨이스트펄)=낭비하는 것이 가득하 다면 낭비하는 것이다.

예문 The cart is **wasteful** of fuel.
그 차는 연료 낭비가 심하다.

agreeable
[əgríːəbəl]

a. 기분 좋은, 유쾌한(pleasing)

연상 agree(동의하다) + able(할 수 있는)(→어그리:어블)=동의할 수 있는 것은 기분 좋은, 유쾌한 일이다.

예문 If it is **agreeable** to you, I will do it.
만일 당신이 좋으시다면, 난 그것을 하겠습니다.

파생 agreeability n. 기분 좋음, 유쾌함

---

insensitive
[insénsətiv]

a. 감각이 둔한, 무감각한

연상 in(=not) + sensitive(민감한)(→인센서팁)=무감각한

예문 He is **insensitive** to beauty.
그는 아름다움에 무감각하다.

파생 insensitivity n. 무감각, 둔감

---

airway
[ɛ́ərwèi]

n. 항공로; (종종 airways)항공회사; (코에서 폐까지의) 기도

연상 air(공중)의 way(길)(→에어웨이)이 바로 항공로이다.

예문 The plane was off **airway**.
비행기가 항로를 벗어났다.

---

transit
[trǽnsit]

n. 통과, 통행; 운송; 통로

연상 trans(변압기)가 sit(앉아 있는)(→트랜싯) 곳은 전기가 통과해 가는 통로다.

예문 The product is in **transit**.
제품은 운송중이다.

---

transition
[trænzíʃən]

n. 변이(變移), 변천

연상 1960년대 트랜지스터(transistor, 라디오)의 선택(→트랜지션)은 시대의 변이였다.

예문 The country is in **transition** from an agricultural to an industrial society.
그 나라는 지금 농업사회에서 산업사회로의 과도기에 있다.

---

instruct
[instrʌ́kt]

v. 지시하다; 가르치다

연상 인수한 트럭(truck)[→인스트럭(트)]의 사용법을 가르쳐야 한다.

예문 The boss **instructed** him to report it to headquarters immediately.
상사는 그에게 그것을 본부에 즉시 보고하라고 지시했다.

파생 instruction n. 설명, 지시

sticky
[stíki]

a. 끈적[끈끈]한, 들러붙는; 잘 움직이지 않는

연상 stick이(지팡이가)(→스티키) 끝부분에 끈적한 것이 부착된 것은 노인들이 미끄러지지 않게 하기 위한 것임.

예문 If dough is too **sticky**, add a little more flour.
만약 반죽이 너무 끈적하면, 밀가루를 조금 더 넣어라.

opposite
[ápəzit]

a. 마주 보고 있는, 맞은편의,

연상 앞의 site(장소)(→아퍼지트)는 맞은편의 위치다

예문 The house **opposite** to ours is my aunt's.
우리 집 맞은편의 집은 숙모의 집이다.

opposition
[àpəzíʃən]

n. 반대; 대립

연상 어떤 팀의 앞 position(위치)(→아퍼지션)에 있는 팀이 **반대** 팀이다.

예문 There was fierce public **opposition** to the plan.
그 계획에 대해 대중들의 맹렬한 반대가 있었다.

stimulus
[stímjələs]

n. 자극; 격려; 자극물

연상 추위에 스팀이 얼어서(→스티미어러스) 사람들에게 자극을 주었다.

예문 A reduction in corporate tax should act as a **stimulus** to economic activity.
법인세 감면이 경제활동에 자극제로서 역할을 해야 한다.

stimulative
[stímjəlèitiv]

a. 자극적인; 격려하는 **n.** 자극물

연상 스팀물에 이 TV(→스티멀레이티브)를 가져다 대면 스팀물이 TV에 자극적인 것이 된다.

예문 It is possible that a tax cut might have some **stimulative** effect.
세금 감면이 약간의 자극적인 영향을 끼칠지 모른다.

altar
[ɔ́:ltər]

n. 제단; (교회의) 성찬대

연상 그들은 all(모든) 터(→오올터)에 신을 모시는 제단을 쌓았다.

예문 The **altar** was dedicated to Saint John.
그 제단은 성 요한에게 헌정되었다.

alter
[ɔ́:ltər]

v. 바꾸다, 변경하다

연상 인간은 **all**(모든) 터(→오올터)를 **바꾼다.**(모든 터의 형태를 바꾸어 집고 짓고 도로도 내고 하니까)

예문 He **altered** his house into a store.
그는 자신의 집을 가게로 개조하다.

파생 alteration n. 변경, 개조

supersonic
[sù:pərsánik]

a. 초음파의; 초음속의

연상 **super**(뛰어난) + **sonic**(소리의)(→수:퍼사닉)=음파의 것보다 뛰어난 것이 **초음파의 것이다.**

예문 The **supersonic** aircraft took off with a deafening roar.
초음속 비행기가 굉음을 내며 이륙했다.

composure
[kəmpóuʒər]

n. 침착, 평정

연상 **compose**(구성하다)를 **sure**(확실하게)(→컴포우저) 하기 위해선 **침착함**이 필요하다.

예문 He tried to keep his **composure** at the surprising news.
그는 놀라운 소식을 듣고도 마음의 평정을 유지하려고 애를 썼다.

hoe
[hou]

n. (자루가 긴) 괭이   **v.** (~을) 괭이로 파다

연상 ① 줄기차게 내리 퍼붓는 비, 즉 호우(→호우)가 올 땐 **괭이**가 필요 하다.(집 주변에 막힌 곳을 뚫기 위해)
② 군에서 **괭이로** 호(→호우)를 판다

예문 We **hoed** up the potato roots.
우린 괭이로 감자를 파 일구었다.

lounge
[launʤ]

v. 빈둥거리다; 어슬렁어슬렁 걷다   **v.** (호텔 따위의) 로비, 휴게실

연상 그는 호텔 라운지(→라운지)에서 **빈둥거렸다.**

예문 We **lounged** away the afternoon at the seashore.
우리는 해변에서 오후 시간을 빈둥빈둥 지냈다.

steward
[stjú:ə:rd]

n. 집사, 지배인 ; (여객기) 안내원

연상 스튜어디스(stewardess)는 여객기 여자 안내원이고 **스튜어드(→스튜어:드)**는 남자 안내원이다.

예문 He was elected a chief **steward**.
그는 직장간사장으로 선출되었다.

UNIT 01 TEST

[1~12] 보기에서 영어에 해당되는 우리말을 찾아 쓰시오.

1. obedient _____
2. stimulus _____
3. mimic _____
4. stealth _____
5. vanity _____
6. nip _____
7. limb _____
8. oath _____
9. substantial _____
10. comprehend _____
11. messy _____
12. mumble _____

보기 ① 이해하다 ② 실질적인 ③ 덧없음 ④ 맹세 ⑤ 수족 ⑥ 흉내 내는 ⑦ 어질러진
⑧ 중얼거리다 ⑨ 몰래하기 ⑩ 자극 ⑪ 물다 ⑫ 순종하는

[13~17] 다음 빈칸에 들어갈 적절한 어휘를 고르시오.

13. From here, contaminated air _____ out to the open countryside.

14. He made a _____ attack on his wife that evening.

15. Much of the _____ to this plan has come from the media.

16. A doctor will often _____ patients to exercise.

17. The country is in _____ from an agricultural to an industrial society.

보기 ① instruct ② opposition ③ radiates ④ transition ⑤ murderous

[18~21] 다음 빈칸에 들어갈 적절한 어휘를 고르시오.

18. We tried to negotiate a mutually _____ solution.

19. I do some _____ work in an old people's home.

20. It was a highly inefficient, _____ system.

21. I work with one goal - one _____ goal in mind now.

보기 ① singular ② agreeable ③ wasteful ④ voluntary

정답 1.⑫ 2.⑩ 3.⑥ 4.⑨ 5.③ 6.⑪ 7.⑤ 8.④ 9.② 10.① 11.⑦ 12.⑧
13.③ 14.⑤ 15.② 16.① 17.④ 18.② 19.④ 20.③ 21.①

Further Study

out of office 무직의, 공직에 있지 않은

death toll (재난 사고의) 사망자 수

dash out 급히 뛰어나가다

payment in full 완불, 완납

give ~ credit ~의 공로를 인정하다

therapist 치료사

shameless 뻔뻔스러운

be up to ~에 달려 있다

take the insurance 보험에 가입하다

have deadlines to meet 시한을 맞추다

book report 독후감

catch eyes 눈에 띄다

ask around 주변사람들에게 묻다

girlish 소녀 같은

go downhill 나빠지다, 악화되다

cost a fortune
엄청난 비용이 들다, 엄청나게 비싸다

affiliated company 계열회사, 자매회사

distributor (자사) 판매 대리점, 도매상인

go on the stage 배우가 되다

leading role 주역

information retrieval 정보 검색

save data 자료를 저장하다

toll free 통화료 무료

relay broadcast 중계방송

put ~ on the air ~을 방송하다

perform an operation 수술하다

inoculate 예방 접종하다

excruciating 몹시 고통스러운, 참기 어려운

vertigo 현기, 어지러움

pliable (성질이) 유순한, 고분고분한

unassuming 겸손한, 주제넘지 않은

in a sultry mood 불쾌한 기분으로

in offensive order 역겨운 냄새

disconcert ~을 당황케 하다, 방해하다

radioactive contamination 방사능 오염

fallout shelter 방사능 낙진 대피소

optical
[áptikəl]

a. 눈의, 시각의; 광학의

연상 앞에 있는 티끌, 즉 앞 티끌(→앞티클)을 볼 수 있는 것은 눈의 기능 이다.

예문 Long term of an exposure to computers can lead to an **optical** defect.
오랜 기간 컴퓨터에 노출되면 시각의 결함에 이를 수 있다.

예문 an **optical** instrument 광학기기

loyalty
[lɔ́iəlti]

n. 충성, 충실 **동** faithfulness

연상 유명제품의 **로이럴티** 지불은(→로이얼티) 원 상표에 대한 **충실한** 의무다.

예문 They swore their **loyalty** to the queen.
그들은 여왕에 대한 충성을 맹세했다.

caution
[kɔ́ːʃən]

n. 조심; 주의

연상 그녀가 음식 냄새를 맡는데 코(를) 쓴(→코ː션) 것은 상한 음식을 조심하기 위해서였다.

예문 We need to proceed with **caution**.
조심해서 일을 추진할 필요가 있다.

Celsius
[sélsiəs, -ʃəs]

n. 섭씨 **a.** 섭씨의(centigrade)

연상 온도계의 섭씨 눈금은 마치 cell(세포)를 써서(→셀셔스/셀시어스) 온 도를 나타내는 것 같다.

예문 The maximum temperature today is to be 34 degrees **Celsius**.
오늘의 최고 기온은 34℃로 예상된다.

centigrade
[séntigrèid]

a. 섭씨의

연상 centi(센티) 미터와 같이 grade(등급)(→센티그레이드)을 100 단위로 매겼으니 썹씨의 단위지.

예문 The thermometer outside my house says 38 degrees **centigrade**.
내 집 밖에 있는 온도계가 섭씨 34도를 가리킨다.

sundry
[sʌ́ndri]

a. 갖가지의, 잡다한.

연상 sun(태양)이 빛으로 dry(말리는)(→선드리) 사물은 어느 한 가지가 아니고 **갖가지의** 사물이다.

예문 She told me **sundry** things about her family.
그녀는 그녀 가족에 대한 잡다한 것을 나에게 말했다.

packet
[pǽkit]

n. 소포; (편지 따위의) 한 묶음, 한 다발　**통** package

연상 pack(꾸러미) it(그것이)(→패키트) **소포**다.

예문 She bought the child a **packet** of biscuits.
그녀는 그 아이에게 비스킷 한 통을 사 주었다.

예문 pay **packet** 급료 봉투

compress
[kəmprés]

v. 압축하다; 단축하다

연상 컴프레서(compressor)(→컴프레스)는 공기나 가스를 **압축하는** 기계.

예문 Firmly **compress** the soil in the pot so that the plant is secure.
식물이 안전하도록 화분의 흙을 꾹꾹 다져라

파생 compression　**n.** 압축

oyster
[ɔ́istər]

n. 굴; (구어) 입이 무거운 사람

연상 식탁에서 **오이**를 **스타**(→오이스터)로 만드는 것이 굴이라고? 굴이 오이 맛을 더 좋게 해 주기 때문이라고?

예문 He is an **oyster** of a man.
그는 말이 없는 사람이다.

comrade
[kám ræd / -rid / kɔ́m-]

n. 동료, 동지　**통** companion

연상 com(컴퓨터)와 radar(레이다)(→캄래드)는 **동료**다.(컴퓨터 없는 레 이다는 무용지물이 때문에)

예문 He is my best **comrade** in arms.
그는 나의 절친한 전우다.

porch
[pɔːrtʃ]

n. 포치, 현관

연상 옛날 큰 저택에 적의 침입을 막기 위해 **포**를 **취**(→포:취)하는(取, 설치 해 서 가지는) 곳이 **현관**이었다.

예문 A stranger stood in the **porch** and rang the doorbell.
어떤 낯선 사람이 현관에 서서 초인종을 울렸다.

terrific
[tərífik]

a. 대단한; 멋진.

연상 은행 털이(terri) 범을 손으로 픽(fic)(→터리픽)쳐서 잡는 청년의 모습 은 대단한 모습이었다.

예문 Using that yardstick, the play is a **terrific** success.
그 기준에 의한다면 그 연극은 대단한 성공작이다.

terrify
[térəfài]

v. 겁나게 하다, 무서워하게 하다

연상 파이 속에 폭약을 넣은 **테러용 파이**(→테러파이)는 사람을 겁나게 한다.

예문 The possibility of nuclear war **terrifies** everyone.
핵전쟁의 가능성에 누구나 겁먹고 있다.

portray
[pɔːrtréi]

v. (글, 그림으로) 그리다, 묘사하다, ~의 초상을 그리다

연상 그 화가는 port(항구)를 ray(광선)(→포:트레이)으로 그림을 그렸다.

예문 They try to **portray** themselves as the victims.
그들은 스스로를 희생자로 표현하려한다.

파생 portrayal **n.** 그리기; 묘사

queer
[kwiər]

a. 이상한, 기묘한 **동** odd

연상 ① 동물원에서 이상한 동물을 키워(→퀴어)요.
② 동성애자 축제인 퀴어(→퀴어)축제는 참 기묘한 축제였어요.

예문 He is a **queer** sort of fellow.
그는 이상한 사람이다.

ranch
[ræntʃ]

n. 목장, 방목장

연상 목동들이 목장에서 일할 때 늘 ran(달리는) 것을 취(取)(→랜취)했다.(달아나는 소를 따라 잡으려면 달려야 했다)

예문 His family have lived on the **ranch**.
그의 가족은 목장에서 생활해 왔다.

palm
[pɑːm]

n. 손바닥 ; 야자

연상 펴면 판판(→팜)한 것이 손바닥이다.

예문 A fortuneteller read her **palm**.
점쟁이가 그녀의 손금을 보았다.

예문 palm tree 종려나무

vacate
[véikeit / vəkéit]

v. 집을 비우다, 퇴거하다; 공석으로 하다

연상 베케이션(vacation;휴가, 방학) (→베이케잇) 때는 보통 집을 비운다.

예문 We have to **vacate** this house by next month.
우리는 다음 달까지 이 집을 비워야 한다.

razor
[réizəːr]

n. 면도칼; 전기면도기.

연상 레이저(laser) 를 이용한 면도기(→레이저:)도 곧 나올 거야.

예문 The detective is sharp as a **razor** never misses a clue.
그 형사는 날카롭고 단서를 결코 놓치지 않는다.

예문 a **razor** blade 면도날

dispel
[dispél]

v. 일소하다, 쫓아버리다 동 drive away, dismiss

연상 알아보기 힘들 정도의 D급 spell(철자)(→디스펠)은 노트에서 일소해라(없애 버려라).

예문 We must do our best to **dispel** such misgivings.
우리는 그러한 불안을 일소하기 위해 최선을 다해야 한다.

dosage
[dóusidʒ]

n. 투약, 조제; (약의 1회분) 복용량

연상 간호사가 환자에게 1회 복용량을 먹도록 도우시지(→도우시지)요.

예문 Do not exceed the recommended **dosage**.
권고된 복용량을 초과하지 마시오.

lawful
[lóːfəl]

a. 합법의; 적법의 반 illegal, illegitimate.

연상 law(법률) + ful(가득한)(→로:펄)='법률이 가득한' 것이 바로 합법적인 것이다.

예문 His son is his **lawful** heir.
그의 아들은 그의 합법적인 상속인이다.

layer
[léiəːr]

n. 층(層), 켜

연상 lay(놓다) + -er(것)(→레이어)= 아래위로 하나씩 lay(놓아) 둔 -er (것)이 바로 층이다.

예문 A thin **layer** of dust covered the floor.
바닥엔 얇은 먼지 막이 덮여 있었다.

alley
[ǽli]

n. (미) 뒷골목(back-lane); (영)좁은 길, 샛길

연상 길 중에서 **애리애리한**(작고여린)(→앨리) 길이 **좁은 길**이다.

예문 You had better stay away from the lonely **alley**.
인적이 드문 뒷골목은 다니지 않는 것이 좋다.

prose
[prouz]

n. 산문

연상 ① 산문을 잘 써야 진짜 글쓰기에 **프로지**(→프로우즈).
② 골프 **pro**(프로) 선수인 **우즈**(→프로우즈)가 **산문**을 잘 쓴다고 해요.

예문 He is a writer of remarkable **prose**.
그는 뛰어난 산문 작가다.

파생 prosy n. 산문체의

allowance
[əláuəns]

n. (정기적으로 지급하는) 수당, 급여; (가족에게 주는) 용돈; 허용량

연상 **allow**(허락하다) + **-ance**(명사어미)(→어라원스)= 허락; 사람이 어떤 일을 할 수 있게 허락해 주는 것은 결국 **수당**이나 **용돈**이다.

예문 He gets an **allowance** of $20 a day.
그는 하루 20달러의 용돈을 받는다.

numeral
[njú:mərəl]

n. 숫자 **a.** 수의; 수를 나타내는.

연상 **누**(가) **뭐를**(=무엇을)(→뉴:머럴) 썼는지를 표시하기 위해서 필요 한 것이 **숫자**였다.

예문 the Arabic **numerals** 아라비아 숫자

예문 The Roman **numeral** for "11" is "XI."
"11"의 로마 숫자는 "IX"이다.

numerous
[njú:mərəs]

a. 다수의, 수많은 **동** countless

연상 ① 아직도 세계 오지에서는 **뉴**(new 새로운) 것이 멀어서(→뉴:머러스) (멀리 있어서) **수많은** 사람들이 미개한 생활을 하고 있다.
② **numeral**(수) + **ous**(형용사 어미) = 다수의

예문 He has a **numerous** library.
그에겐 수많은 장서가 있다.

pupil
[pjú:pəl]

n. 학생(흔히 초등학생·중학생); 눈동자, 동공(瞳孔)

연상 힙합 듀오 '불랙 **퓨필**'(→퓨펄)은 검은 **눈동자** 또는 검은빛 **학생**이란 뜻이다.

예문 He is best **pupil** of my students.
그는 나의 수제자다

예문 **Pupils** dilate when you enter a dark place.
어두운 곳에 들어가면 눈동자가 커진다.

grieve
[griːv]

v. 몹시 슬퍼하다; 슬프게 하다, 비탄에 젖게 하다

연상 그는 멀리 있는 부모가 그립(→그리입)다며 몹시 슬퍼한다.

예문 He is still **grieving** for his dead mother.
그는 아직도 어머니가 돌아간 것을 슬퍼하고 있다.

파생 grief **n.** 비탄

grievous
[gríːvəs]

a. 통탄할; 극심한; 비통한

연상 임이 그리워서(→그리;버스) 그녀를 **비통한** 마음이 되게 한다.

예문 a **grievous** moan 비탄의 신음소리.

예문 She died in hospital of **grievous** head wounds.
그녀는 극심한 머리 부상을 입고 병원에서 숨졌다.

machinery
[məʃíːnəri]

n. 기계류, (집합적) 기계

연상 기계류가 바로 machine(기계) 너리(→머쉬;너리)!

예문 They installed bigger, newer **machinery** in a factory.
공장에 보다 큰 새 기계를 설치했다.

majority
[mədʒárəti]

n. 대부분, 대다수

연상 공무원 중에서 뭐, 자리(=직위) 티(→머자리티) 내는 사람이 **대다수** 라고?(자리 티-높은 자리에 있다고 거드름 피우는 것)

예문 The **majority** in council are against it.
회의에서 대다수가 반대이다.

legible
[lédʒəbəl]

a. 읽기 쉬운 **반** illegible 읽기 어려운

연상 야외에서 레저 활동을 할 때 레저(용) 불(=전등)(→레저블)이 있어야 글을 읽기 쉽다.

예문 The writer's manuscript is neat and **legible**.
그 작가의 원고는 깨끗하고 읽기가 쉽다

파생 legibility **n.** 읽기 쉬움

lever
[lévəːr]

n. 지레, 레버 **v.** 지레로 움직이다

연상 인간의 레이버(labor 노동)(→레버)를 덜어준 것이 바로 **지렛대**다.

예문 He pulled the **lever** towards you to adjust the speed.
속도를 조절하기 위해 손잡이를 자기 쪽으로 당겼다.

seemingly
[síːmiŋli]

ad. 외관상; 겉으로는

연상 seeming(겉으로의, 외관상의) + ly(부사어미)(→시ː밍리)=외관상; 겉으로는

예문 It was a **seemingly** impossible task.
그것은 외견상 불가능해 보였다.

insufficient
[ìnsəfíʃənt]

a. 불충분한, 부족한

연상 in(=not) + sufficient(충분한)(→인서피션트)=불충분한

예문 His salary is **insufficient** to support his family.
그의 급여는 그의 가족을 부양하기에 불충분하다.

gem
[dʒem]

n. 보석, 보옥; 귀중품 **동** jewel

연상 먹을 것이 부족한 나라에선 잼(jam)이 보석(gem)(→젬) 취급을 받는다.

예문 a crown studded with **gems** 보석들이 박힌 왕관

예문 The woman is a real **gem**!
그녀는 정말 보배야!

unbearable
[ʌnbέərəbəl]

a. 참을 수 없는, 견딜 수 없는.

연상 un(=not) + bearable(참을 수 있는) = 참을 수 없는

예문 The heat is **unbearable** in this region.
이 지역 더위는 참을 수 없다.

gong
[gɔːŋ]

n. 징; 공(접시 모양의 종) (=~ bèll), 벨 **v.** 공[벨]을 울리다

연상 공(→고옹)의 반쪽 접시 모양의 종이 영어로 공이다.

예문 You were all **gong** and no dinner all day long.
너는 하루 종일 큰 소리만 치고 실제는 아무 것도 안 했다.

mountainous
[máuntənəs]

a. 산이 많은, 산지의; 산더미 같은

연상 mountain(산) + -ous(형용사어미)(→마운터너스) = 산이 많은

예문 The western end of the country is **mountainous**.
그 나라의 서쪽 끝엔 산이 많다.

gravitation
[ɡrǽvətéiʃən]

n. 인력(작용), 중력

연상 무라카미 마키의 만화 '그래비테이션'(→그래버테이션)이 중력처럼 독자를 끌어 들였다.

예문 The law of **gravitation** applies to all objects.
모든 사물에는 중력의 법칙이 적용된다.

파생 gravitational a. 중력의.

intelligible
[intélədʒəbəl]

a. 이해할 수 있는, 알기 쉬운

연상 너는 인텔리(지식인)들이 받는 저 벌(→인테리저벌)을 이해할 수 있어? (갈릴레오 갈릴레이 같은 지식인이 벌 받는 것을 보고 했던 말)

예문 The book is **intelligible** to anyone.
그 책은 누구라도 다 이해할 수 있다.

habitate
[hǽbitæt]

n. (특히 동식물의) 서식지, 생육지; 거주지

연상 habit(습관) + at(먹다)(→해비탯) = 동물들이 습관적으로 먹는 곳이 서식지다.

예문 Today the animal is rare in its natural **habitate**.
오늘날 그 동물은 자연 서식지에서 찾아보기 힘들다

smock
[smɑk / smɔk]

n. (화가 등이 옷 위에 덧걸치는)작업복; 덧입는 겉옷(주로 어린이, 여성 용)

연상 화가들이 작업할 때 써먹는(→스목/스막) 옷 위에 덧걸치는 작업복이 스목이다.

예문 She is wearing big white **smocks**.
그녀는 큰 흰 덧입는 겉옷을 입고 있다.

UNIT 02 TEST

[1~12] 보기에서 영어에 해당되는 우리말을 찾아 쓰시오.

1. caution _____
2. compress _____
3. sundry _____
4. terrific _____
5. habitate _____
6. comrade _____
7. legible _____
8. optical _____
9. packet _____
10. porch _____
11. majority _____
12. grieve _____

[보기] ① 현관 ② 눈의 ③ 조심 ④ 몹시 슬퍼하다 ⑤ 갖가지의 ⑥ 압축하다 ⑦ 소포
⑧ 읽기 쉬운 ⑨ 동료 ⑩ 대다수 ⑪ 서식지 ⑫ 대단한

[13~17] 다음 빈칸에 들어갈 적절한 어휘를 고르시오.

13. _____ people have tried to convert me back to Christianity.

14. He lives on a single parent's _____ of £90 a week.

15. I plan out an essay in note form before writing it up in continuous _____ .

16. He acquired greater _____ after a three-month intensive course.

17. Everything was covered with a fine _____ of dust.

[보기] ① proficiency ② layer ③ numerous ④ allowance ⑤ prose

[18~21] 다음 빈칸에 들어갈 적절한 어휘를 고르시오.

18. It was _____ for the doctors to treat her in whatever way they considered was in her best interests.

19. You should not exceed the recommended _____ .

20. We must do our best to _____ such mistrust.

21. The artist has been asked to paint a _____ of the Queen.

[보기] ① dosage ② portrait ③ dispel ④ lawful

[정답] 1.③ 2.⑥ 3.⑤ 4.⑫ 5.⑪ 6.⑨ 7.⑧ 8.② 9.⑦ 10.① 11.⑩ 12.④
13.③ 14.④ 15.⑤ 16.① 17.② 18.④ 19.① 20.③ 21.②

Further Study

reclaim wasteland 황무지를 개간하다

seismic 지진의

a seismic area 지진대(帶)

deluge 대홍수, 호우(the Deluge Noah의 홍수)

nova (천문학) 신성(新星)

matrimony

결혼(marriage); 결혼 생활; 결혼식

enter into matrimony 결혼하다

nuptial 결혼(식)의

out of envy 부러운 나머지

make an apology 사과하다(apologize)

lodge at a hotel 호텔에 투숙하다

consult with one's pillow

하룻밤 자며 차분히 생각하다

gourmet restaurant 고급레스토랑

palatable (음식 등이) 입에 맞는, 맛난

mince (고기 따위를) 다지다, 잘게 썰다

get in touch 연락을 취하다

take issue with 논쟁하다

legislative body 입법부

bring a person to justice

어떤 사람을 법정에 세우다

legal system 법제도

repeal the law 법을 폐지하다

temporary staff 임시직원

customer relation department

고객관리부서

luncheon voucher 식권

10 years' experience 10년의 경험

would-be politician 정치가를 꿈꾸는 사람

with the exception of

～은 예외로, ～을 제외하고

electronic transfer 자동 이체, 온라인 이체

co-signing 연대보증

absentee 불참자

choice goods 우수 상품

meet all requirement

모든 요구조건을 만족시키다

muscular

[mʌ́skjələ:r]

a. 근육의; 근육이 늠름한

연상 육체의 멋을 키울려(→머스키얼러:)면 근육의 운동을 해야 한다.

예문 He has a **muscular** body.
그의 몸은 근육이 발달했다.

---

habitual

[həbítʃuəl]

a. 습관적인(customary), 상습적으로 하는

연상 ① 멍하니 앉아서 시간을 허비하고 운전할 때 다른 차를 추월(→허비추얼)하는 것이 나의 습관적인 행동이다.
② habit(습관) + -al(형용사어미) = 습관적인

예문 He is a **habitual** liar.
그는 상습적인 거짓말쟁이다.

---

shimmer

[ʃímə:r]

n. 어렴풋한 빛, 가물거리는 (불)빛 **v.** 희미하게 반짝이다

연상 she(그녀) 머리(→쉬머:)에서 희미하게 반짝이는, 어렴풋한 빛!(무스를 발라서)

예문 The lake was **shimmering** in the sunlight.
호수는 햇빛 속에 번쩍였다.

파생 shimmery a. 희미하게 반짝이는, 가물거리는.

---

humiliate

[hju:mílièit]

v. 욕보이다, 창피를 주다 **동** shame

연상 만찬을 준비하는데 일찍 온 손님이 '휴- 미리 (음식을) ate(먹어)(→유:미리에이트)버려서' 주최측에 창피를 주었다.

예문 She **humiliated** me in front of her colleagues.
그녀는 자신의 동료들 앞에서 나에게 창피를 주었다.

---

shortly

[ʃɔ́:rtli]

ad. 곧, 즉시; 간략하게

연상 시간적으로 짧게(shortly)(→쇼-트리)가 곧, 즉시다.

예문 He will **shortly** arrive in Korea.
그는 머지않아 한국에 도착할 예정이다.

hydrogen
[háidrədʒən]

n. 수소

연상 BMW사 하이드로젠7(→ 하이드러전)은 수소 자동차다.

예문 We can resolve water into oxygen and **hydrogen**.
우리는 물을 산소와 수소로 분해할 수 있다.

pretend
[priténd]

v. ~인 체하다, 가장하다. 통 assume

연상 ① pre(앞서, 전에) + tend(~ 경향이 있다)(→프리텐드) = '~ 인 체하다' 하는 사람들은 어떤 결실이 있기도 전에 그렇게 말하는 경향이 있다.
② 정부에서 숲을 보상해 준다는 말을 듣고 산주인은 "풀이 ten(10 포기)만 더(→프리텐드) 있어도 숲인 체 할 수 있을 텐데"라고 말했다.

예문 She **pretended** not to know me.
그녀는 나를 모르는 체했다.

파생 pretense, pretension n. 겉치레, 구실

pretext
[prí:tekst]

n. 구실, 핑계(for)

연상 ① pre(앞서, 전에) + text(본문) = 서문보다 본문을 먼저 공부하는 사람들에게도 구실, 핑계는 있다.
② 풀이 text(교과서 본문)(→프리:텍스트)이라고 말하는 환경론자들의 말에도 다 그럴듯한 구실, 핑계가 있다.

예문 He disappeared into his study on the **pretext** that he had work to do there.
그는 해야 할 일이 있다는 핑계로 서재로 들어가 버렸다.

reservoir
[rézərvwà:r]

n. 저장소; 저수지

연상 내(시내)가 접어들어 물소리가 와 - (→레저브와) 나는 곳이 바저수지다.(물이 고이는 소리가 와-하고 난다)

예문 They built a big **reservoir** to utilize water during drought.
그들은 가뭄 때 물을 이용하기 위해 큰 저수지를 만들었다.

serial
[síəriəl]

a. 계속되는, 연속[일련]의; 연속물인
n. 연속물(신문·잡지 또는 영화의); (연재물 따위의) 1회분

연상 식사 대용 곡물 시리얼(cereal)(→시어리얼)은 매년 생산이 계속되는 식품이다.

예문 They put the **serial** killer to death.
그들은 그 연쇄살인범을 사형에 처했다.

rouse
[rauz]

v. 깨우다, 일으키다; 분기시키다, (감정을) 돋우다

연상 미 야구팀 클리블랜드 인디언스 내야수인 마이크 라우즈(→라우즈) 선수가 팀을 오랜 잠에서 깨웠다.

예문 She **roused** up her child.
그녀는 아이를 깨우다.

예문 **rouse** a person from his idleness.
아무를 나태에서 분발케 하다.

session
[séʃən]

n. (의회·회의 등의) 개회 중; (법정이) 개정중임; 학기

연상 개회 중에는 늘 새(새로운) 선택(→세션)을 해야 한단다.

예문 The court is now in **session**.
그 법정은 지금 개정된 상태이다

barrier
[bǽriər]

n. 울타리; 장벽. 장애물

연상 bar(빗장, 막대기) + rear(뒤에)(→배리어)= 뒤에 있는 빗장이 바로 울타리고, 장벽이다.

예문 The crowd managed to break through the **barriers**.
군중은 용케도 장벽을 뚫고 나아갔다.

ashore
[əʃɔ́ːr]

ad. 해변에[으로], 물가에[로]; 육상에서(의) **반** aboard

연상 여름철 해변에선 a(하나) 쇼(show)(→어쇼:)가 늘 열린다.

예문 Several dead birds had been washed **ashore**.
몇 마리의 죽은 새가 해변으로 밀려왔다.

barley
[báːrli]

n. 보리

연상 옛날엔 보리를 한 바리, 두 바리(→바:리)씩 실어 날랐다. 그래서 보 리를 바리라 한다고 생각하세요.

예문 The **barley** is ripe and golden in the field.
들에는 보리가 누렇게 익어가고 있다.

audible
[ɔ́ːdəbl]

a. 들리는, 청취할 수 있는, 가청(可聽)의

연상 태초에 신이 "내 소리를 들을 수 있는 자는 오, 더 벌(→오:더블)을 받게 되리라."(실제론 반대임)

예문 The sounds made by bats are not **audible** to the human ear.
박쥐가 내는 소리는 사람의 귀에 들리지 않는다.

literary
[lítərèri / lítərəri]

a. 문학의, 문예의

연상 문학의 무게를 잴 수 있는 단위는 리터(liter) 너리(→리터레리)? (문학의 가치는 길이가 아니고 의미의 무게니까)

예문 He has **literary** ambitions but little talent.
그는 문학적인 야심은 있으나 재능은 없다.

예문 **literary** works[writings] 문학 작품

literal
[lítərəl]

a. 문자의, 문자상의

연상 용량 단위인, liter를(→리터럴) 'L(=ℓ)로 나타내는 것이 '리터'라는 용량 문자의 표시다.

예문 The **literal** meaning of 'eat crow' is eating crow meat.
'eat crow'의 문자 그대로의 뜻은 '까마귀 고기를 먹다'이다.

literate
[lítərit]

a. 읽고 쓸 수 있는

연상 병에 든 몇 liter(리터) 음료수를 ate(먹었다)(→리터릿)면 그 사람은 글을 읽고 쓸 수 있는 사람이었을 것이다.(글을 읽을 수 있어야 내용물을 알 수 있으니까)

예문 Only half of the people of the country are **literate**.
그 나라 사람 절반만이 글을 읽고 쓸 수 있다.

attraction
[ətrǽkʃən]

n. (사람을) 끄는 힘, 매력; 사람을 끄는 물건, 관광명소

연상 배우들이 큰 a(하나의) 틀 위에 올라가서 action(행동)(→어트랙션) 연기를 하는 그곳은 매력 있는, 관광명소가 되었다.(유명 영화 촬영지)

예문 She possesses personal **attraction**.
그녀는 인간적 매력을 지니고 있다.

파생 attract **v.** (주의 · 흥미 등을) 끌다, 끌어당기다

mutton
[mʌ́tn]

n. 양고기

연상 미국여행 중에 양고기 엉덩이 스테이크인 머튼찹(mutton chop)(→머튼) 먹어보세요. 양고기는 뭐든(→머튼) 다 맛있어요.

예문 I ate my **mutton** with children in the evening.
나는 저녁에 아이들과 양고기 식사를 했다.

nasal
[néizəl]

a. 코의; 콧소리의

연상 내이(內耳 속귀)의 절(節 마디)(→네이절)에서 코의 부분과 연결된다.

예문 My **nasal** passages are blocked from a bad cold.
나는 감기로 인해 코가 막혔다.

예문 a **nasal** discharge 콧물

organism
[ɔ́ːrgənìzəm]

n. 유기체 ; 생물(체); 유기적 조직체

연상 organ(오르간)이 이즘(→오:거니즈)엔 유기체와 같다.

예문 Multiplication of cells leads to rapid growth of the **organism**.
세포 증식은 유기체의 급속한 성장에 이르게 된다.

mustard
[mʌ́stəːrd]

n. 겨자, 머스터드

연상 ① 음식에 대해서 muster(통달)하고 나서도 더(→머스터ː드) 먹는 것이 겨자라고?
② 뭐, 스타들이 더(→머스터ː드) 먹는 것이 겨자라고?

예문 She put a bit of green **mustard** paste on herr sandwich.
그녀는 샌드위치에 약간의 겨자를 바릅니다.

orderly
[ɔ́ːrdərli]

a. 순서 바른; 질서를 지키는.

연상 일을 순서대로 하도록 하는 것이 바로 상사의 order리(→오ː더리)(, 명령이리)!

예문 Their vehicles were parked in **orderly** rows.
그들의 차량은 질서정연하게 줄지어 주차되어 있다.

emission
[imíʃən]

n. (빛·열·향기 따위의) 방사, 발산; 방사물

연상 ① emit(빛 따위를 방사하다) + ion(명사 어미) = 방사, 발산
② 영화배우인 이미선((李美善)(→이미션)은 아름다움을 발산한다.

예문 We should reduce the **emission** of carbon dioxide into the atmosphere.
우리는 대기 중의 이산화탄소 배출을 줄여야 한다.

파생 emit v. 발하다. 방출하다

solitude
[sálitjùːd / sóli-]

n. 고독; 외로움.

연상 ① 산에 솔이(소나무가) 튜터(tutor; 교사)(→솔리튜ː드)보다 더 고독하다.
② 나는 살리, 튜터(→살리리튜ː드)처럼 외롭게 살리라!

예문 He likes to be in **solitude**.
그는 혼자 있는 것을 좋아한다.

파생 solitary a. 혼자 있는, 고독한

recede
[risíːd]

v. 물러나다, 퇴각하다

연상 시내에 있는 동보다는 시골마을 리(里)가 시(市)에서 더(→리시ː드) 물러나 있다.(더 멀리 떨어져 있다는 뜻)

예문 The tide has **receded**.
조수가 빠졌다.

recess
[ríːses, risés]

n. 쉼, 휴식; (의회의) 휴회.

연상 시골을 여행할 때 지나가는 시골마을 리(里)의 수를 세서(→리세스) 휴식을 취했다.(3개 마을이 지날 때마다 휴식을 취했다)

예문 You may go get a drink during **recess**.
휴식 시간에 음료수를 마시러 가도 좋다.

solve
[sɑlv / sɔlv]

v. (문제 따위를) 풀다; (곤란 따위를) 해결하다,

연상 그는 자신의 건강 문제를 살(을) 버(→살브)려서(살을 빼서) 해결했다.

예문 The problem has not yet been completely **solved**.
그 문제는 아직 완전히 해결되지 않았다.

파생 solution **n.** 해결(책)

---

bead
[biːd]

n. 구슬, 염주알

연상 염주알을 가지고 소원을 빌더(→비:드)라!

예문 She threaded the **beads** carefully.
그녀는 조심스럽게 구슬을 실에 꿰었다.

---

bearing
[béəriŋ]

n. 태도(manner), 행동거지;(기계) 베어링

연상 굴대에서 자유롭게 회전시키는 기구인 베어링(→베어링)의 태도를 배워라. 자신을 희생시켜 기계가 마찰 없이 잘 돌아가게 도와주는 태도를.

예문 We were impressed by her kind **bearing**.
우리는 그녀의 친절한 태도에 감명 받았다.

---

emphasis
[émfəsis]

n. 강조; 역설

연상 ① 공연 후에 소독제로 앰프(를) 씻어(→엠퍼시스)서 위생을 강조했다.
② emphasize(강조하다) + s(명사 어미) = 강조

예문 We discussed where the main **emphasis** should be placed.
우리는 어디에 역점을 두어야 할 것인지를 논의했다.

파생 emphasize **v.** 강조하다 emphatic **a.** 강조하는

---

strap
[stræp]

n. 가죽 끈, 혁대 **v.** 끈으로 매다

연상 비행기 트랩(trap 발판)(→스트랩)을 비행기 몸체에 끈으로 묶어 두었다.(사람이 내릴 때 움직이지 않도록)

예문 Could you help me fasten the **strap** around my suitcase?
가방에 끈을 묶는 것을 좀 도와주시겠습니까?

---

stripe
[straip]

n. 줄무늬, 줄; 줄무늬 옷, (특히) 죄수복 **v.** 줄무늬로 하다

연상 스트리트(street;거리)에서 라이프(life;생활)(→스트라이프)은 늘 줄무늬를 보아야 한다.(거리 교통표시가 거의 줄로 되어 있어서)

예문 The new credit cards have a magnetic **stripe**.
새 신용카드엔 마그네틱 선이 들어 있다.

cater
[kéitər]

v. 음식물을 조달[장만]하다

연상 cat(고양이)(→케이터)를 기르는 사람은 음식물을 조달해야 한다.

예문 She had to **cater** for a feast by herself.
그녀는 혼자서 연회용 요리를 장만해야했다.

regretful
[rigrétfəl]

a. 후회하는,

연상 regret(후회)가 ful(가득한)(→리그레트펄) 것이 후회하는 것이다.

예문 He was so **regretful** she did not work hard in school.
그는 학창 시절에 열심히 노력하지 않은 것을 후회하고 있다.

regrettable
[rigrétəbəl]

a. 유감스러운, 애석한

연상 regret(후회, 유감)를 able(할 수 있는)(→리그레트펄) 일이 유감스러운 일이다.

예문 It was most **regrettable** that he said that.
그가 그런 말을 하다니 참으로 유감이다.

scenic
[síːnik]

a. 경치의; 경치가 좋은

연상 보통 scene이(장면이; 경치가) 크(→시:니크)면 경치가 좋다.

예문 This is an extremely **scenic** part of North America.
이곳은 북미에서 경치가 매우 좋은 지역이다.

scenery
[síːnəri]

n. 풍경, 경치; (연극의) 무대 장면　**동** landscape

연상 ① scene(장면, 경치) + ry(명사 어미)(→시:너리) = 풍경, 경치
② 풍경을 보면 떠오르는 것이 시(詩) 너리(→시:너리)!

예문 The tourists are enjoying the picturesque **scenery**.
관광객들이 그림 같은 풍경을 즐기고 있다.

submission
[səbmíʃən]

n. 복종; 순종; 제출

연상 섶(나무)에서 미션(→섭미션)이 일하는 것은 아버지의 지시에 복종하기 때문이다.

예문 They forced me into **submission**.
그들은 나를 무력으로 항복시켰다.

inflame
[infléim]

v. ~에 불을 붙이다; 붉게 물들이다

연상 ① in(안에) + flame(불꽃)(→인플레임)= 불꽃 안에 넣는 것이 불을 붙이는 것이다.
② in(안에) + 풀에(fla) + 임(me)(→인플레임) = 가을 풀(밭) 안에 임이(들어가) 있으니 마치 붉게 물들인 것 같다.

예문 The setting sun **inflames** the sky.
지는 해가 하늘을 붉게 물들인다.

circular
[sə́:rkjələr]

a. 원형의; 빙빙 도는; 순환(성)의

연상 ① circle(→circularize) + ar(형용사 어미)(→서:키얼러) = **원형의**, 순환의
② 원형의 물체는 어느 방향에서 보아도 서 (있는 부분에서) **기울어**(→서:키얼러)져 있다.

예문 The crater was two miles across and roughly **circular**.
그 분화구는 직경이 2 마일이고 거의 원형이다.

submerge
[səbmə́:rdʒ]

v. 물속에 잠그다[가라앉히다]; 물에 담그다; (잠수함 따위가 물속에) 잠기다

반 emerge

연상 어떤 것이 바다 물속에 잠기면 그 거리가 육지에 있는 섬(나무)와 **머지**(→섭머:지)**요!**(바다와 섬은 떨어져 멀리 떨어져 있으니까)

예문 The village had been **submerged** by floodwater.
그 마을은 홍수로 범람한 물에 잠겼었다.

UNIT 03 TEST

[1~12] 보기에서 영어에 해당되는 우리말을 찾아 쓰시오.

1. hydrogen _____
2. pretend _____
3. habitual _____
4. submit _____
5. inflame _____
6. scenic _____
7. humiliate _____
8. shimmer _____
9. submerge _____
10. regretful _____
11. emphasis ___ ___
12. pretext _____

보기 ① 복종하다 ② 어렴풋한 빛 ③ 수소 ④ 습관적인 ⑤ 욕보이다 ⑥ 후회하는
      ⑦ 물속에 잠그다 ⑧ ~인 체하다 ⑨ 구실 ⑩ 경치가 좋은 ⑪ 강조 ⑫ ~에 불을 붙이다

[13~17] 다음 빈칸에 들어갈 적절한 어휘를 고르시오.

13. Minorca is the sort of place that _____ for families.

14. The sounds made by bats are not _____ to the human ear.

15. The mountains form a natural _____ between the two countries.

16. She seemed to be unable to _____ herself to do anything.

17. Parliament is taking the Christmas _____ a little early this year.

보기 ① rouse ② audible ③ recess ④ caters ⑤ barrier

[18~21] 다음 빈칸에 들어갈 적절한 어휘를 고르시오.

18. The January flood waters _____ as fast as they had risen.

19. He enjoyed a few days of peace in the _____ of the mountains.

20. New power plants must offset _____ by funding climate-change projects.

21. _____ aches and pains can be soothed by a relaxing massage.

보기 ① emissions ② Muscular ③ solitude ④ receded

정답 1.③ 2.⑧ 3.④ 4.① 5.⑫ 6.⑩ 7.⑤ 8.② 9.⑦ 10.⑥ 11.⑪ 12.⑨
      13.④ 14.② 15.⑤ 16.① 17.③ 18.④ 19.③ 20.① 21.②

Further Study

go through 경험하다 ~을 통과하다

go against ~에 반항하다, ~에 거스르다

make out 이해하다

toothed 톱니 모양의, 이가 있는

put down 헐뜯다, 깎아내리다

disputed territory 분쟁 지역

many walks of life 각개각층

put down roots 뿌리를 내리다

overbearing 거만한, 건방진

tidbit 맛있는 가벼운 음식

typhoon alert 태풍주의보

tidal wave 해일

the victims of calamity 이재민

grounds 이유, 근거

studious 학구적인, 학문을 좋아하는

breeding ground 번식지

put on a show 표면을 꾸미다, 겉치레를 하다

know better than to
~을 하지 않을 정도로 충분히 현명하다

standout 뛰어난 사람, 두드러진 사람

tax return 소득 신고서

lay down one's life
(사람, 국가를 위하여) 목숨을 버리다

avian 조류의

avian flu 조류독감

sexism 성차별(주의)

put forward 제창하다, 주창하다

seizure 압류, 압수, 붙잡기

at will 생각나는 대로, 마음대로

be keen on ~에 열심이다, ~을 좋아하다

behind time 지각하다, 지연되다

clear A of B A에서 B를 제거하다

come by ~을 손에 넣다

come to light 드러나다

go to sea 선원이 되다

watch one's step 발걸음을 조심하다

be peculiar to ~에 특유한

catch on to ~을 이해하다(=comprehend)

sturdy

[stə́:rdi]

ⓐ 튼튼한, 건장한

연상 스터디(study;공부)(→스터:디)를 잘하려면 건강한 몸을 가져야 해.

예문 The old man is over seventy five and still **sturdy**.
그 노인은 칠십오 세를 넘기고도 아직 건장하다.

---

input

[ínpùt]

ⓝ (자본의) 투입(량); 입력(入力) ⓥ 입력하다. 빤 output

연상 in(안에) + put(넣다)=어떤 것 안에 넣는 것이 투입하는 것이다.

예문 There has been a big **input** of fund into the project from government.
그 프로젝트에 정부 기금이 많이 투입되어져왔다.

---

saw

[sɔː]

ⓝ 톱 ⓥ 톱으로 켜다

연상 톱질할 땐 잘 지켜보아야 했기 때문에 see의 과거 saw(→소:)와 철자가 같다.

예문 He **sawed** a log into boards.
그는 통나무를 켜서 판자로 만들었다.

파생 sawdust n. 톱밥

---

cashier

[kæʃíər]

ⓝ 출납원; 회계원

연상 cash(현금) + -er(사람)(→캐쉬어)= 현금을 다루는 사람이 출납원, 회계원이다.

예문 Please pay the **cashier** at the front.
프론트에 출납원에게 지불해 주세요.

---

rejoice

[ridʒɔ́is]

ⓥ 기뻐하다, 좋아하다

연상 시골 마을 리(里)에 joy(기쁨)이 있어(→리조이스) 사람들은 그것을 기쁜하다.

예문 She **rejoiced** over the good news.
좋은 소식에 기뻐하다.

succession
[səkséʃən]

n. 연속; 상속, 계승

연상 석세슨(=success은; 성공은)(→석세션) 연속해서 하면 가장 좋다.

예문 She had three children in **succession**.
그녀는 연년생으로 세 아이를 두었다.

예문 He became the company president in **succession** to his father.
그는 아버지를 계승하여 그 회사의 사장이 되었다.

successive
[səksésiv]

a. 계속되는, 연속하는; 상속의

연상 success(성공)가 십(10)(→석세십) 번이나 이어지면 계속되는 성공이다.

예문 It rained for five **successive** days.
5일간 계속 비가 왔다

successor
[səksésər]

n. 상속자, 계승자; 후계자

연상 success(성공)(에)서(→석세서) 그 성공을 이어갈 계승자가 있어야 한다.(그러지 않으면 그 성공은 거기서 끝난다)

예문 The company president has appointed his son as his **successor**.
회장은 자신의 아들을 후계자로 임명했다.

leap
[li:p]

v. 껑충 뛰다, 뛰어넘게 하다 **n.** 뜀, 도약(jump)

연상 ① 농작물은 리입(reap; 수확)(→리입) 하면 소득이 껑충 뛴다.
② 높이 달린 리입(leaf 잎)(→리입)을 따려면 껑충 뛰어야 한다.

예문 He **leaped** dwn from the ladder and ran over to her.
그는 사다리에서 뛰어내려 그녀에게 달려갔다.

submit
[səbmít]

v. 복종하다; 제출하다

연상 ① 옷섶 밑(→섭밑)에까지 고개를 숙이는 것이 복종하는 것이다.
② 결제 서류는 자세를 낮추어 상사의 옷섶 밑(→섭밑)으로 제출하라.

예문 He refused to **submit** to threats.
그는 협박에 굴복하기를 거절했다.

예문 He formally **submitted** his resignation.
그는 정식으로 사직서를 제출했다.

ledge
[ledʒ]

n. (벽에서 돌출한) 선반; 바위 턱

연상 옛날에 다방 종업원인 레지(→레지)들이 선반에서 잠을 자기도 했데.(방 구하기가 어려워서)

예문 The Frenchmen usually put the vase of flowers on the window **ledge**.
프랑스인들은 보통 창문 아래 선반에 꽃병을 놓는다.

blissful
[blísfəl]

a. 더 없이 행복한, 기쁨에 찬

연상 bliss(더 없는 행복) + ful(가득한)(→블리스펄)= 행복이 가득한 것이 더 없이 행복한 것이다.
* bliss; 불(이) 있어(→블리스) 행복한 인간

예문 We spent a **blissful** year together.
우리는 더 없이 행복한 한 해를 함께 보냈다.

파생 blissfulness **n.** 더 없이 행복함 blissfully **ad.** 더 없이 행복하게

sultry
[sʌ́ltri]

a. 무더운; 몹시 뜨거운

연상 추운 곳보다는 무더운 곳이 나무들이 살 터리(→살트리)!

예문 It's so **sultry** in this desert that I can't possibly stay any longer.
이 사막은 너무 더워서 더 이상 있을 수가 없다.

mud
[mʌd]

n. 진흙, 진창

연상 보령 머드(→머드) 축제는 진흙 축제다.

예문 My car stuck in the **mud**.
내 차가 진창에 빠졌다.

muddy
[mʌ́di]

a. 진흙의; 진흙투성이의; 진창의

연상 mud(진흙) + -y(형용사 어미)(→머디) = 진흙의

예문 We drove along a **muddy** road to reach the farmhouse .
우리는 진흙 길을 차를 몰아 농가에 도달했다.

bony
[bóuni]

a. 뼈의, 뼈뿐인; 뼈만 앙상한

연상 bone(뼈) + -y(형용사 어미)(→보우니)= 뼈의, 뼈만 앙상한

예문 Her long **bony** hands clasped the book.
그녀의 뼈만 앙상한 긴 손이 책을 움켜잡았다.

multiple
[mʌ́ltəpəl]

a. 복합의; 다수의, 다양한

연상 멀티(multi 다기능) 풀(pool;수영장)(→멀터플)에는 다양한 시설이 갖추어져 있고 들에는 멀티 풀, 즉 다양한 풀들이 있다.

예문 The city has a **multitude** of problems, from AIDS to drugs and murder.
도시엔 에이즈에서 마약과 살인에 이르기까지 다양한 문제점들이 있다.

multitude
[mʌltitjùːd]

n. 다수; 수가 많음

연상 멀티(multi; 다양한) 자격을 가진 튜터(tutor 교사)(→멀티투:드)의 수가 많다.(복수 전공을 한 교사가 많으니까)

예문 There is a **multitude** of allergic reactions.
다수의 알레르기성 반응이 있다.

amid
[əmíd]

prep. ~의 한가운데에[사이에], ~에 에워싸여[섞이어]　**동** among

연상 a(하나) 물건 mid(=middle ;중간)(→어미드)에 있는 것이 한 가운데 있는 것이다.

예문 The game began **amid** shouts of joy.
환호 속에 게임이 시작되었다.

applicant
[ǽplikənt]

n. 지원자, 신청자

연상 ① apply(지원하다) + ant(사람)(→애프리컨트) = 지원자
② apply(지원하다) + can(할 수 있는) + 터(→애프리컨트)=지원할 수 있 는 터에 있는 사람이 지원자다.

예문 There is many **applicants** for the position.
그 자리에 지원자가 많다.

dandy
[dǽndi]

n. 멋쟁이

연상 인간이 된 뒤(→댄디)에 멋쟁이가 되는 거야.

예문 He is such a quite a **dandy** that he always wears expensive clothes.
그는 정말 멋쟁이라서 항상 비싼 옷만 입는다.

dangle
[dǽŋgəl]

v. 매달리다, 흔들흔들하다

연상 아이들이 철봉에 댕글댕글(→댕글) 매달린다.

예문 A single light bulb **dangles** from the ceiling.
전구 하나가 천장에 달랑 매달려 있다.

artful
[áːrtfəl]

a. 교묘한, 기교를 부린; 교활한

연상 art(기술)이 full(가득한)(→아:트펄) 것이 교묘한 것이다.

예문 She admired his **artful** painting.
그녀는 그의 기교를 부린 회화에 감탄했다.

파생 artfully ad. 교묘하게

subjective
[səbdʒéktiv]

a. 주관의, 주관적인

연상 섶(나무)를 들어 올리는 데 쓰는 섶나무용 잭(jack;기중기)을 TV(→섭젝티브)를 들어 올리는데 쓴다면 그것은 주관적인 결정이다.

예문 It is a highly **subjective** point of view of you.
그것은 당신의 대단히 주관적인 견해다.

---

tomb
[tu:m]

n. 무덤, 묘(墓); 묘비. **동** grave.

연상 ① '툼 레이더' 게임 시리즈와 안젤리나 졸리가 주연한 영화 '툼 레이더'(→투움)는 무덤의 침입자란 뜻이다.
② 소가 무덤으로 가는 경기가 바로 투웁(→투움)니다.

예문 The Taj Mahal is a large beautiful **tomb**.
타지마할은 큰 아름다운 무덤이다

---

iceberg
[áisbə:rg]

n. 빙산

연상 바다에 떠 있는, 햄버그처럼 생긴 큰 ice(얼음) 버그(→아이스버:그) 가 바로 빙산이다.

예문 The ship collided with an **iceberg**.
그 배는 빙산과 충돌했다.

예문 the tip of the **iceberg** 빙산의 표출부; (비유) 빙산의 일각

---

expansion
[ikspǽnʃən]

n. 팽창; 확대

연상 ① expand(팽창하다, 확대하다) + ion(명사 어미)(→익스팬션) = 팽창, 확대.
② 사업이 잘 되어서 내 친구 익서(의) 펜션(pension)(→익스팬션)은 팽창하고 있다.

예문 This will slow the rate of monetary **expansion**.
이것은 통화팽창의 속도를 느리게 할 것이다.

파생 expansive a. 광활한, 광범위한, 포괄적인

---

extensive
[iksténsiv]

a. 광대한, 넓은

연상 ① extend(넓히다) + ive(형용사 어미)(→익스펜십) = 넓은, 광대한.
② 농장의 땅을 내 친구 익서는 ten(십)에 또 십(10)(→익스텐십)야드를 더해 광대한 영역으로 넓혀갔다.

예문 He owns **extensive** stretches of farmland.
그는 광대한 농지를 소유하고 있다.

---

extent
[ikstént]

n. 넓이, 크기; 정도

연상 내 친구 익서의 tent(텐트)(→익스텐트)의 크기, 정도는 익서 1인용이다.

예문 We do not yet know the **extent** of the damage.
아직 피해의 정도는 알려지지 않고 있다.

---

tub
[tʌb]

ⁿ. 통, 물통; 목욕통, 욕조(bathtub).

연상 물통이 탑(→탑)처럼 생겼다.(위로 길쭉해서)

예문 I love soaking in a hot **tub**.
나는 더운 욕조에 몸을 담그는 것을 좋아한다.

---

twitter
[twítəːr]

v. (새가) 지저귀다; 재잘재잘 지껄이다.

연상 요즘 트위터(→튀터:)로 새처럼 지저귀는 사람들이 많습니다.

예문 Birds **twitter** in the woods.
숲 속에서 새가 지저귄다.

---

civic
[sívik]

a. 시의, 도시의; 시민의

연상 시(市)가 빅(big)(→시빅)하다면 도시의 규모에 대한 말이다.

예문 **civic** life 도시생활

예문 She felt it was her **civic** duty.
그녀는 그것이 시민의 의무라고 느꼈다.

---

turmoil
[tə́ːrmɔil]

ⁿ. 소란, 소동, 혼란(tumult)

연상 사람들이 어떤 터(장소)에 모일(→터:모일) 때 소란합니다.

예문 In Korea, it was an age of **turmoil**.
한국에서 그때는 혼란의 시대였다

---

twig
[twig]

ⁿ. 잔가지, 가는 가지 **동** branch

연상 힘을 가해 휘면 튀거(→튀그)나 바람에 흔들리는 것이 잔가지다.

예문 Crows build their nests out of **twigs**.
까마귀들은 잔가지들로 둥지를 짓는다.

---

classify
[klǽsəfài]

v. 분류하다

연상 ① class(분류) + ify(~하게하다)(→클래서파이) = 분류하다
② 아이들에게 파이를 나누어 주기 위해서 class(학급)별로 파이(→클래서파이)를
분류하다.(인원수에 따라서)

예문 A librarian **classify** books by subjects.
사서가 책을 항목별로 분류한다.

spade
[speid]

n. 가래, 삽, **동** shovel

연상 삽 그림이 있는 카드가 바로 스페이드(→스페이드)다.

예문 Please call a spade a spade!
제발 사실 그대로 말하세요!

project
[prədʒékt]

v. 계획하다 ;투영하다; 영사하다 **n.** [prɔ́dʒekt] 계획, 설계; 계획 사업

연상 빔 프로젝터(beam projector)(→프러젝트)는 빛을 투사해서 영상을 보여주는 기기인데,
학교에 교실마다 설치를 계획하고 있다.

예문 He embarked on an ambitious project to translate all the works of Plato.
그는 플라톤의 모든 작품을 번역하려는 야심찬 계획에 착수했다.

예문 project a picture on a screen.
스크린에 그림을 영사하다.

파생 projection n. 투사, 계획, 예상치

capacity
[kəpǽsəti]

n. 수용량; (최대) 수용능력; 용적, 용량

연상 cap(모자) + a(한) + city(도시)(→커패서티) = 모자 하나같은 도시가 사람을 받아드릴 수
있는 수용량은 얼마일까?

예문 The car has a seating capacity of five persons.
그 차량은 다섯 사람을 태울 수 있다.

bull
[bul]

n. (거세하지 않은) 황소

연상 불(음낭)(→불)을 가진 소가 황소다

예문 A man pushed the door like a bull at a gate.
어떤 사람이 출입구에서 난폭하게 문을 밀었다.

capsule
[kǽpsəl / -sjuːl]

n. (약·우주 로켓 등의) 캡슐; 꼬투리

연상 후세에 전하기 위해 땅속에 묻는 용기인 타임캡슐(→캡슈울)이 바로 꼬투리 형태다.

예문 The astronauts are returning to earth in the space capsule.
우주 비행사들이 우주선 캡슐을 타고 지구로 돌아오고 있다.

tyrant
[táiərənt]

n. 폭군; 전제군주.

연상 타이(태국) 어른들이 있는 터(→타이어런트)에선 그들이 폭군과 같다.(폭군 같이 텃세를
한다는 뜻)

예문 The country was ruled by a tyrant.
그 나라는 폭군의 통치를 받았다.

ultraviolet

[ʌ̀ltrəváiəlit]

a. 자외(선)의

연상 들에서 보았던 **울트라**(ultra 매우 큰) **violet**(바이올렛 ;제비꽃)(→얼트러바이얼릿)은 자외선의 영향 때문일까요?

예문 The sun's **ultraviolet** rays are responsible for both tanning and burning.
피부가 타는 것은 태양 자외선 때문이다.

stub

[stʌb]

n. (나무의) 그루터기;(영수증의) 보관용 부분, (입장권의) 반쪽

연상 길에 그루터기가 있으면 차는 **스탑**(stop;정지)(→스텁)해야 하고, 공과금 내고 나서는 보관용 부분 영수증을 받기 위해서 그 자리에 잠시 **스탑**(stop정지)(→스탑/스텁)해야 한다.

예문 They dug up the **stub** of a tree.
그들은 나무의 그루터기를 파냈다.

stubble

[stʌ́bəl]

n. 그루터기

연상 인기 스타들이 벌(→스타벌)을 받는 곳이 그루터기라면 그 이유가 왜일까?(너무 잘난 체 한 것을 그루터기에 홀로 앉아 반성하라고)

예문 The **stubble** was burning in the fields.
들판에서 그루터기가 불타고 있었다.

UNIT 04 TEST

[1~12] 보기에서 영어에 해당되는 우리말을 찾아 쓰시오.

1. tyrant _____
2. remarkable _____
3. blissful _____
4. rejoice _____
5. succession _____
6. sultry _____
7. cashier _____
8. classify _____
9. input _____
10. turmoil _____
11. extensive _____
12. sturdy _____

보기 ① 분류하다 ② 폭군 ③ 연속 ④ 현저한 ⑤ 출납원 ⑥ 투입(량) ⑦ 광대한
⑧ 기뻐하다 ⑨ 소란 ⑩ 무더운 ⑪ 튼튼한 ⑫ 더 없이 행복한

[13~17] 다음 빈칸에 들어갈 적절한 어휘를 고르시오.

13. It's the biggest financial incentive ever _____ before British footballers.

14. An _____ for computing is beneficial for students taking this degree.

15. Industry showed a _____ towards increasingly centralized administration.

16. Grant payments will be made to suitably qualified _____ .

17. Addiction to drugs can bring a _____ of other problems.

보기 ① applicants ② aptitude ③ multitude ④ dangled ⑤ tendency

[18~21] 다음 빈칸에 들어갈 적절한 어휘를 고르시오.

18. The government had been _____ a 5% consumer price increase for the entire year.

19. The process of selection is inherently _____ and deeply unfair.

20. There were birds _____ in the eucalyptus trees.

21. At present, there is no programme of _____ education.

보기 ① twittering ② subjective ③ civic ④ projecting

Further Study

make believe 인 채하다

scaffolding (건축) 비계, 발판, 작업대

of no consequence 전혀 중요하지 않은

unattended 방치된, 돌보지 않은

output 생산, 배설물

pandemic 전국적[세계적]으로 유행하는 (병)

hit rate 적중률

cove 작은 만, 협곡

have a foot in both~

양쪽 ~에 발을 딛고 있다

holiday home 휴양주택

chase away ~을 쫓아내다

wrongdoing 나쁜 짓, 비행

hold power 지배하다

aftertaste 끝 맛, 뒷맛

life-size 실물 크기(의)

sulky 부루퉁한, 골이 난

workforce 노동력

remove oneself 떠나가다, 물러나다

minute-by-minute 시시각각의

blind side

(상대)의 무방비한 곳(약점)을 공격하다, 기습을 하다

shape opinions 여론을 형성하다

live off

~에 기식(寄食)하다, ~에 의존하여 생활하다

roost (홰에) 앉다, 보금자리에 들다

front line 전선

center on ~을 중심에 두다, ~에 초점을 맞추다

close-knit 긴밀하게 맺어진

nauseate 메스껍게 하다, 구역질나게 하다

invigorate 활기를 돋우다, 북돋다

sampling 표본추출

naturalistic 자연의; 자연주의의[적인]

rabble 하층민, 서민, 어중이떠중이

heartfelt 진심어린, 진심에서 우러나오는

arable 경작 가능한, 경작에 알맞은

growth promotion 성장 촉진

occupying troops 점령군

fateful 운명을 결정하는, 결정적인

adorn
[ədɔ́ːrn]

v. 장식하다(decorate)

연상 어! 돈(→어도온)으로 장식했군! 저 집은 (요즘은 값 비싼 것으로 장식하는 추세다)

예문 His **adorned** herself with jewels.
그녀는 보석으로 몸을 치장했다.

파생 adornment n. 장식 ,장식품

commitment
[kəmítmənt]

n. 범행; (범죄의) 실행; 공약[서약]함; (주의·운동 등에의) 헌신

연상 그는 com(컴퓨터) 밑으로 거짓 ment(멘트;말)(→컴밑먼트)를 보내서 범행을 저지르고 자기 단체에 헌신했다.

예문 They gave a clear **commitment** to reopen disarmament talks.
그들은 군축 회담을 재개할 것을 확약하였다.

stereotype
[stériətàip]

n. 상투어구; 고정관념, 형식화하다, 틀에 박히게 하다

연상 스테레오타입(→스테리어타잎)의 음악만 들어온 사람은 음악에 대 한 고정관념의 틀에 박혀 있다.

예문 Now that's just an unfair **stereotype**.
이제 그것은 단지 불공평한 고정관념이다.

파생 stereotyped 형틀에 박힌, 진부한

wealth
[welə]

n. 부(富), 재산(riches).

연상 "너 왜 얼(정신)을 써(→웨얼쓰)?" 라고 물으면 재산을 모우기 위 해서라고 말한다.('웨얼쓰'가 실제 발음임)

예문 The man accumulated a great amount of **wealth**.
그 사람은 상당히 많은 재산을 모았다.

파생 wealthy a. 넉넉한; 부유한

howl
[haul]

v. (동물들이)울부짖다(wail), (바람이) 윙윙 불다

연상 동물이 어떻게 울부짖는가 그 하울(how를, 방법을)(→하울) 연구하면 라디오에서 삐-하며 나는 소리인 하울링(→하울)을 줄일 수 있 을 것이다.

예문 The boy **howled** with pain.
소년은 아파서 울부짖었다.

petty
[péti]

a. 사소한, 보잘 것 없는(trivial), 마음이 좁은

연상 가수 페티 김이나 레이건 대통령 부인 페티여사(→페티)도 사소한, 보잘 것 없는 것에 신경을 쓸지 모른다.

예문 The fight started as a **petty** argument.
그 싸움은 사소한 말다툼에서 비롯되었다.

---

impulse
[ímpʌls]

n. 충동, 추진력: 자극 (stimulus)

연상 아름다운 임의 팔(에)서(→임팔스) 자극과 충동을 느꼈다.

예문 Sometimes I feel an **impulse** to cry out.
나는 가끔씩 울고 싶은 충동을 느낀다.

파생 impulsive **a.** 충동적인, 자극적인 impulsion **n.** 충동, 자극

---

lucrative
[lúːkrətiv]

a. 돈 벌이가 되는, 수지가 맞는(profitable)

연상 luck(운수, 행운)이 크(서) 너 팁(→루크러팁)으로 돈 벌이가 된다든데.

예문 This is a very **lucrative** business.
이것은 매우 돈벌이가 되는 사업이다.

---

attest
[ətést]

v. 증명하다(prove), 선서시키다 **n.** 증명, 선서

연상 어떤 시험이나 a(한번)의 test(시험)(→어테스트)는 성적을 증명하는 증명이 된다.

예문 Police records **attest** to his long history of violence.
경찰 기록은 폭력을 행한 그의 긴 역사를 증명해 준다.

---

tread
[tred]

v. (길 등을)밟다; (권리 등을) 짓밟다 **n.** 밟음

연상 미술 시간에 찰흙 조형을 만들기 위해서 흙을 틀에다(→트레드) 넣고 짓밟는 것처럼 어떤 제도, 규범의 틀에다(→트레드) 넣고 인간의 권리를 짓밟아선 안 된다.

예문 Few people had **trod** this path before.
그 전에 이 길을 밟은 사람은 거의 없었다.

---

prototype
[próutoutàip]

n. 원형. 기본형. 모범(model)

연상 TV 방송 pro(프로)의 토(요일) type(형태)(→프로우토타입)을 보면 오락 중심인 상업방송의 원형, 기본형을 볼 수 있다.

예문 The **prototype** of the modern bicycle was made of wood.
현대 자전거의 원형이 나무로 만들어졌다.

incessant
[insésənt]

a. 끈임 없는, 그칠 새 없는(ceaseless)

연상 책을 출판하고 **인세**를 받아서 **쓴 터**(=곳)(→인세슨트)은 **끊임없이 많다.**(수많은 것에 돈을 쓴다).

예문 I am tired of your **incessant** complaints.
나는 너의 끊임없는 불평에 진력이 난다.

---

ornament
[ɔ́ːrnəmənt]

v. 장식하다(decorate) **n.** 장식(품), 장신구

연상 오! 너 (이) 먼 터(→오: 너먼트)까지 **장식하였군!** 꽃으로.(집에서 멀리 떨어진 곳까지 장식했다는 과장된 표현)

예문 Her dress was **ornamented** with lace.
그녀의 옷은 레이스로 장식되어 있다.

---

plaster
[plǽstər]

n. 회반죽, 소석고 **v.** 회반죽을 바르다, 고약을 붙이다

연상 공원 풀(밭)에 스타(→트래스터)의 흉상을 만들어 세우기 위해선 **회반죽**이 필요하다.

예문 The **plaster** on the walls had cracked as it dried
벽에 칠해진 석고는 말랐을 때 균열되었다.

---

impending
[impéndiŋ]

a. 절박한(imminent), 곧 일어날 듯한

연상 절박한 상황이 되면 습관적으로 책상에다 **임**은 **pen**(펜)을 **딩딩**(→임펜딩) 치면서 생각에 잠기곤 한다.

예문 You must solve the **impending** problems.
당신은 절박한 문제들을 해결해야 한다.

파생 impend v. (물건이)매달리다; (좋지 못한 일이) 절박(임박)하다

---

degrade
[digréid]

v. 지위를 낮추다, 가치를 떨어뜨리다 ;타락시키다

연상 어떤 사람에게 A, B, C, D 중에서 제일 낮은 **D grade**(등급)(→디그레이드)을 주는 것은 **지위를 낮추는** 것이다.

예문 You should not **degrade** yourself by telling such a lie.
그런 거짓말을 해서 자기품의를 떨어뜨려선 안된다.

---

loop
[luːp]

n. 고리; 공중제비 **v.** 고리를 만들다

연상 아이들이 나무줄기로 고리를 만들어 **루프**(→루ː프) 던지기를 하며 논다

예문 He tied a **loop** of rope around his arm.
그는 자신의 팔에 밧줄을 고리 모양으로 묶었다.

breakthrough
[bréikərù:]

n. (난관 등의) 돌파(구), (계획의)성공: (과학 따위의) 약진

연상 break(깨다) + through(사이로)(→브레이크쓰루:)= 사이로 깨고 들어가는 것이 돌파다.

예문 He has had a **breakthrough** in the difficulties.
그는 난관을 돌파구를 마련했다.

gorgeous
[gɔ́:rdʒəs]

a. 화려한, 찬란한

연상 음의 높고 낮음, 즉 음의 고저(에)서(→고:저스) 화려한 화음이 나온다.

예문 The garden was **gorgeous** with roses.
그 정원은 장미꽃으로 눈부시게 아름다웠다.

파생 gorgeousness n. 화려

trophy
[tróufi]

n. 전리품, 우승 기념품

연상 운동경기에서 우승자에게 전리품, 즉 우수기념품으로 트로피(→트로우피)를 준다.

예문 It is an honorable **trophy** of victory.
그것은 영광스런 전승기념물이다.

peasant
[pézənt]

n. 농부, 농민

연상 지금 우리의 농촌이 황폐화되어 농부들은 패전 터(=전쟁에서 진 곳)(→페전트)에서 있는 것 같아 보인다.

예문 **Peasants** are working in the fields.
농부들은 들에서 일하고 있다.

confound
[kənfáund]

v. 혼동하다(confuse), 당황케 하다(perplex)

연상 액수가 높은 영국 화폐인 큰 파운드(pound)(→컨파운드)는 쓸 때 혼동한다.(우리 화폐와 환율 계산이 잘 안되어서)

예문 He **confounded** the means with the end.
그는 수단을 목적과 혼동했다.

pluck
[plʌk]

v. (과일 등을) 따다, (잡초를) 뽑다 ; ~을 잡아당기다

연상 과일을 따거나 잡초를 뽑을 때는 보통 옷자락이 바람에 펄럭(→ 플럭)인다.

예문 He **plucked** off fruit at the orchard.
그는 과수원에서 과일을 땄다.

예문 **pluck** up the weeds.
잡초를 뽑다.

sterilize

[stérəlàiz]

v. 살균하다, 소독하다; 불임케 하다

연상 스테롤(sterol)의 **라이즈**(rise 올라가게)(→스테럴라이즈) 하는 식품은 살균해서 먹어야 할까?

예문 The water has to be **sterilized** by boiling.
그물은 끓여서 소독해야 한다.

---

deadlock

[dédlàk]

n. 교착상태, 막다름 **v.** 교착상태에 빠지다

연상 dead(죽은) + lock(자물쇠: 잠그다)(→데드락)= 죽은 듯이 잠겨 있는 것이 **교착상태**에 빠진 것이다.

예문 The two nations' relationship come to a **deadlock**.
두 나라의 관계가 교착 상태에 처해 있다.

---

theology

[θi:álədʒ]

n. 신학: 신학이론

연상 신학의 참 뜻을 알고 있는 것은 씨알. 너지(→씨:알러지)? (씨알 속에 신이 준 생명의 신비가 담겨 있으니까)

예문 It is not a matter of **theology**.
그것은 신학의 문제가 아니다.

파생 theological a. 신학의, 신학상의

---

insane

[inséin]

a. 미친(mad), 제 정신이 아닌 **반** sane 제정신의

연상 ① 옛날에 소득이 없는 인쇄 일에 매달렸던 **인쇄인**(→인세인)들은 인쇄에 미친, 제 정신이 아닌 사람으로 취급당함.

② in(=not) + sane(제 정신의) = **제 정신이 아닌**(sane[sein] - 세인(世人, 세상 사람들)은 제 정신의 사람들이다)

예문 He is now clinically **insane**.
그는 지금 임상적으로 미친 상태다.

파생 insanity n. 정신이상, 광기

---

gallop

[gǽləp]

n. 질주 **v.** 질주하다

연상 갤(=개를) 업고(→갤럼) **질주하다**.(동물애호가협회에서 하는 신종 마라톤)

예문 We **galloped** though the woods.
우리는 숲 사이로 질주했다.

---

deform

[difɔ́:rm]

v. 기형으로 만들다, 변형시키다 **n.** 기형, 변형

연상 ① de(=down; 무너뜨리다) + form(형태)(→디포옴)= 형태를 무너뜨리는 것이 **기형으로** 만드는 것이다.

② A, B, C, D 중에서 제일 못한 D급 form(형태)(→디포옴)으로 만드는 것이 **기형으로** 만드는 것이다.

예문 Anger **deforms** the face.
화가 나면 얼굴이 일그러진다.

파생 deformation n. 기형

perish
[périʃ]

v. 멸망하다, 소멸하다(expire), 죽다

연상 페르시아(→페리쉬) 제국은 패리(悖理; 이치에 어긋나 있음)로 쉬(→페리쉬) 멸망했다.

예문 All the houses **perished** in flames.
집들은 모두 잿더미가 되었다.

engross
[ingróus]

v. 몰두시키다, 열중케 하다

연상 ① en(= make) + gross(총체, 총량)(→인그로우스) = 작업장에서 작업자에게 일의 총량을 올리는 데 몰두시키는 경향이 있다.
② 인(in) 글로쓰(growth, 성장)(→인그로우스) = 인간은 직장이나 사회 안(in)에서 성장할 수 있는 일에 자신을 몰두시킨다.

예문 He was **engrossed** in the novel.
그는 그 소설에 열중하고 있었다.

파생 engrossment n. 전념 몰두 열중

marble
[máːrbəl]

n. 대리석; 공깃돌 **a.** 대리석으로 된

연상 옛날에 대리석은 마볼(마부를)(→마ː벌)시켜 운반했다.

예문 The statue was of white **marble**.
그 조각상은 흰 대리석으로 만들었다.

gland
[glænd]

n. 선(腺), 샘(의학, 생물)

연상 그랜드(grand) 피아노에는 사람의 분비선과 같은 선이 있어서 크고 우아한 소리가 울려나오는 걸까?

예문 The only digestive enzyme comes from the salivary **glands**.
단지 소화효소만 침샘에서 나온다.

crush
[krʌʃ]

v. 눌러 으깨다, 박살내다, 압도하다; 밀어넣다

연상 어떤 것을 눌러 으깨고 박살내기 위해선 크게 rush(러쉬; 돌진)(→ 크러쉬) 해야 한다.

예문 Be careful not to **crush** this box.
이 상자를 부수지 않도록 조심하게.

consolidate
[kənsálədeit / -sól-]

v. (회사 등을)통합하다(join); 합병하다, (권력 등을) 강화하다

연상 다 큰 솔로(solo, 독신자)들이 데이트(date)(→컨솔러데이트)를 해서 두 사람이 통합한다(결혼한다).

예문 They **consolidated** two companies into one.
두 회사를 하나로 합병했다.

파생 consolidation n. 합병 합류 강화

lime

[laim]

n. 석회   **v.** 석회를 바르다

연상 "나의 라임오렌지 나무"에서 라임(→라임) 오렌지 나무는 석회에서 자랐을까?

예문 The plant grows well in soil rich in **lime**.
그 식물은 석회질이 풍부한 땅에 잘 자란다.

파생 limestone n. 석회석

---

sanctuary

[sǽŋktʃuèri]

n. 신성한 곳, 성역; 은신처, 피난처

연상 옛날에 생 벗나무, 생(生) 체리(cherry)(→생췌리) 나무는 신성한 곳 으로 은신처로 쓰였다.(나무에 목신(木神)이 있다고 믿었다)

예문 Thousands of refugees have sought **sanctuary** over the border.
수천 명의 난민들이 국경 너머 피난처를 찾았다.

---

illuminate

[ilúːmənèit]

v. 비추다, 밝게 하다, 설명하다.

연상 야구장에서 감독이 "일루까지가 머네!"(→일루: 머네잇) 하면서 조명을 비추고 작전을 설명했다.

예문 The streets was **illuminated** by oil lamps.
거리에는 석유등이 밝혀져 있었다.

파생 illumination n. 조명, 설명; 계몽

---

skim

[skim]

v. 위에 뜬 찌끼를 걷어내다; (수면 등을) 스쳐지나가다, (책을) 대충 훑어 읽다.

연상 주의 사항을 대충 훑어 읽어 보고 타야하는 것이 스키임, 그리고 활강할 땐 눈 위를 스쳐지나가듯이 타야하는 것이 스키임(→스킴).

예문 I've just **skimmed** the weekly.
나는 지금 막 그 주간지를 훑어보았다.

---

clan

[klæn]

n. 씨족(tribe), 일족, 일가

연상 크게 될 애는 즉 클 앤(→클랜) 씨족이나 일족을 중시한다.

예문 The campbell **clan** is one of the largest scottish clans.
캄벨 씨족은 스코틀랜드 최대의 씨족 중에 하나다.

---

inscribe

[inskráib]

v. (비석, 종이 따위에) 적다, 새기다, (저자 이름을 써서) 헌정하다

연상 ① in(안에) + scribe(새기다, 선을 긋다)(→인스크라이브) = 어떤 재료 안에 새기는, 선을 긋는 것이 적는 것이고, 새기는 것이다.
② 글자나 그림을 종이나 돌 in(안에) 쏙 -라이브(live; 살아있게)(→인스크라이브) 하는 것이 새기는 것이다.

예문 They **inscribed** her name one the tombstone.
그들은 비서에 그녀의 이름을 새겼다.

파생 inscription n. 기입 등록; 비문

surmise

[sərmáiz]

n. 추측 **v.** 추측하다(conjecture, guess)

연상 영국의 Sir(경卿)는 miser(구두쇠)(→서마이즈)일 거라고 생각하는 것은 추측이다.(Sir(경卿)들은 돈을 절약하니까)

예문 He **surmised** that he had discovered one of the illegal streets.
그는 불법적 거리 중에 하나를 발견했다고 추측했다.

UNIT 05 TEST

[1~12] 보기에서 영어에 해당되는 우리말을 찾아 쓰시오.

1. theology _____   2. adorn _____

3. lucrative _____   4. impulse _____

5. howl _____   6. tread _____

7. consolidate _____   8. illuminate _____

9. sanctuary _____   10. clan _____

11. incessant _____   12. attest _____

보기 ① 비추다 ② 충동 ③ 신학 ④ (동물들이)울부짖다 ⑤ 돈 벌이가 되는 ⑥ 통합하다
⑦ 씨족 ⑧ 밟다 ⑨ 장식하다 ⑩ 증명하다 ⑪ 신성한 곳 ⑫ 끊임 없는

[13~17] 다음 빈칸에 들어갈 적절한 어휘를 고르시오.

13. These notions were deeply _____ in American law.

14. The clock is simply for _____ , it doesn't work any more.

15. It is just _____ , a lovely little town.

16. He didn't notice the danger because he was too _____ in his work.

17. Most of the butterflies _____ in the first frosts of autumn.

보기 ① engrossed ② perish ③ inscribed ④ gorgeous ⑤ ornament;

[18~21] 다음 빈칸에 들어갈 적절한 어휘를 고르시오.

18. He later became _____ and was confined to an asylum.

19. They must _____ surgical instruments thoroughly.

20. It's too dangerous and is likely to produce _____ babies.

21. The sudden rise in share prices has _____ economists.

보기 ① deformed ② sterilize ③ confounded ④ insane

Further Study

blow up at 화를 내다

pain the neck 성가신 일, 골칫거리

convertible 지붕을 접을 수 있는 자동차

want ads 구인광고

penalty shootout 승부차기

viewer 시청자

storyline 이야기 줄거리

in style 유행인

baggy 헐렁한

once-over 대충 훑어봄, 다시 한 번

maniac 애호가

divide the bill 계산을 나누어하다

pack up 짐을 꾸리다

workstation 작업 장소, 근무 장소

move out 이사해 가다

the balance (은행)잔고

ball park 야구장

shortcut 지름길

fickle (날씨가)변덕스러운

board 이사회, 위원회

blow off (노여움 등을) 폭발시키다

graffiti 낙서

out of the way 방해가 되지 않도록

break up with ~와 헤어지다

whereabouts 행방, 소재, 어디쯤에

daylight saving time 서머타임

return the favor 은혜를 갚다, 보답하다

crummy 하찮은, 싸구려의, 초라한

infrasound 초저주파

run 상영하다

wake-up call (호텔의) 모닝콜

recharge 재충전하다; 재고발하다

disinfect 소독하다

at this time of the year 일 년 중 이맘 때

second half 후반전

kick out 쫓아내다, 해고하다

vulgar
[vʌ́lgər]

a. (행동 따위가) 저속한, 천한

연상 낮에 벌거벗은(→벌거) 영화는 저속한 영화다.

예문 He would use **vulgar** language in front of his elders.
그는 어른 앞에서 저속한 말을 쓰곤 했다.

weaken
[wíːkən]

v. 약화시키다, 약해지다　반 **strengthen** 강화시키다

연상 위(가) 큰(→위;컨) 사람은 자신의 몸을 약화 시킨다.(위가 커서 음식을 너무 많이 먹으면 몸에 해롭기 때문)

예문 Fatigue **weakened** her resistance.
피로해서 그녀의 저항력은 약해졌다.

파생 weak　a. 약한　weakness　n. 약함, 우유부단

choir
[kwaiər]

n. 성가대, 합창단　**v.** 새 따위가 합창하다

연상 서울챔버콰이어(→콰이어) 정기연주회하면 서울실내합창단 정기연주회다.

예문 John missed the party because she was singing in the **choir**.
존은 합창단에서 노래를 불러야 했기 때문에 파티에 참석하지 못했다.

intimidate
[intímidèit]

v. 위협하여 ~하게하다

연상 농구코트 in(안에 있는) 팀이 date(데이트)(→인티미데이트) (팬들과 데이트)하게 해 달라고 감독을 위협했다.(연습하느라 데이트를 못했기 때문에)

예문 He was **intimidated** into silence.
그는 위협을 받고 입을 다물었다.

파생 intimidation　n. 위협

glossy
[gló(ː)si]

a. 광택 있는, 반들반들한, 번쩍번쩍한

연상 그 놋이(놋쇠 그릇)(→그로:시) 반들반들하고 광택이 있다.

예문 She has wonderfully **glossy** hair
그녀의 머릿결은 반들반들 윤이 난다

salute
[səlúːt]

v. 인사하다 (greet), 경례하다 **n.** 인사, 경례

연상 설날 다니는 길, 즉 설 루트(route;길)(→설루웃)는 인사하러 (세배 하러) 다니는 길이다.

예문 He took his hat to **salute** her.
그는 모자를 벗고 그녀에게 인사하였다.

haul
[hɔ́ːl]

v. 세게 잡아당기다, 끌어당기다, 명. 세게 끌기 세차게 끌어당긴다

연상 우주의 블랙 홀 (hole)(→호올)은 모든 물체를 끌어당긴다

예문 The fishermen were **hauling** in the net
어부들은 그물을 끌어당기고 있었다.

nomad
[nóumæd]

n. 유목민, 유목민족

연상 ① no(아니) + mad(미친)(→노우매드)= 미치지 않았으면서도 돌아다 니는 사람들이 유목민이다.
② no + 매달린(→노우매드)= 어떤 곳에도 매달려 있지 않은 사람들 유목민이다.

예문 **Nomads** travel the arid regions.
유목민들은 건조한 지방을 유랑한다.

파생 nomadic a. 유목민의 ;방랑하는

shuffle
[ʃʌ́fəl]

v. (발을) 질질 끌다(drag); 뒤섞다 (mix)

연상 샤프펜슬, 즉 샤플(샤프를)(→샤플) 잘못 밟아 발을 질질 끌었다.

예문 The crowd **shuffled** slowly forward.
청중들은 발을 질질 끌며 천천히 앞으로 나아갔다.

spike
[spaik]

n. 큰못; (구두 바닥의) 못 **v.** 못을 박다.

연상 배구 선수는 마치 못을 박듯이 강 스파이크(→스파이크)를 했다.

예문 She injured her foot on a **spike**.
그녀는 큰 못에 발이 찔렸다.

파생 spiky a. 뽀족한 ,날카로운

compulsive
[kəmpʌ́lsiv]

a. 충동적인, ~하지 않고는 못 배기는

연상 일할 수 있는 로봇 팔, 즉 com(컴퓨터) 팔이 10(→컴팔십) 개가 있다면 일하고 싶은 충동적인 마음이 생길 것이다.

예문 His **compulsive** gambling is a serious problem.
그의 충동적인 도박은 심각한 문젯거리다.

lash

[læʃ]

ⓥ 채찍질하다(whip), 비난하다. ⓝ 채찍; 후려치기 ;비난

연상 동네 못된 사람들이 명견 래시(→래쉬)를 채찍질했다.

예문 Waves **lash** against the rock.
파도가 바위에 부딪친다.

---

slick

[slik]

ⓐ 매끄러운, 반들반들한, (태도가) 사근사근한)
ⓥ 매끄럽게 하다

연상 설익은(→슬익) 과일이 매끄럽고 반들반들한 경우가 있다.

예문 The roads are **slick** with rain.
비가 와서 도로가 미끄럽다.

---

plateau

[plætó]

ⓝ 고원, 대지

연상 고원의 풀밭의 풀에 토우(土雨:흙비)(→플래토우)가 자주 내린다.

예문 The town is situated on a **plateau**.
그 도시는 고원에 위치해 있다.

---

novice

[návis / nóv-]

ⓝ 초심자 ,풋내기(biginner)

연상 나 비서나 노씨 성을 가진 노 비서(→노비스)는 아직 초심자다.

예문 My wife is a **novice** at driving.
아내는 초보 운전자이다.

---

muse

[mjuːz]

ⓥ 생각에 잠기다(meditate) ⓝ 명상, 묵상; (그리스신화) 뮤즈여신

연상 그리스 신화에 나오는 뮤즈(→뮤즈)여신은 예술의 신으로 자주 생각에 잠기곤 했단다.

예문 I **muse** on his remark.
그는 그의 말을 곰곰이 생각해 보았다.

---

crooked

[krúkid]

ⓐ 구부러진(bent), 부정한

연상 기침이 나와 쿨룩거리거나 웃느라고 키득(→크루키드)기릴 때 몸을 앞으로 구부러진 상태가 된다.

예문 You have to drive slowly on these **crooked** country roads.
구부러진 이 시골길에선 천천히 운전해야 한다.

toil
[tɔil]

n. 고역, 힘든 일 **v.** 힘써 일하다.

연상 그 사람은 토(요일)과 일(요일), 즉 토일(→토일)요일에는 주말농장에 가서 힘든 일인 토(土)일(=흙일)을 힘써 일한다.

예문 The young man **toiled** for his living.
그 젊은이는 생계를 위해 힘써 일했다.

---

stun
[stʌn]

v. 기절시키다(daze); 놀라게 하다(surprise)

연상 심한 눈보라가 탐험가 리빙스턴을 기절시켰다.

예문 The assault was so unexpected that he was **stunned** into submission.
그 공격은 너무 예상 밖이어서 그는 놀라 항복했다.

파생 stunning a. 기절시키는 놀라게 하는

---

school
[skuːl]

n. 학교, 학과, (물고기 등의) 떼

연상 ① school(학교)(→스쿠울)엔 아이들이 물고기 떼처럼 모여 논다.
② 같은 school 졸업생들이 같은 학파를 형성한다.

예문 The Chicago **school** of economists is famous worldwide.
시카고학파의 경제학자들은 세계적으로 유명하다.

예문 a **school** of whales 고래 떼

---

embody
[imbádi]
[em-]

v. 실현하다. 구현하다

연상 내 임은 열심히 운동을 해서 임의 boby(→임바디)를 가슴이 엠(M)자 바디(→엠바디)만드는 것을 실현했다.

예문 They tried to **embody** their ideal through education.
그들은 교육을 통해 이상을 구현하려 했다.

---

devour
[diváuər]

v. 게걸스럽게 먹다; (화재 따위가) 휩쓸어 버리다, 삼켜버리다

연상 미국친구 딥이 our(우리의)(→디바워) 음식을 게걸스럽게 먹었다.

예문 The hungry dog was **devouring** the meat.
굶주린 개가 고기를 게걸스럽게 먹고 있었다.

---

puff
[pʌf]

n. 훅 불음, 한번 불기 **v.** 훅훅 불다; (담배를)빠끔빠끔 피우다

연상 팦(pop)(→팦) 뮤직을 주로 색스폰과 같은 관악기를 훅훅 불어서 연주한다.

예문 He lit a cigar and **puffed** out the match.
그는 담재에 불을 붙이고 성냥을 훅 불어 껐다.

luggage
[lʌ́gidʒ]

n. 수하물 (baggage)

연상 ① 요즘 러시아의 군사 기지, 즉 러 기지(→ 너기지)에는 수하물이 쌓여있다.(경제사정으로 러시아를 떠나는 사람이 많아서)
② 이 수하물이 너끼지(=너 것이지)(→ 너기지)?

예문 Never leave your **luggage** unattended.
수하물 관리요망

actual
[ǽktʃuəl]

a. 현실의, 실제의; 현행의, 현재의

연상 요즘 사회에선 교통비 금액 식비를 추월(→액추월)하는 것이 현실의 일이다.

예문 The **actual** cost was higher than we expected.
실재 경비는 예산보다 많았다.

파생 actually ad. 실제로 현실로

drench
[drentʃ]

v. 흠뻑 젖게 하다(적시다)(soak) **n.** 흠뻑 젖음

연상 풀이 많은 들엔 취하면(=매료되면)(→드렌취) 옷을 흠뻑 젖게 한다.(들엔 물기가 많기 때문에)

예문 The campers were **drenched** with rain.
야영객들은 비에 흠뻑 젖었다.

clearing
[klíəriŋ]

n. 공터, 빈터, 개간지, (장애물의) 제거

연상 clear(깨끗한; 제거하다) + -ing(동명사)(→클리어링) = 숲 속에 나무 를 없애고 깨끗하게 한 곳이 바로 공터다

예문 There is a **clearing** in the forest.
숲 속에 빈터가 있다.

pomp
[pɑmp]

n. 장관, 화려(splendor); 허식 **반** simplicity 소박

연상 광고용 팸플릿(pamphlet)(→팜프)은 화려하다.

예문 They celebrated Christmas Day with great **pomp**.
그들은 크리스마스를 화려하게 축하했다.

파생 pompous n. 젠체하는, 거만한

conspicuous
[kənspíkjuəs]

a. 눈에 잘 띄는(=noticeable), 두드러진, 현저한

연상 큰 숲이 그 크기를 키워서(→컨스피큐어스) 멀리서도 눈에 잘 띈다.

예문 She was **conspicuous** for her beauty.
그녀는 아름다워서 눈에 띄었다.

dynamic
[dainǽmik]

a. 동력의, 역동적인; 활동적인　**반** static 정적인

연상 다이너마이트가 믹스(mix)(→다이내믹스)된 폭약은 더 역동적일 것이다.

예문 She is young and **dynamic** and will be a great head of the department.
그녀는 젊고 활동적이다 그래서 그 부서의 훌륭한 부장이 될 것이다.

stumble
[stʌ́mbəl]

v. 비틀거리다, 더듬거리다　**n.** 비틀거림

연상 ① 땅에 서(서) 덤블링(공중체조의 일종)(→스텀블)을 할 때 비틀거린다.
② 수(數)를 탐한 벌(→스탐블)로 비틀거렸다.(수가 많아 무거워서 비틀거린다).

예문 The boy **stumbled** and fell.
아이는 비틀거리다 넘어졌다.

intrude
[intrúːd]

v. 끼어들다, 방해하다(interrupt) 침입하다 강요하다

연상 into(안으로) + rude(무례한)(→인트루ː드)= 집안으로 들어와 무례한 짓을 하는 것이
끼어들거나 침입하는 것이다.

예문 I don't like to **intrude** upon your privacy.
너의 사생활에 개입하고 싶지 않다.

파생 intrusion n. 간섭, 방해, 침입

covet
[kʌ́vit]

v. 탐내다; 갈망하다

연상 물건을 탐내다 보면 커진다, 빚(→커빗)이!(빚이 늘어난다)

예문 All **covet** all lose
(속담) 대탐대실

파생 covetous a. 탐내는; 갈망하는

commence
[kəméns]

v. 개시하다, 시작하다; 시작되다

연상 컴퓨터가 발명되고 나서 com(컴퓨터)는 men(사람)이 쓰기(→컴멘스) 시작했다.(컴퓨터
다루는 일에 인간을 고용하기 시작했다)

예문 The party **commenced** studying the volcano.
일행은 화산조사에 착수했다.

파생 commencement n. 시작, 출발 ; 학위수여식, 졸업

pertain
[pərtéin]

v. 속하다, ~에 부속하다; ~와 관련이 있다(relate);

연상 풀이 있어 퍼런 테(두리) in(안에)(→퍼테인) 그 땅은 내 친구 태인에게 속한다.(태인의
소유다)

예문 They own the house and the land **pertaining** to it.
그들은 집과 이에 부속하는 땅을 소유하고 있다

imperial
[impíəriəl]

a. 제국의; 황제의

연상 마치 꽃잎처럼 활짝 임(=임금)의 얼굴이 피어 real(실제처럼)(→임피어리얼)되는 곳이 제국의 땅.

예문 This teacup was used in the Chinese **imperial** family.
이 찻잔은 중국 황실에서 쓰던 것이다.

파생 imperialism n. 제국주의

---

flare
[flɛər]

v. 훨훨 타오르다, 확 타오르게 하다   **n.** 불꽃, 불빛

연상 풀 속에 들어 있는 공기, 즉 풀 에어(air;공기)(→플레어) 때문에 불길이 훨훨 타오른다.(옛날엔 임금을 임이라 칭했다)

예문 The **flare** above the oil well **flared** up into the sky.
유전에 불꽃이 하늘 높이 훨훨 타올랐다.

---

lining
[láiniŋ]

n. 안감, 안감 받치기

연상 ① line(선) + -ing(명사어미)(→라이닝)= 안감을 넣은 곳엔 안감을 박은 line(선)이 있다.
② 자동차의 라이닝(→라이닝)은 바퀴부분 제동장치의 안감 받치기

예문 Every cloud has a silver **lining**.
어떤 구름들이든 은빛 이면이 있다. (쥐구멍에도 볕들 날이 있다)

---

torch
[tɔːrtʃ]

n. 횃불; (지식·문화의) 빛

연상 밤에 토지를 취(取)하는(=빼앗는)(→토:취) 싸움을 하느라고 횃불을 만든 것일까?
방어진지인 토치카(→토:취)에서 사용하기 위해 횃불을 만든 것일까 ?

예문 Servants were carrying lighted **torches**.
하인들이 불붙은 횃불을 옮기고 있다.

---

brace
[breis]

v. 단단히 매다; 죄다, 고정시키다   **n.** 죄는 것

연상 바지 멜빵, 즉 브레이스(→브레이스)는 바지를 죄어 고정시킨다

예문 He **braced** every nerve for a supreme effort.
크게 분발하려고 전 신경을 긴장시켰다

---

chunk
[tʃʌŋk]

n. (고기 따위의) 굵직한 토막, 큰 덩어리

연상 그 수렵인은 창이 커(→챵크)서 잡은 동물의 살코기 중에서 큰 덩어리를 찍을 수 있었다.

예문 He is a fine **chunk** of a man.
그는 체격이 크고 늠름한 사람이다.

bleak

[bli:k]

n. (장소가) 황량한(desolate), 쓸쓸한(dreary); (날씨가) 쌀쌀한

연상 ① 그 새는 **부리**(가) **커**(→브리:크)서 **쓸쓸해** 보인다.(기형이라고 다른 새에게서 따돌림을 당함)

② 산불의 규모가 커서, 즉 불이 **크**(→브리:크)게 나서 그곳은 **황량하다.**

예문 The **bleak** desert spreads out for miles and miles.
황량한 사막이 몇 마일이나 뻗어 있다.

---

ambush

[ǽmbuʃ]

n. 매복, 잠복 **v.** 숨어서 기다리다

연상 관목 숲(bush)중에서 엠(M)자 형태의 **bush**(숲)(→앰부쉬)는 **매복하기**에 좋다.

예문 The soldiers lay in **ambush** for the enemy troops.
병사들은 적의 군대를 매복해서 기다렸다.

---

cape

[keip]

n. 곶, 갑(headland)

연상 외세가 **개입**(→케입)하는 곳이 바로 **곶**이다.(바다 쪽으로 뻗은 곶을 통해 외세가 침입한다)

예문 Have you been the **cape** of good hope?
희망봉에 가본 적이 있나?

---

trench

[trentʃ]

n. 도랑, 호(壕); (지리) 해구(海溝); (군사) 참호

연상 **참호**에서 보초 설 때 방한용 **트렌치**(→트렌치)코트를 입었다.

예문 We prepare a defensive **trench** or pit.
우리는 방어용 참호를 팠다.

UNIT 06 TEST

[1~12] 보기에서 영어에 해당되는 우리말을 찾아 쓰시오.

1. salute _____
2. nomad _____
3. chunk _____
4. commence _____
5. vulgar _____
6. plateau _____
7. lash _____
8. bleak _____
9. slick _____
10. compulsive _____
11. novice _____
12. ambush _____

보기 ① 고원 ② 인사하다 ③ 매복 ④ 유목민 ⑤ 저속한 ⑥ 충동적인 ⑦ 초심자
⑧ 개시하다 ⑨ 굵직한 토막 ⑩ 매끄러운 ⑪ 채찍질하다 ⑫ 황량한

[13~17] 다음 빈칸에 들어갈 적절한 어휘를 고르시오.

13. The police had tried to _____ him into signing a confession.

14. The laws that _____ to beer in ancient times were very strict.

15. When she put on the light, she found she was _____ with blood.

16. A medium-sized dog will _____ at least one can of food per day.

17. They are _____ politicians who tell bare-faced lies.

보기 ① drenched ② crooked ③ pertained ④ intimidate ⑤ devour

[18~21] 다음 빈칸에 들어갈 적절한 어휘를 고르시오.

18. She _____ his job so openly that conversations between them were tense.

19. The press has been blamed for _____ into people's personal lives in an unacceptable way.

20. The train stopped, and several passengers _____ to their feet.

21. Another suggestion is to have more _____ and highly visible road signs.

보기 ① stumbled ② conspicuous ③ intruding ④ coveted

정답 1.② 2.④ 3.⑨ 4.⑧ 5.⑤ 6.① 7.⑪ 8.⑫ 9.⑩ 10.⑥ 11.⑦ 12.③
13.④ 14.③ 15.① 16.⑤ 17.② 18.④ 19.③ 20.① 21.②

Further Study

put back 제 자리에 되돌리다

stink 악취를 풍기다

prey upon 잡아먹다, 포식하다

go for ～에 해당되다, ～을 좋아하다

box office 매표소

sign language 수화

backstroke (수영) 배영

introvert 내성적인

safe and sound 무사히, 탈 없이

be booked up (호텔, 좌석 등이) 매진되다

feel down 풀이 죽다, 기분이 처지다

score 악보

alpinist 등산가

charge 외상으로 사다, 책임을 지우다

grotesque 기괴한, 이상한

perch on (닭 등이) ～에 앉다

hide n. 짐승의 가죽 v. 숨기다

fictitious 허구의, 거짓의

inside out 뒤집어서

stick out 돌출하다

lottery winnings 복권 당첨금

unintelligible 이해할 수 없는

abusive 욕을 하는, 매도하는

underscore 강조하다, 밑줄을 치다(=underline)

scarecrow 허수아비

unethical 비윤리적인

twitter (새가) 지저귀다

restless 불안한

discernable 분별력 있는

log 목재를 벌목하다

aging 노화

bazaar 시장, 마켓; 특매장

squeeze through 비집고 들어가다

blackout 정전

seeing eye dog 맹도견(=맹인안내견)

Unit 7
topple

topple
[tápəl / tɔ́pəl]

v. 비틀비틀 넘어지다(tumble down), 흔들리다, 쓰러지다

연상 ① top(가장 높은 곳)에 있는 플(→탑플)은 비틀비틀 넘어진다.
② 토플(TOEFL)(→토플)시험을 치고나서 비틀비틀 넘어지는 사람 이 많다.(시험을 망쳤기 때문)

예문 The whole goods toppled down.
상품이 모두 넘어셨나.

stump

n. 그루터기; (식물·야채 따위 잎을 따낸) 밑동줄기

연상 나무를 베어 낸 자리를 확인하기 위해 그루터기(stump)에 스탬프(stamp)(→스텀프)를 찍어 둔다.

예문 We sat on stumps to rest.
우리는 쉬기 위해 그루터기 위에 앉았다.

antagonist
[æntǽgənist]

n. 적대자, 경쟁자, 적수(opponent)

연상 앤(Ann) 때(앤 여왕 때) 건(gun.총)을 ist(가진 사람들)(→앤태거니스트)들은 서로 적대자들이었다.

예문 Jason had never previously lost to his antagonist.
Jason은 이전에 상대방에게 져 본 적이 없었다.

파생 antagonism n. 적의. 적대.

pinch
[pintʃ]

v. 꼭 쥐다 ; 꼬집다 ; 따다, (구두 따위가)죄다, 꼭 끼다

연상 ① pin(핀)을 취할(=잡을)(→핀취)때 두 손가락으로 꼭 쥔다
② 야구의 핀치(→핀취) 히터가 방망이를 꼭 쥐다.

예문 She pinched his arm as hard as she could.
그녀는 힘껏 그의 팔을 꼬집었다.

예문 My new shoes pinch.
새 구두가 꼭 긴다.

sullen
[sʌ́lən]

a. 시무룩한, 언짢은; (날씨 따위가) 음침한, 음울한

연상 설렁(→설런)한 분위기에선 누구나 시무룩하고, 음침한 기분에 처하게 된다.

예문 I was served by a sullen-faced youth.
나는 얼굴이 시무룩한 청년의 접대를 받았다.

240

stronghold
[strɔ́:ŋhòuld]

n. 요새, 본거지; (사상 따위의) 중심점

연상 strong(강한) + hold(쥐다. 장악)(→스트로옹호울드) 강하게 장악하고 있어야 하는 곳이 요새. 본거지

예문 That mountain is a rebel stronghold.
저 산이 반군의 본거지다.

scrap
[skræp]

n. 인쇄물에서 오려낸 것 ; 조각 ; 단편

연상 신문에서 오려낸 것, 조각으로 스크랩(→스크랩)을 한다

예문 He wrote down her address on a scrap of paper.
그는 종이쪽지에 그녀의 주소를 적었다.

antecedent
[æ̀ntəsíːdənt]

a. ~보다 전의, 앞선, 선행하는(preceding) **반** subsequent 뒤의

연상 전성시대 앤(Ann) 터(=앤 여왕의 터전)중에서 시던 터(번창함이 시들어 버린 터)(→앤터시:던트)가 시간적으로 지금 영국의 터전보다 앞선 것이다.

예문 The event was antecedent to world war II .
그 사건은 2차 세계 대전보다 앞선다.

파생 antecedence n. (때, 차례의)선행; 우선

gale
[geil]

n. 강풍, 질풍 ; 감정의 폭발

연상 흐린 날씨가 개일(→게일) 무렵 강풍이 분다고?

예문 The gale blew down hundreds of trees.
강풍이 불어 수백 그루의 나무를 쓰러뜨렸다.

paramount
[pǽrəmàunt]

a. 최고의(supreme) ; 탁월한(superior); 주요한

연상 미국의 영화사 파라마운트(→패러마운트)사는 미국의 최고의 영화사다.

예문 It is a matter of paramount importance.
그것은 가장 중요한 일이다.

fist
[fist]

n. 주먹 **v.** 주먹을 쥐다

연상 피 + -ist(사람)(→피스트) = 주먹으로 살아가는 주먹잡이들은 늘 피를 흘리는 사람이다.

예문 They fought with naked fists.
그들은 서로 맨주먹으로 싸웠다.

tumor
[tjúːməːr]

n. 종기, 종양

연상 수술 칼로 틔우면(→튜: 머:) 낫는 것이 종기다

예문 She has a begin tumor in her breast.
그녀는 가슴에 초기 종양이 생겼다.

incur
[inkəːr]

v. (손실 등을) 입다(receive) ; (위해를) 당하다

연상 잉크(ink)(→인커:)를 비싼 옷에 쏟으면 큰 손실을 입는다.

예문 The government had also incurred huge debts.
정부는 막대한 부채를 졌다.

flap
[flæp]

v. 찰싹 때리다, (커튼 따위)펄럭이다, (날개 따위를) 퍼덕거리다

연상 풀밭에 들어가면 풀(이) lap(무릎)(→플랩)을 찰싹 때리다.

예문 The bird was flapping its wings.
새가 날개를 퍼덕거리고 있었다.

exalt
[igzɔ́ːlt]

v. (지위 등을) 높이다, 승진시키다(promote)

연상 지위를 높이면, "이그, 좋을 터"(→이그조올트)라고 말한다.

예문 He was exalted to the most eminent station.
그는 최고의 지위까지 출세했다.

파생 exaltation n. 승진, 칭찬   exalted a. (.지위, 신분이) 높은

persevere
[pə̀ːrsəvíər]

v. 참다, 견디다, 인내하다(endure)

연상 욕조에 뜨거운 물을 퍼서 비워(→퍼:서비어)서 그 자리에서 견딜 수 있었다.

예문 Teachers have to persevere with difficult students.
교사는 힘든 학생들에 대해서는 인내해야 한다.

파생 perseverance n. 인내, 참을성

deflate
[difléit]

v. (공기 따위) 빼다, 빠지다; 통화를 수축시키다   반 inflate 팽창시키다

연상 시중에 돈을 빼서 물가를 내리면, 즉 통화를 수축시키는 것이
디플레이션(deflation)(→디플레이트) 현상이다.

예문 The government deflates the economy.
정부가 경제를 수축시키다

파생 deflation n. 통화수축

disobey
[dìsəbéi]

v. 복종하지 않다; 어기다, 위반하다

연상 dis(=not) + obey(복종하다, 따르다)(→디서베이)=복종하지 않다; 어기다.

예문 The command was not to be disobeyed.
그 명령은 어겨서는 안된다.

파생 disobedience n. 불순종, 불효 (법률 따위의)위반

---

stool
[stu:l]

n. (등받이 없는) 걸상, 좌변기

연상 보통사람들은 등받이 없는 의자에 앉기가 서툴(→서투울)다

예문 He was perched on a bar stool, ordering a beer.
그는 술집 의자에 앉아 맥주를 시켰다.

---

deem
[di:m]

n. (~이라고) 생각하다(consider), ~라고 여기다

연상 낙제 점수(F)에 가깝다고 생각하는 학점이 D임(→디임). 그래서 자신을 깊이 생각하게 하는 점수가 D입(→디임)니다.

예문 I deem it an honor to serve you.
당신을 보실 수 있어 영광으로 생각합니다.

---

avert
[əvə́:rt]

v. (눈길, 생각 따윌)돌리다(turn away); (위험 따윌) 피하다

연상 여자들은 그 무서운 광경에서 눈길을 돌려 위험을 피하려고 아이를 등에 업었(→어버엇)다.

예문 She averted her eyes from the terrible sight
그녀는 무서운 광경에서 눈을 돌렸다.

---

odor
[óudər]

n. 냄새; 악취(smell)

연상 ① 공장지대에서 냄새가 끊임없이 불어 오:더(→오우더)라.
② 공해지역 냄새를 없애기 위해선 정부의 오더(order, 명령)(→오우더)이 필요하다.

예문 The odor of smog disgusts us.
매연 냄새가 우리를 역겹게 한다.

---

prudent
[prú:dənt]

a. 신중한, 조심성 있는 반 imprudent 경솔한

연상 나뭇잎이 푸르던 터(→프루:든트)에서 신중한 행동을 했다.(푸른 숲속에 맹수나 독사들이 있을지 모르니까)

예문 He was prudent in choosing friends.
그는 친구 선택에 신중했다.

파생 prudence n. 신중, 분별

throne
[θroun]

n. 왕좌, 왕위; 왕권

연상 서러운(→쓰로운) 곳이 **왕위**다.(왕의 자리는 외롭고 힘드니까)

예문 He ascended the **throne**.
그는 왕위에 즉위했다

---

crouch
[krautʃ]

v. 몸을 구부리다(bend), 쪼그리다, 웅크리다

연상 ① 키가 많이 클 아우가 취하는 자세, 즉 클 아우가 취(→크라우취)하는 자세가 바로 몸을 구부리는 자세다.(몸을 구부리는 것은 연골조직을 이완시켜 키 크는데 도움이 된다)
② 단거리 달리기에서 몸을 웅크린 자세로 출발하는 것이 바로 크라우칭(crouching)(→크라우취) 스타트다.

예문 She **crouched** by the gate.
그녀는 문가에 쪼그려 앉았다.

---

tug
[tʌg]

v. 세게 잡아당기다(haul), 잡아끌다 **n.** 세게 당김

연상 사람은 습관적으로 물건을 턱(→턱) 앞으로 세게 잡아당긴다.

예문 I managed to **tug** my dog home.
나는 개를 간신히 집으로 끌고 돌아왔다.

---

inevitable
[inévitəbəl]

a. 피할 수 없는; 필연적인

연상 집 안에(in) 있는 애비(evi, 아버지)의 테이블(table)(→이네비터블)은 피할 수 없는 물건이다.

예문 The scandal made her resignation **inevitable**.
그녀는 그 추문으로 인해 사직을 피할 수 없게 되었다.

---

behalf
[bihǽf]

n. 이익; 편

연상 be(이다) + half (반)(→비해프)= 어떤 것의 반을 받는다면 반만큼 이익이 된다.

예문 She worked in **half** of the community chest.
그녀는 공동 모금 운동을 위해 봉사했다

예문 in **behalf** of ∼을 위하여 on **behalf** of ∼을 대표하여

---

tight
[tait]

a. 단단한, 꽉 끼는; (단속 등이) 엄격한

연상 그녀가 타이트(→타이트)한 바지는 몸에 꽉 끼는 바지다.

예문 The door was shut **tight**.
문이 꼭 닫혀 있었다.

파생 tighten v. 바싹 죄다; 강화하다

enhance
[inhǽns]

v. (질, 능력 따위) 높이다, 향상시키다

연상 인(人:인간)은 hand(손)을 써(→인핸스)서 삶의 질, 기술을 높였다.

예문 This discovery has **enhanced** his reputation.
이 발견이 그의 명성을 높였다

파생 enhancement n. 고양, 향상

masculine
[mǽskjəlin]

a. 남성의; 남자다운 **반** feminine 여성의

연상 매스(mass; 집단)이 큐(cue;신호)를 기다리면 line(줄)(→매스큐린) 을 지어 있는 곳은 주로 군대와 같은 남성의 사회다.

예문 That's a typically **masculine** attitude!
그것은 전형적으로 남성적인 태도다.

revenue
[révənjù]

n. 소득, 수입 ; (국가의)세입

연상 자동차 변속기 레버, 화장실 변기 레버와 같은 레버(lever)를 뉴(neu, 새로운)(→레버뉴) 것을 개발하여 국가의 세입을 크게 올렸다.

예문 Their government's **revenues** come mainly from direct taxes.
그들 정부의 세수는 주로 직접세에서 나온다.

trigger
[trígə:r]

n. (총의) 방아쇠 ; (사건 등을 유발하는)자극 **v.** (사건 등을) 일으키다

연상 총 아래 부분의 틀, 이거(=이것)(→트리거)이 방아쇠다. 틀 이거를 당기면 사건을 일으킨다.

예문 It is still not clear what events **triggered** off the demonstrations.
어떤 사건들이 그 시위를 유발했는지는 분명하지 않다.

deputy
[dépjəti / -pjuti]

n. 대리인, 부관, 대의원 **a.** 대리의, 부(副)의(acting, vice-)

연상 대표가 아닌데도 대표 티(→데퍼티)가 나는 사람이 부관이나 대리인이다.(대표 티 나게 대리 행동하는 사람이니까)

예문 Her father is a **deputy** chairman of the company.
그녀의 아버지는 그 회사의 부의장이다.

cannibal
[kǽnəbəl]

n. 식인종; 서로 잡아먹는 동물 **a.** 식인의

연상 카니발(carnival 사육제)(→캐너벌)축제 때 사람들은 마치 식인종처럼 육식을 즐겼다.

예문 A **cannibal** is a person who eats human flesh
식인종은 사람을 잡아먹는 사람이다

congressional
[kəngréʃənəl]

a. 의회의, 국회의

연상 넓이가 큰 글래스(grass, 풀밭)가 늘(→>컨글레셔늘) 있는 곳이 의회의 정원이다.(큰 풀밭에 사람이 모여야 하니까)

예문 The president explained his plans to **congressional** leaders.
대통령은 의회 지도자들에게 자신의 계획을 설명했다.

파생 congress n. 의회. congressman n. 국회의원

oblivious
[əblíviəs]

a. 의식하지 못하는, (~이) 염두에 없는

연상 어부가 사는 시골 동네, 어부리가 비어서(→어브리비어스) 사람들은 마을에 대해서 어떤 것도 의식하지 못한다.

예문 These addicts are completely **oblivious** to their situations.
이들 중독자들은 그들의 상황을 완전히 의식하지 못한다.

debris
[dəbríː]

n. 파편, 부스러기

연상 어떤 물건이 파괴되어 파편이 되자 부피가 더블(double 두배)이(→더브리:) 되어버렸어.

예문 The child was hurt by flying **debris** after the bomb exploded.
폭탄이 터지고 난 뒤 날아간 파편에 그 아이가 다쳤다.

UNIT 07 TEST

[1~12] 보기에서 영어에 해당되는 우리말을 찾아 쓰시오.

1. antagonist _____   2. debris _____

3. revenue _____   4. cannibal _____

5. topple _____   6. masculine _____

7. behalf _____   8. imprudent _____

9. persevere _____   10. sullen _____

11. pinch _____   12. enhance _____

보기 ① 남성의 ② 이익 ③ 꼭 쥐다 ④ 적대자 ⑤ 파편 ⑥ 시무룩한 ⑦ 경솔한
⑧ 비틀비틀 넘어지다 ⑨ 높이다 ⑩ 수입 ⑪ 참다 ⑫ 식인종

[13~17] 다음 빈칸에 들어갈 적절한 어휘를 고르시오.

13. Only people who were clearly wrong dared to _____ the word of God.

14. We _____ the tires to make it easier to cross the desert.

15. He says he would support the use of force if the UN _____ it necessary.

16. Disaster was narrowly _____ when two airliners almost collided above Detroit.

17. The actors were _____ in recreating their characters.

보기 ① averted ② proficient ③ disobey ④ deflate ⑤ deemed

[18~21] 다음 빈칸에 들어갈 적절한 어휘를 고르시오.

18. She was the only woman to rise to such an _____ position.

19. We shall first look briefly at the historical _____ of this theory.

20. Contractors who fall behind schedule _____ heavy financial penalties.

21. The child's welfare must be seen as _____ .

보기 ① antecedents ② incur ③ paramount ④ exalted

정답 1.④ 2.⑤ 3.⑩ 4.⑫ 5.⑧ 6.① 7.② 8.⑦ 9.⑪ 10.⑥ 11.③ 12.⑨
13.③ 14.④ 15.⑤ 16.① 17.② 18.④ 19.① 20.② 21.③

247

Further Study

foundation (학교 등의) 재단	**have been around**
flicking 깜박거리는, 명멸하는	세상 경험이 많다, 세상 물정을 알다
baptize 세례를 주다	**take back** (말 등을) 취소하다
slip on 입다, 신다, ~에 미끄러져 넘어지다	**get around** 돌아다니다
setback 퇴보, 좌절	**will** 의지, 유인
bar 술집 지배인, 바텐더	**wade** (강 따위를) 걸어서 건너다
bankbook 통장	**blowout** (타이어의) 파열, 폭발
tomboy 말괄량이	**willpower** 의지력
firecracker 폭죽	**misconception** 잘못된 생각
flunk 실패하다, 낙제점을 받다	**mating** 교배, 번식
trial run 시운전	**make one's fortune** 입신출세하다
incubate 배양하다, 알을 품다	**glamorous** 매력적인
crusty 껍질이 딱딱하고 두꺼운	**disillusioned** 환멸을 느낀
sand storm (=yellow dust) 황사	**anew** 다시 한 번, 새로
mistreatment 부당한 대우	**rechargeable** 재충전할 수 있는
unobtainable 성취할 수 없는	
infrared lights 적외선	
unseemingly 꼴사나운	
impure 불순한, 순수하지 않은	
vigilant 부단히 경계하고 있는; 방심하지 않는	
relocate 새장소로 옮기다	

imminent
[íminənt]

a. 긴박한, 절박한, 임박한(impending)

연상 "이미 넌 포위되었다"와 같이 "이미 넌(→이미넌(트))"이라고 말하면 긴박한 상황이다

예문 I believed that was **imminent**.
나는 전쟁이 임박했다고 믿었다.

enlarge
[enlάːrdʒ]

v. 확대하다, 확장하다

연상 en(만들다) + large(큰)(→엔라:지)= 크게 만드는 것이 확대하는 것이다

예문 Knowledge **enlarges** the mind.
지식은 마음을 넓힌다.

파생 enlargement n. 확대, 확장

setting
[sétiŋ]

n. 설치, 고정시킴 ; 배경. 무대장치; 장소

연상 set(무대 장치) + -ing(하는 것)(→세팅)= 촬영장의 세트(무대장치) 를 설치하거나 고정시키는 것이 이 세팅이다.

예문 There stands a hotel in a beautiful mountain **setting**.
아름다운 산을 배경으로 호텔이 서 있다.

ripe
[raip]

a. (과일 등이) 익은(mature), 원숙한

연상 라이프(life. 삶)는 과일처럼 세월이 지나면서 익은(ripe)(→라이프) 것이 된다.

예문 The apples are **ripe** enough to eat.
사과는 먹을 수 있을 정도로 익었다.

파생 ripen v. 익다

collaboration
[kəlæbəréiʃən]

n. 협력, 합작, 제휴

연상 서로 다른 장르가 협연하는 콜라보공연의 래이슨(race는, 경연은)(→컬래버레이션) 공동, 협력이 필요하다.

예문 It is the results of a **collaboration** between the university and industry.
그것은 대학과 산업체간 협력의 결과다.

파생 collaborate v. 합작하다

vigorous
[vígərəs]

a. 활력 있는, 원기 왕성한

연상 가뭄에 비가 오면 **비**가 걸어서 (=기름지고 양분이 많아서)(→ 비거러스) 만물은 활력 있고 것이 된다.

예문 Very **vigorous** exercise can increase the risk of heart attacks.
너무 격렬한 운동은 심장마비의 위험을 증가시킬 수 있다.

파생 vigor n. 활력, 원기

warrant
[wɔ́(:)rənt]

n. 정당한 이유, 보증; 허가증; 보증서 **v.** ~을 허가 하다;~을 보증하다

연상 차가 **war**(전쟁) 중에도 **ran**(달려갔던) 터(곳)(→워:런트)에선 정당한 이유가 있는 허가증이 있어야 했다.

예문 He struck her without **warrant**.
그는 정당한 이유도 없이 그녀를 때렸다

파생 warranty n. 보증(서)

tariff
[tǽrif]

n. 관세 (율)표 ; (철도, 전신)요금표

연상 관세나 요금표는 세금의 범위가 어디까지인가를 **테**(=테두리) 와 **if**(만약에=조건)(→태맆)이 있다.

예문 The agreement fixed **tariffs** for foreign goods coming into the country at 5%.
그 협정은 그 나라에 들어오는 외국상품에 대한 관세를 5%로 고정했다.

exotic
[igzátik / -zɔ́t-]

a. 외국의, 이국적인 ; 색다른 **n.** 외래종, 외래물

연상 저 여자, 이그! 조(저) 틱틱한(→이그조틱) 옷은 이국적인 스타일이야!

예문 There are plenty of **exotic** plants in the botanical garden.
그 식물원에는 이국적인 식물들이 많다.

allure
[əlúər]

v. (남을) 꾀다, 유인하다; (남의 마음을) 사로잡다

연상 그들은 아이를 어르어(→어루어)서 유인했다

예문 They **allured** the child into the mountain.
그들은 그 아이를 산속으로 유인했다

파생 allurement n. 매력, 매혹

bland
[blænd]

a. (태도 등이)온화한, 상냥한 ; (기후가) 상쾌한 ; (음식에) 자극이 없는

연상 부유한 나라(땅), 즉 부(富) **land**(→블랜드)에 가면 사람들의 태도가 온화하다.

예문 The lady said with a **bland** smile.
그 여자는 상냥한 미소를 지으며 말했다.

파생 blandness n. 붙임성 있음. 상냥함

boisterous
[bɔ́istərəs]

a. 활기에 넘치는, 시끄러운; (비·바람·물결 따위가) 몹시 사나운, 거친

연상 그 가수는 보이(boy) 스타(star)라서(→보이스터러스) 공연에 활기에 넘친다. 물결처럼 거칠다.

예문 He was a **boisterous**, outgoing friend.
그는 활기가 넘치고 사교적인 성격을 가진 친구였다.

consecutive
[kənsékjətiv]

a. (일정한 순서대로) 연속되는; 논리가 일관된, 앞뒤 연관성이 있는

연상 영화감독이 큰 세(勢, 세력)가 있어야 큐(cue, 촬영 신호)하면 팁(tip, 사례금) (→컨세큐팁)이 연속해서 들어온다.

예문 The mayor is beginning his third **consecutive** term of office.
그 시장은 세 번째 연임을 시작하게 된다.

파생 Consecution n. (사건 등의) 연속, 일관성

brand new
[brǽndnjúː]

a. 아주 새로운, 신품인

연상 brand(상표)가 new(새로운)(→브랜드뉴) 것이니까 아주 새로운 물건이다.

예문 People prefer a **brand-new** thing to a used one.
사람들은 사용하던 물건보다는 새 것을 더 좋아한다.

ratio
[réiʃou / -ʃiòu]

n. 비율(proportion), 비

연상 광선으로 하는 쇼, 즉 ray[rei] show[ʃou](→레이쇼우)에서 빛의 색깔 비율이 정말 중요하다.

예문 The boys in the class outnumbered the girls in the **ratio** 3 : 2.
그 반을 3대 2의 비율로 남자가 여자보다 많았다.

moan
[moun]

n. (고통·슬픔의) 신음소리 **v.** 신음하다 (groan)

연상 어머니가 운 것, 즉 모(母) 운(→모운) 것은 신음하는 것 처 럼 들린다.(어머니는 크게 울지 않기 때문)

예문 The injured girl was lying on the ground, **moaning** with pain.
부상당한 소녀는 바닥에 누워 고통으로 신음하고 있었다.

파생 moanful a. 신음하는, 구슬픈

approximately
[əpráksəmìtli / -rɔ́k-]

ad. 대략, 거의(nearly)

연상 그의 친구들은 거의 a(하나)의 pro(프로) 팀에서 만난 mate리! (=친구리)(→어프록서미트리)!

예문 The bridge is **approximately** a mile long.
그 다리는 길이가 대략 1 마일이다

파생 approximate a. 대략의, 가까운 v. ~에 접근하다, ~에 가깝다

battalion
[bətǽljən]

n. (군사) 대대; 「일반적」 대부대

연상 battle(전투)+ lion(사자)(→배틀 라이언→버탤리언)= 전투에서 사자와 같이 용감한 군대가 바로 대대다.

예문 God is for the **battalions**.
(속담) 신은 대군에 편든다.

allude
[əlúːd]

v. 넌지시 말하다, (~에) 언급하다

연상 그는 어린 아이를 어르더니(→어루:드) 무엇을 주겠다고 넌지시 말했다.

예문 He often **alludes** to his poverty.
그는 곧잘 그의 가난을 내비치곤 한다.

파생 allusion n. 넌지시 비침, 암시

dilute
[dilúːt]

v. 묽게 하다, 희박하게 하다 **a.** 희석된

연상 A급보다는 D급 루트(route;경로)(→디루:트)를 만들면 통행하는 사람의 밀도를 묽게 할 수 있다.(길이 나쁘면 사람이 적게 모인다)

예문 A bartender **diluted** wine with water.
바텐더가 물로 포도주를 묽게 했다.

inflict
[inflíkt]

v. (타격, 상처 따윌)주다, 입히다 ; (벌 따윌)주다

n. (고통, 벌 따윌) 가함

연상 방이나 사무실 in(안에서) 뿌-릭 뿌-릭(→인프릭(트))하는 소리가 난다면 거기 있는 사람들에게 고통을 주는 것이다.

예문 He **inflicted** a wound on her.
그는 그녀에게 부상을 입혔다

파생 infliction n. (고통 · 벌 따위를) 가(加)함

authentic
[ɔːθéntik]

a. 믿을만한, 확실한(reliable) ; 진짜의

연상 오! (결이)센 티크(→오:센 틱) 목재만이 믿을만한 진짜 의 목재다.

예문 That is an **authentic** 1920s dress.
저것은 진짜 20년대 드레스다.

migrate
[máigreit]

v. 이주하다, (새 등이) 정기적으로 이동하다

연상 마이(my: 나의) 그레이트(great: 위대한)(→마이그레이트) 일은 신대륙 아메리카로 이주하는 일이었다.(초창기 이주민들의 말)

예문 Birds **migrate** from Europe to Africa in the winter.
새들이 겨울철에는 유럽에서 아프리카로 이동한다.

파생 migration n. 이동 migratory a. 이주하는, 이동성의

breakdown
[bréikdàun]

n. (기계적인)고장, 파손 ; (건강 등의) 쇠약

연상 자동차 브레이크(brake)가 down(→브레이크다운)되었으니 고장난 것이다.

예문 His car had a **breakdown** on the road.
그의 차가 길에서 고장 났다.

integrity
[intégrəti]

n. 고결, 성실 ; 완전무결

연상 내 친구 인태가 그리 티(→인테그러티)가 나는 것은 그의 고결한 인품 때문이야!

예문 The poet refused to compromise his artistic **integrity**.
그 시인은 자신의 예술적 고결함을 굽히는 것을 거절했다.

query
[kwíəri]

n. 질문(inquiry), 의문

연상 질문을 많이 받아 귀가 어리(→퀴어리)벙벙하다.

예문 They asked a great many **queries** about my family.
그들은 나의 가족에 대한 많은 질문을 했다.

mortal
[mɔ́ːrtl]

a. 죽을 운명의, 죽음의　**반** immortal 불사의, 불멸의

연상 작동 중인 모틀(motor를)(→모:틀) 잘못 만지면 죽을 운명의 상황에 처한다.

예문 It is an unchangeable truth that man is **mortal**.
모든 인간이 죽는다는 것은 불변의 진리다.

eccentric
[ikséntrik]

a. (사람, 행동 등이) 보통과 다른, 괴짜인; (축 등의) 중심에서 벗어난

n. 괴짜, 기인

연상 이크! 센(너무 지나친) 트릭(trick;속임수)(→익센트릭)을 쓰면 그 행동이 보통과 다른 것이다.

예문 The old man was getting very **eccentric**.
그 노인은 점차 괴벽스러워졌다.

orthodox
[ɔ́ːrəədàks / -dɔ̀ks]

a. (학설 등이)정통인, 정통파의　**n.** 그리스 정교도; 정통파의 사람

연상 중국의 오서(五書:오대서적)을 독서(→오:써독스)해야 정통의 학설을 익힐 수 있다.

예문 It in not an **orthodox** theory.
그것은 정통파의 학설을 아니다.

trait
[treit]

a. 특징, 특색, 특질(characteristic)

연상 ① 특징은 사회나 어떤 단체의 틀에(=구조에) 있(→트레잇)다.
② 한국의 tray(접시: 고려자기) it(그것)(→트레잇)엔 특징이 있다.

예문 He shares several character **traits** with his father.
그의 몇 가지 성격적 특징은 아버지를 닮았다.

---

obligation
[àbləɡéiʃən]

n. (사회적·법률적) 의무, 책임; 채무; 은혜　**동** duty

연상 oblige(의무를 지우다) + ation(명사 어미)(→아블러게이션) = 의무, 책임(oblige[əbláidʒ] ~하도록 강요하다, ~에게 의무를 지우다)

예문 Paying taxes is an **obligation** of citizenship.
납세는 시민의 의무이다.

---

chronic
[kránik / krɔ́n]

a. (어려움 등이) 끊임없는, 계속되는 ; (병이) 만성의

연상 크론(Crohn) 병에 익숙해진(→크로닉) 것이 그 병의 만성의 증세다.

예문 He suffers from **chronic** asthma.
그는 만성 천식에 시달리고 있다.

---

strive
[straiv]

v. 노력하다, 애쓰다

연상 스트리트(street:거리)에서 라이브(live)(→스트라이브)음악을 하는 가수들은 노력하는 사람들이다.

예문 He **strived** to be impartial.
불공평하지 않도록 노력하다.

UNIT 08 TEST

[1~12] 보기에서 영어에 해당되는 우리말을 찾아 쓰시오.

1. exotic _____

2. tariff _____

3. ripe _____

4. allure _____

5. collaboration _____

6. vigorous _____

7. warrant _____

8. query _____

9. contemplate _____

10. moan _____

11. ratio _____

12. imminent _____

보기 ① 비율 ② 이국적인 ③ 협력 ④ 보증서 ⑤ 질문 ⑥ 익은 ⑦ 긴박한
      ⑧ 활력 있는 ⑨ 관세 (율)표 ⑩ (남을) 꾀다 ⑪ 심사숙고하다 ⑫ 신음소리

[13~17] 다음 빈칸에 들어갈 적절한 어휘를 고르시오.

13. Bill David's message is that the key to success is _____ leadership.

14. She has already _____ to some of the difficulties.

15. She is an _____ woman who likes wearing a beret and dark glasses.

16. The region must now _____ for economic development as well as peace.

17. The country is heading for a complete financia _____ .

보기 ① eccentric ② breakdown ③ authentic ④ strive ⑤ alluded

[18~21] 다음 빈칸에 들어갈 적절한 어휘를 고르시오.

18. If you give your baby juice, _____ it well with cooled, boiled water.

19. It now seems their decision was _____ .

20. The minister promised to restore the honesty and _____ of the government.

21. The builders failed to meet their contractual _____ .

보기 ① obligations ② integrity ③ dilute ④ premature

정답 1.② 2.⑨ 3.⑥ 4.⑩ 5.③ 6.⑧ 7.④ 8.⑤ 9.⑪ 10.⑫ 11.① 12.⑦
      13.③ 14.⑤ 15.① 16.④ 17.② 18.③ 19.④ 20.② 21.①

Further Study

germinate 발아시키다

knowledgeable 지성이 있는

hierarchy 계급제도

loophole 허점, 빠져나갈 구멍

impromptu 즉흥적인

pernicious 유해한, 치명적인

appalling 소름끼치는, 무서운

heinous 극악무도한, 흉악한

idiosyncrasy 개인의 특징, 특이한 성격

ubiquitous 도처에 있는, 편재하는

perennially 1년 내내, 계속해서

venerable 존경할만한

repulsive 혐오감을 주는, 불쾌한

fancy goods 장신구, 잡화

ups and downs 부침, 성쇠

preconception 선입관, 편견

trail 오솔길

every inch 철두철미, 완전히

gobble 게걸스럽게 먹다

desirous 원하는, 열망하는

funny bone 유머를 이해하는 마음

crack up 웃음을 터뜨리다

rib-tickler 우스갯소리, 농담

urn 항아리, 단지

lotus 연꽃

on all fours 팔다리로 기어

predecessor 전임자, 선행자

hideous 무시무시한

mariner 선원

virtuoso 예술의 거장, (특히) 음악의 대가

berate 호되게 꾸짖다, 질책하다

sameness 똑같음, 획일

can't wait to ~을 빨리 하고 싶다

jaywalk 무단 횡단하다

go too far 너무 심하다, 도를 넘다

---

torment
[tɔ́:rment]

n. (육체적, 정신적)고통, 고뇌 **v.** 고통을 주다, 고문하다(torture)

연상 어떤 사람에게 거칠은 토(土;흙)과 같은 ment(말)(→토:멘트)를 한다 면 그 사람에게 고통을 주는 것이다.

예문 She suffered **torments** from her aching teeth.
그녀는 치통으로 고통 받았다.

---

ail
[eil]

v. (남을)괴롭히다, 고통을 주다 ; 앓다, 병들다

연상 에잇! 일(→에일)이 우리를 괴롭히구나! (힘든 일은 사람을 괴롭힌다)

예문 What **ails** your mother?
너의 어머니는 왜 괴로워하시니?

파생 ailment n. (가벼운)병

---

divine
[diváin]

a. 신의, 신성의 ; 신성한(holy)

연상 옛날엔 집 뒤에 있는 바위는, 즉 뒤 바윈(→디바인) 집을 지켜주는 신성한, 신성의 존재로 여겨졌다.(미륵 신앙)

예문 To err is human; to forgive, **divine**.
실수를 범하는 것은 인간의 행위고 용서하는 것은 신의 것이다.

---

appall
[əpɔ́:l]

v. ~을 놀라게 하다, 오싹하게 하다

연상 a(하나의) 포(대포)가 all(모든 사람)(→어포올)을 오싹하게 한다.

예문 I am **appalled** at the mere thought.
나는 생각만 해도 오싹해 진다.

파생 appalling a. 소름이 끼치는

---

abrupt
[əbrʌ́pt]

a. 갑작스러운, 뜻밖의 ; (말 따위가) 퉁명스러운

연상 어부(들이) 늪 터(→어브럽트)에서 뜻밖의 일을 당한다.(바닷가 늪에 빠지는 경우가 있다)

예문 There was an **abrupt** change of plans.
갑작스런 계획의 변경이 있었다.

예문 He gave an **abrupt** answer.
그는 퉁명스럽게 대답했다.

파생 abruption n. 분리, 분열

---

steep
[sti:p]

a. 가파른 ; (금액 등이) 터무니없이 비싼 ; (증가 등이) 급격한

연상 관광버스 기사들에게 서(서) 팁(→스티입)을 주는 곳이 가파른 길에서다.

예문 Houses in the Alps have **steep** roofs.
알프스의 집들은 지붕이 가파르다.

rigid
[rídʒid]

a. 굳은, 딱딱한; (규칙 등이) 엄격한: (생각 등이) 완고한

연상 예절 지도와 같은 지도는 도시보다는 시골마을 리(里)에서 하는 지도(가) 더(→리지드) 딱딱하고 엄격하다.

예문 He was **rigid** like a statue.
그는 동상처럼 뻣뻣이 서 있었다.

dissident
[dísədənt]

a. 반대자, 반체제주의자

연상 무기나 반기를 뒤(에서) 든(→디서든(트)) 사람이 바로 반대자, 반체제주의자다.

예문 The regime murdered political opponents and imprison **dissidents**.
그 정권은 정적들을 살해하고 반체제인사들을 투옥했다.

liable
[láiəbəl]

a. (법률상) 책임을 져야 할(responsible); ~하기 쉬운

연상 라이(lie:거짓말) able(할 수 있는)(→라이어블) 사람은 거짓말에 책임을 져야할 사람이다.

예문 You are **liable** for the damage.
당신에게 그 손해배상의 책임이 있다.

파생 liability n. 책임, 부담; 경향

inspiration
[ìnspəréiʃən]

n. 영감: 고무, 자극

연상 그가 방 in(안에서) 스프레이(spray) 쓴(→인스퍼레이션) 것은 스프레이 향으로 영감을 얻기 위해서였다.

예문 The sea has provided an **inspiration** for many of his paintings.
바다는 그의 많은 회화에 영감을 주었다.

파생 inspire v. (감정 등을)불어넣다, 고무하다; 영감을 주다

attendant
[əténdənt]

n. 승무원, 참석자, 수행원   **a.** 출석해 있는; 시중드는

연상 ① attend(참석하다, 출석하다) + ant(사람)(→어텐턴(트)) = 비행기 같은 것에 참석한(타고 있는) 사람이 승무원이다.
② 비행기에서 a(한명)에서 ten(10) 명까지 던던하게(→어텐턴(트)) 승객들을 보살피는 사람들이 바로 승무원이다.

예문 Pool **attendants** kept a constant watch on the swimmers.
수영장 종업원은 끊임없이 수영하는 사람들을 감시한다.

파생 attendance n. 출석(자), 시중, 간호

prejudice
[prédʒudis]

n. 편견, 선입관(bias) **v.** 편견을 갖게하다

연상 풀에 여자 친구 쥬디가 서(→프레쥬디스) 있었다고 "쥬디는 풀을 좋아한다"고 생각하면 그것은 편견이다

예문 She has a **prejudice** against animal.
그녀는 동물에 대한 편견을 가지고 있다.

파생 prejudiced a. 편견을 가진

---

patriot
[péitriət]

n. 애국자

연상 자신의 페이(pay;보수)를 산에 트리(tree;나무)를 키우는 데 어떻게(→페이트리엇) 쓰느냐에 따라 애국자가 될 수 있다.(보수는 세금의 기초가 되고 나무는 국토를 건강하게 하니까 애국자이지)

예문 He is an ardent **patriot**.
그는 열렬한 애국지사이다.

파생 patriotic a. 애국적인, 애국의 patriotism n. 애국심

---

falter
[fɔ́ːltər]

v. 비틀거리다 ; 말을 더듬다 ; 머뭇거리다

연상 사람들은 폴:트(fault:결점)가(→포올터) 있을 때 다른 사람 앞에서 비틀거리거나 말을 더듬는다.

예문 Never **falter** in doing good.
선한 일을 하는데 머뭇거리지 마라.

---

lag
[læg]

v. 뒤처지다, 뒤떨어지다

연상 사람이 뒤처지는 것은 손이 아니라 랙(leg;다리)(→랙) 때문이다.

예문 He **lagged** behind the other runners in the marathon.
그는 마라톤에서 다른 주자들보다 훨씬 뒤처졌다.

---

attain
[ətéin]

v. (목표 등을) 달성하다 ; ~에 도달하다

연상 어! 태인(→어테인)이 만점의 목표를 달성했군!(내 친구 태인이)

예문 He has **attained** the highest grade in his mathematics exams.
그는 수학 시험에서 가장 높은 점수를 받았다.

파생 attainment n. 달성, 도달 ; 학식

---

ward
[wɔːrd]

n. 보호, 감독; (특정 환자를 수용하는) 병동; (교도소) 감방; (행정의)구

연상 ① 보호받고 있는 사람은 워드(word:말)(→워:드)를 많이 듣는다.
② 어떤 행정구나 병동 등에서만 통하는 워드(word:말)(→워:드)가 있다.

예문 They had put the patient the isolation **ward**.
우리는 그 환자를 격리 병동에 수용했다

파생 warden n. 감시자, 관리인

cannon

[kǽnən]

n. 대포, 기관포 **v.** 포격하다

연상 ① 어떤 전투에서도 can(할 수 있는) 넌(너는)(→캐넌) 바로 대포!(대포는 어떤 전투도 수행할 수 있다)
② 캐논(→캐넌) 카메라는 원래 대포에 부착해서 쓰던 것이었을까?

예문 In the past, a **cannon** was a large gun.
옛날에 대포는 크기가 컸다.

---

twilight

[twáilàit]

n. 황혼(dust), 저물녘; (전성기 다음의) 쇠퇴기

연상 옛날엔 황혼이 되면 투(two:두) 아이가 light(불)(→투아이라잇)을 켰다.(사방이 어둑해지기 때문에)

예문 We arrived at the village by **twilight**.
우리는 황혼녘에 그 마을에 도착했다.

---

epigram

[épigræm]

n. 경구(警句); 경구적인 표현

연상 애(아이)의 피 (몇)그램(gram)(→에피그램)만큼 신선한 것이 경구적인 표현이다

예문 This is one of the poet's **epigrams**.
이것은 그 시인의 경구중에 하나다.

---

stab

v. (칼 따위로) 찌르다(thrust); (마음을) 찌르듯이 아프게 하다

연상 칼로 사람을 찌를 때 보통 그 사람에게 한 스텝(step:걸음)(→스탭) 다가가서 찌른다.

예문 The hunter **stabbed** the bear in the heart.
사냥꾼은 곰의 심장을 찔렀다.

---

bastard

[bǽstərd]

n. 서자, 사생아; (동물의) 잡종

연상 옛날엔 배에서 일하는 스타(star:인기인)들이 (육지에 있는 사람보다) 더(→배스터드) 사생아를 두었다.(정식 결혼할 시간이 없어서)

예문 He was born a **bastard**.
그는 사생아를 태어났다.

---

click

[klik]

n. 찰칵하는 소리 **v.** 찰칵 소리 나다

연상 컴퓨터를 클릭(→클릭)하면 찰칵하는소리가 난다

예문 Her suitcase **clicked** shut.
그녀의 옷가방은 찰칵하고 닫혔다.

hybrid
[háibrid]

n. 잡종 **a.** 잡종의, 혼혈의, 혼성의

연상 석유를 사용하는 엔진과 전기 모터를 혼합한 잡종의 자동차가 하이브리드(→하이브리드) 자동차다.

예문 The garden strawberry is a large-fruited **hybrid**.
가든 스트로베리는 큰 열매가 열리는 잡종 산딸기다.

despot
[déspət, -pɑt]

n. 전제군주, 폭군(=tyrant)

연상 전제군주들은 어떤 곳에서든 대(大:큰) **spot**(장소)(→데스팟)을 차지하려 한다.

예문 They lived like slaves under the foot of a **despot**.
그들은 전제군주의 치하에서 노예와 같은 생활을 했다.

slang
[slæŋ]

n. 속어; 은어; 비어

연상 속어나 은어는 어떤 집단에서 슬쩍 사용하는 랭귀지(language;언어)(→슬랭)다.

예문 He did not understand the **slang** of the teenagers.
그는 10대들의 은어를 이해하지 못했다.

curfew
[kə́ːrfjuː]

n. (야간)통행금지; 만종

연상 이제 어느 나라에서든 사람들의 자유가 커(저서) **few**(별로 없는)(→커퓨) 것이 되어 버린 야간 통행금지다.

예문 There is a **curfew** from eleven at night until seven in the morning.
밤 11시에서 아침 7시까지 통행금지다.

apparatus
[æpəréitəs / -ræt]

n. 기구, 장비, 설비

연상 놀이 공원 놀이 기구를 타고 나서 애 (얼굴이) 퍼래지고(퍼렇게 되고) 이(치아)가 터서(→애퍼레이터스)요.

예문 It is a very sophisticated piece of laboratory **apparatus**.
그것은 대단히 정교한 실험기구 중에 하나다.

cling
[kliŋ]

v. 들러붙다, 매달리다; (습관, 생각 등에) 집착하다(~to)

연상 빙산 경기인 컬링(curing)(→클링)은 4명의 선수가 하나의 스톤에 들러붙어, 집착해야 하는 경기다

예문 Her wet clothes **cling** to the body.
그녀의 젖은 옷이 몸에 착 달라붙는다.

centenary
[séntənèri / senténəri]

n. 100주년(기념일)

a. 100년(간)의; 100년마다; 100년 기념의 (=centennial)

연상 어떤 것의 **센터**(center:중심)에 **내리**(처음부터 끝까지)(→센터네리) 100년을 있어온 것이라야 100년마다 100주년 기념일을 가질 수 있다.

예문 Next year is the **centenary** of her birth.
내년은 그녀의 탄생 100주년이다.

brink
[briŋk]

n. (벼랑 따위의) 가장자리 ; 물가 **cf.** blink 깜박거리다

연상 그 운동장의 빙상경기장 A링크는 안쪽에 **B 링크**(→브링크)는 가장자리에 있다.

예문 Scientists are on the **brink** of a new discovery.
과학자들은 새로운 것을 발견할 직전에 있다.

loom
[lu:m]

v. 어렴풋이 나타나다; 불쑥 거대한 모습을 드러내다 **n.** 베틀

연상 **룸**(room:방)(→루움)안에 있을 때 창을 통해 바깥 풍경이 어렴풋이 나타난다.

예문 The outline of a ship **loomed** through the fog.
배의 윤곽이 안개 속에 어렴풋이 나타났다

veto
[ví:tou]

n. 거부권; 거부 **v.** (의안 따위를) 거부하다

연상 어떤 안건 등을 **비**오는 **토**(土:땅)(→비:토우)에 내놓는다면 그것을 거부한다는 뜻이다.

예문 The president **vetoed** the bill.
대통령은 그 법안을 거부했다.

denounce
[dináuns]

v. (공공연히) 비난하다, 탄핵하다 ; 고발하다(accuse)

연상 **D급 아나운서**(announcer)(→디나운스)는 남을 비난하는 방송을 한다.

예문 He was publicly **denounced** as a traitor.
그는 공공연히 배신자로 비난받았다.

archaeology
[à:rkiálədʒi]

n. 고고학

연상 "아! (옛날 사람의) **키**(를) **알**(=알고 있을) **너지**(→아키알러지), 고고학 너지!

예문 She teaches **archaeology** at the university.
그녀는 그 대학에서 고고학을 가르친다.

파생 archaeologist n. 고고학자

tribute

[tríbjuːt]

n. 조공, 공물; 찬사, 칭찬

연상 트리(tree 나무)가 부터(부유한 땅)(→트리뷰:트)를 만들었다고 말 하면 그것은 나무에 대한 찬사고 나무에 바치는 말의 조공이다.

예문 He paid **tribute** to his students.
그는 제자들에게 찬사를 보냈다.

---

stitch

[stitʃ]

n. (바느질) 한 바늘, 한 땀   **v.** 꿰매다

연상 스티치 자켓, 스티지 블라우스(→스티취)는 바늘로 한 땀 한 땀 꿰매어 만든 수제 자켓, 블라우스을 말합니다.

예문 A **stitch** in time sakes nine.
제 때 한 바늘은 나중에 아홉 바늘의 수고를 구한다.

---

ailing

[éiliŋ]

a. 병든; 병약한

연상 에이! 링(ring:반지)(→에이링)을 잘못 끼었더니 병든 손가락이 되었군!

예문 He takes care of his **ailing** mother.
그는 병든 어머니를 보살핀다.

UNIT 09 TEST

[1~12] 보기에서 영어에 해당되는 우리말을 찾아 쓰시오.

1. rigid _____

2. dissident _____

3. prejudice _____

4. veto _____

5. denounce _____

6. appall _____

7. brink _____

8. twilight _____

9. torment _____

10. divine _____

11. cling _____

12. hybrid _____

보기 ① 반대자 ② 황혼 ③ 가장자리 ④ 신의 ⑤ 굳은 ⑥ 편견 ⑦ 비난하다
     ⑧ 들러붙다 ⑨ 섬뜩하게 하다 ⑩ 거부권 ⑪ 혼합의 ⑫ 괴롭히다

[13~17] 다음 빈칸에 들어갈 적절한 어휘를 고르시오.

13. This wound has to be _____ up urgently.

14. He never faltered in his _____ to the party.

15. The bleak mountains _____ out of the blackness and towered around.

16. Failure to communicate had brought the two nations to the _____ of war.

17. Another man was rescued as he _____ to the riverbank.

보기 ① clung ② commitment ③ stitched ④ loomed ⑤ brink

[18~21] 다음 빈칸에 들어갈 적절한 어휘를 고르시오.

18. It is a very sophisticated piece of laboratory _____ .

19. Many people are in favor of a _____ on young people.

20. They all have _____ the highest Buddhist teachings.

21. Rosie's idyllic world came to an _____ end when her parents' marriage broke up

보기 ① curfew ② apparatus ③ abrupt ④ attained

정답 1.⑤ 2.① 3.⑥ 4.⑩ 5.⑦ 6.⑨ 7.③ 8.② 9.⑫ 10.④ 11.⑧ 12.⑪
     13.③ 14.② 15.④ 16.⑤ 17.① 18.② 19.① 20.④ 21.③

264

Further Study

outgrow ~보다 더 자라다

sleep on it

밤새 고민하다, 결정을 다음날로 미루다

run in the family 유전이다

new arrival 신상품

blind date 소개팅, 미팅

unheard 들어보지 못한

have a sweet tooth 단것을 좋아하다

unicycle 외바퀴 자전거

be down 고장 난

be offered a job 취직을 제의받다

inoffensive 불쾌감을 주지 않는

illusory 환영의; 착각의

spicy 향(신)료를 넣은, 향긋한

picturesque 그림 같은, 아름다운

inedible 먹을 수 없는

flower bed 화단

mast 돛대

bicycle lane 자전거 도로

stab ~ in the back ~의 험담을 하다

cross 교배하다, 교차된

have a long day 힘든 하루이다

cause and effect 원인과 결과

be headed for ~로 향하다

fantasize 공상에 잠기다

statuette 작은 조각상

disregard 무시하다, 주의하지 않다

remorseful 깊이 뉘우치는

fall down on ~에 실패하다, 앞으로 넘어지다

multi-racial 다민족의

outnumber ~보다 수가 많다

take out 인출하다(=withdraw)

framework 뼈대, 골조

optical fiber 광섬유

fling down 넘어뜨리다, 내팽개치다

deceased 사망한

shabby

[ʃǽbi]

[a.] 초라한, 남루한 ; 낡아빠진; 비열한

[연상] 남의 물건을 쌔비(→섀비)는 것은 초라한 행동이다.

[예문] He wore a shabby old overcoat.
그는 초라한 낡은 외투를 입고 있었다.

---

batter

[bǽtər]

[v.] 강타하다; 연달아 치다 **[n.]** (야구의) 타자

[연상] 야구에서 배터(타자 batter)(→배터)가 하는 일이 공을 강타하는 것이다.

[예문] They battered the door down.
그들은 문을 두들겨 부수었다.

---

bureau

[bjúərou]

[n.] (사무용) 큰 책상 ; (관청의) 국, 부; (미)옷장

[연상] 올 여름 많이 내린 비, 우(雨)로(→뷰로우) 인해서 정부의 부처에 책상이 늘어났다.(재난을 다루기 위해서)

[예문] He keeps the papers in a bureau.
그는 서류를 책상에 보관한다.

---

deploy

[diplɔ́i]

[v.] (부대 따위) 전개하다(시키다); 배치하다

[연상] 채소를 심을 때 뒤 풀(밭)에 오이(→디플로이)를 배치하다.

[예문] She deployed a powerful argument against the proposal.
그녀는 그 제의에 강한 반론을 전개했다.

[파생] deployment n. 전개 (development)

---

verify

[vérəfai]

[v.] 확인하다, 검증하다(confirm)

[연상] 그들은 그 파이가 very(매우) (좋은) 파이(→베리파이)란 것을 확인했다.

[예문] The policeman verified the details of his statements.
경찰관은 그의 진술 내용을 상세히 확인했다.

shrine
[ʃrain]

n. 사당, 신전

연상 신전이나 사당 가까이가면 관리인이 "쉬, 라인(line;선)(→슈라인) 밖 으로 물러나시오" 라고 말한다.

예문 Islam's most sacred **shrine** is at Mecca in saudi Arabia.
이슬람교의 최고의 성전은 사우디아라비아 메카에 있다.

flutter
[flʌ́tə:r]

v. (깃발 따윌) 펄럭이다, (날개를) 퍼덕거리다; (심장이) 두근거리다

연상 ① 보자기 같은 것을 풀어 터(→플러터)뜨리면 바람에 펄럭인다.
② 선물 보따리를 풀어 터(→플러터)뜨리면 가슴이 두근거린다.

예문 Some butterflies were **fluttering** about.
나비 몇 마리가 날개를 파닥거리며 돌아다닌다.

broil
[brɔil]

v. 불에 굽다(grill) **n.** 구움; 구운 고기

연상 불과 oil(기름)(→브로일)으로 고기를 불에 굽는다.

예문 She **broiled** a steak over a charcoal fire.
그녀는 숯불에 스테이크를 구웠다.

pier
[piər]

n. 선창, 부두(wharf)

연상 어부나 뱃사람의 기대와 꿈이 피어(→피어) 나는 곳이 바로 부두다.

예문 Fishing boats are moored at the **pier**.
어선들이 부두에 계류되어 있다

crisp
[krisp]

a. (음식물 등이) 파삭파삭한, (낙엽 등이) 파삭파삭 소리 나는

연상 크리스마스(Christmas) 때 숲(→크리스숲)은 파삭파삭한 낙엽들로 가득하다.

예문 She always bakes cookies until the pastry is golden and **crisp**.
그녀는 언제나 쿠키를 반죽이 황금색으로 바삭바삭해질 때까지 굽는다.

duplicate
[djú:plikət]

a. 이중의, 복사의 **n.** 복사(물), 사본 **v.** [djú:plikèit] 복사하다

연상 과제로 제출한 두(개)의 풀이는 케이트(→듀:프리케이트)가 한 부를 복사해서 제출한 것이다.

예문 I **duplicated** the papers.
나는 그 서류를 복사했다.

huddle
[hʌ́dl]

v. 떼 지어 모이다; 뒤죽박죽 쌓아올리다

연상 장애물 경주인 허들(hurdle)(→허들) 경주를 보기위해 관중들이 떼 지어 모였다.

예문 They **huddled** together around the fire.
그들은 모닥불 주위에 모였다.

abide
[əbáid]

v. (어떤 장소에)머무르다, 살다; 참다, 견디다; (결정, 규칙 등에)따르다

연상 사람보다 **a**(하나) 바위가 더(→어바이드) 오래 동안 한 장소에 머물러 있다. 모진 비바람을 견디며 한곳에 머물러 있다.

예문 **Abide** with me.
우리 집에 묵어요.

예문 I can't **abide** his rudeness.
그의 무례함을 참을 수 없다.

latitude
[lǽtətjùːd]

n. 위도 ; (행동, 사상 등의) 자유(범위). **반** longitude 경도

연상 래터(latter 뒤의) 튜터(tutor)(→래터튜:드)는 위도가 높은 지방에 산다. 그래서 회의가 있을 때 늘 다른 사람들 뒤에 도착한다.

예문 The **latitude** of the region is 45th degrees north.
그 지방의 위도는 북위 45도이다.

seduce
[sidjúːs]

v. 유혹하다(lure), 매혹시키다; 부추기다, 속이다

연상 황진이는 시(詩) 두 수(→시듀:스)로 벽계수를 유혹했다.

예문 He **seduced** a pure maiden.
그는 순결한 처녀를 유혹했다.

파생 seduction n. 유혹; 매력

paw
[pɔː]

n. (개, 고양이 따위의) 발; (구어)사람의 손 **v.** (짐승이) 앞발로 할퀴다

연상 동물의 발은 포-(four;네 개)(→포:)니까 포-(paw)(→포:)라 한다.

예문 The dog lifted his **paw** and put it on my knee.
개는 발을 들어 내 무릎에 놓았다.

steadfast
[stédfæst / -fəs-]

a. 확고부동한(steady), 견실한, 변함없는,

연상 수태(아이를 가짐)를 더 fast(빨리)(→스테드패스트) 되게 하는 것은 확고부동한 부부사랑이다.

예문 He was **steadfast** to his principles.
그는 거의 주의를 굽히지 않았다.

idiot
[ídiət]

n. 바보, 천치(fool)

연상 이(E)와 디(D)자를 어떻게(→이디엇) 어떻게 쓰느냐고 물으면 **바보** 취급당한다.

예문 Sometimes I feel like a complete **idiot**.
때때로 나는 바보처럼 느껴진다.

---

recur
[rikə́ːr]

v. 재발하다, 되풀이 되다; 마음에 다시 떠오르다

연상 그 시골 마을 리(里) 크기가 너무 커(→리커ː)서 나쁜 사건이 **재발했다**.(넓이가 작은 곳보다 큰 곳에서 사건이 되풀이되기 쉽다)

예문 Those past experiences constantly **recurred** to me.
그 과거의 경험들은 끊임없이 내 머리 속에 떠오른다.

파생 recurrence **n.** 재발, 최상

---

cosmos
[kázməs / kɔ́zmɔ-]

n. (질서와 조화의 구현으로서) 우주; 질서; 코스모스(식물) **반** chaos 혼돈

연상 코스모스(→카즈머스)는 꽃잎들이 질서 속에 마치 작은 우주를 이루고 있는 것 같다.

예문 Astronomers study the structure of the **cosmos**.
천문학자들은 우주의 구조를 연구한다.

---

herd
[həːrd]

n. (짐승의) 떼, (특히) 소·돼지의 떼; 군중 **cf.** flock (양, 새 등의) 떼

연상 소가 한 마리보다는 떼거리로 모여 있을 때 그 소리가 더 크게 **heard**(들린다)(→허ː드)하기 마련이다.

예문 A **herd** of cattle are feeding on grass.
한 떼의 소가 풀을 뜯고 있다.

---

kneel
[niːl]

v. 무릎을 굽히다, 무릎을 꿇다

연상 니가 너의 일, 즉 니 일(↔니일)을 할 때 무릎을 굽힌다.

예문 As a sign of surrender they **kneeled** down to the ground.
그들은 항복의 표시로 땅바닥에 무릎을 꿇었다.

---

congenital
[kəndʒénətl]

a. (병, 결함 따위) 타고난, 선천적인 **cf.** innate (성격 등을) 타고난

연상 병적으로 키가 큰 쟨(쟤는, 저 애는) 부모인 너 틀(너의 체격)(→컨제너틀)을 (물러 받아) 타고난 것이다.

예문 The child suffers from **congenital** heart disease.
그 아이는 선천성 심장병을 앓고 있다.

cram
[kræm]

v. 꽉 채워 넣다(stuff); 주입식으로 공부하다   **n.** 주입식 공부; 밀집
연상 그 컴퓨터는 용량이 커서 램(ram,기억장치)(→크램)에 많은 것을 꽉 채워 넣을 수 있었다.
예문 He **crammed** all his clothes into the trunk.
그는 옷을 모두 트렁크에 쑤셔 넣었다.

tickle
[tíkəl]

v. 간질이다; 기쁘게 하다
연상 그녀는 티끌(→티클)로 나의 얼굴을 간질였다.
예문 She **tickles** me under the arm.
그녀가 내 겨드랑이를 간질인다.

ailment
[éilmənt]

n. 불쾌, (특히 만성적인) 병
연상 일이 하기 싫어 "에잇, 일"하는 멘트(ment, 말)(→에일먼트)는 일을 상대방에게는 불쾌한
말이며, 병에 가까운 언사다.
예문 He suffer from an **ailment** of the digestive system.
그는 소화기관 질환을 앓고 있다.

transition
[trænzíʃən]

n. 과도기, 변천
연상 트랜지스터 라디오에 안테나 선(線)(→트랜지션)이 붙어 있었던 것은 무선 라디오로
발달해 가던 과도기였다.
예문 At this exhibition, you can see the process of **transition** in fashion.
이번 전시회에서 패션의 변천 과정을 보게 될 것이다.
파생 transit n. 통과, 통행

zenith
[zí:niə / . zén-]

n. 천정; 절정, 전성(기)
연상 제(저의) 니스(→제니쓰) 공장은 절정기에 있습니다.
예문 He is at the **zenith** of his fame.
그는 명성의 절정에 있다.

beak
[bi:k]

n. 부리; 부리모양의 것
연상 화학실험에서 쓰는 큰 비커(beaker)의 아가리 부분이 새의 부리를 닮았다.
예문 Birds use their **beaks** to pick up food.
새들은 먹이를 쪼기 위해 부리를 사용합니다.

trudge
[trʌdʒ]

v. (무거운 발걸음으로) 터벅터벅 걷다.

연상 누구나 연인에게 마음이 틀어지면(→트러지) 터벅터벅 걸어 가 버 린다.

예문 We had to **trudge** up the track back to the station
우리는 역까지 터벅터벅 걸어서 그 길을 되돌아와야 했다.

appendix
[əpéndiks]

v. 맹장; 부록(addition), 부가물

연상 a(하나) pen(펜)으로 본문 뒤에 써(→어펜딕스) 붙인 것이 부록이다.

예문 There is an **appendix** at the end of the book with a list of dates.
그 책 말미에 날짜 목록과 함께 부록이 실려 있었다.

static
[stǽtik]

a. 정적인, 정지된

연상 여자가 수태를 하면 티크(→스태틱) 목재처럼 정적인 몸가짐을 가져야 한다.

예문 The national birth rate has reminded **static** for the last few years.
국민 출산율이 지난 몇 해 동안 정지되어 있다.

frantic
[frǽntik]

a. (흥분, 공포, 고통 등으로) 거의 미친, 광란적인,

연상 내 친구 프랜(=프랭)이 티크(→프랜틱) 목재에 머리를 박은 것은 흥분해서 거의 미친 상태라는 증거다.

예문 He seemed to be **frantic** with pain.
그는 고통으로 미친 것 같았다.

plantation
[plæntéiʃən]

v. (열대, 아열대 지방의) 대규모 농장, 농원

연상 처음부터 크게 plan(계획)이 돼 있었(→프랜테이션)던 대규모 농장 이 플랜테이션 농업이다.

예문 Many a slave worked on the cotton **plantations**.
많은 노예들이 목화농장에서 일했다.

traverse
[trǽvəːrs / trəvéːrs]

v. 횡단하다, 가로지르다; (계획 따윌) 반대하다 **n.** 횡단, 가로지르기

연상 큰 여객선과 같은 틀에(구조물에) 버스(→트래버스)를 싣는 것은 버스를 싣고 강이나 바다를 횡단하기 위해서다.

예문 They **traversed** snow fields in skis.
그들은 눈 덮인 들판을 스키로 횡단했다.

nausea
[nɔ́:ziə / -ʒə, -siə]

n. 메스꺼움, 배 멀미

연상 너무 오래 배의 노를 저어(→노:저 / 노:지어) 메스꺼움, 구역질이 난다.

예문 I have a feeling **nausea** as I travel by ship.
나는 배편으로 여행할 때, 배 멀미가 난다.

versatile
[vé:rsətl / -tàil]

a. 다재다능한, 다방면에 능한; 변하기 쉬운

연상 옷을 벗어서 틀(=체격), 즉 벗어 틀(→버:서틀)이 좋은 사람이 다재다능한 것이 아닐까.

예문 This machine is amazingly **versatile**, easy to handle.
이 기계는 놀라울 정도로 다용도이고 다루기 쉽다.

militia
[milíʃə]

n. 민병대, 민방위군, 예비군,

연상 민병대는 현역 군인들에게 밀려나서, 밀리셔(→밀리셔)서 국경 밖에 머물러
있답니다.(민병대 전령이 존칭어를 씀)

예문 The city's **militia** fought invaders bravely.
그 시의 민병대는 침략군들과 용감히 싸웠다.

martyr
[má:rtə:r]

n. 순교자; 순직자 **v.** 순교자로 죽이다.

연상 순교자로 죽이던 곳은 악마가 있는 마(魔)(의) 터(→마:터)였다.

예문 They died a **martyr** to the cause of freedom.
그들은 자유라는 대의명분에 목숨을 바쳤다.

arena
[ərí:nə]

n. 원형경기장, 영역, 경기장 ; (활약) 무대

연상 로마의 원형 경기장에 그 대단함에 네 눈이 어리나(→어리:너)?.

예문 The bullfighter entered the **arena**.
투우사가 원형경기장에 들어갔다.

matrix
[méitriks, mǽt-]

n. 모체, 기반

연상 매트리스(mattress; 요)가 잠자리의 기반(→매트릭스)이다.

예문 Greek civilization is the European cultural **matrix**.
그리스 문화는 유럽의 문화적 모체다.

UNIT 10 TEST

[1~12] 보기에서 영어에 해당되는 우리말을 찾아 쓰시오.

1. flutter _____

2. pier _____

3. shrine _____

4. duplicate _____

5. deploy _____

6. verify _____

7. nausea _____

8. latitude _____

9. shabby _____

10. congenital _____

11. static _____

12. seduce _____

보기 ① 초라한 ② 이중의 ③ 펄럭이다 ④ 확인하다 ⑤ 사당 ⑥ 정적인 ⑦ 전개하다
⑧ 유혹하다 ⑨ 메스꺼움 ⑩ 위도 ⑪ 선창 ⑫ (병, 결함 따위) 타고난

[13~17] 다음 빈칸에 들어갈 적절한 어휘를 고르시오.

13. He's a _____ actor who has played a wide variety of parts.

14. He _____ the Northeastern part of Africa.

15. There is a strong local _____ throughout the country.

16. The children have been driving me _____ all day!

17. We had to _____ up the track back to the station.

보기 ① frantic ② traversed ③ trudge ④ versatile ⑤ militia

[18~21] 다음 빈칸에 들어갈 적절한 어휘를 고르시오.

18. Olympic It is the _____ of all sporting events.

19. This theme _____ several times throughout the book.

20. I was _____ him, and he was laughing and giggling.

21. The team went into a _____ at half-time to discuss their tactics.

보기 ① huddle ② zenith ③ tickling ④ recurs

Further Study

hoarse 쉰 목소리의

flagrant 극악(무도)한, 악명 높은

hiatus (공간, 시간의) 틈

congeniality 친화성, 합치

clandestine 비밀의, 은밀한

loquacious 수다스러운

cornerstone 기초, 초석

pinnacle 작은 뾰족탑, (권력 등의) 정점

quagmire 수렁, 꼼짝할 수 없는 곤경

backfire 맞불을 놓다

sack 약탈하다

scribble 낙서하다

quench 갈증을 풀다, 불 따위를 끄다

contraband 밀수, 밀매, 불법 거래

accomplice 공범

backout 철회

hideout 은신처, 피난처

commiserate 동정하다, 가엾게 여기다

corroborate (소신이나 진술 등을) 확증하다

disclaim 기권하다

hilarious 아주 재미있는

espouse (주의 따위를) 받아들이다, 채택하다

lenient 관대한

creepy 오싹하는

sojourn (일시적인) 체류, 머무르다.

flicker 깜박이다, 명멸하다

deify 신성시하다

get ahead of 앞지르다

slovenly (옷차림이) 단정치 못한

devout 독실한, 신앙심이 두터운

luscious 향기가 좋은

flaunt 과시하다, 자랑하다

disparage 험담하다

resilient 회복력 있는, 탄력 있는

bereavement 사별

efficacy 효능, 효험

surpass
[sərpǽs, -pɑ́ːs]

v. (양, 정도, 능력 등에서) ~보다 낫다. 능가하다 ; (범위, 한계 등을) 넘다. 초월하다.

연상 공을 패스할 때 서(서) pass(패스)(→서패스)하는 것이 앉아서 패스하는 것보다 낫다.

예문 She **surpassed** her sister French.
그녀는 불어를 언니보다 잘했다.

defy
[difái]

v. 도전하다(challenge); (권력 등에) 반항하다, 허용하지 않다

연상 학생들은 급식으로 질이 낮은 D급 파이, 즉 D파이(→디파이)를 제공받는 것에 반항했다.

예문 Hundreds of people today **defied** the ban on political gatherings.
오늘 수백 명의 사람들이 정치 집회 금지령에 저항했다.

파생 defiance n. 반대, 저항; 도전

filth
[filə]

n. 오물, 쓰레기; 불결

연상 느낌, 즉 필(feel)을 써(서)(→필쓰) 오물이나 도덕적 부패를 알아낸다.

예문 The ditch is filled with **filth**.
그 도랑은 쓰레기로 가득 차 있다.

파생 filthy a. 불결한; 부도덕한

flounder
[fláundər]

v. (흙·진창 속에서)버둥거리다, 몸부림치다 ; (당황하여) 허둥대다.

연상 권투선수가 빨리 시합을 끝내지 못하고 15라운드 전부, 즉 풀(full) 라운드(round)(→플라운더)를 뛰면 지쳐서 버둥거린다.

예문 He **floundered** in the deep snow.
그는 깊은 눈 속에서 버둥거렸다.

erudite
[érjudàit]

a. 박식한, 학식이 있는 누각

연상 불교에 박식한 그 사람은 사랑에 대해서 '애류(愛流)다, it(그것)은'(→에류다잇)'이라고 말했다.(애류 愛流=애욕의 바다)

예문 He was never dull, always **erudite** and well informed.
그는 결코 우둔하지 않았다. 언제나 박식하고 소식에 밝았다.

파생 erudition n. 박식; 학식

breach
[briːtʃ]

n. (법률·의무 등의) 위반, 불이행　**v.** (약속, 법률 등을) 어기다.

연상 산에서 야영할 때 불이 취-(→브리:취)하는 소리가 나도록 내버려 두면 법률 위반이다.(산불을 일으킬 수 있기 때문에)

예문 He **breached** his loan contract.
그는 채무계약을 어겼다.

altruistic
[æltruːístik]

a. 이타적인, 애타적인　**반** egoistic, selfish

연상 마법사가 앨(=애를)보고, 투루(true.진실의) **이 스틱** (stick.막대기)(→앨트루:이스틱)을 주겠다고 말하면 **이타적인** 행동이다.(진실을 말해 주는 마법의 막대기)

예문 No other animal is as **altruistic** as humans are.
인간만큼 이타적인 동물은 없다.

파생 altruism　n. 이타주의

precarious
[prikέəriəs]

a. 불확실한, 불안정한(unstable); 위험한

연상 아프로디테에게 학대받은 아름다운 여신 프리케는 눈에 눈물이 어리어서(→프리케어리어스) 행동이 **불안정했다.**

예문 He earns a **precarious** livelihood.
그는 수입이 불안정하다.

yearn
[jəːrn]

v. 갈망하다: 그리워하다　**동** covet

연상 어른들은 어릴 때 날리던 연(→여언)을 그리워하고 청춘 남녀들은 서로의 연(緣; 인연)(→여언)을 **그리워한다.**

예문 People **yearn** for peace and freedom.
사람들은 평화와 자유를 갈망한다.

creed
[kriːd]

n. 신조, 신념, 주의; 교리

연상 그 이치가 크(서), 사람의 생활 리드(lead; 끌고 가다)(→크리:드) 것 이 **신조, 신념**이다.

예문 Other countries have adopted this political **creed** enthusiastically.
다른 나라들은 이 정치적 신조를 적극적으로 채택했다.

rod
[rɑd / rɔd]

n. 장애, 막대; 회초리

연상 옛날부터 로드(rode;길)(→로드/라드)을 갈 땐 **막대기**를 가지고 다녔다.(지팡이 용도로, 또는 호신용으로)

예문 Spare the **rod** and spoil the child.
매를 아끼면 아이를 버린다.

burglar
[bə́ːrglər]

n. 밤도둑, 강도

연상 강도들은 자물쇠나 문을 버그러(→버:글러) 뜨린다.

예문 A **burglar** broke the lock and stole my gold ring.
강도가 자물쇠를 부수고 내 금반지를 훔쳐갔다.

reckon
[rékən]

v. 계산하다, 세다(count); 생각하다; 판단하다

연상 내(內;속)이 큰(→레컨) 사람이 계산하고 생각하는 것도 잘 한다.

예문 You have to **reckon** out the expenses in advance.
먼저 비용을 계산해야 한다.

morbid
[mɔ́ːrbid]

a. (정신이) 병적인, 불건전한; 병에 걸린, 병에 관한

연상 소나 개 같은 동물을 보면 병에 걸린 부분에 모(毛;털) 비더(→모:비드)라.(털이 빠져 자리가 비어 있더라)

예문 He has a **morbid** fear of fire.
그는 불에 대한 병적인 공포증이 있다.

comet
[kámit]

n. 혜성

연상 혜성은 온다. 지구를 향해 Come(온다) 밑(→카밋)으로!

예문 The most well-known **comet** is Halley's.
가장 잘 알려진 행성이 핼리혜성이다.

파생 cometary a. 혜성의; 혜성 같은

usage
[júːsidʒ]

n. 사용, 사용법 ; 어법

연상 use(사용하다) + age(명사어미)= usage(→유:시지)(사용(법))

예문 This instrument will not stand rough **usage**.
이 기구는 난폭하게 사용하면 망가진다.

slant
[slænt]

n. 경사, 비탈 **v.** 기울다, 경사지다 ;

연상 ① 슬슬 ant(개미)(→슬랜트)가 기어가는 곳, 등산객의 가슴이 설랜 터(곳)(→슬랜트)가 바로 경사 길이다.

예문 The path has no **slant**.
그 길은 경사진 곳이 없다.

snob
[snɑb]

n. 속물 ; (지위, 재산 등의) 숭배자, 사이비 신사

연상 돈을 쓸 줄 모르고 수납(=받아들임)(→스납)만 하면 속물이 된다.

예문 He is a frightful **snob**.
그는 지독한 속물이다.

파생 snobbish 속물의

cockpit
[kάkpìt]

n. (비행기의) 조종실 ; 투계장

연상 cock(닭)이 핏투성(→칵핏)이가 곳이 투계장이다. 전투기 조종실은 투계장과 같은 곳이다.

예문 He climbed into the **cockpit** of the fighter.
그는 전투기이 조종석에 올랐다.

yawn
[jɔːn]

n. 하품 **v.** 하품하다

연상 욘(요는)(→요온) 하품하는 사람이 깔고 자는 침구다.

예문 Tom **yawned** his reply.
탐은 하품하면서 대답했다.

eject
[idʒékt]

v. 내쫓다(expel), 몰아내다

연상 자동차를 들어 올릴 때 쓰는 이 잭(jack)(→이잭(트))으로 자동차 절도범을 내쫓아라.

예문 A number of football fans had been **ejected** from the bar for causing trouble.
많은 축구팬들이 소란을 피워서 법정에서 쫓겨났다.

파생 ejection n. 추방; 탈출

extinct
[ikstíŋkt]

a. (생물, 종족 등이) 멸종한, 사멸한 ; (희망, 등불 등이) 꺼진

연상 농장에서 내 친구 익서가 농약통을 팅- 터뜨려서(→익스팅트) 주변에 곤충들이 멸종했다.

예문 The species was presumed **extinct**.
그 종(種)은 멸종한 것으로 추정되었다.

파생 extinguish v. 멸종시키다 끄다 extinction n. 멸종, 소멸

dazzle
[dǽzəl]

v. 눈부시게 하다; 현혹시키다 **n.** 눈부심, 현혹

연상 보통 대절(→대절)한 관광버스는 우리를 눈부시게 한다.(버스가 너무 어리어리하게 좋아서)

예문 I was **dazzled** by a flash bulb.
나는 플래시에 눈이 부셨다.

bishop
[bíʃəp]

n. (가톨릭의) 주교(主敎)

연상 생활이 검소하기 때문에 화려한 A급 가게보다는 B급 Shop(가게)(→비숍)에 가는 분이 바로 주교님이다.

예문 A **bishop** supervises many priests.
주교는 많은 사제들을 관리한다.

flank
[flæŋk]

n. 옆구리; (건물, 산 등의) 측면 **v.** 의 옆에 있다

연상 게르만의 한 부족인 프랑크(→프랭크)족은 라인강 동안, 즉 옆구리에 해당하는 갈리아 지방 한 측면에서 왕족을 세웠다.

예문 They attacked the enemy on both **flanks**.
그들은 적을 양 측면에서 공격했다.

blot
[blɑt]

n. 얼룩(spot) ; (인격 등에)오점 **v.** 더럽히다; (경관 등을) 해치다

연상 불났(→블랏)을 때, 벽에 얼룩이 남아 환경을 더럽힌다.

예문 There is an ink **blot** on the envelop.
봉투에 묻은 잉크 얼룩이 있다.

slander
[slændəːr]

n. 중상, 비방
v. 중상[비방]하다

연상 비방하기를 좋아하는 사람은 남을 비방할 때는 가슴이 설랜다(→스랜더)고 하더라.(비정상적인 일을 하니까 가슴이 뛴다)

예문 He was found guilty of **slander** against his employer.
그는 자신의 고용자를 중상모략 하는 죄를 범한 것으로 밝혀졌다.

apprehend
[æprihénd]

v. 이해하다; 염려하다; 체포하다

연상 애플(apple:사과)이 자신을 반이나 쪼아 먹은 hen(닭)을 더(→애플이헨드) 이해하고 염려한다.(애플사 로고는 먹다 남은 사과다)

예문 I **apprehend** his meaning from his gestures.
나는 그의 몸짓에서 그가 말하고자 하는 뜻을 이해했다.

파생 apprehension **n.** 불안; 이해; 체포 apprehensive **a.** 불안한; 이해가 빠른

pasture
[pǽstʃə]

n. 방목지, 방목장, 목초지

연상 낯선 사람이나 동물이 pass(지나가면) 쳐 내는(쫓아내는)(→패스쳐) 곳이 바로 방목지다.(전염병 예방을 위해 타인들을 쫓아냄)

예문 They put out cattle to **pasture**.
그들은 소를 방목했다.

panorama
[pǽnəræmə]

n. 전경; 전망; 개관

연상 시사보도 프로인 뉴스 파노라마(→패너래머)는 뉴스의 전경, 전망을 보여준다.

예문 There is a fine **panorama** the city.
그 시의 훌륭한 전경이 보인다.

wallet
[wɑ́lit / wɔ́l]

n. (접는 식의) 큰 지갑

연상 월(wall,벽)이(→와릿) 지갑과 같다.(벽과 지갑은 둘 다 재산을 보호해 주니까)

예문 I have only got about £10 in my **wallet**.
내 지갑엔 단지 10 파운드가 있다

radius
[réidiəs]

n. 반지름 ; (영향 등의) 행동 범위

연상 레이디(lady 숙녀)는 남자인 us(우리)(→레이디어스)의 반지름이다.(우리의 절반을 차지한다)

예문 No one can build a house within a **radius** of 200 meters of the remains.
그 유적지 반경 200미터 이내엔 집을 지을 수 없다.

banquet
[bǽŋkwit]

n. 공식 연회 ; 잔치

연상 옛날 뱅크(bank:은행) 윗(→뱅큇)층에선 늘 잔치가 열렸다.(돈 많은 사람들이 모여서)

예문 The king gave a **banquet** for the winner.
왕은 승자를 위한 연회를 베풀었다.

throb
[θrɑb]

v. (심장이) 고동치다. (몹시) 두근거리다 **n.** 맥박, 고동

연상 남의 책상 서랍(→쓰랍)을 열면 심장이 두근거린다.(나쁜 일을 하면 가슴이 두근거린다)

예문 My heart **throbbed** heavily.
나의 심장이 몹시 두근거렸다.

fake
[feik]

v. 위조하다(counterfeit); 속이다 **n.** 위조품, 가짜 **a.** 가짜의, 위조의

연상 방탄 소년단 '페이크 러브'(→페이크)는 '가짜 사랑'이라는 뜻이다.

예문 The painting is a **fake**.
그 그림은 위조 작이다.

ascertain
[æsərtéin]

v. (실험, 조사 등으로) 확인하다, 밝혀내다

연상 as(~처럼,~대로) + certain(확실한)(→애써태인)=확실히게 하는 것이 확인하는 것이다.

예문 They **ascertain** her death.
그들은 그녀의 죽음을 확인했다.

파생 ascertainment **n.** 확인, 탐지

thigh
[θai]

n. 넓적다리, 허벅다리

연상 허리와 무릎 사이(→싸이)가 넓적다리다.

예문 His fall left him with a mostly bruise on his **thigh**.
그는 넘어져서 넓적다리에 심한 타박상을 입었다.

grotesque
[groutésk]

a. 기괴한, 괴상한

연상 일을 할수록 줄어드는 것이 아니라 grow(커지는) 태스크 (task:일)(→그로우테스크)가 있다면 그것은 기괴한 것이다.

예문 Tribal women danced wearing **grotesque** masks.
부족의 여인들이 기이한 가면을 쓰고 춤을 추었다.

shriek
[ʃriːk]

n. 비명 **v.** 비명을 지르다(scream)

연상 영화 '쉬리'에 나오는 물고기 쉬리가 너무 커서, 즉 쉬리 크(→쉬리:크)서 사람들이 **비명을** 질렀다.

예문 He **shirked** in terror.
그는 겁에 질려 비명을 질렀다.

twinkle
[twíŋkəl]

v. (별, 빛 등이) 반짝 반짝 빛나다; (기쁨 등으로)눈이 빛나다

연상 ① 물이 팅글(→팅클)릴 때 반짝반짝 빛난다.
② twin(쌍둥이) 클(=자랄)(→팅클) 때 눈이 반짝반짝 빛난다 (둘이 경쟁하느라 눈이 빛난다)

예문 Stars **twinkled** in the night sky.
별이 밤하늘에 반짝이고 있었다.

loath
[louθ]

a. ~하기 싫은, 꺼리는(reluctant)

연상 ① 살찌기를 싫어하는 사람들은 불고기 로스(ros)(→로우쓰)를 싫어하겠지.
② 사람들은 로스(loss; 상실)(→로우쓰) 하는 것을 싫어한다.

예문 My wife is **loath** for our daughter to marry him.
아내는 딸이 그와 결혼하는 것을 싫어하고 있다

파생 loath **v.** 몹시 싫어하다 lathing **n.** 강한 혐오

innermost

[ínərmòust]

a. 가장 깊숙한(inmost)　**n.** 가장 깊은 곳　**반** outermost 가장 바깥쪽의

연상 inner(안의) + most(가장)(→이너모우스트) = 가장 깊숙한

예문 My wife scarcely express my **innermost** feelings to anyone.
아내는 자신의 내밀한 감정을 누구에게도 좀처럼 드러내지 않는다.

mingle

[míŋgəl]

v. 섞다, 하나로 합치다(mix); (사람들과) 섞이다, 교체하다

연상 민(民 백성)의 글(→밍걸) 훈민정음은 백성을 깨우쳐 하나로 합치게 했다.

예문 The two rivers **mingled** their waters there.
두 강은 그곳에서 합류하고 있었다.

velocity

[vəlásəti]

n. 속도, 속력(speed)

연상 꿀을 모으는 벌아! city(도시)(→버라서티)에서는 속도를 내지마라.(차들과 부딪칠지 모른다)

예문 Light travels at the highest achievable **velocity** in the universe.
빛은 우주에서 이룰 수 있는 가장 빠른 속도로 움직인다.

UNIT 11 TEST

[1~12] 보기에서 영어에 해당되는 우리말을 찾아 쓰시오.

1. erudite _____   2. altruistic _____

3. creed _____   4. breach _____

5. defy _____   6. yearn _____

7. comet _____   8. morbid _____

9. filth _____   10. apprehend _____

11. mingle _____   12. eject _____

보기 ① 신조 ② 도전하다 ③ 갈망하다 ④ 박식한 ⑤ 위반 ⑥ 오물 ⑦ 이타적인
　　 ⑧ 이해하다 ⑨ 섞다 ⑩ 내쫓다 ⑪ 혜성 ⑫ 병적인

[13~17] 다음 빈칸에 들어갈 적절한 어휘를 고르시오.

13. That is why I am always _____ to lend other people my books.

14. The _____ of money is low because prices are too high.

15. At night, lights _____ in distant villages across the valleys.

16. He said the greatest honor history can _____ is the title of peacemaker.

17. Could you _____ whether she will be coming to the meeting.

보기 ① twinkle ② ascertain ③ loath ④ bestow ⑤ velocity

[18~21] 다음 빈칸에 들어갈 적절한 어휘를 고르시오.

18. They said, all the paintings proved to be _____ .

19. Then comes a _____ of joy from three children on this grass.

20. Every nerve in my body began to pulse and _____ .

21. She has searched for work in a ten-mile _____ around his home.

보기 ① fakes ② radius ③ shriek ④ throb

정답 1.④ 2.⑦ 3.① 4.⑤ 5.② 6.③ 7.⑪ 8.⑫ 9.⑥ 10.⑧ 11.⑨ 12.⑩
　　 13.③ 14.⑤ 15.① 16.④ 17.② 18.① 19.③ 20.④ 21.②

Further Study

pressing 절박한

day-care facility 탁아시설, 육아시설

carpool (자동차) 합승이용

enthusiast 열광자, 광신자

discolored 변색한

stern (배의) 선미

misty-eyed 눈물이 글썽글썽한

inaugural 취임(식)의

poetic 시적인

revere 존경하다

groundless 근거 없는

decompose 분해시키다, 분해하다, 부패하다

demerit 단점, 잘못

have in common 공통점을 가지다

luminous 야광의, 빛나는

mural 벽의

voracious 대식가는, 식욕이 왕성한

impoverish 가난하게 하다, 곤궁하게 하다

stereotypical 상투적인, 틀에 박힌

foster parent 수양부모

lift the ban 금지를 해제하다

nostril 콧구멍

have a finger in every pie

간섭하다, 관여하다

bite the dust 패배하다

get the picture 이해하다

get the hang of 요령을 터득하다, 이해하다

have a finger in every pie 간섭하다,

관여하다

downplay 경시하다

breast-feed 모유로 키우다

entry-level salary 초봉(급)

wooded 나무가 무성한

dissocial 반사회적인, 비사교적인

entree 앙트레, 스테이크를 제외한 주 요리; 입장권

faucet (수도의) 꼭지

mandate
[mǽndeit]

n. 명령, 지령; (선거구민이 의원에게 하는)요구 **v.** 명령[요구]하다

연상 국가는 국민인 man(사람)에게 date(날짜)(→맨데잇)을 정해서 병역 세금 의무 등을 명령한다.(납부 일자를 정해서)

예문 They are **mandated** to go abroad.
그들은 외국으로 나가라는 명령을 받았다.

swindle
[swíndl]

v. 사취(詐取)하다, 속여 빼앗다 **n.** 사취; 사기

연상 신인 가수에게 "당신 노래는 쉬 윈들(wind를)(→스윈들) 일으킬 수 있다"고 접근한다면 돈을 사취하기 위한 사기 행각일 수도 있다.

예문 She **swindled** her friend out of money.
그녀는 친구 돈을 사취했다.

예문 This advertisement is a real **swindle**.
이 광고는 아주 엉터리다.

파생 swindler n. 사기꾼

discern
[disə́:rn]

v. 분별[식별]하다; (똑똑히) 알아보다

연상 현금 카드 뒷면에 있는 마그네틱 뒤선(→뒤선)은 그 카드가 진짜인지 아닌지를 분별한다.

예문 He **discerned** a distant figure.
그는 멀리 있는 사람의 모습을 알아보았다.

ardent
[á:rdənt]

a. 열렬한, 열광적인(passionate)

연상 아! 든든한(→아:던(트) 나의 팬은 늘 열렬한 팬이다.

예문 The singer has many **ardent** fans.
그 가수에게는 열렬한팬들 이 많다.

belittle
[bilítl]

v. 과소평가하다, 작아 보이게 하다

연상 비가 little(적게)(→비리틀) 오면 과소평가 한다.

예문 Don't **belittle** yourself.
너 자신을 낮추지 마라.

commonwealth
[kámənwèlə / kɔ́]

n. 연방, 영국연방; 국가, 공화국(republic)

연상 common(공통의) + wealth(부유)(→캄먼웰쓰) 공통적으로 부유한 것을 추구하는 것이 "연방"이나 "공화국"이다.

예문 Canada, India, and Kenya was all members of the **commonwealth**.
캐나다, 인도, 케냐는 모두가 영연방 소속 국가였다.

prick
[prik]

v. 찌르다, 찔리다; (남에게) 아픔을 주다　**n.** 찔린 상처, 찌르기

연상 공원에 있는 풀이 너무 커서, 즉 풀이 커(→프리크)서 걸어갈 때 다리를 찌른다.

예문 I **pricked** my finger on a thorn.
가시에 손가락이 찔렸다.

파생 prickly a. 가시가 많은, 따끔따끔한

sect
[sekt]

n. 교파, 종파 ; (정당 내의) 당파, 파벌

연상 종교적으로나 사상적으로 같은 색을 가진 사람이 모인 터전 즉 색(色)의 터(→섹트)가 바로 교파, 당파다.

예문 There are many **sect** of Christianity.
기독교에는 많은 교파가 있다.

nostalgia
[nɑstǽldʒiəs-]

n. 향수(병), (~에의) 그리움

연상 유치환의 시 '깃발'에 나오는 '노스텔지어의 손수건'(→노스텔지어)은 '향수의 손수건'이다.

예문 He suffers from **nostalgia** for his home.
그는 향수에 젖어 있다.

hypocrite
[hípəkrìt]

n. 위선자, 착한 체 하는 사람

연상 위선자는 히프(hip:엉덩이) 크리(→히퍼크릿)! (엉덩이에 무엇을 감추어서 히프가 클 것이란 유머)

예문 The socialist is a **hypocrite**.
그 사회주의자는 위선자이다.

파생 hypocrisy n. 위선; 가장

tyranny
[tírəni]

n. 폭정, 학정; 전제정치

연상 폭군이 국민을 무시하고 자기만 튀려니(→티러니)까 폭정을 하는 것 이겠지.

예문 They were oppressed by **tyranny**.
그들은 학정에 시달렸다.

파생 tyrant n. 전제군주

286

scramble
[skrǽmbəl]

v. 기다, 기어오르다; 긁어모으다

연상 가파른 바윗길을 학생들이 스크럼(scrum)을 짜서 벌벌(→스크램블) 기어올랐다.

예문 They **scramble** up the hill.
그들은 산을 기어올랐다.

pant
[pænt]

v. 헐떡이다(=gasp), 숨이 차다

연상 요리 중에 과열로 **pan**(팬) 터(→팬트)진다면 놀라서 숨을 헐떡이게 될 것이다.

예문 He **panted** up the stairs.
그는 헐떡이며 계단을 올라갔다.

anthropology
[æ̀nθərəpɑ́lədʒi]

n. 인류학

연상 인류학이 바로 앤여왕이 쓸어 팔 너지(→앤쓰러팔러지)? (인류학이 신학에 방해가 된다고 쓸어내어 팔아버릴 너)

예문 He majored in the **anthropology**.
그는 인류학을 전공했다.

파생 anthropologist **n.** 인류학자

congenial
[kəndʒíːnjəl]

a. 같은 성질의, 마음이 맞는; (건강, 취미 따위에) 적합한

연상 크기가 큰 진(jean; 부루 진)이 니 얼(→컨지:니얼)굴에 적합한 것 같아. 너의 취향과도 같은 성질의 옷이고.

예문 The climate of this region is **congenial** to my health.
이 지역의 기후는 나의 건강에 적합하다.

예문 **congenial** spirits 마음이 맞는 사람들

tranquil
[trǽŋkwil]

a. 고요한, 평화로운(calm)

연상 트랭퀼라이저(tranquilizer)(→트랭퀼) 마음을 고요한 상태로 만들어 주는 정신안정제다.

예문 I live near a **tranquil** park.
나는 고요한 공원 근처에 산다.

파생 tranquility **n.** 고요, 평안

stale
[steil]

a. (음식 따위가) 신선하지 않은; 진부한 반 fresh 신선한

연상 ① 수(數)에 대한 tale(이야기)(→스테일)은 신선하지 않다.
② 친구 수태가 하는 일, 수태 일(→스테일)은 신선하지 않다.

예문 You must check and see if the bread is **stale** or not.
빵이 상했는지를 확인해 봐야 한다.

예문 **stale** jokes 진부한 농담

perspire
[pərspáiər]

[v.] 땀을 흘리다

[연상] 곤경에 처해 얼굴이 퍼렇게 된 스파이(spy)가 어! 어!(→퍼스파이어) 하면서 땀을 흘렸다.

[예문] He was **perspiring** heavily.
그는 땀을 많이 흘렸다.

stack
[stæk]

[n.] (건초 등의) 쌓아올린 더미; (도서관 등의) 서가

[연상] 옛날 고가엔 한 집안에 여러 채의 집이 있었는데, 그 중에 동쪽 집엔 사람이 살고 서쪽에 있는 집(宅), 즉 서택(西宅)(→스택)엔 물건 더미를 쌓아 두었다.

[예문] The book is buried under a **stack** of postcards.
그 책은 엽서 더미에 묻혀있다.

flatter
[flǽtər]

[v.] 아첨하다 ; 칭찬하다

[연상] 그는 애인에게 아첨하기 위해 풀(=풀잎)에 레터(letter; 편지)(→플래터)를 써서 보냈다.

[예문] Her ears were **flattered** by the compliments of the young man.
젊은이의 아첨이 그녀의 귀를 즐겁게 했다.

[파생] flattery **n.** 아첨. 아부

wake
[weik]

[v.] 잠 깨다; 눈을 뜨게 하다

[연상] 호텔에서 아침에 깨워주는 전화는 '모닝콜'이 아니라 '웨이크 업 콜'(→웨이크)이 바른 표현이다.

[예문] It was cold and dark when I **woke** at 6: 30.
내가 6시 30분에 잠을 깨었을 때 날은 춥고 어두웠다.

crumble
[krʌ́mbl]

[v.] (빵 등을)부수다, 가루로 만들다; 가루가 되다, 부서지다

[연상] 어른들은 아이들이 쓸 물건을 부수면 "그럼, 벌(→크럼블) 받는다"고 말한다.

[예문] The building **crumbled** to dust.
그 건물은 무너져서 먼지가 되었다.

alloy
[ǽlɔi / əlɔ́i]

[n.] 합금, 혼합물 **[v.]** 합금을 만들다(mix)

[연상] 추위에 얼 (all 모든) 오이(→앨오이 / 얼오이)는 합금으로 만든 그 릇에 담아두라.

[예문] Bronze is an **alloy** of copper and tin.
놋쇠는 구리와 주석의 합금이다.

rib
[rib]

n. 갈비, 갈빗대 ; (우산의) 살

연상 갈비집에서 갈비 뜯으면 립(lip:입술)(→립)에 묻지요.

예문 She tickled me in the **ribs**.
그녀는 나의 옆구리를 간질였다.

rifle
[ráifəl]

n. 소총 **v.** 약탈하다

연상 동물이나 사람의 라이플(life를)(→라이플) 빼앗아 가는 것이 소총이지요.

예문 **Rifle** are used to kill animals.
소총은 동물을 죽이는데 사용된다.

astound
[əstáund]

v. 놀라게 하다(astonish, surprise)

연상 건물이 불에 어서(빨리) 타(서) (주인이) 운다(→어서타운드)면 그것 은 우리를 놀라게 한다.

예문 Her romance **astounded** her parents.
그녀의 연애사건은 부모를 놀라게 했다

wardrobe
[wɔ́:rdròub]

n. (집합적) 의상, 의복: 옷장

연상 여자들은 의상 때문에 워드(word:말)로 웁(→워:드로웁)니다.(입을 옷 없다고 우는 행세를 합니다)

예문 She enjoys wearing loose **wardrobe**.
그녀는 헐렁한 옷 입기를 좋아한다.

abate
[əbéit]

v. (정도 세기 수량 등을) 감소시키다, 줄이다: ~을 생략하다, 줄이다

연상 인간은 어떤 직업, 즉 업(業)으로 ate(먹고)(→ 어베잇) 살았기에 삶에 어려움을 감소시켰다.(다른 동물에 비해서)

예문 The painkiller **abates** a patient's pain.
진통제는 환자의 고통을 덜어준다.

groove
[gru:v]

n. (목재 석재 금속의 표면에 판)홈; 관례, 관행(practice)

연상 그룹(group:집단)(→그루웁)이 다니는 곳에는 닳아서 홈이 생기고, 또 그룹이 생활하는 곳에는 생활의 관례가 있다.

예문 This door fits in this metal **groove**.
이문은 금속 홈에 잘 맞다

throng
[θrɔ(ː)ŋ / θrɑŋ]

n. 군중(crowd) **v.** 떼 지어 모이다, 우글우글 하다

연상 군중이 떼 지어 모이면 쓰렁쓰렁(→쓰롱)하다.(쓰렁쓰렁하다: 사귀는 정이 버성겨 서로 쓸쓸하다)

예문 The mob **thronged** toward the gates of the palace.
군중이 궁전의 대문에 몰려 왔다.

abbreviate
[əbríːvièit]

v. 단축하다(shorten) ; (이야기 등을) 생략하여 줄이다

연상 a(한건) 불이(화재는), 내리가 비(가) ate(먹어 치워서)(→어브리:비에잇) 화재진압 시간을 단축했다.

예문 New York is **abbreviated** to N. Y.
New York는 N.Y.으로 줄여 진다.

파생 abbreviation **n.** 생략형; 약자

stray
[strei]

v. 길을 잃다; 탈선하다, 벗어나다 **a.** 길 잃은

연상 street(거리)에 ray(빛)(→스트레이) 없다면 사람들은 길을 잃는다.

예문 He **strayed** off into the woods.
그는 숲 속으로 잘못 들어섰다.

strenuous
[strénjuəs]

a. (지력 등이) 활발한, 분투하는; (노력 등이)격렬한(laborious)

연상 노동자들은 street(거리)에 누워서(→스트레뉴어스) 격렬한 시위를 했다.

예문 We ought to avoid **strenuous** exercise immediately after a meal.
식사 직후에는 격렬한 운동을 피해야 한다.

aesthetic
[esθétik / iːs-]

a. 미의, 미학의 **n.** 미학

연상 우리 모두 애 쓰세! 티크(→에스쎄틱) 목재와 같은 미학의 도시를만들기 위해.

예문 He has an **aesthetic** appreciation of the painting.
그는 회화에 대한 심미적 감상력을 지녔다.

파생 aestheticism **n.** 유미주의; 예술지상주의

hop
[hɑp / hɔp]

v. (깡충)뛰다, 뛰어넘다. **n.** 뛰기

연상 깡충 뛸 때 는 두발을 합(→홥)쳐서 뛰어야 한다.

예문 The rabbit **hopped** around.
그 토끼는 깡충깡충 뛰어다녔다.

paralysis
[pərǽləsis]

n. 마비, 중풍; (활동, 능력 등의) 마비상태

연상 몸을 차가운 펄에 너(가) 씻어(서)(→퍼랠러시스) 몸이 마비됐다.

예문 The accident led to a **paralysis** of the flow of traffic.
그 사고로 교통 체증이 생겼다.

파생 paralyze v. 마비시키다; 정체시키다.

---

weird
[wiə:rd]

a. 수상한, 불가사의한 ; 섬뜩한, 기묘한

연상 보통 물고기보다는 몸이 뾰족하여 칼 모양의 물고기인 위어(葦漁, 웅어)가
더(→위어드) 수상한 물고기다.

예문 She heard **weird** noises that sound like crying in the mountain.
그녀 산 속에서 우는 것과 같은 섬뜩한 소리를 들었다.

---

cane
[kein]

n. (대나무, 사탕수수 등의) 줄기; 지팡이.

연상 허리케인(hurricane)에 가장 치명적 피해를 입는 것은 sugar cane
(사탕수수)(→케인)같은 식물의 줄기다.

예문 A **cane** chair was convenient and charming.
등나무 의자는 편리하고 멋있었다.

---

undergraduate
[ʌndərgrǽdʒuit]

n. 대학 재학생. **cf.** graduate 대학 졸업생; 대학원생

연상 under(아래에) + graduate(졸업하다)(→언더그래쥬에잇)=졸업 하는 것 보다
아래에 있는 학생이 바로 대학 재학생이다.

예문 He is an **undergraduate** at the University of Michigan.
그는 미시간 대학의 재학생이다.

---

certify
[sə́:rtəfài]

v. (문서 등으로) 증명하다; 확신시키다.

연상 그 식품회사는 깨끗한 터(=장소)인 회사의 서쪽 터에서 파이(→서;터파이)를
굽는다는 것을 증명했다.

예문 The company **certified** the product.
그 회사는 제품의 품질을 보증했다.

파생 certification n. 증명, 보증; 확신

---

dusk
[dʌsk]

n. 해질녘, 황혼 (twilight)

연상 하루의 햇빛을 다 쓰고 나면 크(→더스크)지는 것이 황혼이다.

예문 He retuned home when **dusk** is falling.
황혼이 질 때 그는 집으로 돌아왔다.

UNIT 12 TEST

[1~12] 보기에서 영어에 해당되는 우리말을 찾아 쓰시오.

1. discern _____   2. ardent _____

3. hypocrite _____   4. prick _____

5. assail _____   6. mandate _____

7. scramble _____   8. tranquil _____

9. tyranny _____   10. belittle _____

11. pant   12. congenial _____

[보기] ① 기다 ② 찌르다 ③ 명령 ④ 분별하다 ⑤ 위선자 ⑥ 열렬한 ⑦ 헐떡이다
⑧ 같은 성질의 ⑨ 과소평가하다 ⑩ 공격하다 ⑪ 고요한 ⑫ 폭정

[13~17] 다음 빈칸에 들어갈 적절한 어휘를 고르시오.

13. He made his way slowly through the _____ .

14. He rubs his _____ forehead with the back of his hand.

15. The man looked fully _____ at the expression on his wife's face.

16. His work partakes of the _____ fashions of his time.

17. Some of their clothes were really _____ and wonderful.

[보기] ① weird ② throng ③ aesthetic ④ perspiring ⑤ astounded

[18~21] 다음 빈칸에 들어갈 적절한 어휘를 고르시오.

18. The storms had _____ by the time they rounded Cape Horn.

19. I went through the pile of clothes at the back of my _____ .

20. Tourists often get lost and _____ into dangerous areas.

21. You must check and see if the bread is _____ or not.

[보기] ① abated ② stale ③ wardrobe ④ stray

[정답] 1.④ 2.⑥ 3.⑤ 4.② 5.⑩ 6.③ 7.① 8.⑪ 9.⑫ 10.⑨ 11.⑦ 12.⑧
13.② 14.④ 15.⑤ 16.③ 17.① 18.① 19.③ 20.④ 21.②

Further Study

disassemble 해체하다, 분해하다

wind up ~ing 결국 ~로 끝나다

buckle up 안전벨트를 매다

unbuckled 안전벨트를 매지 않은

feel low 우울하다

stuffy 통풍이 잘 안 되는, 답답한

downside 아래쪽, 부정적인 면

stature 키, 신장

cover-up 은폐, 은익

staying power 지구력, 내구력

run an ad 광고를 내다

primary day 중간 선거일

clear one's throat 헛기침을 하다

underprivileged 혜택을 받지 못한

sterilizer 소독기, 소독장치

backseat driver 참견 잘 하는 사람

get laid off 해고당하다, 일자리를 잃다

storyline 줄거리

acrobat 곡예사

go on a strike 파업에 들어가다

I'm flattered 과찬입니다

talk ~ into … ~를 설득하여 … 하게 하다

meet a deadline 마감일을 지키다

dress shoes 정장용 신발

flashy 야한, 화려한

racetrack 경마장

perishable 상하기 쉬운

pigsty 돼지우리, 누추한 집

polka-dot 물방울무늬의

stand up (데이트에) 바람맞히다

beat around bush

(직접적으로 말하지 않고) 변죽만 울리다

blow dry (머리를) 드라이하다

make a toast 건배하다

disinformation 그릇된 정보, 허위 정보

293

serene

[sirí:n]

a. 청명한; 고요한 ; 침착한, 평온한

연상 손이 시린(→시리인) 겨울 하늘은 청명하고 거리는 고요하다.

예문 She has a lovely **serene** face.
그녀의 얼굴은 맑고 아름답다.

파생 serenity n. 청명, 고요

---

wag

[wæg]

v. (동물이 꼬리 등을) 흔들다, (사람이 머리 손가락 등을) 흔들다.

연상 개가 웽웽(→왝) 짖을 때는 꼬리를 흔들었다.

예문 The dog **wagged** its tail.
개가 꼬리를 흔들었다.

---

torrent

[tɔ́:rənt, tár-]

n. (물 용암 등의) 급류 ; 억수

연상 캐나다 도시 토론토(→토;런트)에는 급류가 많다.(온타리오 호에서 나이아가라 강으로 흘러나오는 급류)

예문 The rain poured down in **torrents**.
비는 억수로 쏟아졌다.

---

calamity

[kəlǽməti]

n. 재난, 참사 (disaster); 불행

연상 한창 클 애들이 뭐? 티(→컬래머티)셔츠를 잘못 입으면 재난을 일으킬 수 있다고?(등산이나 여행 시 티만 입으면 위험하다)

예문 An earthquake that kills people is a **calamity**.
사람을 죽이는 지진은 재난이다.

---

dismal

[dízməl]

a. 음울한; 황량한, 쓸쓸한(=dreary)

연상 학점을 D학점, 다시 말해 D 점(點)을(→디즈믈) 받으면 마음이 음울해진다.

예문 The house looked very **dismal**.
그 집은 몹시 음침해 보였다.

---

format
[fɔ́ːrmæt]

n. (서적 잡지 등의) 판형; (텔레비전 라디오 프로의) 구성(방식)

연상 TV.라디오 프로의 구성 핵심은 그 프로의 폼에(form에; 형식에)(→포ː맷)있다.

예문 All the lectures follow the same basic **format**.
모든 강의는 기본적으로 같은 형식을 따른다.

renounce
[rináuns]

v. (공식적으로 선언하고) 포기하다; (관계를) 끊다.

연상 시골마을 리(里)에 살던 아나운서(→리나운스)가 시골생활을 포기한다고 했다.(통근하기 힘들어서)

예문 He **renounced** smoking and drinking.
그는 담배와 술을 끊었다.

emancipate
[imǽnsipèit]

v. (노예의 신분, 속박 등에서) 해방시키다, 자유롭게 하다.

연상 이 man(사람)을 시(市) 페이터(보수 주는 곳: 직장)(→이맨시페잇) 에서 해방시켜라
(직장의 굴레에서 벗어나게 한다는 뜻)

예문 The Civil War **emancipated** the slaves.
미국 시민전쟁은 노예를 해방 시켰다.

파생 emancipation n. 해방

innumerable
[injúːmərəbəl]

a. 셀 수 없는, 무수한 (=numerous), 대단히 많은

연상 in(=not) + numerable(셀 수 있는)(→이누머러블)= 셀 수 없는, 매우 많은

예문 I saw **innumerable** people on the beach.
해변에서 수많은 사람을 보았다.

artillery
[ɑːrtíləri]

n. 포, 대포; 포병, 포병대

연상 "대포 너는, art(예술, 기술)를 ill(나쁜) 상태로 만들 너리(→아ː틸러리)!"(게릴라들이 미술관에도 포를 쏘아서 예술품을 파괴했다)

예문 The **artillery** fired its shells against the enemy.
대포는 적군을 향해서 포탄을 발사했다.

tryout
[tráiàut]

n. 예선(경기); 적성검사

연상 try(해보다, 시험하다) + out(밖에)(→트라이아웃) = 시험해 보고 실력이 안되는 팀을 아웃(out, 제외시키는) 것이 예선경기다.

예문 The **tryouts** for the team will be next weekend.
그 팀 선발을 위한 예선이 다음 주말에 있을 것이다.

prelude
[prélju:]

n. 서곡(overture), 서문, 서막

연상 풀에(풀에게) 루드(rude;무례한)(→프레루:드)한 행동을 하는 것은 자연 파괴의 서곡이다.

예문 Some of Chopin's **preludes** are suitable for beginners to play.
쇼팽의 서곡 중 얼마는 초보자들이 연주하기에 적당하다.

vapor
[véipər]

n. 증기 ; (안개, 아지랭이 등의) 증발 기체　**v.** 증발하다.

연상 배나무 잎, 즉 배 잎이 퍼런(→베이퍼) 것은 잎을 통해 수분이 증발하기 때문일까?

예문 The liquid **vapors** at high temperature.
그 액체는 고열에서 증발한다.

infer
[infə́:r]

v. (증거 등을 통해) 추론하다. 추정하다

연상 그 과일의 겉이 퍼런 것을 보고 그 in(안)도 퍼럴(→인퍼;)것으로 추정했다.

예문 I **inferred** an unknown fact from a known fact.
나는 알려진 사실에서 알려지지 않은 사실을 추론했다.

파생 inference n. 추정, 추론

intangible
[intǽndʒəbəl]

a. 만질 수 없는 ; 무형의

연상 내 친구 인탠(인태는, Intan) 타오르는 저(gi) 불(ble)(→인탠저블)을 손으로 만질 수 없다.

예문 The copyright is **intangible** assets.
저작권은 무형 자산이다.

coffin
[kɔ́:fin]

n. 관(cosket)

연상 관에 코핀 (코피는)(→코;핀) 흘리지 마라. 귀신은 붉은 것을 싫어 하니까.

예문 They put the **coffin** into a grave.
그들은 관을 무덤 안에 넣었다.

assimilate
[əsíməlèit]

v. (사고방식 등을)~에 동화시키다; (문화 등을)흡수하다.

반 dissimilate 부동화(不同化)시키다

연상 부부는 살다보면 a(한 사람의) 심이(心이, 마음이) late(늦게는)(→어시머레잇)(시간이 지난 뒤에는) 다른 하나를 동화시킨다.

예문 They **assimilated** immigrants.
그들은 이민을 동화시켰다.

contrive
[kəntráiv]

v. ~을 고안하다, 궁리하다; (나쁜 일을) 계획하다.

연상 컨트리(country;시골)에서 라이브(live)(→ 컨트라이브) 콘서트를 하려면 좋은 내용을 고안해야 한다.(그러지 않으면 시골까지 관객들이 안 온다)

예문 They **contrived** a different style of pump.
지금까지와는 다른 형의 펌프를 개발하다.

---

evade
[ivéid]

v. (교묘히) 피하다; (의무 등을) 회피하다.

연상 해야 할 일을 교묘히 피하다 보면 결국 이익, 즉 이(利;이익)를 베이더라(→이베이드)
(손해를 본다는 뜻)

예문 The politician **evaded** a definite answer.
그 정치가는 확답을 피했다.

파생 evasion **n.** 회피; 탈세

---

posterity
[pɑstérəti / pɔs-]

n. 후대, 후손 ; 자손(=desendants)

연상 파스퇴르 티(→파스테러티)가 나는 것은 화학자 파스퇴르를 닮은 후손들이다.

예문 The treasure was passed to **posterity**.
그 보물은 후손들에게 전해졌다.

---

tack
[tæk]

n. 납작한 못, 압정 **v.** (압정으로) 고정시키다; 부가하다

연상 주택, 택(宅)(→택)내에서 사용하는 못은 납작한 못이나, 압정과 같이 쉽게 고정시킬 수 있는 것이 편리하다.

예문 She **tacked** down the folds in the carpet.
그녀는 융단의 접은 곳을 압정으로 고정시켰다.

---

indignant
[indígnənt]

a. 화난, 분개한(offended)

연상 인디언(indian)인 그는(→인디그넌(트))는 지금 분개해 있다(백인들의 횡포 때문에)

예문 He was **indignant** at the insult.
그는 그 모욕에 분노를 느꼈다.

파생 indignation **n.** 분노, 분개

---

whiz(z)
[hwiz]

v. 윙 하고 지나가다. **n.** 윙(총알 따위가 공중을 나는 소리)

연상 총알이 윙 하고 지나가는 것은 머리 위지(→위즈)!

예문 A motorcycle **whizzed** past.
오토바이가 윙하고 지나갔다.

subtract
[səbtrǽkt]

v. 빼다, 공제하다(deduct)

연상 섶나무를 트랙터(→섭 트랙트)로 베어낸 것은 작업자의 작업량에서 빼야한다.

예문 You have 3 after **subtracting** 2 from 5.
5에서 2를 빼면 3이 남는다.

파생 subtraction n. 뺄셈, 공제

babble
[bǽbəl]

n. 횡설수설, 왁자지껄 **v.** 횡설수설하다, 지껄이다

연상 타인에 대해 횡설수설하면 배로 벌(→배블) 받습니다.

예문 Sometimes he **babbled** nonsense.
그는 때때로 허튼소리를 지껄였다.

ebb
[eb]

n. 썰물 **v.** 간조가 되다; 쇠퇴하다. **반** flow 밀물

연상 "에비(→엡), 썰물 가까이 가면 안된다."(에비- 어린이에게 '무서운 것'이라는 뜻으로 놀라게 하는 말)

예문 The boats went out on the **ebb**.
배는 썰물을 타고 바다로 나갔다.

waterproof
[wɔ́:tə:rprù:f]

a. 방수의, 방수 처리된 **v.** 방수 처리하다.

연상 water(물)을 막기 위한 푸른 roof(지붕)(→위:터:프루웊)이 바로 방수 처리된 지붕이다.

예문 I need a **waterproof** watch.
나는 방수 시계가 필요하다.

zest
[zest]

n. 열의 (enthusiasm; zeal), 강한 관심; 흥미, 흥취

연상 어떤 일에 제 스스로 터득(→제스트)하려는 마음이 바로 열의다.

예문 He approached every task with boundless **zest**.
그는 모든 일에 무한한 열정을 가지고 임했다

purify
[pjúərəfai]

v. 정화하다(purge), 불순물을 제거하다; 죄를 씻다.

연상 풀밭에 파이가 버려졌을 때 풀이 파이(→퓨러파이)를 정화한다.

예문 He was **purified** from all sins.
그는 모든 죄를 깨끗이 씻었다.

파생 purification n. 정화; 죄를 사함

mound
[maund]

n. (무덤, 폐허 등의)흙 둔덕; 고분; 작은 언덕; 마운드(야구)

연상 야구에서 투수가 서있는 마운드(→마운드)는 이를테면 작은 언덕이나 흙 둔덕과 같은 것이다.

예문 That pile of stones is an ancient burial **mound**.
저 돌 더미는 고대의 고분이다.

lottery
[látəri / lót]

n. 복권, 제비뽑기, 추첨; 운 로타리

연상 환상교차로 로터리(rotary)(→로터리) 부근에 복권 가게가 많더군!

예문 Many states have a **lottery** to raise money.
많은 주들은 모금하기 위해서 복권 제도를 실시한다.

inhale
[inhéil]

v. 숨을 들이쉬다 **반** exhale (숨을) 내쉬다

연상 in (안에) + 해일(→인헤일)=해일이 몰아치는 안에 있다면 숨을 들이쉬게 될 것이다.(바람 기압이 세기 때문에)

예문 She flung open the window and **inhaled** deeply.
그녀는 창문을 열고 깊이 숨을 들이 쉬었다.

fuzzy
[fʌzi]

n. 솜털 같은, 솜털로 덮인 **a.** (윤곽 등이) 희미한

연상 솜털 같은 것은 잘 퍼지더라(→퍼지).

예문 I have to peel peaches because I don't like their **fuzzy** skins.
나는 솜털 같은 복숭아 껍질을 좋아하지 않기 때문에 껍질은 벗겨야 한다.

forsake
[fə:rséik]

v. (친구 따위) 버리다, 저버리다(=desert); (습관 등을) 버리다

연상 for(위하여) + sake(목적)(→퍼:세익)= 큰 목적을 위해서는 잡다한 것은 버려야 한다.

예문 Do not **forsake** me, oh my darling.
임이여, 나를 버리지 마소서.

wharf
[hwɔ:rf]

n. 부두, 선창(pier)

연상 what(무엇) + 푸-(→워:프)= 외국에서 들어오는 물건이 what(무엇)인 가 검사하느라고 힘들어서 푸-하고 한숨이 나오는 곳이 부두다.

예문 Ship sailed up the **wharf** and the passengers got off.
배가 부두에 닿자 승객들이 내렸다.

skeleton

[skélətn]

n. 해골, 골격, 뼈대

연상 스케일링으로 튼튼(→스켈러튼)한 치아의 뼈를 만들 수 있다.

예문 He is a living **skeleton**.
그는 피골이 상접한 사람이다.

clasp

[klæsp]

n. 걸쇠, 후크, 죔쇠 **v.** 걸쇠로 걸다, 꽉 쥐다

연상 옛날엔 신분이 높은 계층(class) 만들어 갈수 있는 숲, 즉 high class 숲(→클래숲)에는 출입문을 걸쇠로 걸어 두었다.

예문 He gave me the hearty **clasp** of his hand.
그는 다정하게 내 손을 꽉 쥐었다.

UNIT 13 TEST

[1~12] 보기에서 영어에 해당되는 우리말을 찾아 쓰시오.

1. renounce _____
2. prelude _____
3. dismal _____
4. calamity _____
5. torrent _____
6. vapor _____
7. clasp _____
8. sagacious _____
9. serene _____
10. innumerable _____
11. emancipate _____
12. inhale _____

보기 ① 서곡 ② 급류 ③ 무수한 ④ 증기 ⑤ 재난 ⑥ 음울한 ⑦ 현명한
⑧ 포기하다 ⑨ 걸쇠 ⑩ 숨을 들이쉬다 ⑪ 청명한 ⑫ 해방시키다

[13~17] 다음 빈칸에 들어갈 적절한 어휘를 고르시오.

13. He managed to _____ capture and escaped over the border.

14. The oil companies were accused of _____ a shortage of gasoline to justify price increases.

15. The company _____ this payment from his compensation.

16. She became rather _____ over suggestions that she had lied.

17. Many new immigrants have not yet _____ fully into the new culture.

보기 ① assimilated ② contriving ③ subtracted ④ evade ⑤ indignant

[18~21] 다음 빈칸에 들어갈 적절한 어휘를 고르시오.

18. Hindus _____ themselves by bathing in the river Ganges.

19. Since one's soul is _____ , it cannot truly have a physical size.

20. Last month's victory has given him added _____ for the game.

21. Momma _____ on and on about how he was ruining me.

보기 ① zest ② intangible ③ babbled ④ purify

정답 1.⑧ 2.① 3.⑥ 4.⑤ 5.② 6.④ 7.⑨ 8.⑦ 9.⑪ 10.③ 11.⑫ 12.⑩
13.④ 14.② 15.③ 16.⑤ 17.① 18.④ 19.② 20.① 21.③

Further Study

spank 찰싹 때리다

tread[walk] on air 기뻐서 어쩔 줄 모르다

pop up 갑자기 나타나다

go backing 배낭여행가다

at one's place ~의 집에서

file a police report 경찰에 신고하다

workload 업무량

take a rain check 다음에 하자

sit around 빈둥빈둥 보내다, 둘러 앉다

cost a fortune 비용이 많이 들다

lay off 해고하다

go flat (타이어) 펑크가 나다

ballroom 무도장

every walk of life 모든 계층

put on brakes 브레이크를 밟다

delivery room 분만실

labor pain 산고, 진통

bird flu 조류독감

break away 달아나다, 벗어나다

pass out 기절하다

keep early hours 일찍 자고 일찍 일어나다

take a freeway 고속도로를 타다

wield arms 무력을 휘두르다

close call 위기일발, 구사일생

attach a condition 조건을 달다

contract a disease 병에 걸리다

incumbent President 현직 대통령

ruling party 여당

opposition party 야당

bite the dust 패배하다

sell like hot cakes 날개 돋친 듯 팔리다

junk mail 광고 우편물

libel suit 명예 훼손 소송

slumber

[slʌ́mbəːr]

n. 잠 **v.** 잠자다. 활동을 중지하다.

연상 사람이 빈민층, 즉 슬럼(slum)에 버려(→슬럼 버)지면 활동을 중지하고, 잠을 자는 경우가 많다.(술을 마시고 자포자기해서)

예문 The girl **slumbered** peacefully.
소녀는 편안하게 자고 있었다.

---

annex

[ənéks]

v. (부록 등을) 덧붙이다. / 병합하다. **n.** 부가물, 부록

연상 an(하나) + next(다음)(→어넥스)= 어떤 하나(an) 다음에(next)에] 놓는 것이 덧붙이는 것이다.

예문 A protocol has been **annexed** to the treaty.
조약에는 의정서가 첨부되었다.

---

censor

[sénsər]

n. (영화 출판 등의) 검열관 **v.** 검열하다

연상 이 사회에 문화 오염의 센서(sensor:감지기) 역할을 하는 것이 검열관이다.

예문 This film will never get past the **censors**.
이 영화는 검열관들의 검열을 통과하지 못할 것이다.

파생 censorship n. 검열(제도)

---

feedback

[fíːdbæk]

n. 피드백, 귀환

연상 feed (먹이다) + back(되돌려)(→피:드백)= 출력된 것을 도로 먹이는 (다시 입력하는) 것이 바로 피드백이다.

예문 **Feedback** from the sensors ensures that this car engine runs smoothly.
감지기의 피드백은 자동차의 엔진이 순조롭게 작동한다는 것을 보증한다.

---

hog

[hɔːg / hɑg]

n. 돼지; 탐욕스런 사람 **v.** 탐식하다.

연상 살이 쪄서 배에 혹(→호옥) 같은 것이 달린 것이 돼지다.

예문 He eats like a **hog**.
그는 돼지처럼 게걸스럽게 먹는다.

layoff
[léiò(ː)f / -́a]

n. (일시적인) 해고, 임시 휴직

연상 lay(놓다) + off(떨어져서)→ 직원을 직장과 떨어진 곳에 놓는 것이 일시 해고 하는 것이다.

예문 We are anticipating more **layoffs** in the next year.
내년에는 더 많은 해고가 있을 것으로 우린 예상하고 있다.

infringe
[infrínʤ]

v. (법률 계약 권리 등을) 어기다, 위반하다, 침해하다(violate)

연상 ① in(안에) + fringe(가장자리)(→인프린지) = 허가 없이 다른 영역의 가장 자리 안에 들어가면 **법률위반**이다.
② 남의 목장 in(안에) 있는 것이 **풀인지**(→인프린지) 모르고 들어가면 법을 위반하는 것이다.

예문 Sometimes their rights were **infringed** by the Government.
때때로 그들의 권리가 정부에 의해서 침해당했다.

파생 infringement **n.** 위반, 침해

suffocate
[sʌ́fəkèit]

v. 숨 막히게 하다(smother), 질식시키다(choke)

연상 공작시간에 목재에 사포(=샌드페이퍼)질은 너무 힘들어서 내 친구 케이트를, 다시 말해 사포 질은 케이트(→서퍼케잇)를 숨 막히게 했다.

예문 She was **suffocated** by the smoke.
그녀는 연기로 숨이 막혔다.

slaughter
[slɔ́ːtə:r]

n. (소양의)도살: 대량학살(massacre) **v.** 학살하다 도살하다.

연상 소나 양이 끌려가지 않으려고 발걸음이 슬로우(slow; 느린) 터(→슬로:터)가 바로 그들을 도살하는 도살장이다.

예문 They **slaughtered** 200 head of cattle.
그들은 200마리의 소를 도살했다.

saucer
[sɔ́ːsə:r]

n. (찻잔 등의)받침 접시; 접시 모양의 것

연상 옛날엔 토마토 달걀소스 같은 소스(sauce)(→소:서)를 담는 그릇이 받침접시였다고 생각하라.

예문 She put a cup and **saucer** carefully on the table.
그녀는 찻잔과 받침 접시를 조심스럽게 탁자에 놓았다.

indecision
[ìndisíʒə]

n. 망설임, 우유부단(=hesitation)

연상 in(=not) + decision(결정)→결정이 되지 않는 것이 망설임이거나 우유부단 임.

예문 A moment's **indecision** could lose the game.
한 순간의 망설임 때문에 경기에 질 수 있다.

파생 indecisive **a.** 우유부단한; 결말이 나지 않는

smog
[smɑg, smɔ(ː)g]

n. (연기와 안개의) 혼합물, 스모그; 공기 오염

연상 smoke(연기) + fog(안개)(→스모그)=스모그

예문 **Smog** is a serious problem in the modern city.
스모그는 현대 도시에서 심각한 문제다.

lade
[leid]

v. 짐을 싣다 ; (짐 책임 고통 등을) 지우다, 괴롭히다.

연상 신(神)은 레이디(lady:여자)(→레이드)에게 출산의 짐을 지웠다.

예문 They are **laden** with financial worries.
그들은 경제적 고민에 시달리고 있다.

yoke
[jouk]

n. 멍에 **v.** 멍에를 씌우다, 구속하다

연상 남을 나쁘게 말하는 욕(→요욱)은 인간을 구속하고 불명예의 멍에를 씌우는 행위다.

예문 They put the oxen to the **yoke**.
그들은 소에 멍에를 씌웠다.

intoxicate
[intɑ́ksikèit]

v. 술 취하게 하다 / 흥분[열광]시키다

연상 이웃집 아저씨인 인탁 씨(仁卓氏)는 외국인 케이트(→인탁시케잇) 씨를 술 취하게 했다.

예문 The sounds and smells **intoxicate** their senses.
소리와 냄새가 그들의 감각을 흥분시켰다.

파생 intoxication n. 술 취함, 도취, 열광

parlor
[pɑ́ːrlər]

n. 영업실; 응접실

연상 상품의 판로(販路:팔로)(→파알러)에 대해서 상담하는 곳이 바로 영업실이나 회사 응접실이다.

예문 She has been the beauty **parlor** to get a haircut.
그녀는 머리를 자르려고 미장원에 갔다 왔다.

avarice
[ǽvəris]

n. 탐욕(greed); 욕망(desire)

연상 애 버리시(→애버리스) 탐욕스런 마음을 가지게 하셨어.

예문 The **avarice** of the miser had no end.
그 수전노의 탐욕은 끝이 없었다.

파생 avaricious a. 탐욕스러운

haze

[heiz]

n. 엷은 안개(mist); 아지랑이

연상 엷은 안개 속에서 길을 잃고 다른 사람을 부르는 소리가 헤이(hey)지!(→헤이즈)(헤이, 도와 주세요 하면서)

예문 There was a **haze** around the lake.
호수 주변에 엷은 안개가 끼어 있었다.

---

pirate

[páiərət]

v. 해적, 해적선; 저작권 침해자

연상 적군의 파이러트(pilot 조종사)(→파이어럿)은 우리의 하늘을 해적질하는 하늘의 해적 같은 것이다.

예문 The book is a **pirated** edition.
그 책은 해적판이다.

---

pollen

[pálən]

n. 꽃가루 **v.** ~에 수분하다.

연상 꽃가루가 약이나 건강식품의 원료로 쓰이기 때문에 판매할 길, 즉 판론(販路;판로는)(→팔런) 아주 넓다.(자음 접변으로 '팔론'으로 발음 됨)

예문 The bees will carry the **pollen** from one flower to another.
벌은 이 꽃에서 저 꽃으로 꽃가루를 나른다.

---

glimmer

[glímər]

n. 희미한 빛; 어렴풋한 인식 **v.** 희미하게 빛나다. 명멸하다.

연상 그림이 뭐냐(→그림머)하면, 오랜 세월이 지나도 희미한 빛으로 남아 명멸하는 것이다.(고분의 벽화, 동굴 벽화를 보라.)

예문 The candle **glimmered** and went out.
촛불이 깜박거리다 꺼지다.

---

woe

[wou]

n. 깊은 슬픔, 비통(grief)

연상 비통하게 우는 소나 말을 달랠 때 '워워'(→워우)한다.

예문 Her face is full of **woe**.
그녀의 얼굴은 슬픔으로 가득하다.

파생 woeful **a.** 비참한

---

perpetual

[pərpétʃuəl]

n. 영구적인 ; 종신의 ;끊임없는(incessant)

연상 알파벳 수가 많고 적음을 따질 때 3글자인 per(퍼:)가 2글자인 pe(페)를 추월(→퍼페츄얼)하는 것은 영구적일 것이다.(세월이 지나도 바뀌지 않는다)

예문 The criminal lived in **perpetual** fear of being discovered and arrested.
그 범인은 발각되어 체포될지도 모른다는 끊임없는 공포 속에 살았다.

incite
[insáit]

v. 자극하다; 격려하다, 선동하다

연상 in(안에) + 사이트(site)(→인사이트)= 컴퓨터 사이트 안에는 감정을 자극하는 글들이 올라 있다.

예문 Hunger **incited** the mob to a riot.
굶주림 때문에 군중들은 폭도로 변했다.

파생 incitement n. 격려, 자극; 선동

mummy
[mʌ́mi]

n. 미라; (소아어)엄마(mamma=mommy)

연상 마미(mommy 엄마)는 미라와 같다.(돌아 가셔도 자식들 마음속에 영 원히 미라처럼 남아 있을 테니까.)

예문 We can see an ancient Egyptian **mummy** at the museum.
우리는 박물관에서 고대 이집트 미라를 볼 수 있다.

atrocious
[ətróuʃəs]

a. 매우 잔인한 (= very cruel)

연상 찾아간 친구에게 불쾌한 어투로 서서(→어트로우셔스)(자리에서 일어 서서) 말하는 것은 매우 잔인한 짓이다.

예문 He committed an **atrocious** crime.
그는 흉악한 범죄를 범했다.

파생 atrocity n. 잔악, 잔인

sleek
[sliːk]

a. (머리칼 따위가)매끄러운, 윤기 있는; (옷차림 따위가) 말쑥한

연상 설익(→슬리익)은 과일은 껍질이 매끄러운 것이다.

예문 Her hair is as **sleek** as a cat.
그녀의 머리칼은 고양이털처럼 윤기 있다.

wrath
[ræθ]

n. 분노 (anger, rage)

연상 사람은 뇌를 써서(→래쓰) 분노한다.

예문 The grapes of **wrath**
분노의 포도 (요한 계시록 14)

unleaded
[ʌnlédid]

a. 납 성분이 없는, 무연의

연상 un(=not) + leaded(납으로 만든)(→언레디드)= 납성분이 없는, 무연의

예문 Does your car use **unleaded**?
당신 차는 무연 휘발유를 쓰느냐?

censure

[sénʃər]

ⁿ· 비난, 책망(blame) ᵛ· 비난하다. 나무라다.

연상 권력이나 폭력 등의 힘이 센 것이 sure(확실할)(→센셔) 때 힘이 약한 사람은 강한 사람을 비난한다.

예문 Some boys were **censured** for being lazy.
몇몇 소년들은 게으름을 피워 꾸지람을 들었다.

---

clap

[klæp]

ⁿ· 콰르릉, 찰싹, 짝짝(천둥·문 닫는 소리·박수 소리 따위)
ᵛ· (손벽을)치다. 살짝 때리다; (갈채의)박수를 치다

연상 크게 lap(무릎)(→크랲)을 치면, 찰싹 소리가 난다.

예문 Everybody **clapped** his hands.
모두가 손뼉을 쳤다.

---

emblem

[émbləm]

ⁿ· 상징, 표상, 문장 cf. symbol (추상적) 상징

연상 라틴어로 정오의 상징을 M(엠)이라 부릅(→엠블럼)니다.

예문 The eagle is the **emblem** of the United States.
독수리는 미국의 상징이다.

---

magnitude

[mǽgnətjùː]

ⁿ· (길이·규모·수량) 크기, 양; 중대성; (별의) 광도, (지진의) 강도

연상 맥(脈, 혈맥)은 너 튜터(tutor, 선생님)(→매그나튜:드)의 크기, 수가 더 많은 것 같다. 맥박 수를 측정해 보니까.

예문 They don't seem to grasp the **magnitude** of the problem.
그들은 그 문제의 중요성을 이해하지 못 한 듯하다.

---

span

[spæn]

ⁿ· 한 뼘(길이); 짧은 길이; 전범위 ᵛ· 뼘으로 재다

연상 사람이 주방에 서(서) pan(프라이 팬)(→스팬)을 사용할 때 사람과 팬 사이의 거리는 한 뼘 길이다.

예문 Our life is but a **span**.
인생은 잠깐이다.

---

cascade

[kæskéid]

ⁿ· 작은 폭포(waterfall) ᵛ· 폭포처럼 떨어지다

연상 캐나다 서(西;서쪽)에 있는 케이드(→캐스케이드)란 이름의 란 이름의 작은 폭포가 있다.

예문 Coins **cascaded** from the fruit machine.
과일 판매기에서 동전이 폭포처럼 쏟아졌다.

---

scope

[skoup]

n. 범위. 한계, 시야; (운동. 활동 등의) 여지(space)

연상 텔리스코프(telscope 망원경)(→스코웊)는 먼(tele) 범위(scope)를 볼 수 있는 광학기이다.

예문 The region was in the **scope** of the kingdom.
그 지역은 그 왕국의 범위 안에 들었다.

UNIT 14 TEST

[1~12] 보기에서 영어에 해당되는 우리말을 찾아 쓰시오.

1. infringe _____
2. suffocate _____
3. lade _____
4. slaughter _____
5. slumber _____
6. yoke _____
7. annex _____
8. fume _____
9. avarice _____
10. glimmer _____
11. pollen _____
12. emblem _____

보기　① 짐을 싣다　② 도살　③ 잠자다　④ 멍에　⑤ 위반하다　⑥ 탐욕　⑦ 꽃가루
　　　⑧ 덧붙이다　⑨ 숨 막히게 하다　⑩ 냄새　⑪ 상징　⑫ 희미한 빛

[13~17] 다음 빈칸에 들어갈 적절한 어휘를 고르시오.

13. National Earthquake Information Center said the six-point-two _____ quake struck at 12:59 p.m.

14. The ethics committee may take a decision to admonish him or to _____ him.

15. If the President fails, he will face the _____ of the voters.

16. The military has committed an _____ barbarism.

17. They were accused of _____ the crowd to violence.

보기　① wrath　② atrocious　③ inciting　④ magnitude　⑤ censure

[18~21] 다음 빈칸에 들어갈 적절한 어휘를 고르시오.

18. Heavy drinking can cause _____ damage to the brain.

19. Contractors will be able to propose changes to the _____ of work.

20. Small children have a very short attention _____ .

21. Coins _____ from the fruit machine.

보기　① woes　② span　③ scope　④ perpetual　⑤ cascaded

정답　1.⑤　2.⑨　3.①　4.②　5.③　6.④　7.⑧　8.⑩　9.⑥　10.⑫　11.⑦　12.⑪
　　　13.④　14.⑤　15.①　16.②　17.③　18.④　19.③　20.②　21.⑤

Further Study

deride 비웃다, 조롱하다

libel 명예훼손, 중상, 비방

instill (사상이나 감정을) 주입하다, 불어넣다

benevolent 관대한, 자비로운

lunatic 미친(=insane)

secular 세속적인

nagging 잔소리 심한

indigenous 토착의 타고난, 고유의

mundane 세속적인, 평범한, 흔한

poignant 찌르는 듯한, 통렬한

opulent 부유한, 풍부한

adept 능숙한, 숙련된

exhaustive 고갈시키는, 철저한

sporadic

산발적인, 때때로 일어나는(occasional)

hilarious 즐거운, 재미있는

impetus 추진력

equilibrium 균형, 마음의 안정, 평정

garrulous 말 많은, 수다스러운(talkative)

stealthy 은밀한, 비밀의

homogeneous 동종의, 동질적인

reprimand 꾸짖다, 질책하다

misdemeanor 경범죄, 비행

prolific 다산의, 비옥한, 다작의

succinct 간결한

frenzied 열광한, 광포한

pseudonym 필명(penname), 가명

inundation 범람

sexual harassment 성희롱

touching scene 감동적인 장면

deliver a speech 연설하다

blank face 무표정한 얼굴, 멍한 얼굴

conduct a poll 여론 조사를 하다

vaccinate
[vǽksənèit]

v. 예방접종을 하다

연상 예방접종약 백신(vaccine)을 **ate**(먹는)(→백선에이트) 하는 것 이 예방접종하는 것이다.

예문 I am **vaccinated** against TB with BCG.
결핵예방을 위해 BCG 접종을 받았다.

파생 vaccination n. 예방접종

din
[din]

n. 크고 시끄러운 소리, 소음 **v.** 시끄러운 소리를 내다.

연상 공장에서 쇠를 두드리는 크고 시끄러운 소리가 딩-딩(→딘) 울렸다.

예문 The machine makes a very terrible **din**.
그 기계는 소음이 심하다

cardinal
[káːrdənl]

a. 주요한(main); 기본적인; 심홍색의 **n.** (가톨릭) 추기경

연상 도박성이 있는 카드놀이의 **card**를 늘(→카:더늘) 멀리하는 사람이 바로 천주교에서 매우 주요한 지위에 있는 추기경이다.

예문 Respect for life is one of **cardinal** principles of English law.
생명 존중이 영국 법률의 가장 기본적인 원칙 중의 하나다.

예문 **cardinal** Hume 흄 추기경

countenance
[káuntənəns]

n. 얼굴표정, 안색, 용모

연상 식당 같은 곳에서 계산하는 카운터는 서(→카운트넌스) 있을 때도 얼굴 표정, 용모가 좋은 사람이 맡는다.

예문 You should have read anger in his **countenance**.
넌 그의 기색을 보아 그가 성난 것을 알아야 했다.

genre
[ʒáːnrə]

n. 종류, 유형, 양식, (예술작품의) 장르

연상 문학의 장르, 즉 유형에는 시, 소설, 수필, 희곡 등이 있다.

예문 What **genre** does the book fall into-comedy or tragedy?
그 책은 희극이나 비극 중 어느 유형에 속히느냐?

wholesome
[hóulsəm]

a. (도덕, 정신적으로) 건전한, 유익한; 건강에 좋은

연상 whole(전체의) + some (약간의)(→호울섬)= "전체"와 전체 한부분인"약간" 둘 다를 생각하는 사람이 정신적으로 건전한 사람이다.

예문 Her parents want her to marry a nice **wholesome** young man.
그녀의 부모는 그녀가 마음이 건전한 멋진 청년과 결혼하기를 원한다.

hymn
[him]

n. 찬양가, 찬송가

연상 ① 이 세상에서 가장 힘(→힘) 주어 부르는 노래가 찬송가다.
② Him(그를; 주님)(→힘) 위한 노래가 찬송가다.

예문 The wedding service began with the **hymn** 'The Lord's My Shepherd'.
결혼미사는 '나의 목자이신 주님'이라는 찬송가로 시작되었다.

furrow
[fə́:rou]

n. 밭고랑 ; 주름살

연상 밭에 퍼져 있는 로우(row 줄)(→퍼:로우)가 밭고랑이다.

예문 Farmers use ploughs to cut **furrows** into the earth, so that seeds can be sown in them.
농부들은 씨를 뿌리기 위해 쟁기를 이용해 이랑을 만들었다.

influenza
[ìnfluénz]

n. 유행성 감기(flu), 독감

연상 유행성 독감이 바로 인플루엔자(→인플루엔저)다.

예문 He is in bed with **influenza**.
그는 독감으로 누워있다.

postwar
[póustwɔ́:r]

a. 전쟁후의   **반** prewar 전쟁전의

연상 post (후의, 다음의) + war (전쟁)(→포스트워:)= 전쟁후의

예문 The novel well depicts **postwar** Korea.
그 소설은 전후 한국의 상황을 잘 묘사하고 있다

telepathy
[təlépəei]

n. 정신감응(능력), 텔레파시

연상 텔레비전을 보고 갑자기 밭에 심는 파씨(파의 씨앗)(→텔레퍼씨)를 떠올렸다면 그것은 일종의 정신감응이다.

예문 There existed between them a sort of **telepathy**.
그들 사이엔 일종의 텔레파시가 통했다.

grease
[gri:s]

n. 식용기름; 윤활유　**v.** ~에 기름을 바르다

연상 그리스(→그리:스)에는 올리브유와 같은 식용기름과 윤활유가 많이 생산한다.

예문 You will have to put some **grease** on those ball bearings.
저들 원형 베어링에 윤활유를 쳐야 한다.

wizard
[wízə:rd]

n. (남자) 마법사; 요술쟁이, 마술사

연상 어떤 상황을 허위로 꾸미는 위조를 더(→위저드) 잘하는 사람이 마법사다.

예문 "The wonderful **wizard** of Oz" was written by L. Frank Baum.
오즈의 마법사는 Frank Baum의 작품이다.

herald
[hérəld]

n. 선구(자); 보도자; 왕의 사자(使者)　**v.** ~을 보도하다;~예고하다

연상 Korea **Herald**(코리아 헤럴드)→헤럴드)는 한국 영자신문의 선구자다.

예문 The lark is a **herald** of morning.
종달새는 봄의 전령이다.

hereditary
[hirédətèri / -tər-]

a. 유전적인; 세습적인

연상 힐(heel;뒤꿈치)에 더 털이(→히레터리) 나는 것은 유전적인 것이다.

예문 The disease is **hereditary**.
그 병은 유전적인 것이다.

파생 heredity n. 유전; 세습

parrot
[pǽrət]

n. 앵무새, 앵무새 같은 사람　**v.** 흉내 내다 (=mimic)

연상 어떤 작품을 모방하여 그것을 익살스럽게 표현하는 수법, 패러디(parody)(→패럿)를 잘하는 것이 앵무새다.

예문 He repeated his saying like a **parrot**.
그는 앵무새처럼 같은 말을 되풀이 했다.

skyscraper
[skáiskrèipə:]

n. 고층빌딩. 마천루

연상 sky(하늘) + scraper(긁어내는 것)(→스카이스크레이퍼:)=하늘 높이 솟아서 마치 하늘을 긁어내는 것 같은 것이 바로 고층건물이다.

예문 There are many **skyscrapers** in Manhattan.
맨해튼에는 많은 고층건물들이 있다.

brook
[bruk]

n. 시내. 개울 **동** stream 큰 시내
연상 여러 영화에서 브룩 실즈(→브룩)는 개울에서 멱 감는 장면이 나 온다.
예문 She often swam in the **brook**.
그녀는 가끔 개울에서 멱을 감았다.

wrinkle
[ríŋkəl]

n. (피부의) 주름(살)(furrow); (천 등의) 주름 **v.** 주름이 지다. 구겨지다.
연상 스케이트 장, 링클(rink를; 링크를) 돌면 얼음 위에 스케이터 자국이 나서 주름살 같은 것이 생긴다.
예문 Her face was **wrinkled** by time.
그녀의 얼굴은 나이 탓으로 주름져 있었다.

puppet
[pʌ́pit]

n. (인형극에 쓰는) 인형, 꼭두각시; 앞잡이
연상 미국 최고의 갑부이며 투자의 귀재인 워렌 버핏(→퍼핏)은 개미 투자자들을 꼭두각시로 만들어 놓는다.
예문 He is no more than a **puppet** president.
그는 꼭두각시 대통령에 지나지 않는다.

repertory
[répə:rtɔ:ri]

n. 연주[상연]목록, 연주곡목 (=repertoire); 저장, 재고
연상 그 가수는 애창곡 레퍼토리(→레퍼:토:리)가 연주목록이 많다.
예문 He has a large **repertory** of songs.
그는 부를 노래 곡목이 많다.

swamp
[swɑmp]

n. 습지, 늪지대(bog) **v.** 물에 잠기게 하다. 쇄도하다
연상 머리 감는 세재 샴푸(shampoo)(→솸푸)를 많이 쓰면 습지가 싫어한다.
예문 The Everglades are an area of **swamp** in south Florida.
Everglades는 남부 플로리다의 늪지대다.

mall
[mɔːl / mæl]

n. 쇼핑센터; 산책길
연상 롯데 쇼핑몰은 산책길을 끼고 있는 대형 쇼핑센터다.
예문 We went to the **mall** to buy things.
우리는 물건을 사러 쇼핑센터에 갔다.

cordial
[kɔ́ːrdʒəl]

a. 성심어린, 진심에서 우러난(hearty) **n.** 강심제(의)

연상 코가 땅에 닿도록 절을(→코:절) 한다면 그것은 진심에서 우러난 것 이다.

예문 She had never known him to be so chatty and **cordial**.
그녀는 그 사람이 그렇게 수다스럽고 다정한 사람인줄 알지 못했다.

bilingual
[bailíŋgwəl]

a. 두 나라 말을 하는; 2개 국어를 병용하는.

연상 국어인 "바위"와 영어 "링", 그리고 **구얼**(口語틀)(→바이링구월) 할 수 있다면 두 나라 말을 하는 것이 된다.

예문 He is virtually **bilingual** in Spanish and Portuguese.
그는 사실상 스페인어와 포르투갈어 2개 언어를 한다.

miscellaneous
[mìsəléiniəs]

a. 갖가지 잡다한, 여러 가지의

연상 새로 생긴 백화점 갖가지 잡다한 상품에 우리 미스(miss;처녀)들 (마음)설레이니 어서(→미설레이니어스) 가보자 그곳에.

예문 He keeps all sorts of **miscellaneous** items in the attic.
그는 다락에 갖가지 잡다한 물품들을 보관한다.

crimson
[krímzən]

a. 진홍색의; (분노 등으로) 얼굴이 붉어진 **n.** 진홍색

연상 ① 크림(cream)을 넣어 전(→크림전)을 부치는 어머니는 진홍색의 얼굴이었다.(프라이팬의 열 때문에)
② 크림(cream)을 먹고 있는 son(아들)(→크림전) 얼굴이 진홍색이다.

예문 She went **crimson** with embarrassment.
그녀는 당황해서 얼굴이 붉어졌다.

rapture
[ræptʃəːr]

n. 기쁨. 환희, 황홀(ectasy)

연상 악기로 랩(rap) 음악을 쳐서(→랩쳐) 환희를 얻는다.

예문 He uttered words of **rapture**.
그는 기쁨에 들떠서 이야기하다.

feign
[fein]

v. ~인 체하다, 가장하다(pretend)

연상 실력이 없으면서 있는 체 하는 것. 모르면서 아는 체하는 것이 결국 실패의 원임, 즉 패인(敗因)(→페인)이 된다.

예문 She **feigned** to be dead.
그녀는 죽은 체 했다.

admonish
[ædmániʃ]

v. 훈계하다, 타이르다(reprove); 충고하다

연상 놀 줄 모르고 공부만 하는 애는 더 많이 쉬도록(→애드마니쉬) 훈계해야 한다.

예문 The teacher **admonished** him not to do such a thing.
선생님은 그에게 그런 일을 하지 말라고 충고했다.

parachute
[pǽrəʃùːt]

n. 낙하산 **v.** 낙하산으로 투하하다.

연상 높은 곳에서 파라솔(parasol)를 펴서 자신의 몸을 땅 쪽으로 슛(→패러슈웃)했던 것이 낙하산의 기원이 아니었을까?

예문 Skydivers make a **parachute** jump.
스카이다이버들은 낙하산 강하를 한다.

behold
[bihóuld]

v. 보다, 지켜보다(watch. see)

연상 우리는 마법사가 손으로 하늘에서 내리는 비(be)를 hold(잡는)(→비홀울드) 것을 지켜보았다.

예문 **Behold** her, single in the field.
들판에 홀로 있는 그녀를 보라.

ruthless
[rúːθlis]

a. 무자비한 (merciless), 잔인한(cruel)

연상 자연주의, 박애주의 철학자 루소가 less(없는; 보다 적은)(→루:쓰리스)사회는 무자비한 사회가 되었을 것이다.

예문 He is a **ruthless** dictator.
그는 무자비한 독재자였다.

droop
[druːp]

v. 수그러지다; (초목이) 시들다; (기력이) 쇠하다

연상 땅에 물방울이 떨어지면(drop; 드랖) 열기가 수그러진다(droop;드루:프)

예문 Plants **droop** from drought.
식물이 가뭄으로 시들다.

articulate
[ɑːrtíkjəlit]

v. (단어 등을)똑똑하게 발음하다 **a.** 말이 똑똑히 발음된, 명확한

연상 말을 똑똑히 하여 말의 art(예술)의 티(=태도)를 키우리(→아티큐릿)라.

예문 She gave a witty, entertaining and **articulate** speech.
그녀는 재미있고 기지에 넘치는 분명한 연설을 했다.

flake
[fleik]

n. (눈, 페인트 등의)얇은 조각; 플레이크(낟알을 얇게 으깬 식품)

연상 콘 플레이크나 아몬드 플레이크(→플레이크)는 얇은 조각으로 된 곡물식품이다.

예문 She dipped **flakes** of tuna into the sauce.
그녀는 참치 포를 소스에 담갔다.

disdain
[disdéin]

n. 경멸. 멸시 **v.** 경멸하다 멸시하다. (=contempt. scorn)

연상 dis(=not) + 대인(大人:대인군자)(→디스데인)= 대인이 아닌 사람들이 남을 경멸한다.

예문 We **disdain** a coward.
우리는 겁쟁이를 경멸한다.

axis
[ǽksis]

n. 축(軸)

연상 ① 2개의 막대기를 X자 형태로 했을 때 그 하나가 축이다. 즉 X is(→액시스) 축이다.
② ax(도끼) + is(→액시스) = 축(나무꾼에게 ax(도끼)는 생활의 축이었다)

예문 The earth revolves on its **axis**.
지구는 그 축을 중심으로 자전한다.

colloquial
[kəlóukwiəl]

a. (말, 표현 등의) 구어[체]의; 격식을 차리지 않는

연상 콜록거려서 귀가 얼얼(→컬로우퀴얼)하면 구어의 사용에 지장이 온다.

예문 The novel is written by using a **colloquial** expression.
그 소설은 구어체 표현을 이용해서 쓰여 졌다.

riddle
[rídl]

n. 수수께끼 (puzzle); 어려운 문제

연상 시골 마을, 리(里)에 있는 들판, 즉 리(의) 들(→리들)이 얼마나 넓은 가를 알아내는 것은
수수께끼와 같은 것이다.

예문 He solved one of **riddles** of the universe.
그는 우주의 난제중 하나를 풀었다.

ripple
[rípəl]

n. 잔물결 **v.** 잔물결이 일어나다

연상 시골 마을, 리(里)에 있는 펄(→리펄)에는 잔물결이 일어난다.

예문 The ripe corn-fields **rippled** in the wind.
수확기의 옥수수 밭은 바람에 물결치고 있었다.

UNIT 15 TEST

[1~12] 보기에서 영어에 해당되는 우리말을 찾아 쓰시오.

1. hymn _____   2. cardinal _____

3. countenance _____   4. ruthless _____

5. wholesome _____   6. rapture _____

7. admonish _____   8. disdain _____

9. ripple _____   10. cordial _____

11. colloquial _____   12. furrow _____

[보기] ① 얼굴표정 ② 무자비한 ③ 건전한 ④ 찬송가 ⑤ 성심어린 ⑥ 주요한
⑦ 기쁨 ⑧ 밭고랑 ⑨ 구어[체]의 ⑩ 경멸 ⑪ 잔물결 ⑫ 훈계하다

[13~17] 다음 빈칸에 들어갈 적절한 어휘를 고르시오.

13. She didn't want to go to work, and decided to _____ illness.

14. Hemophilia is the most common _____ blood disorder.

15. Botox temporarily erases _____ by acting on certain facial muscles.

16. You do not consult the frogs when you are draining the _____ .

17. Lesage and Barrell are sitting next to each other on _____ -velvet seats.

[보기] ① swamp ② feign ③ crimson ④ hereditary ⑤ wrinkles

[18~21] 다음 빈칸에 들어갈 적절한 어휘를 고르시오.

18. She looked into his eyes and _____ madness.

19. You need to be able to _____ how you were treated as a customer.

20. Mars takes longer to revolve on its _____ than the earth.

21. Scientists claimed yesterday to have solved the _____ of the birth of the Universe.

[보기] ① riddle ② articulate ③ beheld ④ axis

[정답] 1.④ 2.⑥ 3.① 4.② 5.③ 6.⑦ 7.⑫ 8.⑩ 9.⑪ 10.⑤ 11.⑨ 12.⑧
13.② 14.④ 15.⑤ 16.① 17.③ 18.③ 19.② 20.④ 21.①

Further Study

white elephant 애물단지

second opinion 다른 사람의 의견

terminal illness 말기의 병, 불치병

thorny issue 매우 까다로운 이유

family tree 가계도

through thick and thin

만난을 무릅쓰고, 어떤 상황에서도

utilities rates (전기, 수도, 가스) 공과금

out of blue 갑자기

It's on the house 서비스입니다

It's not my cup of tea 나의 취향이 아니다

be all ears 경청하다

all thumbs 솜씨가 없는, 서투른

out of hand 소유가 아닌, 권한 밖인

foot the bill 비용을 대다

up in the air 아직 미결의

You are cut out of the job.

네가 그 일에 적격이다.

mortification 치욕, 굴욕, 울분

scrupulous 세심한, 꼼꼼한; 양심적인

posthumous 사후의

masquerade 가면무도회

relentless 혹독한, 가차 없는

ostracize 추방하다, 배척하다

cramp 경련

belligerent 호전적인, 싸우기 좋아하는

relinquish 포기하다, 버리다

flippant 경박한, 경솔한

gist (논문 따위의) 요점, 핵심

abdicate (권리 등을) 버리다, 포기하다

meticulous 신중한, 꼼꼼한

tantalize 감질나게 하다, 괴롭히다

residue 나머지, 잔여물

320

stammer

[stǽməːr]

ⓥ 말을 더듬다 (stutter); 더듬으며 말하다 ⓝ 말더듬이

연상 수태한 언니가 수줍어서 "수태, 뭐.."(→스태머)하면서 말을 더듬었다.

예문 He stammered out a response.
그는 더듬으며 응답했다.

---

stance

[stæns]

ⓝ (선)자세 (poise); (~에 대한)입장, 의견

연상 운동장 stand가 서(→스탠스) 있는 변하지 않는 자세·입장을 배 워라.

예문 He found that a tough negotiating stance paid off.
그는 끈질긴 협상적 입장이 성과가 있다는 것을 알았다.

---

touchstone

[tʌ́tʃstòun]

ⓝ 시금석; (사물의 진가를 가름하는)시험; 표준

연상 금, 은 등을 touch(손대어서)해서 그 순도를 알아보는데 쓰이는 stone(돌)(→터치스톤)이 바로 시금석이다.

예문 Poverty will be touchstone for success.
가난은 성공의 시금석이 될 것이다.

---

hive

[haiv]

ⓝ 벌통, 벌집; 산업 활동의 중심지

연상 ① 옛날 사람들이 벌통을 보면 하-하 입(→하입)을 벌였다.(꿀 먹을 생각을 하면서)
② 벌통은 보통 hi(높은) 곳에 입(입구)(→하입)가 있다.

예문 There are several hives at the end of out garden.
정원 끝에 몇 개의 벌통이 있다.

---

enchant

[intʃǽnt]

ⓥ 매혹하다, 황홀하게 하다 ; 마법을 걸다

연상 ① 어떤 곳이 너무 좋아서 인(人;사람)의 마음을 낚아 챈 터(→인챈트)가 있다면 그곳이 바로 사람을 매혹한 터이다.
② 앤(en)이 chant(노래 부르는)(→인챈트) 것이 나를 매혹시켰다.

예문 I was enchanted with the music.
그 음악에 황홀해졌다.

pleat
[pli:t]

n. (의복, 커튼 등의)주름 **v.** 주름잡다.

연상 먹을 것이 없어 풀을 먹으면, 즉 풀을 eat(먹으면)(→플릿) 마치 구겨 진 옷의 주름 같은 주름이 얼굴에도 생길 것이다.

예문 She likes to wear a **pleated** skirt.
그녀는 주름치마를 즐겨 입는다.

broom
[bru(:)m]

n. 비 **v.** 비로 쓸다

연상 부(富;부유한) room(방)(→브룸)은 잡다한 물건이 많아서 자주 비로 쓸어야 한다.

예문 New **brooms** sweep clean.
(속담)신임자는 구악 일소에 열심인 법이다.

surf
[sə:rf]

n. 파도 **v.** 파도타기를 하다

연상 해상스포츠 윈드 surfing(서핑)(→서엎)은 바람을 이용한 파도 타기다.

예문 Nowadays many people enjoy **surfing**.
작금에 많은 사람들이 파도타기를 즐긴다.

blush
[blʌʃ]

v. 얼굴을 붉히다 **n.** 홍조, 수줍음

연상 어떤 사람이든 얼굴에 브러쉬(brush;솔질)(→브러쉬)하면 얼굴이 붉어진다.(피부가 상해서)

예문 She **blushed** crimson with embarrassment.
그녀는 당황하여 얼굴을 붉혔다.

revere
[rivíə:r]

v. 존경하다(respect); 공경하다

연상 시골마을 리(里)가 비워(→리비어:)진 것은 사람들이 도시를 공경하여 떠났기 때문이다.

예문 People **revered** the saint.
사람들은 그 성인을 존경했다.

파생 reverence 존경, 공경

closet
[klázit / klóz-]

n. 벽장 **a.** 사적인, 비밀의

연상 close(닫다) + set(셋트, 도구(세간 따위의)한 벌)(→클라짙)=집에서 닫아두는 세트가 바로 벽장이다.

예문 He went to the **closet** and pulled out a suit.
그는 옷장으로 가서 정장을 한 벌 꺼냈다.

예문 water **closet** 화장실 bedroom **closet** 침실장

aristocracy
[ǽrəstákrəsi]

n. 귀족(사회); 귀족 정치 커서

연상 아이스토텔레스가 커(서) **러시**(rush 달려갔던)(→애리스타크러시) 곳은 **귀족** 사회다.

예문 The **aristocracy** have sent their children to this school for centuries.
귀족들은 몇 세기 동안 그들의 자녀들을 이 학교에 보냈다.

파생 aristocrat **n.** 귀족 aristocratic **a.** 귀족정치의. 귀족주의의

---

canvass
[kǽnvəs]

v. (투표. 기부 등을) 간청하다. (선거구 등을)유세하다; 여론조사하다

n. 선거운동; 여론조사; 캔버스, 화포

연상 옛날엔 그림을 그리는 캔버스(→캔버스) 천에다 이름을 적어 들고 다니면서 자신에게 투표를 간청하며 선거유세를 했다.

예문 He has been out **canvassing** vote for the Labor party.
그는 노동당 지지투표를 호소하며 돌아다녔다.

---

chauffeur
[ʃóufər]

n. (자가용차의)고용운전사 **v.** (자가용차 고용 운전사로서)운전하다

연상 자가용차의 고용운전사들은 소파(→쇼우퍼)같이 안락한 의자에 앉아서 운전하다 (주로 고급 자동차니까)

예문 My **chauffeur** takes me to the company everyday.
나의 고용운전사는 나를 날마다 회사까지 태워다준다.

---

sled
[sled]

n. 썰매(sledge) **v.** 썰매 타다

연상 어린 시절 썰매 타러 갈 때 가슴이 셀레더(→슬레드)라.

예문 The children raced down the snow-covered hill on **sleds**.
아이들은 썰매를 타고 눈 덮인 언덕을 앞 다투어 내려갔다.

---

compatible
[kəmpǽtəbəl]

a. 양립할 수 있는; 모순되지 않는(consistent)

연상 com(컴퓨터) + pat(가볍게 치다) + able(할 수 있는)(→컴패터블) ='컴퓨터를 가볍게 칠 수 있다'는 것은 '컴퓨터를 가볍게 칠 수 없다'는 것은 양립할 수 있다.(둘 다 있을 수 있다)

예문 His interests are not **compatible** with mine.
그의 이해(관계)는 나의 것과 양립하지 않는다.

---

repulse
[ripʌ́ls]

v. 격퇴하다; 거절하다; 불쾌하게하다

연상 적의 침입을 시골마을인 리(里) 펄(에)서(→리펄스)격퇴했다.(펄에 몰아넣어 물리쳤다)

예문 The enemy attack was quickly **repulsed**.
적의 공격은 재빨리 격퇴되었다.

crust
[krʌst]

n. 딱딱한 외피(표면); 빵 껍질

연상 크(다) + rust(녹)(→크러스트)= 철문이 크게 녹슬면 딱딱한 외피(표면)가 생긴다.

예문 Could you cut the crusts off the sandwiches please?
샌드위치의 딱딱한 껍질을 좀 제거해 주시겠어요?

splint
[splint]

n. (접골용)부목   **v.** (부러진 뼈를)부목으로 고정시키다

연상 옛날 인쇄공들이 오랜 시간을 서(서) 프린트(print:인쇄)(→스프린트) 하다가 다치면 부목이 필요했을 것이다.

예문 The doctor put a splint on his arm.
의사는 그이 팔에 부목을 대었다.

elapse
[iláeps]

v. (시간이)경과하다   **n.** 시간의 경과

연상 ① 이 랩(에)서(→이랩스) 많은 시간이 경과했다.(랩(lap) -경주에서 트랙 한 바퀴 또는 한코스)
② 이 랩(에)서(→이랩스)(이 랩 노래를 부른 데서) 시간이 경과했다.

예문 Four years has elapsed since he left college.
그가 대학을 졸업하고 4년이 경과했다.

scoff
[skɔ:f]

n. 비웃음, 조롱, 조소(=mock)   **v.** 비웃다

연상 사람의 면전에서 쓱 코푸(→스코:프)는 것은 그 사람을 비웃는 짓이 다.

예문 They scoffed at the plan as utopian.
그들은 그 계획을 공상적이라 비웃었다.

meteor
[mí:tiər]

n. 유성. 별똥별 ; 운석 (=shooting star)

연상 하늘 밑이 티어(→미:티어) 있기 때문에 유성이 떨어진다.

예문 We saw a meteor streak across the night sky.
우리는 유성이 밤하늘을 가로질러 떨어지는 것을 보았다.

intrinsic
[intrínsik]

a. 본질적인, 고유의, 본래 갖추어진(essential)

연상 inter(중간에) + 인식(→인트린식) = 어떤 것의 중안에서 인식하는 것이 본질적인 것에 가장 가깝다.

예문 The paintings have no intrinsic value except as curiosities.
그 그림들은 진기함을 제외하곤 본질적인 가치는 없다.

pasteurize

[pǽstəràiz / -tʃə-]

v. (박테리아를 없애기 위해) 저온 살균하다

연상 세균학자 pasteur(파스퇴르) + -ize(~화하다)(→패스터라이즈)=파스퇴르화하는 것이 파스퇴르식 저온살균하는 것이다.

예문 We use dairy products that have been **pasteurized**.
우리는 저온 살균된 유제품들을 사용한다.

파생 pasteurization n. 저온살균

daze

[deiz]

v. 멍하게 하다, 아찔해지다

연상 국화과의 데이지(dazy)(→데이즈)꽃은 아름다워 보는 이의 정신을 멍하게 한다.

예문 I was **dazed** by the blow on my head.
나는 머리를 얻어맞아 정신이 멍했다.

bosom

[búzəm]

n. 가슴, 흉부; 가슴속, 심중

연상 여자의 젖가슴에 있는 점은 부자가 되는 점, 즉 부점(富點)(→부즘)이라고 한다.(속설에)

예문 Her ample **bosom** wobbled as she laughed.
웃을 때 그녀의 풍만한 젖가슴이 흔들거렸다.

tumult

[tjú:mʌlt]

n. 소란, 폭동(uproar); (정신적인) 동요

연상 두 마리 말이 있는 터, 다시 말해 투(two) 말 터(→튜:멀트)에는 늘 소란이 있다.(두 말이 늘 다투니까)

예문 He stopped his speech and waited for the **tumult** to die down.
그는 자신의 연설을 중단하고 소란이 가라앉기를 기다렸다.

파생 tumultuous a. 떠들썩한, 소동을 일으키는

compartment

[kəmpá:rtmənt]

n. 구획, 칸막이; (기차, 배의) 한 칸의 객실

연상 com(컴퓨터) part(부품)에 대한 ment(멘트;말)(→컴파:트먼트)을 할 때는 칸막이 안에서 해야 한다.(제품의 비밀을 유지하기 위해서)

예문 The case is divided into four separate **compartments**.
그 상자는 네 개의 칸으로 나뉘어져 있다.

impair

[impέər]

v. 손상시키다(damage), 해치다; 악화시키다

연상 사고로 사랑하는 임의 살의 패어(→임페어)서 몸을 손상시켰다.

예문 Poor food **impaired** his health.
영양물이 부족한 음식 때문에 건강을 해쳤다.

temporal
[témpərəl]

a. 시간의; 현세의; 일시의

연상 대중음악의 빠른 tempo를(템포; 박자, 빠르기를)(→템프럴) 현세의 특징이라 할 수 있다.

예문 The kingdom of God was not a **temporal** power.
신의 왕국은 현세적인 힘이 없다.

rumple
[rʌ́mpəl]

v. (옷·종이 따위를) 구기다; (머리를) 헝클어뜨리다　**n.** 구김살, 주름살

연상 술중에서 럼(rum) 주(酒)를 풀(→럼플) 위에서 마시면 옷도 구기고, 머리칼도 헝클어뜨린다.

예문 You'll **rumple** your jacket if you don't hang it up properly.
저고리를 잘 걸어두지 않으면 옷이 구겨지게 될 것이다.

cloak
[klouk]

n. (보통 소매가 없는)외투, 망토; 구실, 은폐물;　**v.** ~을 (~에) 가리다

연상 감기에 걸려 콜록(→클로욱)거리는 사람에게 망토를 입혀라.

예문 The hill is **cloaked** in thick mist.
언덕은 짙은 안개에 가려져 있다.

예문 under the **cloak of** ~을 빙자하여, 이용하여

camouflage
[kǽmuflɑ̀ːʒ]

n. 위장, 변장, 속임수　**v.** 위장하다

연상 그들은 캠브리지의 캠(cam) 강 우(右;우측)에 프라자(광장)(→캐무프라:즈)이 있는 것처럼 위장했다.

예문 Using smoke as **camouflage**, the army advanced up the hill.
연막으로 위장해서 군대는 고지로 진격했다.

hysterical
[histérikəl]

a. 히스테리(성)의, 히스테리에 걸린; 병적으로 흥분한

연상 그녀의 히스테리컬(→히스테리컬)한 음성은 병적으로 흥분한 음성이었다.

예문 She burst into **hysterical** laughter.
그녀는 히스테릭한 웃음을 터뜨렸다.

파생 hysteric **n.** 히스테리 발작[환자]

jest
[dʒest]

n. 농담, 익살(joke)　**v.** 농담하다.

연상 일부러 몸을 재서(뽑내서) 웃음 터지게(→제스트)하는 것이 농담이다.

예문 His proposal was no **jest**. he was completely sincere.
그의 청혼은 농담이 아니었다. 그는 매우 진지했다.

muster
[mʌstəːr]

v. (전투, 점호 등을 위해)소집하다 (summon) **n.** 소집, 점호

연상 스쿨 마스터(school master ; 교장 선생)(→마스터:)가 하는 일은 학생들을 소집하는 것이다.

예문 The general **mustered** his troops.
장군은 군대를 소집했다.

slavish
[sléiviʃ]

a. 노예의, 노예근성의; 맹목적인

연상 높은 자리의 사람이 만나자면 가슴이 설레 입이 쉬(→슬레이비쉬) 벌어지는 사람은 노예근성의 사람이다.

예문 She is a **slavish** follower of fashion.
그녀는 맹목적인 유행의 추종자이다.

extravagant
[ikstrǽvəgənt]

a. 사치하는, 낭비하는; 매우 비싼 **반** frugal 검소한

연상 연기하기가 엑스트라도 버거운 터(→익스트래버건트)에서 촬영은 낭비하는 짓이다.

예문 She had a wildly **extravagant** lifestyle.
그녀의 생활양식은 매우 사치스럽다.

파생 extravagance n. 사치, 낭비; 무절제

chuckle
[tʃʌkl]

v. 조용히 웃다 **n.** 조용히 웃는 웃음

연상 결혼한 뒤 사회적으로 처(아내)가 클(→쳐클)때 남편들은 조용히 웃는다.

예문 He was **chuckling** as she read the letter.
그녀는 편지를 읽으면서 조용히 웃었다.

threshold
[θréʃhould]

n. 문지방, 문턱; (사물의)시초, 발단

연상 방안에 쓰레기를 쉬(쉽게) hold(잡을)(→쓰레쉬호울드) 수 있도록 만들어 놓은 것이 문지방이다.

예문 He hesitated before stepping across the **threshold**.
그는 문지방 너머로 발을 내딛기 전에 망설였다.

dandelion
[dǽndəlàiən]

n. 민들레

연상 불이 난 들판, 즉 불에 덴 들(에서) lion(사자)(→댄들라이언)가 먹을 것은 민들레뿐이다.

예문 We planted the **dandelions** in the garden.
정원에 민들레를 심었다.

undersell
[ʌ̀ndərsél]

v. (경쟁 상대보다)싸게 팔다; (손해를 보면서) 싸게 팔다.

연상 under(아래에) + sell(팔다)→(언더셀)=값 아래에 파는 것이 (상대보다) 싸게 파는 것이다.

예문 A local supermarket can usually **undersell** a big department store.
지역의 슈퍼마켓이 보통 대형 백화점보다 더 싸게 팔 수 있다.

kindle
[kíndl]

v. 불붙이다, 점화하다; (감정, 정열 등을) 불타게 하다.

연상 촛불을 킨 들(→킨들)은 초에 불붙인 들이다.

예문 He **kindled** a wood with a match.
그는 성냥으로 나무에 불을 붙였다.

UNIT 16 TEST

[1~12] 보기에서 영어에 해당되는 우리말을 찾아 쓰시오.

1. revere _____
2. canvass _____
3. rumple _____
4. chuckle _____
5. bosom _____
6. aristocracy _____
7. stammer _____
8. enchant _____
9. touchstone _____
10. stance _____
11. tumult _____
12. kindle _____

보기 ① 귀족 ② 구기다 ③ 존경하다 ④ (선)자세 ⑤ 간청하다 ⑥ 소란 ⑦ 가슴
⑧ 말을 더듬다 ⑨ 불붙이다 ⑩ 조용히 웃다 ⑪ 시금석 ⑫ 매혹하다

[13~17] 다음 빈칸에 들어갈 적절한 어휘를 고르시오.

13. He enjoyed drinking and _____ with his friends.

14. You mustn't be so _____ with other people's money.

15. We are on the _____ of a new era in astronomy.

16. I think that there has been an attempt to _____ what really happened.

17. Consumption of alcohol _____ your ability to drive a car or operate machinery.

보기 ① camouflage ② threshold ③ extravagant ④ jesting ⑤ impairs

[18~21] 다음 빈칸에 들어갈 적절한 어휘를 고르시오.

18. Are measures to protect the environment _____ with economic growth?

19. Magma seeks out weak spots on the _____ where it could seep out.

20. The paintings have no _____ value except as curiosities.

21. Days _____ before the forest began to emerge around us.

보기 ① intrinsic ② compatible ③ elapsed ④ crust

정답 1.③ 2.⑤ 3.② 4.⑩ 5.⑦ 6.① 7.⑧ 8.⑫ 9.⑪ 10.④ 11.⑥ 12.⑨
13.④ 14.③ 15.② 16.① 17.⑤ 18.② 19.④ 20.① 21.③

Further Study

lethargic 무기력한, 활발하지 못한

nucleus 핵, 핵심

grievance 불평, 불만

lethal 치명적인

innocuous 무해한, (뱀 따위가) 독 없는

eavesdropper

남의 이야기를 엿듣는 사람, 도청자

hue 색조

allegedly 전해진 바에 따르면, (근거 없이) 주장된

inadvertent 부주의한, 의도치 않은

milestone 이정표, 획기적 사건

rehabilitate 재건하다, 복원하다, 복직시키다

ostentatious 과시하는, 허세를 부리는

atrocities 잔학 행위

excavation 발굴

flamboyant 화려한

intricate 복잡한

vigilant 경계하는, 방심하지 않은

incumbent 재직 중인, 현직의

indiscriminate 무차별한, 무분별한

subsidy 보조금

levy 세금을 부과하다

epitome 요약, 개요

excretion 배설

be booked up 매진되다, 예약이 다 차다

do over 다시 하다

from scratch 처음부터

keep one's shirt on 화를 참다

discrepancy 불일치, 차이

endemic 풍토성의

audacious 대담한, 뻔뻔스러운

auspicious 길조의, 상서로운

expectant 임신한(=pregnant), 기다리고 있는

consign

[kənsáin]

ⓥ 건네주다, 인도하다; 교부하다; (상품을) 위탁하다; 탁송하다.

연상 물건을 건네주거나 상품을 위탁할 때는 서류에 크게 서명, 큰 사인(→컨사인)을 해야 한다.

예문 The goods have been **consigned** to you by air.
상품은 항공으로 당신에게 탁송되어졌다.

---

bluster

[blʌ́stər]

ⓥ (파도·바람 등이) 거세게 몰아치다 ; (사람이) 고함치다.

연상 바람이 불어서 (가로등을) 터뜨리면서(→브러스터) 거세게 몰아쳤다.

예문 A typhoon **blustered** over the land.
태풍이 그 지역에 몰아쳤다.

---

bristle

[brísəl]

ⓝ 뻣뻣한 털, 강모(剛毛) ⓥ (짐승이) 털을 곤두세우다; 벌컥 화내다,

연상 닭이 싸우면서 부리(를) 쓸(→브리슬)때 털을 곤두세우면서 뻣뻣한 털이 된다.

예문 She was **bristling** with anger.
그녀는 잔뜩 화내고 있다.

---

canyon

[kǽnjən]

ⓝ 협곡.

연상 미국의 그랜드 캐년(→캐년)은 콜로라도 강 유역의 대 협곡이다.

예문 Have you ever been the Grand **Canyon**?
그랜드 캐년에 가본 적이 있는가?

---

charter

[tʃɑ́ːrtər]

ⓝ 헌장, 선언서; 설립인가서; 특권; 특허장; (버스·비행기 등의) 전세

연상 설립인가서나 헌장은 챠트(chart 도표(→챠;터)를 보고 다른 것을 참고해서 결정한다.

예문 The president declared the national **charter** for the protection of animals.
대통령은 동물보호를 위한 국민헌장을 선포했다.

chasm
[kǽzəm]

n. 깊게 갈라진 틈; 빈틈, 간격

연상 땅 밑에 어떤 것을 캐내기 위한 점(點;지점)(→캐점)과 같은 역할을 하는 것이 갈라진 틈이다.

예문 They peered down into the dizzying **chasm** below.
그들은 아래로 현기증 날 정도로 깊이 갈라진 틈을 내려다보았다.

chatter
[tʃǽtər]

v. 재잘거리다 ; (새가) 지저귀다

연상 채팅(chatting:잡담)(→챠터)하는 사람들은 가끔 재잘거린다

예문 Stop **chattering** and finish your work.
그만 재잘거리고 일을 끝내라.

파생 chatterbox n. 수다쟁이

combat
[kámbæt]

n. 전투, 격투(fight) **v.** ~와 싸우다. 격투하다.

연상 게임이나 야구에선 컴(com 컴퓨터)와 bat(야구방망이)(→컴뱃)로 전투하듯 상대팀과 싸운다.

예문 There was fierce **combat** between the two sides.
양진영사이에 치열한 전투가 벌어졌다.

파생 combatant n. 싸우는 사람. 투사 a. 싸우는

hijack
[háidʒæk]

v. (선박, 항공기 등을) 납치하다; (수송중인 물품 따윌) 강탈하다.

연상 high(높은) 곳에서 jack knife(재크 나이프)(→하이잭)를 갖다 대고 비행기를 납치했다.

예문 A man armed with a pistol **hijack** a jet.
권총으로 무장한 남자가 제트기를 납치했다.

hedge
[hedʒ]

n. 산울타리 **v.** 산울타리로 두르다.

연상 해지면(→헤지) 더 필요해지는 것이 산울타리다.(밤에 산짐승이 침입해 오니까).

예문 The meadow is **hedged** by shrubs.
그 목장은 관목 산울타리로 둘러싸져 있다.

glamour
[glǽmər]

n. 황홀한 매력; 육체적 매력

연상 글래머(→그래머) 그 여배우는 육체적 매력을 지니고 있다.

예문 The country has lost the **glamour** of the tropics.
그 나라는 열대의 매력을 상실했다.

glisten
[glísn]

v. 반짝반짝 빛나다. 번쩍거리다(shine) **n.** 반짝임, 빛남

연상 좋은 내용의 글을 리슨(listen)(→그리선)할 때 아이들 눈이 반짝반짝 빛난다.

예문 The dewdrops are **glistening** on the leaves.
이슬방울이 풀잎 위에서 반짝거린다.

billow
[bílou]

n. 큰 파도 **v.** 큰 파도가 일다; 휩쓸다

연상 비를 low(낮은)(→빌로우)곳으로 흘러가서 모여서 큰 파도가 된다.

예문 The flames **billowed** over the prairie.
불꽃이 초원을 휩쓸었다.

bust
[bʌst]

n. 흉상, 반신상; 상반신 ; (여성의) 앞가슴.

연상 버스정류소, 즉 버스터(→버스트)에 세워진 그 여류시인의 흉상은 상반신, 즉 버스트 치수가 36인치다.

예문 There was a **bust** of Lincoln on the desk.
책상 위에 링컨의 흉상이 있었다.

colonel
[kə́:rnəl]

v. 대령

연상 군에서 지위가 커(서) 늘(→커:늘) 필요한 사람이 대령이다.

예문 **Colonel** Jonson gave out an order to destroy the bridge.
Jonson 대령은 그 다리를 파괴하라는 명령을 했다.

예문 lieutenant **colonel** 중령

jam
[dʒæm]

v. 밀어 넣다, 채워 넣다 **n.** 혼잡, 꽉 채워짐; 잼

연상 딸기잼을 병에 채워 넣는다.

예문 He **jammed** all his clothe into a suitcase.
그는 모든 옷가지를 옷가방에 쑤셔 넣었다.

antipathy
[æntípəəi]

n. 반감, 혐오

연상 ① anti(반대) + pathy(동정) = 반감, 혐오
② 앤(Ann)의 티셔츠가 퍼렇고 시(→엔티퍼씨)커먼 색이라 보는 사람에게 반감을 주더군.

예문 I feel a profound **antipathy** to using any weapon.
나는 무기 사용에 심한 반감을 느낀다.

hiss
[his]

v. (뱀·고양이등이)쉿 하는 소리를 내다; (사람을)쉿 하고 비난하다.

n. 쉿[슛]하는 소리

연상 his(그의)(→히스) 쉿 하는 소리)!(주로 남자가 쉿 하는 소리를 낸다)

예문 An old man **hissed** at her.
노인은 쉿 하고 그녀를 꾸짖었다.

fiery
[fáiəri]

a. 불의, 불타는; 불같은; 타는 듯한

연상 노하여 불타는 그의 눈이 곧 파이어(fire)리(→파이어리)!

예문 We ran across the **fiery** desert of Central Asia.
우리는 중앙아시아의 불타는 사막을 횡단했다

harness
[háːrnis]

n. 마구(馬具) **v.** ~에 마구를 채우다; (동력 등을) 이용하다

연상 하-하 니스(→하:니스)칠을 한 마구를 보렴. 우습지 않니? 그러나 이용하려고 니스 칠을 한 거야.

예문 They are attempting to **harness** the power of the sun.
그들은 태양 에너지를 이용하려는 시도를 하고 있다.

pathetic
[pəθétik]

a. 불쌍한, 측은한

연상 서슬 퍼런 세(勢: 권세)로 틱틱(→퍼세틱)거리는 사람 밑에 일하는 사람은 불쌍하다.(권력의 하녀 노릇을 하니까)

예문 She looks after **pathetic** and lonely old men in an old people's home.
그녀는 양로원에서 불쌍하고 외로운 노인들을 돌본다.

lengthen
[léŋkθən]

v. 늘이다, 연장하다

연상 length(길이) + -en(만들다)(렝쓴)→길이를 만드는 것이 길이를 늘이는 것이다.

예문 I **lengthened** my sleeves by two inches.
내 셔츠 소매를 2인치 늘였다

파생 length n. 길이

stagger
[stǽgəːr]

v. 비틀거리다, 휘청거리다; 비틀거리게 하다, 휘청거리게 하다.

연상 수태(임신)한 사람의 걸음걸이는(→스태거) 비틀거린다.

예문 She **staggered** as she walked.
그녀는 걸을 때 비틀거렸다.

slap
[slæp]

v. (납작한 것으로) 찰싹 때리다 **n.** 때리기

연상 슬쩍 lap(무릎)(→슬랩)을 치는 것이 무릎을 찰싹 때리는 것이고, 때 리면 찰싹 소리가 난다.

예문 He **slapped** her on the cheek.
그는 그녀의 따귀를 찰싹 때렸다.

tan
[tæn]

v. 햇볕에 태우다 **n.** 황갈색

연상 여름철에 피부를 햇볕에 태우는 것이 선탠(suntan)(→탠) 하는 것이다.

예문 The sun **tanned** her skin dark brown.
햇볕을 쬐어 그녀의 피부는 짙은 갈색으로 탔다.

lethal
[líːθəl]

a. 치명적인, 죽음을 초래하는(fatal)

연상 무분별한 난개발로 시골마을인 리(里)에 쓸(→리ː쓸)만한 곳은 거의 **치명적인** 손상을 입었다.

예문 Nuclear weapons are **lethal**.
핵무기는 치명적이다.

quota
[kwóutə]

n. (생산, 판매 등의)할당량; 몫, 할당

연상 고급 외투인 모피 코트(→쿼우트)를 수출할 때 **할당량**을 정한다.

예문 The company must meet its yearly import **quota**
그 회사는 연간 수입 할당량을 맞추어야 한다.

renovate
[rénəvèit]

v. 새롭게 하다(renew); (건물 등을)수리하다(repair)

연상 시골마을 리(里) + no(없는) + 베이트(영화제목)(→레너베이트) = 시골마을 리에는 '베이트' 같은 영화를 상영할 곳이 없어서 한옥을 **수리하는** 한옥 리노베이션(→레너베이트)이 한창입니다.

예문 He **renovates** old houses and sells them at a profit.
그는 오래된 집을 수리하여 이득을 남기고 판다.

파생 renovation **n.** 수선, 수리

affiliate
[əfílièit]

v. 합병하다; 가입시키다; 가입하다 **n.** 가입자, 분회, 지사, 계열회사

연상 그는 a(어떤) fill이(느낌이) ate(밥 먹을)(→어필리에잇) 때 떠올라 서 두 회사를 **합병했다**.

예문 The company is **affiliated** with the local university.
그 병원은 지역 대학과 제휴하고 있다.

파생 affiliation **n.** 입회, 가입, 합병

ammunition
[æmjuníʃən]

n. 탄약, 병기; 공격수단

연상 너의 애(아이)까지도 미운 니(의) 선택(→애뮤니션)은 우리를 공격하 기 위해서 니가 병기를 선택한 것이다.

예문 They were provided with **ammunition** by land troops.
그들은 지상군으로부터 군수품을 공급받았다.

consortium
[kənsɔ́ːrʃiəm]

n. 합작기업; 조합; 공동체

연상 여러 농장주들이 합작기업을 만들어 큰 소를 시험(→컨소;쉬엄) 사육한다.

예문 It was the Anglo-French **consortium** that built the Channel Tunnel.
채널 터널을 건설한 것은 영불 컨소시엄이다.

disrupt
[disrʌ́pt]

v. 찢어발기다, 째다; (국가·제도 따위를)붕괴시키다; 분열시키다.
(회의 등을) 혼란케 하다

연상 ① dis(=not) + 늪터(rupt) 늪터가 안되게 하는 것이 늪터를 찢어발겨, 붕괴시키는 것이다.
② 디스(this; 이) 늪 터(→디스럽트)는 크기가 너무 커서 이 지역을 찢어발기어(갈라지게 하여) 결국 이 지역을 분열시키고 있다.

예문 Slavery seemed likely to **disrupt** the union.
노예제도가 합중국을 분열시키는 것처럼 생각되었다.

파생 disruption n. 분열, 파열, 혼란

perennial
[pəréniəl]

a. 지속하는, 영구적인; 다년생의 **n.** 다년생 식물

연상 펄엔 (그 펄을) 이을(이어갈)(→퍼레니얼) 다년생의, 영구적인 생명체들이 있다.

예문 It is a **perennial** social problem.
그것은 영구적인 사회문제다.

alias
[éiliəs]

n. 별명, 가명

연상 밝혀진 그 사람의 별명이 아이 늑대, 즉 애 이리었어(→에일리어스)!

예문 One of his known **aliases** is Harrison.
알려진 그의 별명 중에 하나가 Harrison이다.

dodge
[dɑdʒ]

v. 홱 몸을 피하다; 교묘하게 둘러대다; (질문, 책임 등을) 피하다.

연상 공격을 피하기 위해 홱 몸을 피하는 것이 위급 시에 취할 수 있는 행동의 다지(전부지)(→다지)!

예문 He had to **dodge** huge drops of water that fell from the ceiling.
그는 천장에서 떨어지는 큰 물방울을 재빨리 피해야 했다.

bog
[bɑg / bɔ(:)g]

n. 늪, 습지대 **v.** 수렁에 빠지다; 꼼짝 못하게 하다.

연상 바가지를 만드는 박(→박)은 늪, 습지대는 자연이 준 복이다.

예문 The path goes across an area of **bog**.
그 길은 습지대를 지나간다.

suite
[swiːt]

n. (물건의) 한 벌 ; (호텔의)특별실 ; 수행원

연상 호텔의 '스위트 룸'(→스위트)은 한 벌의 물건이 갖추어진 특별실로 쓴다면 마음이
스위트(sweet:행복할)(→스위:트) 것이다.

예문 a **suite** of furniture 한 벌의 가구!

예문 They reserved a **suite** at the hotel.
그들은 호텔에 스위트룸을 예약하다.

plausible
[plɔ́ːzəbəl]

a. (이유·구실 따위가) 그럴듯한, 정말 같은; 말주변이 좋은

연상 프로 선수가 게임에 져(서) 벌(→프로:저벌)을 받는다는 것은 그럴듯한 이야기다.

예문 He made up a **plausible** excuse to the teacher.
그는 선생님께 그럴듯한 변명을 꾸며댔다.

bilateral
[bailǽtərəl]

a. 쌍방의, 양측의; 좌우대칭의

연상 옛날엔 전투 중에 바위 레터를(letter;편지)(→바이래터럴)주고받으며 쌍방의 주장을
전달했다.(적이 보이는 바위에 글을 적어서)

예문 The **bilateral** treaty is to be signed.
상호조약이 서명될 것이다.

decree
[dikríː]

n. (정부, 교회 등의)법령 ; (법원의)판결

연상 교회의 법령은 그 범위가 디(매우의 방언) 크리(→디크리:)!(전 세계에 통용되는 것이니까 클
수밖에)

예문 The president issued a **decree** prohibiting trade unions.
대통령은 무역 노동조합을 금지하는 법령을 공포했다.

aquatic
[əkwǽtik]

n. 물의, 물위의; 수생의, 물속에 사는

연상 너무 오래 동안 물위에 있더니 어크! 애(가) 틱(→어쿠애틱)장애가 생겼네!

예문 Water lilies are **aquatic** plants.
수련은 수생 식물이다.

requisite
[rékwizit]

a. 필수불가결한, 필요한   **n.** 필수품, 필요조건

연상 음악의 키(음조) 필수불가결한 키가 바로 도 레 미 중에서 레 키지(→레퀴짓)

예문 A good book is a **requisite** for long journey.
좋은 책은 오랜 여행에 필수품이다.

syndicate
[síndikit]

n. 기업연합; (동일 경영하의) 신문 연합; 조직 폭력 연합

v. (기사를)동시에 발표하다.

연상 기업을 경영하는 신디와 케이트(→신디킷)가 서로 연합한다면 그 것이 바 로 기업연합이다.

예문 That comic strip is **syndicated** in over 30 papers.
그 연속만화는 30개 이상의 신분에 게재되고 있다.

contingent
[kəntíndʒənt]

n. 파견대, 대표단   **a.** (~의) 여부에 따라

연상 크기가 큰 틴(tin:주석통)으로 전투(→컨틴전트)하는 곳에 파견대를 보낸다.(아프리카 주석광산을 놓고 벌리는 전투)

예문 NATO agreed to send a peacekeeping **contingent**.
나토는 평화 유지군을 보내기로 동의했다.

파생 contingency n. 우발적 사건; 부수적인 사건

oblong
[áblɔ:ŋ]

a. 직사각형의, 길쭉한   **n.** 직사각형

연상 네 개의 선중에서 앞 선이 long(긴)(→아브롱) 것은 직사각형이다.

예문 There is an **oblong** table in my kitchen.
우리 집 부엌엔 직사각형 식탁이 있다.

예문 an **oblong** melon 길쭉한 멜론

338

UNIT 17 TEST

[1~12] 보기에서 영어에 해당되는 우리말을 찾아 쓰시오.

1. combat _____   2. hedge _____

3. billow _____   4. renovate _____

5. plausible _____   6. charter _____

7. consign _____   8. aquatic _____

9. chasm _____   10. contingent _____

11. chatter _____   12. hijack _____

보기 ① 산울타리 ② 건네주다 ③ 전투 ④ 현장 ⑤ 큰 파도 ⑥ 그럴듯한 ⑦ 갈라진 틈
      ⑧ 새롭게 하다 ⑨ 재잘거리다 ⑩ 납치하다 ⑪ 물의 ⑫ 파견대

[13~17] 다음 빈칸에 들어갈 적절한 어휘를 고르시오.

13. They warned that climate change could potentially _____ economic activity.

14. He was still _____ , but there was panic in his eyes.

15. An understanding of accounting techniques is a major _____ for the work of the analysts.

16. All youth groups will have to _____ to the National Youth Agency.

17. It is so _____ that nine out of ten of its victims die.

보기 ① affiliate ② lethal ③ disrupt ④ blustering ⑤ requisite

[18~21] 다음 빈칸에 들어갈 적절한 어휘를 고르시오.

18. He lost his balance, _____ back against the rail and toppled over.

19. The small group of onlookers presented a _____ sight.

20. How can this energy be _____ effectively for the good of humankind?

21. There are many ways to _____ water through one's everyday lives.

보기 ① conserve ② staggered ③ harnessed ④ pathetic

정답 1.③ 2.① 3.⑤ 4.⑧ 5.⑥ 6.④ 7.② 8.⑪ 9.⑦ 10.⑫ 11.⑨ 12.⑩
      13.③ 14.④ 15.⑤ 16.① 17.② 18.② 19.④ 20.③ 21.①

Further Study

fetus 태아.

disseminate

(씨를) 뿌리다, (사상, 주장을) 널리 퍼뜨리다

avaricious 탐욕스러운

insinuate 넌지시 말하다, 암시하다

equity 공정, 공평

saturated 포화된, 스며든

assiduous 부지런한, 근면한

rectify 고치다, 교정하다

capricious 변덕스러운

tacit 암묵적인, 묵시적인

eerie 무시무시한, 섬뜩한

quarterly 1년에 4번의, 계간의

subliminal 잠재의식의

wield arms 무력을 휘두르다

clear the table 식탁을 치우다

set the table 식탁을 차리다

home electronics 가전제품

religious persecution 종교적 박해

big day 큰 행사가 있는 날, 중요한 날

return one's call 나중에 답신전화를 하다

undergo surgery 수술 받다

foot the bill 비용을 대다

go Dutch 각자 부담하다

have a green thumb

화초를 잘 기꾸는, 정원 일을 잘하는

jump the gun 성급하게 굴다, 섣불리 행동하다

once in a blue moon 아주 가끔

on pins and needles 매우 초조해 하는

scratch the surface 수박 겉핥기 하다

skeleton in the closet

집안의 비밀, 숨기고 싶은 과거의 일

rack one's brain

머리를 짜내다, 골똘히 생각하다

observe the law 법을 준수하다

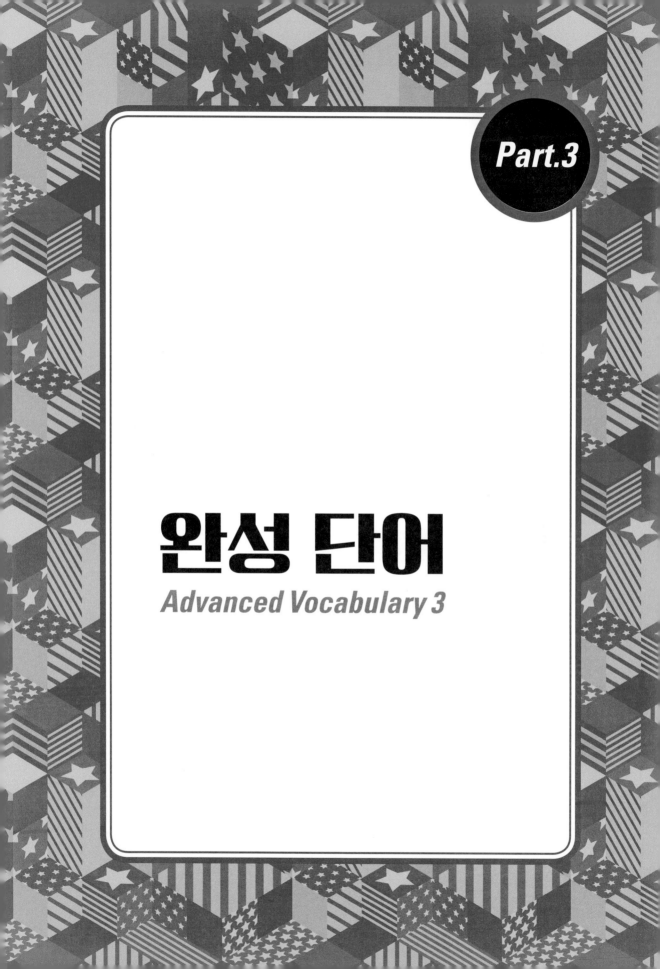

Part.3

완성 단어
Advanced Vocabulary 3

solicit

[səlísit]

v. 간청하다,(원조. 조원 등을)부탁하다

연상 그는 국무총리 서리와 같은, 서리(지위에) sit(앉게)(→서리 시트) 해달라고 간청하다.

예문 He solicited aid from the minister.
그는 장관에게 원조를 간청했다.

---

hawker

[hɔ́ːkər]

n. 소리치며 물선을 파는 사람, 행상인; 매부리는 사람

연상 거리에서 호-호 크(→호:커)게 소리치는 사람이 행상인일 것이다.

예문 As the police approached, the hawkers ran into the crowd.
경찰이 접근하자 행상인들은 군중 속으로 달아났다.

---

prodigy

[prádədʒi / prɔ́d-]

n. 천재, 신동

연상 천재는 머리 좋기가 프로(선수)보다 더지(=더좋지)(→프라더지)

예문 He is a Violin prodigy.
그는 바이올린 천재다

예문 infant prodigy 신동

---

diurnal

[daiə́ːrnəl]

a. 주간의, 주행성의 ; 날마다의, 매일의 **반** nocturnal 야행성의

연상 다이아 반지를 늘(→다이어:늘)끼고 다니는 것은 날마다의 착용, 주간의 착용을 뜻한다.(밤에 잘 때는 빼놓는다)

예문 Kangaroos are diurnal animals.
캥거루는 주행성 동물이다.

---

misinterpret

[mìsintə́ːrprit]

v. 잘못 해석하다; 오해하다.

연상 mis(잘못) + interpret(해석하다)(→미스인터:프릿)=잘못해석하다(interpret - inter + pret = 해석하다 ; inter(안으로)들어가서 풀이(pret)(→인터플릿)하는 것이 해석하는 것이다)

예문 His speech was misinterpreted by the reporter.
그의 연설은 기자에 의해서 잘못 해석되었다.

commemorate
[kəmémərèit]

v. 기념하다(celebrate); 찬사하다.

연상 com(컴퓨터)로 memo(메모)한 rate(비율)(→컴메머레잇)은 기념해야 한다.(메모 저장력 비율이 너무 발전했기 때문에)

예문 The statue commemorates the famous general's heroism.
그 동상은 유명한 장군의 영웅적 행위를 기념하기 위한 것이다.

파생 commemoration n. 기념식, 기념물

---

annihilate
[ənáiəlèit]

v. 전멸(박멸)시키다 ; (법률 등을)무효로 하다.

연상 an(한 명의) 아이(ihi)라도 어(語;말) late(늦게)(→어나이어레잇) 하는 것을 전멸시켜야 한다.(한 아이라도 말 늦게 배우는 일이 없도록 해야 한다는 뜻)

예문 They tried to annihilate the terrorists.
그들은 테러리스트를 전멸시키려고 노력했다.

파생 annihilation n. 전멸, 멸망; 무효

---

intuition
[ìntjuíʃən]

n. 직관(력)

연상 사무실 in(안에서) 자신이 잘난 척 튀션(튀어선)(→인튀션) 직관력이 이 있다고 말할 수 없다.(직관력 있는 사람은 분위기를 알기 때문에 튀지 않는다)

예문 I caught the meaning by intuition.
나는 직관으로 그 의미를 파악했다.

파생 intuitive a. 직관적인, 직관력 있는

---

auxiliary
[ɔːgzíljəri]

a. 보조하는, 예비의 **n.** 원조자(물),보조자(물)

연상 "오! 그, 질리어!(→오:그질리어리)라고 말하는 사람들은 일을 보조하는 사람들이다.(늘 보조만 한는 일이 얼마나 질리겠는가)

예문 They sent the auxiliary troop.
그들은 구원부대를 보냈다.

---

fluctuate
[flʌ́ktʃuèit]

v. (물가·열등이) 오르내리다, 변동(동요)하다

연상 선풍기 바람에 옷을 플럭거리며 추하게 ate(먹은)(→플럭츄에잇) 사람은 생각이 늘 변동하는 사람이다.

예문 Prices have fluctuated wildly in recent years.
최근에 물가가 심하게 변동해왔다.

파생 fluctuation n. 동요, 불안; 불안정

---

gallant
[gǽlənt]

a. 용감한, 씩씩한; (여성에게)친절한

연상 ① 갤(개를) 언 터(얼어있는 터)(→갤런트)에서 구하는 것은 용감한 행동이다.
② 갤(개를) 물리치는 ant(개미)(→갤런트)들은 용감하다.

예문 The gallant soldiers will save the nation.
용감한 병사가 나라를 구한다.

rim
[rim]

n. (둥근 물건의)가장자리, 테두리 **v.** 테를 달다;(농구공 등이)테를 돌다

연상 마을의 가장자리를 둘러싸고 있는 림(林;수풀)(→림)이 마치 마을의 테두리와 같다.

예문 The **rim** of the cup was chipped and broken.
컵의 테두리가 이가 빠지고 깨어졌다.

---

befall
[bifɔ́:l]

v. (나쁜 일이)일어나다, 생기다(happen)

연상 비가 fall(떨어지다, 내리다)(→비포올)=비가 자꾸 내리면 홍수가 지는 일이 일어나거나 마을이 잠기는 나쁜 일이 일어난다.

예문 What **befall** to him?
그에게 무슨 일이 생겼느냐?

---

loiter
[lɔ́itər]

v. (정처 없이)어슬렁거리다, 헤매다(linger); (시간을)허송하다.

연상 로이터(→로이터) 통신사 기자들은 거리를 어슬렁거리고 다녀야 한다.(뉴스 취재를 위해서)

예문 He **loitered** in the park.
그는 공원을 어슬렁거렸다.

---

caprice
[kəprí:s]

n. 변덕(whim): 예측할 수 없는 변화

연상 cap(모자) + rice(쌀)(→커프리스)=모자와 쌀값은 변덕이 심하다.(계절과 날씨에 따라 변덕이 심함)

예문 It was mere **caprice** that she refused to go.
그녀가 가고 싶지 않다고 한 것은 변덕에 불과하다.

파생 capricious a. 변덕스러운, 예측할 수 없는

---

scour
[skauə:r]

v. (먼지. 기름 등을) 문질러 닦다; 찾아 헤매다

연상 쓱 our(우리의)(→스카워) 그릇을 문질러 닦는다.(남의 것은 닦을 수 없다)

예문 **Scour** pots 냄비를 깨끗이 닦다.

예문 **Scour** the street for the shop.
그 가게를 찾아 헤매다.

---

permeate
[pə́:rmièit]

v. 스며들다, ~에 침투하다 ; (사상 등이)~에 퍼지다.

연상 샘에서 물을 퍼(per) me(나에게) ate(먹였는데)(→퍼:미:에잇)물이 몸 속에 스며들었다.

예문 The rain has **permeated** the sand.
비가 모래 속에 스며들었다.

blurt
[bləːrt]

v. 불쑥 말하다; 무심코 말하다.

연상 상사들이 부하 직원을 불러 (말을)터뜨리(→블러:트)듯 하는 것이 불쑥 말하는 것이다.

예문 In his anger, he **blurted** out the secret.
핫김에 그는 그 비밀을 불쑥 말해버렸다.

condole
[kəndóul]

v. 애도의 뜻을 표하다, 조문하다.

연상 친척을 잃은 사람을 큰(크게) 도울(→권도울) 일은 애도의 뜻을 표하는 것이다.

예문 His friends **condoled** with him on his wife's death.
친구들은 그의 아내 죽음에 대해서 조문하였다.

파생 condolence n. 조상, 애도

appease
[əpíːz]

v. (분노. 슬픔 따위를) 진정시키다, (싸움을)가라앉히다, (허기를)채우다.

연상 분노나 슬픔의 a(어떤) 피(ppe)를 ease(편안. 안정)(→어피이즈)하게 하는 것이 진정시키는 것이다.(화나면 피가 끓는데 그 피를 안정시킴)

예문 The sight **appeased** his anger.
그 광경을 보고 그는 노여움을 진정시켰다.

procure
[proukjúər]

v. (노력 등으로)획득하다(obtain), (필수품을)조달하다.

연상 의사들은 pro선수들을 cure(치료해)(→프로큐어)주고 돈과 명성을 획득한다.

예문 It was difficult to **procure** food.
식량을 조달하기 어려웠다.

파생 procurement n. 입수. 획득

thaw
[θɔː]

v. (눈, 얼음 등이)녹다(melt); 녹이다 ;(감정 등이)누그러지다

n. 해동, 눈녹음

연상 show (쇼우)(→쏘:)를 보고 있으면 눈이 녹듯이 감정이 누그러진다.

예문 The water pipe has **thawed** out.
얼었던 수도관이 이제 녹았다.

induct
[indʌ́kt]

v. 이끌어 들이다; 도입하다; 안내하다

연상 in(안) + duck(오리) + 터(t, 집)(→인덕트) = 놓아둔 오리를 집 안으로 이끌어 들인다.

예문 They **inducted** students into the use of a foreign language.
그들은 학생들이 외국어를 쓰도록 유도하다.

파생 induction n. 취임(식), 도입. 귀납(법)

grudge
[grʌdʒ]

v. 주기를 싫어하다, 아까워하다.   **n.** 악의, 원한

연상 마지못해 "그러지(그렇게 하지)"(→그러지)라고 말할 때 그 사람의 마음속에 아직 원한이 남아 있거나 어떤 것을 주기 싫어한다는 뜻 이 포함되어 있는 경우가 많다.(반어적인 경우가 많다)

예문 I **grudge** you nothing.
너에겐 무엇을 주어도 아깝지 않다.

예문 hold a **grudge** against a person 아무에게 원한을 품다

ventilate
[véntəlèit]

v. (방 등에) 공기를 유통시키다, 환기하다

연상 고약한 냄새가 밴 터(에) late(늦기)전에(→벤터레잇) 해야 하는 일이 공기를 유통시키는 것이다.

예문 She **ventilated** the room by opening window.
그녀는 창문을 열어서 방을 환기했다.

파생 Ventilation n. 환기, 통풍[장치]

copyright
[kápiràit]

n. (서적·음악 등의) 저작권, 판권   **a.** 판권으로 보호된

연상 copy(원고. 초본) + right(권리)(→카피라이트) 작품원고에 대한 권리가 바로 저작권이다

예문 The publisher has the **copyright** on all his books.
출판사가 그의 모든 책에 대한 저작권을 소유하고 있다.

예문 infringe a **copyright** 저작권을 침해하다

persecute
[pə́ːrsikjùːt]

v. (종교, 인종 차이로) 박해하다, 학대하다; (질문 등으로) 괴롭히다

연상 자연 그대로 보존해야 될 펄(펄, per)을 시(市)가 cute(예쁜)(→퍼:시큐웃) 곳으로 바꾼다면 결국 펄을 박해하는 것이 되고 만다.(사람이 많이 찾아오면 펄은 파괴될 것이기 때문에)

예문 They **persecuted** pagans.
그들은 이교도를 박해했다

파생 persecution n. 박해 .학대   persecutor n. 박해자

respiration
[rèspəréiʃən]

n. 호흡, 호흡작용

연상 내 피아노의 건반 도.레.미 중에서 레에 스프레이(spray)로 선(線)(→레스퍼레이션)을 표시해 놓은 것은 연주도중 호흡 조절표시다.

예문 His **respiration** grew fainter throughout the day.
온종일 그의 호흡이 약해졌다.

파생 respiratory 호흡의, 호흡기관의   artificial respiration 인공호흡

parasite
[pǽrəsàit]

n. 기생충, 기생동물; 기식자, 식객

연상 컴퓨터에 다른 사이트를 모방한 패러디(parody) 사이트(site)(→페러사이트)를 만들어 돈을 버는 사람은 컴퓨터의 기생충과 같다.

예문 Financial speculators are **parasites** upon the national economy.
금융투기 꾼들은 국가 경제에 기생충들이다.

vie
[vai]

v. (경기장, 기업 등이)경쟁하다, 겨루다(compete)

연상 현대인들은 물욕에 차서 좋은 집, 좋은 차등을 **바이**(buy:사는)(→바이) 것을 **경쟁한다**.

예문 He **vied** with me for the first prize.
그는 나와 1등상을 겨루었다.

terrain
[təréin]

n. 지형, 지세

연상 태초에 땅, 즉 **터**에 **rain**(비)가(→터레인) 와서 **지형**이 형성되었다.

예문 The car handles particularly well on rough **terrain**.
그 차는 거친 지형에서는 특히 잘 다루어진다.

fission
[fíʃən]

n. 분열(separation), 원자핵 분열 **반** fusion 융합

연상 그 사람이 지도자로 **피션**(→피션)되고 나서 사회 **분열**이 일어났다

예문 All commercial nuclear power is provided by **fission** at the present time.
현재 모든 상업용 원자력은 핵분열 방식으로 공급 된다.

invalid
[ínvəlid]

a. 병약한; (법적으로)무효의

연상 ① **병약한** 것, **법적으로 무효의** 것들은 **인**(人:인간이) **버리더**(→인버리드)라!
② **in**(=not) + **valid**(유효한) = **무효의**

예문 He claimed that the referendum, to be help tomorrow, is legally **invalid**.
그는 내일 실시될 국민투표를 법적으로 무효라고 주장했다.

rove
[rouv]

v. 방황하다, 헤매다

연상 도시의 **로**(路;도로)에서 **우**(右; 오른쪽) 보면서(→로우브) 걸어 다니는 것이 **방황하는** 것이다.

예문 Aeneas **roved** over sea and land.
아에네아스는 바다와 육지를 두루 방황했다.

fabricate
[fǽbrikèit]

v. (부품 따위를)조립하다; (이야기. 거짓말을) 꾸며내다; (문서를)위조하다

연상 못 쓰는 브릭, 즉 **패 브릭**(brick 벽돌)을 내 친구 **케이트(cate)**(→패브릭케이트)가 **조립하여** 담을 만들었다.

예문 He **fabricated** an excuse to avoid trouble.
그는 어려움을 피하기 위해 변명을 꾸며냈다.

파생 fabrication **n.** 조립, 제작; 꾸며낸 말

wholehearted
[hóulhá:rtid]

ⓐ 진심어린, 충심의 (sincene)

연상 whole(전체의) + hearted(마음으로)(→호울하:티드)=온 마음을 다해서 하는 것이 **진심어린** 행동이다.

예문 I thank Jane for her **whole-hearted** effort on our behalf
나는 Jane에게 우리를 위해서 쏟은 진심어린 노력에 감사한다.

---

strait
[streit]

ⓝ 해협; (pl)궁상, 곤란

연상 두 개의 섬이나 육지 사이를 **스트레이트**(straight; 일직선)(→스트레이트)로 갈 수 있는 길이 **해협**을 통해서 가는 것이다.

예문 He swam across the **straits** of Dover.
그는 도버 해협을 수영해서 건넜다.

예문 in flnancial **straits** 재전적 곤경에 처한

---

subconscious
[sʌbkɔ́nʃəs / sʌbkɑ́nʃəs]

ⓐ 잠재의식의, 무의식적인 **ⓝ** 잠재의식

연상 ① sub(아래) + conscious(의식 있는)(→섭칸셔스) = 의식 아래에 있는 것이 **잠재의식적**인 것이다.

② 섭(sub) + con(원뿔형) + 써서(scious) = 꿈 속에서 섶(나무)와 콘을 써서(→섭콘셔스) 어떤 물건을 만든다면 그것은 **잠재의식**의 표현이다.

예문 Nail biting is often a **subconscious** reaction to tension.
손톱을 물어뜯는 것은 종종 긴장에 대한 잠재의식의 반응이다.

---

consistent
[kənsístənt]

ⓐ (행동 등이) 일치하는; 시종일관된

연상 집안에 큰(con) **시스턴**(sister는)(→컨시스턴(트))는 늘 언행이 **일치한다**. 그래서 동생들에게 본보기가 된다.

예문 A writer must maintain a relatively **consistent** perspective or tone.
작가는 일관된 관점과 어조를 유지해야 한다.

---

semiconductor

ⓝ 반도체

연상 ① semi(반) + conductor(도체)(→세미컨탁터) = **반도체**

② 세(가지) 미(美; 아름다움)가 큰 닥터(doctor;의사)(→세미컨탁터) 를 만든다면 그 세 가지 미에는 **반도체**도 포함된다.(반도체를 이용 한 첨단 의료기기가 없으면 의사가 될 수 없다)

예문 The corporation dominates the **semiconductor** market.
그 회사는 반도체시장을 독점하고 있다.

350

UNIT 01 TEST

[1~12] 보기에서 영어에 해당되는 우리말을 찾아 쓰시오.

1. prodigy _____   2. auxiliary _____

3. gallant _____   4. caprice _____

5. solicit _____   6. loiter _____

7. annihilate _____   8. diurnal _____

9. commemorate _____   10. intuition _____

11. adjacent _____   12. parasite _____

[보기] ① 용감한 ② 간청하다 ③ 주간의 ④ 천재 ⑤ 보조하는 ⑥ 변덕 ⑦ 직관(력)
⑧ 어슬렁거리다 ⑨ 기생충 ⑩ 전멸시키다 ⑪ 기념하다 ⑫ 인접해 있는

[13~17] 다음 빈칸에 들어갈 적절한 어휘를 고르시오.

13. Mr White and his family have been _____ by the authorities for their beliefs.

14. _____ is the process of taking in and using oxygen.

15. The number of unemployed _____ between two and three million.

16. There is no air -conditioning and the room is difficult to _____ in the summer.

17. Do you know anyone who might have a _____ against you?

[보기] ① grudge ② persecuted ③ Respiration ④ fluctuates ⑤ ventilate

[18~21] 다음 빈칸에 들어갈 적절한 어휘를 고르시오.

18. Six new members have been _____ into the Provincial Cabinet.

19. Relations between the two countries _____ a little after the talks.

20. It remained very difficult to _____ food, fuel and other daily necessities.

21. He was accused by some of trying to _____ both factions of the electorate.

[보기] ① procure ② thawed ③ inducted ④ appease

[정답] 1.④ 2.⑤ 3.① 4.⑥ 5.② 6.⑧ 7.⑩ 8.③ 9.⑪ 10.⑦ 11.⑫ 12.⑨
13.② 14.③ 15.④ 16.⑤ 17.① 18.③ 19.② 20.① 21.④

Further Study

crestfallen 볏이 쳐진, 풀이 죽은

ulterior (목적, 동기 등이) 감추어진, 이면의

adroit 능숙한

aloof 무관심한

salutary 건전한

apathy 무관심, 무감각

garbled 왜곡한, 제 멋대로 고친

unearth 발굴하다

class-warfare 계급투쟁

hierarchy 계급제도, 조직

Reformation 종교 개혁

be immune to 면역이 되다

melting pot 다양한 인종. 문화가 뒤섞인 나라

desegregation 차별 폐지

green 미숙한, 경험 없는, 풋내기의

apartheid 인종 분리[차별] 정책

affirmative action

차별 철폐 조치, 소수 집단 권익 옹호 정책

chauvinist 맹목적 애국주의자

male chauvinist 남성 우월주의자

loud mouth

큰소리로 떠드는 사람, 말이 많은 사람

save one's face 체면을 지키다

answer the door 문을 열어주다

beat one's brains 머리를 짜내다

foregone conclusion

뻔한 결론, 필연적인 결론

conclude speech 연설을 마치다, 말끝을 맺다

complimentary ticket 초대권

brush up on 다시 공부하다, 복습하다

get hold of 연락을 취하다, ~을 찾다(구하다)

line up behind ~을 지지하다, 뒤에 줄을 서다

spitting image 판박이, 빼닮음

big mouth 수다쟁이, 비밀 누설자

loud mouth

큰소리로 떠드는 사람, 말이 많은 사람

frigid
[frídʒid]

a. 몹시 추운, 혹한의(very cold); (사람이) 쌀쌀한, 냉담한

연상 몹시 추운 날씨에 풀이 지더(→프리지드)라!

예문 It was a **frigid** night in the mountain.
산속의 밤은 추웠다.

alchemy
[ǽlkəmi]

n. 연금술; 비법, 비술

연상 앨(=애를) 보고 커(서) 미(美)(→앨커미)를 가르칠 때 연금술은 가르치라고 했다.(미학은 연금술과 같다)

예문 She has some **alchemy** to turn an unhappy family into a happy one.
그녀는 불행한 가족을 행복하게 하는 비법이 있다.

파생 alchemist n. 연금술사

coalition
[kòuəlíʃən]

n. 합동, 연합, 제휴

연상 coal(석탄)이 긴 광맥의 선을 이루고 있어서, 다시 말해 coal이 선(→코워리션)을 이루고 있어서 그것을 캐는데 다른 광업소와 **연합**이 필요했다.

예문 They formed a **coalition** cabinet.
그들은 연립내각을 구성했다.

puncture
[pʌ́ŋktʃər]

n. (바늘 따위로) 찌르기; (찔러서 낸) 구멍; 펑크(타이어 따위의)
v. (바늘 따위로) 찌르다, ~에 구멍을 뚫다.

연상 그는 송곳으로 배구공을 펑-쳐(→펑쳐)서 구멍을 뚫었다.

예문 The bullet **punctured** his lung.
탄환이 그 폐에 구멍을 냈다.

treason
[tríːzən]

n. 반역(행위), 반역죄

연상 산에서 나무(tree)를 베어서 전시회를, 트리(tree) 전(展)(→트리:전)을 갖는다면 자연보호에 반역 행위가 될 것이다.

예문 He was executed for **treason** after he had helped the enemy troops.
그는 적군을 도운 뒤 반역죄로 처형되었다.

banner
[bǽnər]

n. (국가, 군대, 단체 등의)기, 표상. 표지(symbol)

연상 ① 해군이나 해양국가에선 상징 마크로 배를 넣어서, 즉 배 넣어(→배너) 기(旗) 를 만들었다.

② 웹 배너(web banner) 또는 배너(→배너) 광고는 기업이나 단체의 **표상**을 넣은 온라인 광고다.

예문 They fought under the **banner** of freedom.
그들은 자유의 기치 밑에서 싸웠다.

rogue
[roug]

n. 불량배, 건달, 악한

연상 ① 로(路:도로)에서 욱-욱(→로우그) 소리를 내며 다니는 사람이 불량배다.

② 로(路:도로)에 나무가 우거진(→로우그) 곳에 불량배들이 많다.

예문 He was known as being a bit of a **rogue** who had left his wife.
그는 아내를 버린 다소 부도덕한 사람으로 알려졌다.

invoice
[ínvɔis]

n. (상업)송장(送狀) ; 물품명세서(구매자에게 보내는)

연상 in(안에) + voice(음성)(→인보이스) = 예전엔 물품명세서인, 송장을 음성으로 보내는 경우가 있었다.

예문 Please send us a copy of the **invoice**.
송장 사본을 보내주십시오.

cactus
[kǽktəs]

n. 선인장

연상 사막의 모래바람으로 '캑-캑'거리던 터(에)서(→캑터스) 선인장을 보았다.

예문 The diameter of **cactus** flowers ranges from 4 to 33 cm
선인장 꽃의 지름은 4 ～ 33cm에 이른다.

gist
[dʒist]

n. 요점, 요지

연상 오늘날 물가 지수.지능 지수 같은 지수의 터(=터전)(→지스트)가 바로 사회의 요점이다.

예문 He is quick in grasping the **gist** of a book.
그는 책의 요지를 빨리 파악 한다.

redeem
[ridíːm]

v. (명예. 권리 등을)되찾다 ; (저당물을)도로 찾다; (채무를)갚다

연상 지금 시골 마을 리(里)의 생활수준이 D입(→리디임)(D급입)니다. 시골 마을의 권리를 되찾는 것이 필요하다.

예문 She's trying to **redeem** her reputation by working extra hard.
그녀는 매우 열심히 일해서 자신의 명예를 되찾으려고 노력하고 있다

shove
[ʃʌv]

v. 세게 밀다(push) ;(급하게) 놓다(put)

연상 샵(→샵)의 용도는 흙 따윌 퍼 올리거나 옆으로 세게 미는 것이다.

예문 Just wait your turn - there's no need to **shove**.
당신의 차례를 기다리세요. (다른 사람을) 밀 필요가 없어요.

growl
[graul]

v. 으르렁거리다; 투덜거리다(grumble)

연상 grow(커지다) + 울(다)(→그라울) = 갈수록 커지는 울음이 으르렁거리는 울음이다.

예문 The caged lion **growled** at the spectators.
우리 속의 사자가 구경꾼을 향해 으르렁거렸다.

affinity
[əfínəti]

n. 유사(점)(similarity); 좋아함

연상 ① a + fin(지느러미) + 너티(nity)(→어피너티) = 물고기 지느러미 하나와 너 티(셔츠)는 유사점이 있다.
② 어피(魚皮:물고기 껍질)와 너(의) 티(셔츠)(→어피너티)는 유사점이 있다.(어피는 물고기의 옷과 마찬가지니까)

예문 There are several close **affinities** between the two paintings.
그 두 그림 사이에 몇 가지 밀접한 유사점이 있다.

prairie
[préəri]

n. 대초원 ; 대목초지

연상 대초원에 있는 것은 풀에서 나오는 풀 air리(공기리)(→풀에어리)!

예문 **Prairies** stretch as far as the eye can see.
눈이 가 닿는 곳 멀리 까지 대평원이 펼쳐져 있다.

snug
[snʌg]

a. 아늑한, 편안한; 옷이 꼭 맞는

연상 스르르 넉넉한(→스넉) 기분에 빠지는 곳이 아늑한 곳이다.

예문 The smaller room is **snug** with the fire blazing.
난로 불이 타고 있는 그 작은 방은 아늑하다.

reef
[riːf]

n. 암초, 모래톱

연상 바닷가 마을 리(里)의 잎(나뭇잎)(→라잎)에 암초가 가려져 있다.

예문 The company's tanker ran into an underwater **reef**.
그 회사의 유조선이 수중 암초에 좌초 되었다

예문 a coral **reef** 산호초

parch
[pɑːrtʃ]

v. (콩 따위를) 볶다, 굽다(태양 등이); 바싹 말리라

연상 파밭에서 파를 취하고(=수확하고)(→파:취)나서 고기와 함께 볶아서 먹는다. 파밭은 바싹 말렸야 한다(병충해 방제를 위해서).

예문 The countryside was **parched** and brown by a drought
시골은 가뭄으로 땅이 메말라 누렇게 되었다.

aye
[ái]

n. (투표, 의결 등에서) 찬성, 찬성투표　**a.** 예, 그렇소　**반** nay 반대

연상 철없는 아이(→아이)들은 아무 것이나 찬성한다.

예문 The **ayes** and nays 찬성과 반대(의 투표)

예문 The **ayes** have it.
찬성과 다수로 가결되었다

betroth
[bitróːθ]

v. (남을) 약혼시키다(engage).

연상 그는 비트(beat) 음악을 듣고 로스(roast)(→비트로:쓰) 구이를 먹으 면서 딸을 약혼 시켰다.

예문 He **betrothed** his daughter to a rich man.
그는 딸을 부자와 약혼시켰다.

파생 betrothal n. 약혼

advent
[ǽdvent]

n. (중요한 인물이나 발명, 사건의) 출현, 도래

연상 애(아이)를 더 (많이) 밴 터(곳)(→애드벤트)에서 중요한 인물이 출현할 것이다.(확률이 높아지니까)

예문 Life in Britain was transformed by the **advent** of the steam engine.
영국인들의 생활은 증기기관의 출현으로 변화되었다.

roundabout
[ráundəbàut]

a. (길. 방법 등이) 멀리 도는, 우회적인; (말·표현 등이) 간접적인, 완곡한

연상 round (둥근) + about(주변에)(→라운드어바웃)=둥글게 주변을 도는 것이 우회적인 것이다.

예문 The news reached me in a **roundabout** manner.
그 소식을 간접적으로 들었다.

conspire
[kənspáiər]

v. 공모하다, 음모를 꾸미다 ;협력하다

연상 스파이들은 규모가 큰 스파이 전문용어. 즉 큰 스파이어(語)(→컨스파이어)(암호)를 사용해서 일을 공모하고, 음모를 꾸민다.

예문 He **conspired** with a person against the government.
그는 어떤 사람과 공모하여 정부타도 음모를 꾸몄다.

파생 conspiracy n. 음모　conspicuous a. 두드러진, 눈에 띄는

garnish
[gáːrniʃ]

v. (~으로) 꾸미다, 장식하다 ; (요리에) 고명을 하다.

n. (요리의) 고명, 곁들임; 장식, 미사여구

연상 창가와 같은 어떤 물건의 가(=가장자리)를 니(가) 쉬(→가ː니쉬)할 수 있는 것이 그것을 장식하는 일이다.

예문 She **garnished** the room with flowers.
그녀는 방을 꽃으로 꾸몄다.

abridge
[əbrídʒ]

v. (이야기 등을) 요약하다; (기간, 범위들을) 단축하다.

연상 ① a(하나) bridge(다리)(→어브리지)는 두 지역 간의 거리를 단축한다.
② 두 지역의 이야기를 요약하기 위해선 a(하나의) bridge(다리)(→어브리지)가 필요하다.(두 지역을 연결해야 요약이 가능하기 때문에)

예문 This is **abridged** from the original.
이것은 원문을 요약한 것이다.

파생 abridgment n. 축소, 요약

bob
[bɑb]

n. 까닥 상하로 움직이기; 고개를 까딱하는 인사

v. (머리를) 까딱 움직이다, 머리를 움직여 인사하다

연상 내 친구 Bob(밥)은 급식소에서 밥(→밥)을 받아갈 때 머리를 까딱 움직여 인사한다.

예문 The little boy **bobbed** his head at me.
그 어린 소년이 고개를 끄떡하며 나에게 인사했다.

hind
[haind]

a. 뒤쪽의, 후방의(back)

연상 길을 갈 때 주인보다 하인이 더(→하인 더) 뒤쪽의 위치에 있다.

예문 The dog reared up on its **hind** legs.
그 개가 몸을 들어 뒷다리로 섰다

awesome
[ɔ́ːsəm]

a. 경탄할 만한, 어마어마한; 굉장한; 경외하고 있는

연상 오! 섬(→오ː섬) 무서운 섬.(외딴섬은 무서운 곳이다)

예문 The Niagara Falls are a truly **awesome** sight.
나이아가라 폭포는 굉장한 광경이다.

파생 awe n. 두려움. 외경

hush
[hʌʃ]

v. 조용히 하다; 조용하게 하다(quiet)

연상 허, 허 웃는 사람에게 "쉿!"(→허쉬) 하는 것이 조용하게 하는 것이다.

예문 Jim told me to **hush**.
짐은 조용히 하라고 말했다.

hound
[haund]

n. 사냥개; 열중하는 사람, ~광 **v.** 따라다니며 괴롭히다

연상 ① 그레이 하운드(→하운드)는 사냥개의 일종이다.

② 개는 사람이 웃으면서 하하 해도 운다(→하운드)

예문 We could hear the **hounds** barking at the fox.

우리는 사냥개가 여우를 보고 짖는 것을 들을 수 있었다.

---

nun
[nʌn]

n. 수녀, 여승

연상 언제나 외로운 너는. 즉 넌(→넌) 수녀!

예문 She is a **nun** who likes in a convent.

그녀는 수도원에서 생활하는 수녀다.

---

niece
[niːs]

n. 조카딸, 질녀 **반** nephew

연상 목 공예품에 니스(→니:스) 칠을 하고 있는 조카딸

예문 Mary, **niece** to Mr. James, attends our school.

제임스 씨의 질녀인 메리는 우리 학교에 다닌다.

---

oar
[ɔːr]

n. 노; 노 젓는 사람 **v.** 노를 젓다(row)

연상 "오!(→오:)"하는 말은 노를 저을 때 힘들어서 내는 신음소리

예문 They pulled as hard as he could on the **oars**.

그들은 있는 힘을 다해 노를 저었다.

---

psalm
[sɑːm]

n. 성가, 찬송가(hymn)

연상 ① 한국의 인삼, 산삼 등 삼(蔘)(→사암)을 예찬 하는 찬가가 있다.

② 사암(砂岩)(→사암)에서 셰일가스가 나와서 사암의 찬송가 부른 다.

예문 They sang a **psalm** together.

그들은 찬송가를 합창했다.

---

standstill
[stǽndstìl]

n. 정지, 정체 **a.** 정지된

연상 stand(서다) + still(가만히)(→스탠드스틸) 있는 것이 정지된 것이다.

예문 All the roads are at a **standstill**.

모든 도로가 정체상태이다.

nimble
[nímbəl]

a. 재빠른(agile); 예민한

연상 ① 내 님(은) 불(→님벌)을 보면 예민하고, 재빠른 행동을 한다.
② 사랑하는 님이 벌(→님벌)을 받고 있다면 재빨리 달려가서 도와야 한다.

예문 He is **nimble** in climbing trees.
그는 재빨리 나무에 오른다.

cringe
[krindʒ]

v. (겁이 나서) 움츠리다; (높은 사람에게) 굽실거리다

연상 크린(clean:깨끗한) 지(池:연못)(→크린지) 앞에서 사람들은 겁이나서 몸을 움츠린다.(깨끗한 곳을 더럽힐까 겁이 나서)

예문 I **cringed** at the sight of blood.
나는 피를 보고 몸을 움츠렸다.

shrub
[ʃrʌb]

n. (정원등에 심어 놓은) 관목. **cf.** bush 자연 상태의 관목(숲)

연상 ① she + rub(문지르다)(슈럽) = 그녀가 날마다 몸을 문지르는 것은 정원의 관목이다.(몸에 좋다고)
② 정원의 관목으로 서랍(→슈럽)을 만들었다.

예문 She planted some roses and other flowing **shrubs**.
그녀는 몇 그루의 장미와 꽃피는 관목을 심었다.

baffle
[bǽfəl]

v. 당황하게 하다(perplex); (희망, 계획 등을) 좌절시키다

연상 배가 펄(→배펄)에 빠져서 선원들을 당황하게 했다.

예문 The sudden question **baffled** me.
갑작스런 질문에 당황했다.

oblique
[əblíːk]

a. 간접적인(indirect), 애매한; 기울어진(slanting)

연상 어떤 사람의 말하는 모습을 보고 "어, 부리 커!"(→어브리익)라고 한다면 그 사람의 입이 크다는 간접적인 표현이다.

예문 In her speech she made several **oblique** references to the current financial situation
그녀는 연설에서 현 금융상황에 대해서 여러 차례 간접적인 언급을 했다.

rhetoric
[rétərik]

n. 수사학; 웅변술; 미사여구

연상 말할 때 음성 높이를 음계 '도, 레, 미, 파' 중에서 레 높이로 트릭(trick; 재주)(→레터릭)을 부려 사용하면 그것은 수사학의 하나다.

예문 He is a professor of **rhetoric** at the university of Naples.
그는 Naples 대학 수사학 교수다

파생 rhetorical a. 수사적인. 수사학의

prosecution
[pràsəkjúːʃən / prò-]

n. 실행, 수행; (법률)기소, 고소, 고발; 검찰 당국

연상 pro서(=프로 경기에서) 쿠션(cushion;방석)(→프로서큐:션)을 사용하면 규칙 위반으로 고소당한다.

예문 The police brought a **prosecution** against the driver involved.
경찰은 연루된 운전자를 기소했다.

파생 prosecute v. 기소하다. 수행하다 prosecutor n. 실행자; 검사

aversion
[əvə́ːrʒən]

n. 혐오, 반감, 몹시 싫어함

연상 드라마에서 말할 때 말을 더듬는 '어-어' 하는 버전(version;각색)(→어버:전)은 시청자에게 혐오를 준다.

예문 He has a strong **aversion** to vanity.
그는 허영을 몹시 싫어한다.

laborious
[ləbɔ́ːriəs]

a. 힘든, 고된; 부지런한 **동** onerous

연상 ① labor(노동)은 이어서(연달아서) us(우리를)(→러보:리어서) 힘든 시간을 보내게 한다.

② 러(시아) 보리 밭은 us(우리를)(→러보:리어서) 힘들게 한다.(겨울에도 보리밭에서 일해야 하기 때문에)

예문 Checking all the information is a very **laborious** process.
그 모든 정보를 점검한다는 것은 매우 힘든 과정이다.

UNIT 02 TEST

[1~12] 보기에서 영어에 해당되는 우리말을 찾아 쓰시오.

1. coalition _____

2. rogue _____

3. gist _____

4. redeem _____

5. treason _____

6. conspire _____

7. frigid _____

8. aversion _____

9. affinity _____

10. alchemy _____

11. baffle _____

12. oblique _____

보기 ① 불량배 ② 요점 ③ 몹시 추운 ④ 합동 ⑤ 되찾다 ⑥ 당황하게 하다
⑦ 반역(행위) ⑧ 연금술 ⑨ 간접적인 ⑩ 혐오 ⑪ 유사(점) ⑫ 공모하다

[13~17] 다음 빈칸에 들어갈 적절한 어휘를 고르시오.

13. Yesterday the head of government called for the _____ of those responsible for the deaths.

14. She had finished the vegetables and was _____ the roast.

15. This is an _____ version of her new novel 'The Queen and I'.

16. The _____ of the Internet has changed everything.

17. He told us, in a very _____ way, that he was thinking of leaving.

보기 ① advent ② prosecution ③ roundabout ④ garnishing ⑤ abridged

[18~21] 다음 빈칸에 들어갈 적절한 어휘를 고르시오.

18. Jane had _____ at the thought of using her own family for publicity.

19. In his sleeping bag he'll be as _____ as a bug in a rug.

20. The dogs were leaping and _____ at the full stretch of their chains.

21. We will then send you an _____ for the total course fees.

보기 ① growling ② invoice ③ snug ④ cringed

정답 1.④ 2.① 3.② 4.⑤ 5.⑦ 6.⑫ 7.③ 8.⑩ 9.⑪ 10.⑧ 11.⑥ 12.⑨
13.② 14.④ 15.⑤ 16.① 17.③ 18.④ 19.③ 20.① 21.②

Further Study

well-paid job 보수가 좋은 직업

good cause 대의명분

out of place 잘못 놓인

at odds with ~와 사이가 나쁜

beef up 강화하다, 보강하다

juggle with 조작하다, 속이다

mess up 망쳐 놓다

human nature 인간의 본성, 인간성

per capita income 1인당 소득

jack up 가격을 올리다, 차를 잭으로 들어 올리다

hold back (감정 등을) 억누르다, 저지하다

let up 비가 그치다, (강도가) 약해지다

brim over 가장자리가 넘치다

rinse off 씻어내다

cash in on ~을 이용하다, ~으로 (돈을) 벌다

hit back ~에 반격하다

round off 완료하다

tag along 붙어 다니다

bear down on 압박하다, ~을 향해 돌진하다

hold over 버티다, (일의 처리를) 미루다

boil over 노발대발하다

pull out of ~에서 철수하다

follow through 추적하다, ~을 완수하다

hang out (시내 등을) 돌아다니다

run over (시간을) 초과하다, (물 따위가) 넘치다

keep track of ~에 대해 계속 알고 있다

behave oneself 행동을 조심하다

keep hanging 속 태우다

hold one's horses 진정하다

get around 우회하다

bundle up 옷을 껴입다

talk around 피해 말하다, 돌려 말하다

tag along ~의 뒤를 쫓아다니다

362

narcotic

[nɑːrkátik]

n. a. 마취제(의); 수면제(의) ; 마약(중독자)

연상 방금 락카 칠이 된 티크(→나:카틱) 목재는 마취제의 효과가 있다.

예문 He faces three years in jail for selling **narcotics.**
그는 마약 판매 죄로 삼년동안의 감옥살이를 하게 되었다.

---

liaison

[líːəzàn]

n. 연락, 접촉; 연락 담당자

연상 셰익스피어의 리어왕에 주인공 리어왕은 자신이 이름 리어가 새겨진
잔(→리:어잔)(술잔)을 보내서 신하와 연락을 취했다.

예문 We have maintained a close **liaison** with the union.
우리는 노조와 긴밀한 연락을 유지해왔다.

---

chafe

[tʃeif]

v. (비벼서) 따끔거리게 하다; (피부를)문질러 따뜻하게 하다; 화나게 하다

연상 원시인들은 날이 추워지면 그들의 체(體;육체)를 잎(나뭇잎)(→체-잎)에 문질러 몸을
따뜻하게 했다

예문 The boy **chafed** his cold hands.
소년은 손이 시려서 비벼댔다.

---

languish

[lǽŋgwiʃ]

v. (강요를 받아 어디에) 머물다; 약화되다, (진전이) 시들해지다

연상 내 친구 랜은 귀에서 쉬-하는 소리가 나서, 다시 말해 랜 귀에 쉬(→랭귀쉬) 소리가 나서
병원에 머물러야 했다.

예문 He continues to **languish** in a prison.
그는 교도소에 계속 수감되어 있어야 한다.

---

salvage

[sǽlvidʒ]

n. 구조, 구출(활동) **v.** (해난·화재 따위로부터) 구조하다

연상 구조 활동을 할 땐 무너진 건물 더미 셀(사이를) 비집고(→샐비지) 물건이나 사람을
구조해야 한다.

예문 We could **salvage** its cargo from the lying ship.
우리는 침몰하는 배에서 화물을 구할 수 있었다.

affront
[əfrʌnt]

n. 모욕(insult)　**v.** (맞대놓고)모욕하다

연상 a(하나) + front(프론트;호텔 현관 계산대)(→어프런트) = 호텔에 하나의 프론트만 있다는 것은 손님에게 모욕일까?(매우 불편하니까)

예문 He felt much **affronted** at having his presence disregarded.
그는 자신의 존재를 무시당해서 매우 모욕을 느꼈다.

cellar
[sélər]

n. (식량, 포도주 등의)지하 저장실, 지하실

연상 프랑스에서 베스트셀러(seller)(→셀러) 포도주는 지하 저장실에 오 래 동안 저장되었던 포도주다.

예문 A **cellar** is a room under the ground floor.
지하실은 지상아래층에 있는 방이다.

tramp
[træmp]

v. 짓밟다; 쿵쿵거리며 걷다. 터벅터벅 걷다.　**n.** 짓밟음; 방랑자

연상 옛날에 홍보요원들은 나무로 만든 틀에 앰프(=확성기)(→트램프)를 넣어서 쿵쿵거리며 걸어 다니며 홍보했다.

예문 We spent a week **tramping** the streets of rome.
우리는 로마 거리를 걸어 다니며 일주일을 보냈다.

fetter
[fétər]

n. 족쇄(shackle), 구속　**v.** 구속하다, 족쇄를 채우다

연상 사람을 폐(閉;폐쇄된) 터(→페터)에 넣는 것이 구속하는 것이다.

예문 They are **fettered** by tradition.
그들은 인습에 사로잡혀있다.

wriggle
[rígəl]

v. 꿈틀거리다; (지렁이, 뱀 등이)꿈틀거리며 나아가다

연상 안내표지나 상점 간판 글 같은 시골마을 리(里)에 써 놓은 글, 리(里)에 글(→리글)은 마치 지렁이가 꿈틀거리는 것 같다.(아무렇게나 써 놓았기 때문에)

예문 A large worm **wriggled** out of the freshly dug earth.
갓 파헤친 땅에서 큰 벌레 한 마리가 꿈틀거리며 기어 나왔다.

reclaim
[rikléim]

n. 교정(矯正)하다, 교화하다; 반환을 요구하다; (땅을) 개간하다

연상 시골마을 리(里)에서 claim(요구하는)(→리클레일)것이 마을 사람들을 교화하는 것과 땅을 개간하는 것이다.

예문 The dutch have **reclaimed** a lot of land from the sea.
네덜란드인들은 바다에서 많은 땅을 간척했다.

seethe
[síːð]

n. 펄펄 끓다(boil); (파도가) 소용돌이치다; (분노·불만 따위로) 뒤끓다

연상 요즘 세상은 "see(보다) the(그)"(→시:드)하면 할수록 (정치 같은 것, 그것 (the)을 보면 볼수록)우리의 마음은 불안 노여움으로 들끓는다.

예문 The country is **seething** with social unrest.
그 나라는 사회적 불안으로 소란하다.

파생 seething a. 끓어오르는

hangover
[hǽŋòuvər]

n. 잔존물, 유물 ; 숙취

연상 ① hang(걸다) + over(위에)(→행오우버)= 시간이 지났는데도 어떤 것이 위에 걸려 있다면 그것이 바로 잔존물이다.

② 술에 숙취한 사람은 마치 hang over the bed(→행오우버)(침대 위에 걸려 있는) 것처럼 힘없이 누워 있다.

예문 The present political system is a **hangover** from 19th century.
지금의 정치제도는 19세기의 유물이다.

grope
[group]

v. (손으로)더듬다, 더듬어 찾다 ; (여성의)몸을 더듬다.

연상 그는 야간 암벽 등반 중 바위틈에 연결된 그 로프(rope)(→그로우프)를 더듬어 찾았다

예문 She **groped** for her glasses on the beside table.
그녀는 옆 탁자에서 안경을 더듬어 찾았다.

dividend
[dívidènd]

n. (주주에의) 배당금; (계약자에게 주는)이익 배당금 ; 피제수

연상 divide(나누다) + end(끝)(→디비덴드)=이익 따윌 나눈 끝이 바로 배당금이다

예문 **Dividends** will be sent to shareholders on march 31.
배당금은 3월 31일 주주들에게 송금될 것이다.

oblivion
[əblíviən]

n. (세상에서)잊혀진 상태, 망각; 무의식

연상 내가 이 세상에서 잊혀진 상태라면 내 말은 어불리비언(語不理非言)(→어브리비언)이 될 것이다.(어불리비언 ; 말이 이치에 맞지 않으니 말이 안된다)

예문 Most of his work has now been consigned to **oblivion**.
지금 그의 작품 대부분은 잊혀졌다.

파생 oblivious a. 잘 잊어버리는

polio
[póuliòu]

n. 소아마비

연상 소아마비는 부모의 가슴에 아픔의 포 울리오(→포울리오우)

예문 Children should receive an injection to prevent **polio**.
아이들은 소아마비 예방접종을 받아야한다.

absolve
[æbzálv]

v. (벌, 의무 등을) 면제하다, (죄를) 사면하다; (종교)죄를 사하다

연상 문제를 휴대폰 앱(ap)이 solve(해결해)(→앱잘브) 주어서 사람이 해 야 할 일을 면제해 준다.

예문 The priest **absolved** him of all he sins.
사제는 그에게 그의 모든 죄를 사했다.

tart
[tɑːrt]

a. (맛이) 시큼한(sour); (태도, 말 등이)날카로운, 신랄한

n. 타트(작은 오븐 파이)

연상 ① 음식 맛이 시큼한 경우 만든 사람을 탓(→타앗)한다.
② 남의 잘못을 탓(→타앗)할 때 말이 날카롭다.

예문 Goose berries are too **tart** for my taste.
구즈베리는 내 입맛에 너무 시큼하다

예문 a **tart** comment 신랄한 논평

grove
[grouv]

n. 작은 숲; 과수원

연상 글로웁(globe:지구)상에서 절대 필요한 것이 작은 숲(grove)(→글로웁)이다.

예문 There is a **grove** of birch trees beside the rode.
도로 옆에 자작나무 숲이 있다.

fervent
[fɔ́ːrvənt]

a. 열렬한, 강렬한

연상 야구에서 퍼뜩 굴러가는 번트(→퍼:번트)볼은 강렬하다.

예문 He is a **fervent** admirer of Mozart's music.
그는 모차르트 음악의 열렬한 예찬자이다.

abject
[ǽbdʒekt]

a. 극심한, 비참한; 비열한, 천한

연상 휴대폰 앱에 잭(Jack)을 트집(→애브젝트) 잡는 내용을 깔아 둔다 면 그것은 비열한 행동이다.

예문 Both of them died in **abject** poverty.
그들 두 사람은 모두 극심한 가난 속에 죽었다.

파생 abjection n. 비참한 상태, 비열

ferment
[fɔ́ːrment]

v. 발효시키다; (불화, 불안을)조장하다

n. 효소(enzyme); 정치적 동요(commotion)

연상 어느 날 하느님이 "퍼런 men(인간)의 터(→퍼:멘트)에 있는 저 것이 무엇이냐?"고 묻자 "인간들이 술이란 것을 만들기 위해 발효시키고 있는 것입니다"라고 선녀가 대답했다.

예문 You can make wine by leaving grape juice to **ferment**.
포도즙을 발효시켜 포도주를 만들 수 있다.

pavilion

[pəvíljən]

n. (행사장에 쓰이는)임시 건축물, 대형 천막; (건물의)부속건물:

연상 야외행사를 할 때 색깔이 퍼런 빌리어 온(→퍼빌리언) 것이 있 다면 아마 대형천막일 것이다.

예문 This is the US **pavilion** at the Trade Fair.
이것이 무역 박람회의 미국 전시장이다.

---

clam

[klæm]

n. (식용)조개류; 말이 없는 사람

연상 조개처럼 말이 없는 애(아이)가 클 앱(→클램)니다.(크게 될).

예문 He shuts up like a **clam**.
그는 굳게 입을 다물고 있다.

파생 clam up. 침묵을 지키다. 입을 다물다

---

chariot

[tʃǽriət]

n. (고대의 전투, 경기용) 2륜전차

연상 고대의 1인승 2륜 전차를 만드는 데 쓰인 나무가 체리었(→챠리엇)(cherry 벚나무었)을지 모른다.

예문 Ancient soldiers rode **chariots** into battle.
고대군인들은 2륜 전차를 타고 전투에 나갔다.

---

sluggish

[slʌ́giʃ]

a. 게으른; 움직임이 느린; (장사, 사업 등이)부진한

연상 쓸(쓰야할) lug(손잡이)이 쉬(→슬러기쉬)고 있다면 사용하는 사람 이 게으른 탓이다.

예문 A heavy lunch makes me **sluggish** in the afternoon.
점심을 많이 먹었더니 몸의 움직임이 느리다.

---

aquarium

[əkwɛ́əriəm]

n. 수족관, 어항

연상 롯데월드 아쿠아리움(→어퀘어리엄)은 큰 수족관이다.

예문 There is an **aquarium** for tropical fish in the building.
그 건물 안에 열대어용 수족관이 있다.

---

contour

[kántuər]

n. 외형, 윤곽(outline)

연상 칸막이가 되어있는 차의 칸에 앉아 tour(관광)(→칸투어)할 때 그 관광은 외형만 보는 관광이다.

예문 The gracious **contour** of a mountain was dimly visible.
산의 우아한 윤곽이 흐릿하게 보인다.

venomous
[vénəməs]

a. 독이 있는(poisonous); 유독의

연상 뱀은 배 부분을 넘어서, 즉 배 넘어서(→베너머스) 머리 부분에 독이 있는 동물이다.

예문 He was bitten by a large **venomous** snake.
그는 큰 독사에게 물렸다.

파생 venom n. (뱀, 거미 등의)독 ; 악의, 원한

---

alms
[ɑːmz]

n. 빈민 구호품, 자선기부금

연상 가난한 나라 사람들에겐 arms(팔)(→암:즈)과 같은 역할을 해 주는 것이 빈민 구호품이다.

예문 People thought it was their religious duty to give **alms** to the poor.
사람들은 가난한 사람들에게 구호품을 보내는 것을 그들의 종교적 의무로 생각했다.

---

arbitrary
[ɑ́ːrbitrèri]

a. 제멋대로의, 임의의 ; 독단적인

연상 비트음악이 처음 등장했을 때 열정적으로 드럼을 내리치는 모습을 보고 했던 말 – "아! 비트(음악),내리치는(→아:비트레리) 저 모습이 마치 제멋대로의 음악 같구나"

예문 Her decision to go to Italy was quite **arbitrary**.
이탈리아로 갈려는 것은 그녀 제 멋대로의 결정이었다.

---

acquit
[əkwít]

v. 석방하다, 무죄로 하다(반: convict) ; (의무 등을)수행하다

연상 판사가 피의자에게 어(:語:말)로써 구속이나 죄를 quit(그만두게)(→어큇) 하는 것이 무죄로 하는 것이다

예문 The jury **acquitted** him of the murder charge.
배심원들은 그의 살인용의를 무죄라고 했다.

파생 acquital 무죄방면 : (부채의)변제 : 수행

---

abominable
[əbámənəbəl]
[əbóm-]

a. 혐오스러운, 불쾌한; 형편없는

연상 a(어떤) 밤(에) 뭐가 너불-너불(→어바머너블) 거리는 것이 앞에 있다면 혐오스러운 것이다.

예문 Your behavior was **abominable**.
너의 행동이 혐오스러웠다,

파생 abomination n. 혐오, 혐오스런 일

---

braid
[breid]

n. 노끈, 꼰 끈: 땋은 머리 **v.** (끈 등을)꼬다.

연상 롤러 브레이드(blade)(→브레이드)를 탈 땐 꼬아서 만든 꼰 끈으로 잘 묶어야 한다.

예문 A cap is decorated with gold **braid**.
모자가 황금색 꼰 끈으로 장식되어 있다.

susceptible
[səséptəbəl]

ⓐ 영향 받기 쉬운; 받아들일 수 있는

연상 서쪽에 서셉 아저씨(요셉의 사촌) 터에서 불이 난다면, 즉 서셉 터 (에)불(→서셉터블)이 난다면 바로 옆에 터는 영향받기 쉽다.

예문 He is very **susceptible** to the weather.
그는 날씨에 민감하다.

---

inept
[inépt]

ⓐ 적성에 맞지 않는, 서투른(awkward)

연상 in(=not) + ept(=apt 적성이 있는)(→이네프트)= 적성에 맞지 않은

예문 He is **inept** in business matters.
그는 장사 일에 적성이 맞지 않다.

---

equity
[ékwəti]

ⓝ 공평, 공정(fairness), 공명정대; 주식

연상 equal(동등한, 같은) + -ity(명사어미)(→에쿼티)=동등하게 하는 것이 공평한 것이다.

예문 For the sake of **equity**, he should pay for the damage.
공평을 기하려면 손해는 그가 지불해야 한다.

---

goblet
[gáblit]

ⓝ 굽이 높은 술잔

연상 신라시대의 전형적 술잔인 굽이 높은 술잔, 고배(高杯)였다. 이와 같이 굽이 높은 술잔의 시대는 가버리었(→가블릿)다.

예문 He enjoys wine in silver **goblet**.
그는 은잔으로 포도주를 마시다

---

jargon
[dʒáːrgən / -gɔn]

ⓝ 뜻을 알 수 없는 말;(특정직업, 집단의) 특수용어, 전문용어

연상 작은(→자:곤) 집단에서 사용하는 언어가 그 집단의 특수용어다

예문 This word is a **jargon** used among mechanics.
이 단어는 기계공들 사이에서 사용되는 은어다.

예문 military **jargon** 군사용어   legal **jargon** 법률용어

---

scrawl
[skrɔːl]

ⓥ (글을) 아무렇게나 쓰다. 휘갈겨 쓰다. ⓝ 악필

연상 글을 쓱쓱 crawl(기어가는)(→스크로올) 것처럼 쓰는 것이 아무렇게나 쓰는 것이다.

예문 The student **scrawled** the assignment in his notebook.
그 학생은 공책에 숙제를 휘갈겨 썼다.

UNIT 03 TEST

[1~12] 보기에서 영어에 해당되는 우리말을 찾아 쓰시오.

1. tramp _____

2. fetter _____

3. abominable _____

4. affront _____

5. salvage _____

6. cellar _____

7. languish _____

8. liaison _____

9. narcotic _____

10. fervent _____

11. contour _____

12. venomous _____

보기 ① 모욕 ② 짓밟다 ③ 구조 ④ 지하 저장실 ⑤ 족쇄 ⑥ 연락 ⑦ 열렬한
⑧ 머물다 ⑨ 독이 있는 ⑩ 혐오스러운 ⑪ 마취제(의) ⑫ 외형

[13~17] 다음 빈칸에 들어갈 적절한 어휘를 고르시오.

13. Equal treatment is a matter of fairness and _____ .

14. It would be politically _____ to make these cutbacks now.

15. Young people are the most _____ to advertisements.

16. Mr Lewis was _____ of disorderly behaviour by magistrates.

17. I tried to read his directions, _____ on a piece of paper.

보기 ① inept ② scrawled ③ equity ④ susceptible ⑤ acquitted

[18~21] 다음 빈칸에 들어갈 적절한 어휘를 고르시오.

18. _____ arrests and detention without trial were common in the past.

19. It seems that the so-called new theory is likely to sink into _____ .

20. The dried grapes are allowed to _____ until there is no sugar left and the wine is dry

21. A police investigation yesterday _____ the police of all blame in the incident.

보기 ① ferment ② Arbitrary ③ absolved ④ oblivion

정답 1.② 2.⑤ 3.⑩ 4.① 5.③ 6.④ 7.⑧ 8.⑥ 9.⑪ 10.⑦ 11.⑫ 12.⑨
13.③ 14.① 15.④ 16.⑤ 17.② 18.② 19.④ 20.① 21.③

Further Study

multi-tasking

다중과업(동시에 여러 가지 일 하기)

tall order 대량 주문

no dice 가능성 없음

odds and ends 잡동사니

wrap up (일, 회의 등을) 매듭짓다

slip away 살짝 가버리다

talk back 말대꾸하다

play sick 꾀병 부리다

know-it-all 모든 것을 아는 체하는 사람

in hot water 어려움에 빠진, 곤경에 처해서

by the book 규칙대로

Get real! 정신 차려라

break a leg 행운을 빌다

wage a war 전쟁을 수행하다

head over heels in love 사랑에 푹 빠진

pocket pride 자존심을 버리다

dead end 막다른 골목

practice medicine 병원을 개업하다

foreboding 불길한 예감, 징조

berate 호되게 꾸짖다

loquacious 말 많은

intermittent 간헐적인

smattering 소수, 조금, 천박한

assiduous 주도면밀한, 근면한

repulsion 반감, 혐오

implacable 화해하기 힘든

heinous 가증스런(hateful)

carcass (도살당한 동물의) 시체

antecessor 전임자, 전소유주

outbreak (유행병. 전쟁 등의) 발발

proliferation 증식, 급증

unicorn 외뿔의 들소, 일각수

antecede ~에 선행하다

coerce
[kouə́ːrs]

v. 강요하다, 강요하여 ~ 하게하다(force)

연상 어떤 일을 할 때 코 앞에서 어서 어서(→코어ː스)라고 말하는 것 은 빨리 하라고 강요하는 것이다.

예문 Her parents **coerced** her into marrying the man.
부모는 그녀를 억지로 그 남자와 결혼시켰다.

파생 coercion n. 강요 강제

---

crunch
[krʌntʃ]

v. 우두둑 깨물다, 바삭바삭 소리를 내다, **n.** (경제적)위기, 침체

연상 그는 입이 커(서) 런치(lunch:점심)(→크런치)를 먹을 때 바삭바삭 소리를 낸다.

예문 She was **crunching** noisily on apple.
그녀는 아삭아삭 소리를 내며 사과를 씹었다.

---

abscond
[æbskánd / -skɔ́nd]

v. (형벌, 체포 등을 면하려고)종적을 감추다, 몰래 도주하다

연상 그는 휴대폰 앱을 써(서) 콘도(condor)(→앱스콘드)에서 종적을 감추었다.(앱으로 지도를 파악해서)

예문 The thief **absconded** from the country.
그 도둑은 국외로 달아났다.

---

jeopardy
[dʒépərdi]

n. 위험(danger, risk)

연상 원자력 발전소에서 기계로 우라늄 재(를) 퍼디(=퍼더니)(→제퍼디) 위험이 따른 모양이야.

예문 The lives of thousands of birds are in **jeopardy** as a result the oil spillage.
기름 유출로 인해 수천마리 새들의 생명이 위험에 처해 있다.

---

plaintiff
[pléintif]

n. 원고 **반** defendant 피고

연상 plane(비행기)을 타고 팁(tip)(→프레인팁)을 주었는데 법적문제가 생겼다면 팁을 준 측이 원고다.

예문 The **plaintiff** claimed that the correct procedures had not been followed.
원고는 바른 절차가 지켜지지 않았다고 주장했다.

detract
[ditrǽkt]

v. 줄이다, (가치·명성·아름다움 따위를) 떨어뜨리다

연상 농장의 D급 트랙터(tractor)(→디트랙트)는 작업량을 떨어뜨린다.

예문 This will **detract** much from his fame.
이것으로 그의 명성은 크게 떨어질 것이다.

punctuate
[pʌ́ŋktʃuèit]

v. (문장 등에)구두점을 찍다; (연설 등을) 중단시키다

연상 펑-펑 추하게 소리를 내면서 ate(먹었던)(→펑츄에잇) 식사 태도 를 이제 구두점을 찍듯이 중단시켜야 한다.

예문 Applause **punctuated** the president's speech.
대통령의 연설은 갈채소리로 중단되었다

subcontract
[sʌbkántrækt]

n. 하청계약, 하도급 **v.** 하청계약하다

연상 많은 섶나무를 베어내려면 큰 트랙터(→섭칸트랙트)를 하청 계약해서 사용해야한다.

예문 The car parts are **subcontracted** to another manufacture to be produced.
그 차의 부품은 다른 제조업자에게 하청해서 생산되어진다.

insulate
[ínsəlèit]

v. 단열하다, 절연하다; 분리하다

연상 건물 in(안에) 설치하는 것을 late(늦게; 최근에)(→인설레잇)하게 된 것이 단열하는 것이다.(최근에 와서 단열 기술이 발전했다)

예문 You can **insulate** a house against heat loss by having the windows double-glazed.
이중창을 설치해서 주택의 열손실을 막을 수 있다.

파생 insulation n. 단열 방음.

cogent
[kóudʒənt]

v. (이론 등이) 설득력이 있는 ; 적절한, 정곡을 찌르는

연상 그 화가의 그림 중에서 인간의 코를 주제로 삼아 그린 코 그림의 전시회, 즉 코 전(展)(→코우전(트))은 매우 설득력 있는 전시회였다.

예문 He put forward some **cogent** reasons for abandoning the plan.
그는 그 계획을 포기해야 하는 몇 가지 설득력 있는 이유를 제기했다.

audacious
[ɔːdéiʃəs]

a. 대담한(daring), 용감한 ; 뻔뻔스러운, 무례한

연상 오! 데이(day: 낮 시간)를 썼어(=이용해서)(→오:데이셔스) 용감한 진격을 했던 우리 군인들!

예문 They made an **audacious** plan to win the election.
그들은 선거에 이기려는 대담한 계획을 세웠다.

파생 audacity n. 용감; 무례 뻔뻔스러움

liquidate
[líkwidèit]

v. (빚을) 청산하다; (회사 등을)정리하다; (정치적으로) 숙청하다

연상 liquid(액체) + date(날짜)(→리퀴데이트) = 먹을 것이 없어서 물과 같은 액체(liquid)로 배를 채우던 날(date)들을 우리는 이제 **청산했다**.

예문 Without government assistance the bank will have to **liquidate**.
정부지원이 없다면 그 은행은 문을 닫게 될 것이다.

파생 liquidation n. 폐쇄 : 숙청

---

valiant
[vǽljənt]

a. 용감한, 씩씩한

연상 남태평양에 섬 발리의 ant(개미)(발리앤트→밸리언트)가 세계에서 제일 **용감한** 개미다고 생각해 보세요.(개미는 원래 용감하다)

예문 He was a truly **valiant** soldier.
그는 참으로 용감한 군인이었다.

---

turbulent
[tə́ːrbjələnt]

a. (날씨, 풍파 등이)사나운, 험한; (세태 등이)소란한, 불안한

연상 밤하늘 먼 터(곳)에 별(이) 언 터(=얼어붙은 곳)(터:별런트)가 있다면 그것은 **사나운** 날씨 때문이다.

예문 This has been a **turbulent** week for the government.
이번 주는 정부로선 참으로 소란한 한주였다.

파생 turbulence n. (날씨 등이)사나움; (정치 등의)소란

---

repugnant
[ripʌ́gnənt]

a. 불쾌한, 싫은: 반항하는

연상 시골마을 리(里)에서 만난 퍼그는(=pug는, 개는)(→리퍼그넌(트)) 방문객들에게 **불쾌한** 느낌을 준다.(퍼그개가 물려고 하니까)

예문 Such gossip is **repugnant** to me.
그런 잡담은 질색이야.

파생 repugnance n. 불쾌, 혐오

---

manacle
[mǽnəkl]

n. 수갑, 족쇄 **v.** 수갑을 채우다, 족쇄를 채우다

연상 실제보다 man(사람)이 어(語, 말)가 클(→매너클) 때 그 사람에게 **수갑**을 **채운다**.(실제보가 말로 과장해서 판매하거나 할 때)

예문 They had **manacled** her legs together.
그들은 그녀의 다리를 모아 족쇄를 채웠다.

---

cleavage
[klíːvidʒ]

n. 갈라진 틈, 분열; (의견의) 차이

연상 갈라진 **틈**은 그 사이가 clear(분명하게) 비지(=비워져 있지)(→클리비지)!

예문 There is a marked **cleavage** between the parties about the government's defence policy
정부의 국방정책에 대한 두 당 사이에 현저한 의견의 차이가 있다.

vulture
[vʌltʃər]

n. 독수리; (비유적) 탐욕스러운 사람

연상 지상의 먹이를 발로 쳐서(→발쳐) 잡아가는 것이 독수리다

예문 In a crisis, the **vultures** are always hovering.
다른 사람들의 어려운 상황에서 이익을 챙기려는 사람이 있다.

tonic
[tánik / tón-]

n. 강장제   **a.** 육체를 강하게 하는, 원기를 돋우는.

연상 여자들이 즐겨 마시는 술 진 토닉(→토닉)은 육체를 강하게 하는 강장제일까?

예문 The weekend break acts as a **tonic** on the spirit.
주말 휴식은 원기를 돋우어 주는 것으로 작용하다

surcharge
[sə́:rtʃà:rdʒ]

n. 추가세(금); 추징금; (대금 따위의) 부당 청구; 추가요금
v. 추가요금을 치르게 하다; ~에 부당 대금을 청구하다

연상 서(서) charge(요금을 청구하는)(→서:챠:지)하는 경우는 대개가 추가요금을 청구하는 경우다.

예문 He was **surcharged** on the extra baggage.
그는 추가 화물분의 대금을 추징 받았다.

snarl
[snɑːrl]

v. (개가 이빨을 드러내고)으르렁거리다; 호통치다   **n.** 으르렁거리는 소리

연상 쓴 약을 발라놓은 거위의 쓴 알(→스나알)을 집어먹더니 개가 이빨을 드러내고 으르렁거리다

예문 The dog **snarled** at me.
그 개는 나에게 으르렁거렸다

vex
[veks]

v. 짜증나게 하다, 귀찮게 굴다; 화나게 하다

연상 정부의 엉터리 백서(白書)(→벡스)가 국민을 짜증나게 했다.

예문 The boy **vexed** me with foolish questions.
그 아이가 어리석은 질문으로 나를 귀찮게 했다.

agitate
[ǽdʒitèit]

v. 심하게 움직이다, 흔들어대다; 동요시키다; 선동하다

연상 훼방꾼들이 내가 애지중지 하는 데이트(→애지테이트)를 하지 못하 게 여친을 선동하며 동요시켰다.

예문 The politician **agitated** a crowd.
그 정치가는 군중을 선동했다

파생 agitation n. (심하게) 뒤흔들기, 동요, 선동

monarch
[mánərk / mɔ́n-]

n. 군주, 제왕

연상 지중해의 모나코(→모너크) 왕국은 군주가 다스린다.

예문 He is the **monarch** of the textile world.
그는 섬유계의 제왕이다.

pigment
[pígmənt]

n. 그림물감; 색소　**v.** 색칠하다, 물감을 칠하다

연상 ① 옛날 사람들은 그림물감을 보고 '물감이란 것이 다름 아닌 피구만'(→피그먼(트))이라고
했다.(붉은 물감이 피와 같아 보였음)

② pig(돼지) + ment(멘트, 말)(→피그먼(트)) = 그림물감으로 돼지가 멘트하는 그림을
그렸다.(초현실주의 그림)

예문 Melanin is the dark brown **pigment** of the hair, skin and eyes.
멜라닌은 머리카락, 피부와 눈에 있는 짙은 갈색의 색소다.

파생 pigmented　a. 착색한　pigmental　a. 그림물감의; 색소(분비)의

den
[den]

n. (야수의) 굴; (동물원의) 우리; (도둑의) 소굴

연상 야수를 잡느라고 사람들이 굴에 불을 질렀기 때문에 야수의 굴에는 불에 덴(→덴) 자국이
있었다.

예문 The office has become nothing but a **den** of thieves.
그 사무실은 도둑놈들의 소굴에 불과하다.

denim
[dénim]

n. 데님(능직의 두꺼운 무명); 데님제(製) 작업복

연상 옛날엔 한복 바짓가랑이를 묶는 대님(→데님)은 무명으로 만들었다.

예문 He wore a **denim** jacket and denim jeans.
그는 데님 재킷과 데님 진을 입었다.

butt
[bʌt]

n. (도구 따위의) 굵은 쪽의 끝; (총의) 개머리; 나무의 밑동; 담배꽁초

연상 ① 담배를 피워도 좋다, but(그러나)(→밧) 담배꽁초는 버리지 마라.

② 총은 총구가 중요하다, but(그러나)(→밧) 개머리판이 총의 중심을 잡는다.

예문 The ashtray was overflowing with cigarette **butts**
재떨이는 담배꽁초로 넘쳤다.

sever
[sévə:r]

v. 절단하다, 끊다; 떼다, 가르다

연상 단단한 것도 절단하면 단단한 그 세(勢, 기세)를 버(→세버:)리게 된다.

예문 He **severed** the rope in danger.
그는 위험한 상황에서 로프를 끊었다.

salve
[sæ(ː)v / sɑːv]

n. 연고, 고약; (비유) 위안　**v.** 고약을 바르다; (고통을) 덜다, 완화하다

연상 칼에 베어 피부의 새(=사이)가 벌어지면(→새브) 연고를 바른다.

예문 She treats the child's wound with a natural **salve**.
그녀는 천연 연고로 아이의 상처를 치료한다.

jolt
[dʒoult]

v. 덜걱덜걱 흔들리면서 가다, 덜컹거리다.

연상 아이들은 차가 덜걱덜걱 흔들리며 가는 것이 좋을 터(→조울트)지요.

예문 The car **jolted** along.
차는 덜컹덜컹 흔들거리면서 갔다.

ration
[ræʃən / réi-]

n. 정액(定額), 정량; (식품 등의) 배급(량)　**v.** 배급을 주다

연상 정량(ration)(→래션)의 배급량을 받는 것이 rational(이성적)이다.

예문 They were **rationed** to one bottle of water each per day.
그들은 하루에 일인당 한 병씩 물을 배급받았다.

juggle
[dʒʌ́gəl]

v. (공·접시 따위로) 곡예를 하다, 저글링을 하다; 조작하다, 거짓 꾸미다

연상 곡예사는 접시를 가르치며 "저걸(=저것을)(→저글) 가지고 곡예를 하겠다"고 했다.

예문 The juggler knows how to **juggle** pins.
곡예사는 어떻게 핀으로 곡예를 하는지 알고 있다.

파생 juggler n. (던지기) 곡예사; (마약의) 밀매꾼(pusher)

sediment
[sédimənt]

n. 앙금, 침전물　**v.** 침전하다[시키다]

연상 둑에서 흙탕물이 새디(세더니) 먼 터(→세더먼트)에 가서 침전물이 생겼다.

예문 There was a brown **sediment** in the bottom of the bottle.
병 바닥에 갈색 침전물이 있었다.

impediment
[impédimənt]

n. 방해(물), 장애; 신체장애; 언어 장애　**동** obstacle

연상 사랑하는 임 패(=임의 패거리)의 수준 낮은 D급 멘트(ment; 말)(→임페디먼트)는 사회활동에 장애가 되었다.

예문 The agreement is designed to remove **impediments** to trade between the two countries.
두 나라 사이에 무역 장애를 제거하기 위한 협정 안이 마련되었다.

파생 impede v. 방해하다

bore
[bɔːr]

v. 구멍을 뚫다; 지루하게 하다

연상 ① 4대강 보(洑)(→보:) 설치에 대한 논쟁이 사람을 지루하게 한다.
② 보(→보:)에는 구멍을 뚫어(수문을 설치해서) 물이 흘러가게 한다.

예문 **bore** a hole through [in, into] the board
판자에 구멍을 뚫다.

예문 He **bores** me with his endless tales.
그의 끝없는 긴 얘기에 진절머리가 난다.

파생 boredom n. 권태; 지루한 것

---

superintendent
[sjùːpərinténdənt]

n. 감독자, 관리자; (건물의)관리인; 교육감; 경찰서장

연상 super(최고의) + intend(의도하다) + ent(사람)(→수:퍼린텐던트) = 최고로 의도하는 사람이 감독자, 관리자다.

예문 She was appointed the **superintendent** of schools in Washington.
그녀는 워싱턴 시 교육장(長)으로 임명되었다.

파생 superintend v. 지휘감독하다; (공공기관 등을) 지도 관리하다

---

whine
[hwain]

v. 애처로운 소리로 울다, 흐느껴 울다; 푸념하다 **n.** 우는 소리

연상 그 여자는 와인(wine)(→와인)를 마시면서 흐느껴 울었다.

예문 He **whined** for forgiveness.
그는 용서해 달라고 애처로운 소리로 말했다.

---

woo
[wuː]

v. 구애하다, 구혼하다; 지지를 호소하다;
(명예·재산 따위를) 추구하다

연상 황소가 암소에게 우-우(→ 우:)하는 소리를 내며 구애한다.

예문 The party has been trying to **woo** the voters with promises of electoral reform.
그 정당은 선거 개혁을 약속하면서 유권자의 지지를 호소해오고 있다.

예문 He **wooed** his own ruin.
그는 자신의 파멸을 불러오다.

UNIT 04 TEST

[1~12] 보기에서 영어에 해당되는 우리말을 찾아 쓰시오.

1. monarch _____
2. plaintiff _____
3. insulate _____
4. audacious _____
5. turbulent _____
6. jeopardy _____
7. terrestrial _____
8. salve _____
9. coerce _____
10. liquidate _____
11. abscond _____
12. subcontract _____

보기 ① 단열하다 ② 대담한 ③ 군주 ④ 위험 ⑤ 원고 ⑥ 연고 ⑦ 사나운
⑧ 지구상의 ⑨ 종적을 감추다 ⑩ 하청계약 ⑪ 강요하다 ⑫ (빚을) 청산하다

[13~17] 다음 빈칸에 들어갈 적절한 어휘를 고르시오.

13. Many organisms that die in the sea are soon buried by _____ .

14. He _____ me with his endless tales.

15. The juggler knows how to _____ pins.

16. The office has become nothing but a _____ of thieves.

17. The women who worked in these mills had begun to _____ for better conditions.

보기 ① den ② agitate ③ juggle ④ sediment ⑤ bores

[18~21] 다음 빈칸에 들어갈 적절한 어휘를 고르시오.

18. They didn't know how they were going to cope with the sudden _____ of refugees.

19. She was appointed the _____ of schools in Washington.

20. Melanin is the dark brown _____ of the hair, skin and eyes.

21. The baby fell asleep after _____ and fussing a while.

보기 ① influx ② superintendent ③ whining ④ pigment

정답 1.③ 2.⑤ 3.① 4.② 5.⑦ 6.④ 7.⑧ 8.⑥ 9.⑪ 10.⑫ 11.⑨ 12.⑩
13.④ 14.⑤ 15.③ 16.① 17.② 18.① 19.② 20.④ 21.③

Further Study

kick the habit 습관을 버리다

take the edge off ~ ～없애다, 덜어주다

get to the top 최고가 되다

be crazy about ～에 미쳐있다(be into)

set the date for 날짜를 잡다

take a rain check 나중을 기약하다

be bitten with(by) ～에 정신이 팔리다

on a shoestring 돈을 아주 적게 쓰는

bit by bit 조금씩 (inch by inch, gradually)

be tied up (스케줄이) 꽉 차 있다

register for 수강하다, 등록하다(sign up for)

on the average 평균적으로

drop off ～을 떨어뜨리다, 데려다 주다

shave ~ over for dinner 저녁에 초대하다

talk ~ into(to) ...

～에게 …하도록 몰아넣다, 동의시키다.

ease off 누그러뜨리다, 완화하다

stick around 가지 않고 기다리다

sleep in 늦게까지 자다

tie the knot 결혼하다(walk up the aisle)

do ~ good ～에게 좋다

That's anybody's guess 아무도 모른다

throw a big bash for~

～를 위해 성대한 파티를 준비하다

give a big hand 박수갈채하다(applaud)

make a bee line for~ ～로 직행하다

bite one's head off 대들다, 시비조로 나오다

If I were in your shoes 내가 너의 입장이라면

be all ears 경청하다

get it made 성공하다, get ahead (in the world)

be on good terms with 사이가 좋다

shake a leg 서두르다

profane

[prəféin, prou-]

ⓐ 모독적인, 불경스런. ⓥ 모독하다

연상 pro(프로) 선수를 보고 폐인(廢人)(→프로페인)이라고 말하면 그 선수를 모독하는, 불경스런 말을 했다.

예문 He spoke **profane** language to his teacher.
그는 스승에게 불경스런 언사를 했다.

파생 profaneness n. 모독

---

prorate

[prouréit]

ⓥ 비례 배분하다, 할당하다.

연상 방송국에선 뉴스, 교향, 오락 프로(그램)의 rate(비율)(→프로레이트)를 비례 배분한다.

예문 This cannot be **prorated** to an equivalent monetary value.
이것은 동등한 금전적 가치로는 분배될 수 없다.

파생 proration n. 비례 할당

---

censorship

[sénsərʃip]

ⓝ 검열

연상 센서(sensor; 감지기)를 갖춘 ship(배)(→센서쉽)는 수상한 선박을 검열하는 배이다.

예문 They think **censorship** is a violation of their rights.
그들은 검열이 인권침해라고 생각한다.

---

procedure

[prəsíːdʒər]

ⓝ 순서, (진행·처리의) 절차

연상 우리 팀은 야구의 pro(프로) 시전(season)에서 저(→프러시:저)서 순서가 뒤바뀌었다.

예문 There are standard **procedures** for dismissing staff.
직원을 해고하는 데는 표준 절차가 있다.

파생 procedural a. 절차상[처리상]의.

---

condone

[kəndóun]

ⓥ (죄·과실 특히 간통을) 용서하다

연상 그는 아내가 큰 돈(=많은 돈)(→컨도운)을 가지고 사라진 것을 용서했다.

예문 We cannot **condone** violence of any sort.
우리는 어떠한 종류의 폭력도 용서할 수 없다.

hinge
[hindʒ]

n. 돌쩌귀, 경첩

연상 돌쩌귀 색이 왜 흰지(→힌지) 아는가? 그것은 문을 열도 닫을 때 쇠가 닳아서 희게 된 것이다.

예문 As the screws on the hinge are loose, the door is out of line.
경첩의 나사가 풀려 문이 어긋나 있다.

---

chisel
[tʃízəl]

n. 끌, 조각칼 **v.** 끌로 파다

연상 옛날에 굳은 치즐(cheese;치즈를)(→치절) 끌로 팠다.

예문 The sculpturer chiseled a statue out of marble.
조가가가 대리석으로 상(像)을 만들었다.

---

rigor
[rígəːr]

n. 엄함, 엄격함; (생활 등이) 어려움

연상 ① 시골 마을 리(里)에 거(居;거주)(→리거ː)하는 것을 허가함이 엄격함.(옛날엔 그랬음)
② 건설 현장이나 항공기 작업 때 착용하는 리거 벨트(rigger belt)(→리거ː)는 엄격한 기준에 의해서 제작되어야 한다.(안전해야 하니까)

예문 My father has treated me with rigor.
아버지는 나를 엄하게 대했다.

---

tremble
[trémbəl]

v. 떨다, 전율하다(shake); 떨게 하다 **n.** 떨림, 전율

연상 트램(tram, 궤도 전차)가 궤도 위에서 벌벌(→트렘블) 떨는 것이 전율하는 것이다.

예문 His voice trembled with anger.
그의 목소리는 노기로 떨렸다.

---

wreath
[riːθ]

n. 화관, 화환; (연기·구름 따위의) 소용돌이,

연상 처음에 시골 마을 리에서 쓰(→리ː쓰)던 화환.(시골에서 흔한 꽃을 화환으로 만들어 선물했다)

예문 The president laid a wreath at the war memorial.
대통령은 현충탑에 헌화를 했다.

파생 wreathe v. 화환으로 장식하다.

---

assassinate
[əsǽsinèit]

v. 암살하다.

연상 범인은 a(하나) 새 신을 신고 ate(밥 먹고)(→어새시네이트) 암살한다.(신던 신발은 적발되기 쉬우니까, 밥 먹어야 든든하니까)

예문 President Kennedy was assassinated in 1963.
케네디 대통령은 1963년에 암살되었다.

파생 assassination n. 암살   assassinator n. 암살자

ebony
[ébəni]

n. 흑단(黑檀) **a.** 흑단의; 흑단색의

연상 ① 흑단의 눈으로 애 보니(→ 에버니)? 애 눈도 흑단인데.
② 밥 웰치 (Bob Welch)가 불러 히트시킨 팝송 '에보니 아이즈'(ebony eyes)는 '흑단의 눈동자'란 뜻이다.

예문 My girlfriend has an **ebony** eye.
내 여자 친구는 검은 눈을 가졌다.

예문 as black as **ebony** 칠흑 같은, 깜깜한.

---

ecstasy
[ékstəsi]

n. 무아경, 황홀

연상 엑스(x) 터에 있는 시(도시)(→엑스터시)는 **무아경의** 도시란다.(엑스는 알 수 없는 것을 뜻하니까)

예문 We were thrown **ecstasies** over the music.
우리는 그 음악에 황홀해졌다.

---

sergeant
[sá:rdʒənt]

n. 부사관, 하사관

연상 군대에서 행사가 있기 전, **사전**(에) **터**(장소)(→사;전트)를 답사하는 일은 **부사관이** 주로 한다.

예문 The master **sergeant** is on leave.
상급상사는 휴가 중이다.

---

avow
[əváu]

v. 공언하다; 인정하다

연상 어떤 맹세든 a(하나) vow(맹세)(→어바우)를 하는 것은 다른 사람에게 **공언하는** 것이다.
* vow[vau] n. 맹세, 서약 - 옛날엔 **바우**(바위의 방언) 앞에서 **맹세하곤** 했다.

예문 He **avows** that he loves drink.
그는 술을 좋아한다는 것을 인정한다.

파생 avowal **n.** 공언, 언명

---

barbarian
[bɑːr béəriən]

n. a. 야만인(의), 미개인(의)

연상 bar(술집) + bar(술집) + 이언(→바:베리언) = 날마다 **바**(술집), 또 **바**(술집)이은(연이은) 출입은 **야만인이** 하는 짓이야!

예문 There were **barbarian** invasions of the fifth century.
5세기에 이방인들의 침략이 있었다.

파생 barbarianism **n.** 미개[야만] 상태.

---

fusion
[fjú:ʒən]

n. 용해, 융해; (정당 등의) 연합, 합병; 핵융합

연상 요즘 유행하는 퓨전(→퓨·전) 음악은 여러 장르를 **합병해** 놓은 음악 이다.

예문 His **fusions** of jazz, pop and African melodies have proved highly successful.
재즈와 팝, 아프리카 선율의 결합한 그의 음악은 매우 성공적이었다.

파생 fuse **v.** 융합하다.

bandit
[bǽndit]

n. 산적, 노상강도; 악당

연상 band(떼, 일당)를 지어서 it(그것; 도둑질)(→밴딧)을 하는 사람들이 산적, 노상강도다.

예문 He was once a **bandit**, a criminal.
그는 한때 노상강도에 범죄자였다.

tattoo
[tætúː]

n. 귀영 나팔; (영국) (군악에 맞추어 하는) 야간 분열 행진

v. 문신(文身)을 하다.

연상 ① 얼굴에 문신을 하면 얼굴의 태(態, 태도, 형태)가 too(또한)(→태투) 문신이 된 것처럼 변한다.
② 야간 분열 행진인 스코틀랜드 에딘버러시의 타투(→태투)행진은 세계적으로 유명하다.

예문 She has a **tattoo** of a rose on her arm.
그녀의 팔에 장미의 문신이 있다.

docile
[dάsəl]

a. 가르치기 쉬운; 유순한

연상 글을 다 쓸(→다설) 수 있는 아이가 가르치기 쉬운 아이다.

예문 His wife is an intelligent and **docile** woman.
그의 아내는 총명하고 유순한 여인이다.

파생 docility n. 온순, 유순

sardonic
[saːrdάnik / -dɔ́n-]

a. 조소적인, 냉소하는

연상 ① 사람들은 사돈의 익(=이익)(→사:도닉)에 냉소한다.(사돈 잘 되는 것이 배 아프니까)
② 사돈 이를 보고, "사돈! 이 크!(→사:도닉)하면 사돈을 냉소하는 것이다.

예문 He made a **sardonic** smile.
그는 냉소를 지었다.

pry
[prai]

v. 엿보다(peep), 동정을 살피다 **n.** 엿보기

연상 야구 선수들은 프라이(fly) 볼을 쳐놓고 공이 날아가는 방향을 엿본다(→플라이).

예문 He tend to **pry** into other people's affairs.
그는 남의 일에 꼬치꼬치 파고 경향이 있다.

tuition
[tjuːíʃən]

n. 수업; 수업료(=~ fèe).

연상 그는 튜터(tutor)인 투이 선(→튜:이션)생님에게 수업을 받고 수업료를 냈다.

예문 She received private **tuition** in English.
그녀는 영어 개인 교습을 받았다.

serpent
[sə́ːrpənt]

n. (크고 독 있는) 뱀(snake); 음험한 사람

연상 독 있는 뱀은 숲이 서 있는 pen처럼 보이는 터(→서ː펀트)에 산다.

예문 The serpent tempted Eve to pick the forbidden fruit.
뱀은 이브를 유혹해 금단의 열매를 따게 했다.

pictorial
[piktɔ́ːriəl]

a. 그림의; 그림을 넣은

연상 픽쳐(picture;그림)에서 토(土;땅)를 리얼(real;사실적)(→픽토리얼)하게 그리는 것이 그림의 특징이다.

예문 The images are also highly concrete and pictorial.
그 영상은 매우 구체적이고 회화적이었다.

saturn
[sǽtəːrn]

n. 토성

연상 우주의 새로운 터는, 즉 우주의 새 턴(→새터언) 바로 토성이다.

예문 Saturn is the sixth planet from the Sun.
토성은 태양계의 여섯 번째 행성이다.

ardor
[áːrdər]

n. 열정(passion), 열의; 충성

연상 아, 더(→아ː더) 일하는 것, 저것이 열정이구나.

예문 She danced with ardor.
그는 열심히 춤을 추었다.

tinge
[tindʒ]

n. 엷은 색조 **v.** 엷게 물들이다, 착색하다

연상 튄(=도망간) 쥐(→틴지)의 색조는?

예문 a tinge of red 붉은 빛을 엷게 띤 색조

예문 Her memory tinged with sorrow.
그녀의 추억은 비애를 띤 것이었다.

synthetic
[sinθétik]

a. 종합적인, 종합의; 합성의,

연상 신세계의 티크(→신쎄틱) 가구는 합성(수지)의 목재일 가능성이 있다.

예문 There is a large amount of synthetic material in the tank.
탱크 속엔 많은 양의 합성 물질 있다.

carnal
[káːrnl]

a. 육체의(fleshly); 세속적인(worldly)

연상 car(차)를 늘(→카:늘) 타고 싶은 것은 육체의 욕망이다.(편안하려는 육체의 욕망)

예문 The mind of man is **carnal** and does not think as God thinks.
인간의 마음은 육체적이라서 신이 생각하는 것처럼 생각하지 않는다.

charcoal
[tʃáːrkòul]

n. 숯, 목탄

연상 옛날에 증기 기관차에 석탄(coal)(→챠:코울) 대신 썼던 것이 목탄, 숯이다.

예문 We enjoyed **charcoal** grilled steaks.
우리는 숯불에 구운 스테이크를 즐겼다.

audacity
[ɔːdǽsəti]

n. 대담무쌍; 뻔뻔스러움; 무례

연상 ① 이 글에는 오. 대서(代書; 다른 사람이 대신 글을 쓴) 티(→오:대서티)가 남아 있는
뻔뻔스러움이 있구나.
② 돈푼이나 가졌다고 어데서(=어디에서) 티(→오:대서티)를 내느냐, 뻔뻔스러움의 인간아!

예문 He had the **audacity** to question my honesty.
그는 무례하게 나의 정직함을 의심했다.

파생 audacious a. 대담한; 넉살좋은

atlas
[ǽtləs]

n. 지도책; 도해서, 도감

연상 아프리카 아틀라스(→애틀러스) 산맥이 나오는 것은 지도책이다.

예문 I bought a new world **atlas** for my son's geography class.
아들의 지리학 수업을 위해서 새 세계 지도책을 샀다.

arduous
[áːrdʒuəs / -dju-]

a. 힘드는; 분투적인, 끈기 있는

연상 아, 주어서(→아:주어스)! 신은 인간에게 힘드는 일을 (주어서).

예문 The task was more **arduous** than he had calculated.
그 일은 계산했던 것보다 더 힘들었다.

파생 arduously ad. 애써, 분투하여.

bulge
[bʌldʒ]

n. 부푼 것, 부풂 **v.** 부풀다, 불룩해지다.

연상 돈을 호주머니에 넣어 불룩해진 만큼은 벌지(버는 것이지)(→벌지)!

예문 He **bulged** his pockets with apples.
호주머니가 사과로 불룩해 있었다.

corrode
[kəróud]

v. 부식[침식]하다; 좀먹다

연상 파도가 커(서) rode(도로)(→커로우드)를 침식하다

예문 Failure **corroded** his self-confidence.
그는 실패하여 점차 자신을 잃었다.

deviate
[díːvièit]

v. (규칙 따위에서) 벗어나다, 빗나가다

연상 그곳에서 D급 비(물)을 ate(먹어)(→디:비에이트)서 위생규칙에서 벗어났다.

예문 The buses had to **deviate** from its usual route because of a landslide .
버스는 산사태 때문에 정상 노선을 벗어나서 달려야 했다.

frail
[freil]

a. 무른, 부서지기 쉬운; (체질이) 약한(weak) **동** fragile, infirm

연상 풀로 만든 rail(→레일)(→프레일)은 무르고, 부서지기 쉽다.

예문 The **frail** old man looked dead.
그 연약한 노인은 죽어 있는 것 같았다.

armistice
[áːrmistis]

n. 휴전; (일시적인) 정전(停戰)(truce)

연상 arm(팔, 무기)가 stick(막대기)처럼 서(→아:머스티스) 있는 것이 바로 휴전
상태이다.(무기가 서 있으니 휴전이다)

예문 There were many positive and negative aspects of the **armistice**.
그 휴전협정엔 많은 긍정적인 측면과 부정적인 측면이 있었다.

aviate
[éivièit / ǽv-]

v. 비행하다, (항공기를) 조종하다

연상 항공기를 조종할 땐 에이(A), 비이(V)와 같은 영어를 쓰고 기내식
ate(먹고)(→에이비에잇) 한다.

예문 We **aviated** in an aircraft for 12 hours.
우리는 항공기를 타고 12 시간 동안 비행했다.

파생 aviation n. 비행

barter
[báːrtər]

v. 물물교환하다(exchange), 교역하다 **n.** 물물교환

연상 옛날 bar(술집) 있는 터(장소)(→바:터)에서 물물교환했다.

예문 We **bartered** with the islanders.
우리들은 그 섬 주민들과 물물교환을 했다.

phony

[fóuni]

ⓐ 가짜의 ⓝ 가짜, 사기꾼.

연상 폰이(phone이)(→포우니) 가짜가 많다고? (중국제 짝퉁)

예문 Her handbag looked **phony**.
그녀의 가방은 가짜처럼 보였다.

procure

[proukjúər]

ⓥ 획득하다, (필수품을) 조달하다.

연상 pro(프로)선수를 cure(치료하기)(→프로큐어) 위해 약품을 조달하다.

예문 Could you **procure** me specimens?
견본을 구해 줄 수 있겠는가.

파생 procurement n. (필수품의) 조딜

UNIT 05 TEST

[1~12] 보기에서 영어에 해당되는 우리말을 찾아 쓰시오.

1. armistice _____   2. deviate _____

3. corrode _____   4. docile _____

5. arduous _____   6. thrash _____

7. bulge _____   8. procure _____

9. carnal _____   10. sardonic _____

11. aviate _____   12. ardor _____

보기 ① 유순한 ② 힘드는 ③ 열정 ④ 휴전 ⑤ 부푼 것 ⑥ 부식하다 ⑦ 벗어나다
⑧ 때리다 ⑨ 비행하다 ⑩ 획득하다 ⑪ 육체의 ⑫ 조소적인

[13~17] 다음 빈칸에 들어갈 적절한 어휘를 고르시오.

13. He seemed _____ to the fact that his wife was on the edge of a nervous breakdown.

14. He was arrested in 1997 for plotting to _____ the President.

15. He was in sheer _____ over the prospect of meeting his idol.

16. She _____ at the thought of going back through those prison doors.

17. His previous _____ of jazz, pop and African melodies have proved highly successful

보기 ① assassinate ② fusions ③ oblivious ④ trembled ⑤ ecstasy

[18~21] 다음 빈칸에 들어갈 적절한 어휘를 고르시오.

18. He spoke _____ language to his teacher.

19. I was shocked at the _____ and brazenness of the gangsters.

20. There is a large amount of _____ material in the tank.

21. An aide _____ that the President had known nothing of the deals.

보기 ① synthetic ② profane ③ avowed ④ audacity

정답 1.④ 2.⑦ 3.⑥ 4.① 5.② 6.⑧ 7.⑤ 8.⑩ 9.⑪ 10.⑫ 11.⑨ 12.③
13.③ 14.① 15.⑤ 16.④ 17.② 18.② 19.④ 20.① 21.③

Further Study

fertilized egg 수정란

sniff out 냄새로 알아내다

start over 다시 시작하다

tax return 소득 신고서

adoptive parents 양부모

file a petition 탄원서를 제출하다

fuel cell 연료 전지

spring into action 즉각 행동을 개시하다

self-sufficient 자급자족

the bottom line 결론, 요점

go nuts 열중하다, 미치다

kick off 시작하다

end in a draw 무승부로 끝나다

sweep the board (어떤 대회를)휩쓸다.

relay broadcasting 중계방송

neck-and-neck 접전의, 막상막하의

musical passage 악절

cut back on (비용을) 삭감하다, 줄이다

bargain-hunter 더 싼 물건을 찾아다니다

run in the family

~혈통을 물려받다,(자질, 특징이)유전하다

objective tax 목적세

start a family 첫아이를 보다

avail oneself of ~을 이용하다

take notice of ~에 주의(주목) 하다

in fashion 유행하고 있는

go with 동반(동행)하다

go too far 지나치다

have one's own way 제멋대로 하다

keep ~ to oneself ~을 비밀에 부치다

make good 성공하다

have a fancy for ~을 좋아하다

impart
[impá:rt]

v. 나누어주다, 주다

연상 임의 part(부분)(→임파:트)는 임에게 나누어 주다.

예문 I have several pieces of information to **impart** to you.
나는 너에게 전해줄 정보가 있다.

impious
[ímpiəs]

a. 불신앙의, 불경한(profane) **반** pious 경건한

연상 교회에서 담배를, 내 '임(이) 피워서(→임피어스)' '불경한' 태도를 보였다.

예문 He regretted that he had taught his supposed **impious** views.
그는 비종교적으로 여겨지는 그의 관점을 가르쳐온 것을 후회했다.

suffice
[səfáis]

v. 족하다, 충분하다.

연상 저녁 반찬은 수프(soup)와 파 있어(→서파이스) 충분하다

예문 Three hundred dollars a month **sufficed** for my need.
월 300달러로 내가 필요로 하는 바를 충족시키기에 충분했다.

bellow
[bélou]

v. (소가) 큰 소리로 울다; 큰소리치다; (대포 소리 따위가) 크게 울리다;

연상 소가 크게 울거나, 사람이 큰소리치면 주변의 bell(종) 소리가 low (낮게)(→벨로우) 들린다.

예문 He **bellowed** at his servant.
그는 하인에게 호통 쳤다.

vicar
[víkər]

n. 교구 목사; (감독 교회의) 회당(會堂) 목사

연상 빅(big;큰) car(차)(→비카→ 비커)를 타고 다니는 사람이 교구 목사다.(신도들을 태워 다니느라 큰 차를 탄다)

예문 They were married by their local **vicar**.
그들은 지방 교구 목사의 주례로 결혼했다.

claw
[klɔː]

n. (고양이·매 따위의) 발톱   **v.** (손톱·발톱으로) 할퀴다

연상 고양이는 발톱을 끌로(→클로;) 사용한다(끌의 용도로)

예문 She had **clawed** her husband across the face.
그녀가 남편의 얼굴을 할퀴어 놓았다.

genial
[ʤíːnjəl]

a. (봄 날씨 따위가) 온화한, 기분 좋은; 다정한

연상 여자 친구인 지니의 얼(→지:니얼)굴은 봄날처럼 온화하다.

예문 **genial** climate   온화한 풍토

예문 His mother is a person of **genial** disposition.
그의 어머니는 마음이 따뜻한 사람이다.

cleave
[kliːv]

v. 쪼개다; (공기·물 등을) 가르고 나아가다; 헤치고 나아가다(one's way).

연상 모체에서 커서 leave(떠나는)(→클리:브) 것이 바로 껍질을 쪼개고 나가는 것이다

예문 He needs to **cleave** this block of wood in two.
이 나무토막을 둘로 쪼개야 한다.

chubby
[tʃʌbi]

a. 토실토실 살이 찐, 오동통한, 통통한

연상 옛날 사람들의 본처가 아닌, 첩이(→처비) 포동포동한 경우가 많았다 고 한다.

예문 I love her **chubby** legs and her rounded face.
나는 그녀의 통통한 다리와 동그란 얼굴이 좋아.

파생 chubbiness n. 토실토실 살이 짐

texture
[tékstʃəːr]

n. 직물, 피륙, 천; (직물의) 감촉[질감]

연상 피륙은 늘 사람의 택(=턱)과 스쳐(→텍스쳐:)요. 옷이 피륙으로 만든 것이니까.

예문 The cloth is fine in **texture**.
옷감의 올이 곱다.

mash
[mæʃ]

v. 짓이기다   **n.** 짓이긴 것

연상 아르헨티나 축구선수 매시(→매쉬)는 상대방 팀을 짓이기는 선수일 까요?

예문 She **mashed** the fruit up with a fork.

grandeur
[grǽndʒər]

n. 웅대, 장엄; 장관(壯觀) **동** splendour, majesty

연상 승용차인 그랜저(→그랜저)는 웅대하다는 뜻임.

예문 I was struck by the **grandeur** of the Alps.
나는 알프스의 웅대함에 감탄했다.

homage
[hámidʒ / hóm-]

n. 존경

연상 인간이 가장 존경하는 것은 home(집)이지(→홈이지)!

예문 The author describes his book as 'a **homage** to my father'.
저자는 자신의 책을 '아버지께 바치는 존경의 표시'라고 쓰고 있다.

homespun
[hóumspʌ̀n]

a. 홈스펀의, 손으로 짠; 소박한, 보통의

연상 이 스웨터는 뜨개질 게 용 코바늘이 없어서 home(집에서) 수푼
(spoon;숟가락)(→홈스펀)으로 손으로 짠 것이다.

예문 real **homespun** fabrics 진짜 수직물

예문 His **homespun** manners are abhorrent to our feelings
그의 촌스런 매너가 어쩐지 마음에 들지 않는다.

clergy
[klə́:rdʒi]

n. 「집합적」 목사, 성직자들(한 사람의 경우는 clergyman).

연상 성직자로 클(=크게 될) 너지(→클러:지)!

예문 All the local **clergy** attended the ceremony.
지역의 모든 성직자들이 그 의식에 참석했다.

homicide
[háməsàid / hóm-]

n. 살인(죄); 살인 행위 **동** murder

연상 호모(homo)들이 사이다(→호머사이더)를 먹여 살인하는 사건이 있었데요.(독이 든 사이다)

예문 Police arrested him on a charge of accidental **homicide**.
경찰은 과실 치사 혐의로 그를 체포했다.

afflux
[ǽflʌks]

n. (물 따위의) 흘러듦, 유입(流入); (군중의) 쇄도; (의학) 충혈.

연상 a(하나)가 플러스(plus)(→애플럭스) 되는 것이 유입되는 것이다

예문 He suffered from an **afflux** of blood to an head.
그는 뇌충혈을 앓았다.

hospitality
[hàspitǽləti]

n. 환대, 후한 대접

연상 hospital(병원)이 티(→하스피탤러티)나게 해야 하는 일은 환자를 환대하는 것이다.

예문 He showed boundless **hospitality** to me.
그는 나를 극진히 환대하였다.

---

intent
[intént]

n. 의향, 의도 **a.** 전념하고 있는

연상 in(안에) + tent(텐트)(→인텐트)=야전에 나가면 군인들은 지휘본부가 있는 tent(텐트) in(안에) (지휘관)의도를 알고 싶어한다.

예문 with good [evil. malicious] **intent** 선의[악의]로써.

예문 She is **intent** on her job.
그녀는 자신의 일에 몰두해 있디

---

humility
[hju:míləti]

n. 겸손, 겸양

연상 휴! 자신의 존재를 밀리(millimeter)의 티(→휴:미러티)만 나타내는 저 자세가 바로 겸손이구나!

예문 He learned by experience that **humility** is the foundation of all virtues.
그는 겸손이 미덕의 근본이라는 것을 경험으로 배웠다.

---

hurdle
[hə́:rdl]

n. 장애물; 장애 **동** obstacle, barrier

연상 육상 허들(→허:들) 경기가 바로 장애물 경기다.

예문 The horse jumped the **hurdle**.
말은 장애물을 뛰어넘었다

---

tempest
[témpist]

n. 사나운 비바람, 폭풍우(storm) ; 야단법석, 대소동

연상 템포(tempo;빠르기)가 최상급(-est)(→템포 이스트 →템피스트)인 바람이 바로 사나운 비바람, 폭풍우다

예문 The **tempest** drove the ship on the rocks.
폭풍우가 배를 좌초시켰다.

파생 tempestuous a. 폭풍이 치는, 열렬한

---

theft
[θeft]

n. 도둑질, 절도; 절도죄; (야구) 도루 **동** stealing

연상 우리 집 개 셰퍼드(shepherd)는 도둑질(→쎄프트)를 막는다.

예문 He is accused of **theft** from his neighbor.
그는 이웃사람으로부터 절도죄로 고소당했다.

phantom
[fǽntəm]

n. 유령, 환영 **동** ghost, spirit

연상 우리나라 공군의 전투기인 팬텀(→팬텀)기는 유령처럼 하늘을 나른다.

예문 He thought he had seen the **phantom** of his dead father.
그는 돌아가신 아버지의 혼령을 보았다고 생각했다.

ignoble
[ignóubəl]

a. 성품이 저열한, 비천한 **반** noble 고귀한

연상 ① 이그, no(안돼)! 벌(→ 이그노우벌) 받을 비천한 짓은!
② 이그! (ig, 부정적으로 하는 발) + noble(고상한)(→ 이그노우벌) = 이그 노블하지 못한 것, 고상하지 못한 것!

예문 He has hidden his **ignoble** purposes.
그는 비열한 속셈을 숨겨왔다.

conjunction
[kəndʒʌ́ŋkʃən]

n. 결합, 연결

연상 시골에 5일장, 즉 큰 장이 선(→컨장션) 날은 여러 마을 사람을 연결하고 결합하게 한다.

예문 The company work in **conjunction** with other small companies.
그 회사는 다른 작은 회사와 협력하고 있다.

예문 in **conjunction** with ~와 함께

proximity
[praksíməti]
[prɔks-]

n. 근접, 가까움

연상 pro(프로)선수가 커서 뜻을 (프로선수로서) 멋 티(→프락시머티)가 난다면 스타선수에 근접해 있다는 증거다.

예문 The site is in close **proximity** to an airport.
그 용지는 공항에 근접해 있다.

sarcastic
[sɑːrkǽstik]

a. 빈정거리는, 비꼬는, 풍자의

연상 일본 술 사케(sake)를 스틱(stick; 막대기)(→사:캐스틱)으로 적셔서 먹는다면 빈정거리는 사람들이 많을 것이다.

예문 She is **sarcastic** to me all the time.
그녀는 항상 나에게 빈정댄다.

appall
[əpɔ́ːl]

v. 오싹 소름이 끼치게 하다, 섬뜩하게 하다

연상 하나의 대포, 즉 a(하나) 포가 all(모두)(→어포올)룰 오싹 소름이 끼치게 한다.

예문 We were **appalled** at the sight.
우리는 그 광경을 보고 섬뜩했다.

파생 appalling a. 섬뜩하게 하는

exhaustion
[igzɔ́ːstʃən]

n. 다 써버림, 소모 ; 기진맥진

연상 이그(ig) 죠스(haus) 쳔(tion)(→이그조스ː쳔) 마리와 싸우느라 힘을 다 소모하고, 기진맥진해 있군.(영화 '죠스' 출연자들이)

예문 The boxer fainted with **exhaustion**.
그 권투선수는 기진맥진하여 실신했다.

파생 exhaust v. 다 써버리다, 기진맥진하게 만들다; 배기가스

---

bugle
[bjúːgəl]

n. (군대용) 나팔, **v.** 나팔을 불다.

연상 (군대용) 나팔을 불면 병사들의 가슴에 애국심으로 부글부글(→뷰ː글) 끓어올랐다.

예문 They blew the **bugle** for the march.
그들은 진군나팔을 불었다.

---

conceit
[kənsíːt]

n. 자부심, 자만 **v.** 우쭐하다

연상 그는 큰 시트(seat;자리)(→큰시ː트) 에 올랐다고 자만에 빠져 있다.

예문 He is eaten up with **conceit**.
그는 매우 자만에 빠져 있다.

---

pastor
[pǽstər]

n. 목사(비국교파의 목사) **동** clergyman, minister

연상 past(지나간) 것을 말하는 -or(사람)(→패스터)이 바로 목사다.(옛날예수님에 대한 말을 주로 하니까)

예문 He is serving a **pastor** in the Lutheran Church.
그는 Lutheran 교회의 목사로 봉직하고 있다.

---

pastoral
[pǽstərəl, páːs-]

n. 목가, 전원시 **a.** 목자(牧者)의; 전원(생활)의, 목가적인

연상 past를(=지나간 것을)(→패스터럴) 생각하면 먼저 떠오른 것이 목가, 전원시다.

예문 The painting showed a peaceful and **pastoral** scene of village.
그 그림은 평화롭고 목가적인 마을 풍경을 보여주었다.

---

husk
[hʌsk]

n. 꼬투리, 껍데기 **v.** (곡물의) 겉껍질을 벗기다

연상 실재 존재 하지 않는 수, 허수가 크(→허스크)면 그것은 껍데기에 지나지 않는다.

예문 Take off the **husk** before you eat.
먹기 전에 껍질을 벗기세요.

---

husky
[hʌ́ski]

a. 껍데기[껍질]의; 목이 쉰(hoarse), (목소리가) 허스키 보이스인

연상 목이 쉰 듯한 음성, 허스키(→허스키)한 음성은 껍데기의 음성일까 요?

예문 He whispered in a **husky** voice.
그는 약간 허스키한 목소리로 속삭였다.

snobbish
[snábiʃ]

a. 속물의, 신사연하는

연상 금전 수납이 쉬쉬(→스나비쉬) 하며 이루어지는 사람은 속물의 인 간이다.

예문 Many people still regard him as a **snobbish** person.
많은 사람들이 그를 속물적 인간이라고 생각한다.

muffle
[mʌ́fəl]

v. 싸다, 감싸다; (소리를) 죽이다[약하게 하다]

연상 머플러(muffler;목도리)로 목을 감싸다(→머플)

예문 The child is **muffled** in scarf and woolly hat.
아이는 스카프와 털모자로 감싸져 있다.

battery
[bǽtəri]

n. 포열(砲列); 포병 중대; 포대; (전기) 전지

연상 군에서 배터리와 같은 역할을 하는 것이 포병중대다.

예문 Is the **battery** connected correctly?
배터리는 바르게 연결되어 있는가?

beacon
[bíːkən]

n. 햇불, 봉화; 등대; 수로(水路) [항공, 교통] 표지
v. (표지로)~을 인도하다

연상 마치 비 속에 큰 콘(cone;아이스 콘)(→비ː큰)을 세워 놓은 것이 햇불이고 등대였다.

예문 He is the only shining **beacon** in our society.
그가 우리 사회에서 빛나는 유일한 햇불이다.

reverence
[révərəns]

n. 숭배, 존경

연상 revere(존경하다) + ence(명사 어미)(→레버런스) = 존경 v. 존경하다(respect);
공경하다(revere[riviəːr] - 마을 리(里)가 비워(→리비어ː)진 것은 사람들이 도시를 공경하여 떠났기 때문이다)

예문 He paid **reverence** to the Queen.
그는 여왕에게 경의를 표했다

파생 revere v. 숭배하다

constitute

[kánstətjùːt / kɔ́n-]

v. 구성하다 ; (법령 등을) 제정하다

연상 도형 cone(원뿔형)에 대한 스터디(study)는 튜터(tutor;지도교사)(→콘스터튜ː트)가 그 내용을 구성한다.

예문 Murder **constitutes** a criminal offense.
살인은 형사 범죄를 구성한다.

UNIT 06 TEST

[1~12] 보기에서 영어에 해당되는 우리말을 찾아 쓰시오.

1. reverence _____

2. beacon _____

3. muffle _____

4. snobbish _____

5. constitute _____

6. husk _____

7. pastor _____

8. conceit _____

9. bugle _____

10. sarcastic _____

11. appall _____

12. exhaustion _____

보기 ① 싸다 ② 구성하다 ③ 숭배 ④ 꼬투리 ⑤ 햇불 ⑥ 속물의 ⑦ 자부심
⑧ 목사 ⑨ 소모 ⑩ 오싹 소름이 끼치게 하다 ⑪ 나팔 ⑫ 빈정거리는

[13~17] 다음 빈칸에 들어갈 적절한 어휘를 고르시오.

13. The site is in close _____ to an airport.

14. He has hidden his _____ purposes.

15. He is accused of _____ from his neighbor.

16. He learned by experience that _____ is the foundation of all virtues.

17. He suffered from an _____ of blood to an head.

보기 ① ignoble ② afflux ③ proximity ④ theft ⑤ humility

[18~21] 다음 빈칸에 들어갈 적절한 어휘를 고르시오.

18. He showed boundless _____ to me.

19. Police arrested him on a charge of accidental _____ .

20. I love her _____ legs and her rounded face.

21. His _____ manners are abhorrent to our feelings.

보기 ① homespun ② chubby ③ homicide ④ hospitality

정답 1.③ 2.⑤ 3.① 4.⑥ 5.② 6.④ 7.⑧ 8.⑦ 9.⑪ 10.⑫ 11.⑩ 12.⑨
13.③ 14.① 15.④ 16.⑤ 17.② 18.④ 19.③ 20.② 21.①

Further Study

go from rags to riches

자수성가하다 (start ~ out of nothing)

be at odds with 사이가 나쁘다

be a handful for ～ 골치를 주다, 성가시게하다

be through with 절교하다

make arrangements for 준비하다

hold it down 목소리를 낮추다

give ~ a ring ～에게 전화하다

pill the beans 비밀을 까발리다

put the world out that ~ 소문내다

wait on 시중들다(serve, attend on)

wait for 기다리다(await)

come up with ～을 생산해내다, 기억해내다,

taper off 점점 줄이다

hit the sack 잠자리에 들다(hit the hay)

get carsick 차멀미하다

darn it 제기랄!(my God, my goodness),

come down with ~ ～(병)에 걸리다

be behind in~ ～에 뒤처져있다

fill ~ in on …

～ 에게 …에 관해서 상세히 알려주다

get back to ~

(답을 하기 위해) 다시 전화하다(call ~ back)

all along 처음부터 줄곧

all in 몹시 지친

in all 총계하어, 합하여

shake a leg 서두르다

be low on cash

돈이 딸리다(be short of cash)

take up ～에 관심을 갖다, 배우려 하다.

use up 다써버리다(run out of)

go and pick up 가져오다(bring)

be badly in need of~ ～이 극도로 필요하다

wind around 휘감다

---

flush

[flʌ]

v. (물 따위가) 왈칵[쏟아져] 흐르다; (얼굴이) 붉어지다

연상 얼굴이 붉어지는 것은 피가 혈관 속에 풀(ful;가득)로 러쉬(rush; 흐르기)(→플러쉬)하기 때문이다.

예문 Her face **flushed** rose.
그녀의 얼굴은 장밋빛으로 물들었다.

---

autocracy

[ɔ́ːtákrəsi / -tɔ́k-]

n. 독재 [전제] 정치; 독재권

연상 길거리에 폭주족 오토바이가 크게 러시(→오:토크러시)하는 것처럼 하는 정치가 독재정치다.

예문 Many poor countries have abandoned **autocracy**.
많은 가난한 나라들이 독재정치를 폐기했다.

파생 autocrat n. 독재 군주; 독재자 autocratic a. 독재자의; 독재적인; 독재 정치의

---

consul

[kánsəl]

n. 영사

연상 외국에 거주하는 자국민의 어려움을 consult(상담하는) 사람이 바로 영사(consul→칸설)다.

예문 He is the British **consul** in new york.
그는 뉴욕 주재 영국 영사다.

---

counteract

[kàuntərǽkt]

v. ~와 반대로 행동하다; 반작용하다

연상 식당 counter(계산대)에서 act(행동하는)(→카운터액트) 것은 먹을 때와 반대로 행동한다 (먹을 때는 많이 먹으려 하는데 돈은 적게 내려고 하니까)

예문 Sports is a remarkable way to **counteract** loneliness.
스포츠는 외로움과 대항하는 놀라운 방법이다.

---

implicate

[ímpləkèit]

v. 관련시키다, 휩쓸려들게 하다, 연좌시키다.

연상 수학을 잘못하는 내 임은 (문제)풀이에 케이트(→임플리케이트)를 관련시켰다.

예문 He was **implicated** in the crime.
그는 그 범죄에 관련되었다.

파생 implication n. 내포, 함축;

---

crest
[krest]

n. 볏; 도가머리, 관모(冠毛); (투구의) 깃장식, 장식털

연상 머리 위에서 크게 rest(쉬고 있는; 놓여 있는)(→크레스트) 것이 볏, 관모이다.

예문 The actress is at the **crescent** of her fame.
그 여배우는 명성의 절정에 있다.

croak
[krouk]

n. 깍깍[개골개골]하고 우는 소리 (까마귀·개구리 등의)

v. (까마귀·개구리 등이) 개골개골[깍깍] 울다

연상 crow(까마귀)가 욱-욱(→크로욱)하고 우는 소리

예문 Frogs croak. 개구리가 울다.

예문 Crows croak(=caw). 까마귀가 울다.

forerunner
[fɔ́:rrʌ̀nəːr]

n. 선구자(herald)

연상 ① fore(앞의, 전방의) + runner(다리는 사람)(→포:런너:) = 앞서서 달려가는 사람이 선구자다.
② 누군가를 위해서(for) 달려가는 사람(runner)(→포:런너:)이 선구자다.

예문 He was one of **forerunners** of modern art.
그는 현대 미술의 선구자 중에 한 사람이었다.

diminutive
[dimínjətiv]

a. 소형의, 작은; 자그마한

연상 ① 크기가 d급 미니(mini:작은) 티브(→디미니어팁)는 소형의 티브이다.
② 최신형이라서, 디미니 어, 티브(→디미니어팁)가 소형의 티비가 되네!

예문 My teacher is **diminutive** in size but big in heart.
우리 선생님은 체구는 작지만 마음은 크다.

파생 diminish v. 줄이다, 감소시키다

atheist
[éiθiist]

n. 무신론자

연상 신을 부를 때 "에이(A) 씨(氏)" 라고 하는 -ist(사람)(→에이씨이스트)은 무신론자이다.

예문 He was an **atheist** as a young man.
그는 젊었을 때 무신론자였다

dateline
[déitlàin]

n. 날짜 변경선

연상 date(날짜) + line(선)(→데이트라인)=날짜 변경선

예문 We gained a day by crossing over the (international) **dateline** when we returned.
우리는 돌아올 때 날짜변경선을 통과해서 하루를 벌었다.

daycare
[déikèər]

n. 탁아, 돌봄 **a.** 탁아의

연상 부모가 직장에 간 **day**(낮 시간)에 아이를 **care**(돌보게)(→데이케어) 하는 것이 탁아다.

예문 She works for a **daycare** center.
그녀는 탁아소에 근무한다.

assorted
[əsɔ́ːrtid]

a. 여러 종류로 된, 다채로운

연상 **assort**(분류하다) + **-ed**(과거분사 어미)(→어소:티드)= 분류되어진 것이 여러 종류로 된 것을 뜻한다.(assort - a(하나씩) sort(솔)(→어소:트)을 분류하다. 솔은 여러 종류가 있다)

예문 The meat is served with salad or **assorted** vegetables.
육미는 샐러드나 여러 종류의 야채와 함께 제공된다.

파생 assort v. 분류하다

diaper
[dáiəpər]

n. 마름모 무늬(의 삼베); 기저귀

연상 **다이아**(diamond;다이아몬드) 무늬가 퍼렇게(→다이어퍼) 박혀 있는 기저귀를 생각해 보세요.

예문 a disposal **diaper** 1회용 종이 기저귀

예문 She is changing her baby's **diaper**.
그녀는 아기의 기저귀를 갈고 있다.

conviction
[kənvíkʃən]

n. 신념, 확신(confidence) ; 유죄 판결

연상 그는 큰 빅(big;큰) 선수에 선(→컨빅션)정될 거라는 신념을 가지고 있다.

예문 You can not do this task without **conviction**.
신념 없이는 이 일을 할 수 없다.

파생 convict v. 유죄를 선고하다

dice
[dais]

n. 주사위 **v.** 주사위놀이를 하다

연상 주사위에는 6면이 다 있어(→다이스)!

예문 The **dice** is cast.
주사위는 던져졌다.

sap
[sæp]

n. 수액(樹液), (식물의) 액즙.

연상 새파란(→새파→새프→샆) 나무에서 수액을 짜니까, 수액이 새프이지.

예문 The **sap** starts to rise in the trees in the spring.
봄이면 나무에 수액이 오르기 시작한다.

differentiate
[dìfərénʃièit]

v. 구별짓다, 구별[차별]하다

연상 너는 보통 사람들이 먹는 것과 different(다른) 음식만 쉬 ate(먹어)(→디퍼렌쉬에이트), 사람들이 너를 다른 사람과 구별한다.

예문 It is easy to **differentiate** man from brutes.
인간과 짐승을 구별하는 것은 쉽다.

---

alpine
[ǽlpain, -pin]

a. 높은 산의; 극히 높은; (A-) 알프스 산맥의.

연상 Alps(알프스)의 pine apple(파인애플)(→앨파인)은 높은 산의 생산물이다.

예문 Our window looked out on a beautiful **alpine** scene.
아름다운 고산 풍경이 있는 쪽으로 창문이 나 있었다.

파생 alpinist n. 등산가

---

indigenous
[indídʒənəs]

a. 토착의(native), 원산의, 그 지역 고유의

연상 인디 전(戰)(=인디언의 전투)는 us(우리에게)(→인디전어스) 그들 토착의, 그 지역 고유의 전투법을 보여준다.

예문 Love and hate are emotions **indigenous** to all humanity.
사랑과 미움은 모든 인간 고유의 감정이다.

---

alumnus
[əlʌ́mnəs]

n. (복수형 alumni) (남자) 졸업생, 동창생

연상 동창회 날에는 동창생들에게 얼람을 보내서, 즉 얼람(alarm;경보)을 넣어서(→얼람너스) 참석하게 한다.

예문 My elder brother and I are the **alumni** of London University.
형과 나는 런던 대학 동창생이다.

---

baron
[bǽrən]

n. 남작(男爵)(최하위의 귀족); (특정 산업 분야의) 부호[거물]

연상 옛날 영국에서 선박 사업을 해서는, 즉 배론(=배로는)(→배런) 남작 밖에 될 수 없었다.

예문 Her husband is a mine **baron**.
그의 남편은 광산업계의 거물이다.

파생 baroness[bǽrənis] n. 남작부인; 여남작

---

mentality
[mentǽləti]

n. 정신력; 심적 상태, 심성

연상 men(사람)의 탈(tal, 얼굴)에 나타나는 이 티(ity)(→멘탤러티)는 정신력, 심적 상태가 밖으로 드러난 것이다.(얼굴에 마음이 드러난다)

예문 It is difficult to understand the female **mentality**.
여성 심리는 이해하기 어렵다.

sympathetic
[sìmpəθétik]

ⓐ 동정적인, 인정 있는

연상 심(心:마음)을 퍼(서) 세상의 틱(→심퍼쎄틱) 장애인에게 나누어 준 다면 그것이 동정적인 것이다.

예문 I felt **sympathetic** towards Kate.
나는 케이트에게 동정심을 느꼈다.

sympathize
[símpəθàiz]

ⓥ 동정하다, 위로하다,

연상 남에게 심(心:마음)을 퍼 주는 사이즈(size:크기)(→심퍼사이즈)가 커 야 동정하는 마음을 가지게 된다.

예문 I **sympathize** with her grief.
나는 그녀의 슬픔에 동정한다.

mobility
[moubíləti]

ⓝ 가동성, 이동성; 변덕.

연상 미술 작품인 모빌(mobile)의 티(→모빌러티)나는 부분이 바로 가동성이다.

예문 An electric wheelchair has given her greater **mobility**.
전동 휠체어 덕분에 그녀의 이동성이 많이 좋아졌다.

파생 mobilize ⓥ. 동원하다

mockery
[mákəri]

ⓝ 비웃음, 놀림. ⓢ ridicule, scorn

연상 예전엔 막걸리(→마커리)를 서민들의 술이라고 비웃음을 보내던 사 람들이 있었다.

예문 He couldn't stand any more of her **mockery**.
그는 그녀의 조롱을 더 이상 참을 수가 없었다.

파생 mock ⓥ. 조롱하다

moody
[múːdi]

ⓐ 변덕스러운; 우울한.

연상 ① mood(기분, 분위기) + y(형용사 어미)(→무:디) = 기분이나 분위기에 따라 왔다 갔다 하는 것이 변덕스러운 것이다.
② 사람은 지성이 무디(→무:디)면 변덕스러운 마음이 된다.

예문 **Moody** women are very difficult to deal with.
기분 변화가 심한 여자들은 다루기가 무척 힘들다.

dipper
[dípər]

ⓝ 국자, 퍼내는 도구

연상 dip(물에 담그는) + -er(-것)(→디퍼)= 국(물)에 담그는 것이 국자다

예문 The Big **Dipper** is often used to find the direction in the sea.
북두칠성은 바다에서 방향을 찾는 데 종종 이용된다.

taint
[teint]

n. 더럼; 얼룩, 오점 **v.** 더럽히다

연상 ① 테(두리) in(안에) 터(장소)(→테인트)에 더럼, 얼룩이 더 많다.
② 사람들은 자기 터보다는 남의 터(장소), 즉 타인(tain) 터(t)(→테인트) 를 더 더럽힌다.

예문 The air is **tainted** with smog.
공기가 스모그로 오염되어 있다.

suspense
[səspéns]

n. 미결정, 미정; 걱정, 불안; 긴장감; (법률) (권리의) 정지.

연상 사장이 결제 할 때 서서 pen을 쓰(→서스펜스)면 미결정을 의미했 고, 그것은 사원들에게 불안과 긴장감을 주었다.

예문 The judge hold her crime in **suspense**.
판사는 그녀의 범죄를 미결 상태로 두고 있다.

예문 The accident kept him in **suspense**.
그 사건은 그를 불안하게 했다.

suspension
[səspénʃən]

n. 걸(치)기, 매달기; 미결정; 중지, 정지; 정직, 정학, 권리 정지

연상 주변에 방이 없어서 서서 pension(펜션; 여행지숙소)(→서스펜션)을 이용할 것인지를 미결정 상태로 남겨두고, 잠시 의논을 중지하였다.

예문 A five-game **suspension** was imposed on her.
그녀에게 다섯 게임의 출전 중지가 주어졌다.

duration
[djuəréiʃən]

n. 지속, 계속; 지속 기간

연상 두 사람이 하는 레이션(race는)(→두레이션) 어려움을 견뎌내는 지속 기간이 중요하다.

예문 The building was used as a hospital for the **duration** of the war.
전쟁 기간 중에 그 건물은 병원으로 쓰였다.

dwarf
[dwɔːrf]

n. 난쟁이 **a.** 왜소한

연상 난쟁이는 자신의 장애를 "두(頭;머리) 아퍼(→두오프)"라고 말할지 모른다.

예문 The country is an economic giant and a political **dwarf**.
그 나라는 경제적으론 대국이지만 정치적인 난쟁이(=소국)이다.

pester
[péstər]

v. 괴롭히다, 고통을 주다.

연상 pest(해충)(→페스터)가 사람을 괴롭히다.

예문 He is always **pestering** me for money.
그는 언제나 돈을 달라고 졸라댄다.

hump
[hʌmp]

n. (등허리) 군살, (낙타 따위의) 혹

연상 낙타 등 위에 함처럼 퍼(→험프)런 것이 혹이다.

예문 traffic **hump**   과속 방지턱

예문 The country is trying to overcome the economy **hump**.
그 나라는 경제적 고비는 극복하려고 노력하고 있다.

---

humpback
[hʌ́mpbæ̀k]

n. 꼽추; 혹등고래

연상 hump(혹)이 back(등)(→험프백)에 있으니 꼽추다.

예문 Seamen say they heard the **humpback** whales sing.
혹등고래가 노래하는 것을 들었다고 선원들은 말한다.

---

confide
[kənfáid]

v. (비밀 따위를) 털어놓다(to); 신용하다

연상 ① 작은 파일보다는 큰 파일(file;서류철)이 더(→컨파이드) 비밀을 털어 놓는다.(큰 파일에 비밀이 더 많이 들어 있기 때문에)
② 그녀는 나에게 큰 파이를 더(→컨파이드) 좋아한다는 비밀을 털어놓았다.

예문 He **confided** his secret to me.
그는 비밀을 나에게 털어 놓았다.

---

confidential
[kànfidénʃəl / kòn-]

a. 은밀한, 기밀의

연상 종이가 아이스 콘(cone)의 피(皮; 포장껍질)가 된 설(說)(→칸피덴셜)은 그 제과회사 기밀의 사항이다.

예문 Information about prices is to be treated as **confidential**.
가격에 대한 정보는 은밀하게 다루어질 수 있다.

---

urbane
[əːrbéin]

a. 도회풍의; 예의 있는, 점잖은; 세련된(refined)

연상 어, (칼에) 베인(→어:베인)것 같은 저 옷이 도시풍의 옷이란 말인가?

예문 Johnson is an **urbane**, kindly man.
Johnson은 세련되고 친절한 사람이다.

---

missionary
[míʃənèri / -nəri]

n. 선교사 **a.** 전도(자)의.

연상 ① 선교사가 될 사람은 내 친구 미선(美善), 너리(→미셔너리)!(미선은 아름답고 선하니까)
② 선교사가 해야 할 일은 오직 선교의 미션(mission, 사명) 너리(→미셔너리)!

예문 He has done **missionary** work in Vietnam.
그는 베트남에서 선교사로 일해왔다.

utilize

[júːtəlàiz]

v. 활용하다, 이용하다.

연상 유(you) 터 (값이) 라이즈(rise;올라가도록)(→유터라이즈) 활용하라.

예문 The new computer system is not being fully **utilized** yet.
새로운 컴퓨터 체계는 아직 충분히 이용되고 있지 않다.

mixture

[míkstʃəːr]

n. 혼합; 혼합물

연상 콘크리트와 같은 혼합물을 만들 때는 모래와 시멘트를 mix(섞고) 쳐(→믹스처:)서 만든다.

예문 Air is not a compound, but a **mixture** of gases.
공기는 몇 가지 기체의 화합물이 아니고 혼합물이다.

UNIT 07 TEST

[1~12] 보기에서 영어에 해당하는 우리말을 찾아 쓰시오.

1. missionary _____   2. moody _____

3. pester _____   4. duration _____

5. taint _____   6. hospitality _____

7. urbane _____   8. mockery _____

9. suspension _____   10. confidential _____

11. utilize _____   12. mixture _____

보기   ① 얼룩 ② 지속 ③ 환대 ④ 괴롭히다 ⑤ 선교사 ⑥ 변덕스러운 ⑦ 비웃음
⑧ 혼합 ⑨ 도회풍의 ⑩ 활용하다 ⑪ 매달기, 중지 ⑫ 은밀한

[13~17] 다음 빈칸에 들어갈 적절한 어휘를 고르시오.

13. An electric wheelchair has given her greater _____ .

14. It is difficult to understand the female _____ .

15. My elder brother and I are the _____ of London University.

16. Love and hate are emotions _____ to all humanity.

17. Many poor countries have abandoned _____ .

보기   ① alumni ② mentality ③ mobility ④ autocracy ⑤ indigenous

[18~21] 다음 빈칸에 들어갈 적절한 어휘를 고르시오.

18. Our window looked out on a beautiful _____ scene.

19. You can not do this task without _____ .

20. He is the British _____ in new york.

21. Sports is a remarkable way to _____ loneliness.

보기   ① counteract ② alpine ③ conviction ④ consul

정답   1.⑤ 2.⑥ 3.④ 4.② 5.① 6.③ 7.⑨ 8.⑦ 9.⑪ 10.⑫ 11.⑩ 12.⑧
13.③ 14.② 15.① 16.⑤ 17.④ 18.② 19.③ 20.④ 21.①

Further Study

pull someone's leg 농담하다

give oneself airs 점잔빼다

get oneself into hot water 곤란에 처하다

drive while intoxicated 음주운전하다

make a day of ~ ~하는 데 하루 종일 걸리다

make a point of

~을 원칙으로 하다(make it a rule to)

fall on one's face 앞으로 넘어지다

take a spill 넘어지다, 떨어지다

be on the alert for 빈틈없이 경계하다

know ~ by sight 안면이 있다

grow like a weed 아주 빨리 자라다

be sick and tied of ~ ~에 매우 싫증나다

be alarmed at ~에 놀라다

hit the roof 화내다

make a brief stop in 잠깐 들르다

catch one's breath 숨을 돌리다

answer to someone ~에게 보고하다

get one's act together 정신 차리다

back out of ~ ~을 철회하다, 거부하다

get laid off 감원당하다, 해고당하다

lose one's cool face 이성을 잃다, 화내다

get an estimate 견적내다

make good time 일 속도가 빠르다

give out 닳다

get oneself into hot water 곤란에 처하다

drive while intoxicated 음주운전하다

feel a need to ~ ~해야 될 것 같다

have a word with ~ ~와 이야기 하다

be equal to~ ~할 수 있다

shake up ~를 놀라게 하다

associate with 연상하다, 교제하다

take another look at~ ~을 다시보다

ask after 안부를 묻다

armory

[ɑ́ːrməri]

n. 병기고. 병기 제작소

연상 ① arm(무기)이 어리어리(→아;머리)하게 많은 곳이 병기고다.

② 부대에서 아, 머리(→아;머리) 부분에 있는 것이 병기고구나.

예문 The armory is filled up with tear gas.

그 병기고는 최루가스로 채워져 있다.

---

consecutive

[kənsékjətiv]

a. 연속적인, 잇따른

연상 큰 새를 키워서 (관광객들에게 보여주고) 팁(→컨세키어팁)을 받는 다면 그것은 연속적인 수입이 될 것이다.

예문 It rained four consecutive days.

나흘 계속해서 비가 왔다.

---

disciple

[disáipəl]

n. 제자, 문하생; 예수의 제자

연상 이 세상 사람들의 d급 사이를 풀(→디사이펄)어줄 예수의 제자들!(사랑으로 사람들 사이를 가깝게 해 준다는 뜻)

예문 He was a disciple of the economist John Maynard Keynes.

그는 경제학자 케인즈의 제자였다.

---

discourse

[dískɔːrs]

n. 강연; 담화 **v.** 말하다, 담화하다

연상 dis(=not) + course(과정, 교과과정)(→디스코:스) = 담화, 말하는 것은 교과과정이 아니다.

예문 The Prime Minister discoursed upon international affairs.

수상은 국제문제에 대해 담화했다.

---

dismount

[dismáunt]

v. (말·자전거 따위에서) 내리다

연상 ① dis(=not) + mount(오르다)(→디스마운트) = 내리다.

② 디스(this; 이) mount(산)(→디스마운트)을 내려가야 해.

예문 Emma dismounted and took her horse's bridle.

Emma는 말에서 내려 고삐를 잡았다.

discreet
[diskrí:t]

ⓐ 분별 있는; 신중한(careful)

연상 dis(=not) + 거리 터(creet)(→디스크리트) = 거리 터가 아닌 곳에서 분별력 있는 행동을 한다.(신중한 결정은 조용한 장소에서 한다)

예문 He was always very **discreet** about his investment.
그는 투자에 대해서는 언제나 아주 신중했다.

파생 discreetness n. 분별 있음, 사려 깊음

diffuse
[difjú:z]

ⓥ 흩뜨리다; (빛·열 따위를) 발산하다

연상 질 나쁜 d급 fuse(퓨즈)(→디퓨:즈)는 전기 흐름을 흩뜨린다.

예문 His fame is **diffused** throughout the city.
그의 명성은 시중에 널리 퍼져 있다

파생 diffusion n. 산포; 전파, 보급; 확산

sup
[sʌp]

ⓥ (드물게) ~에게 저녁을 먹이다; 저녁을 먹다; 홀짝홀짝 마시다(sip)

연상 ① supper[sⓧⓧpⓧr](저녁 식사)의 동사 형태로 저녁을 먹는 것이 바로 sup(→서프)이다.
② 수프(soup)로 저녁을 먹다가 그것이 sup(서프;저녁을 먹다)라는 단어가 되었다고 생각해 보세요.

예문 He spends most of his evenings in the pub, **supping** beer.
그는 선술집에서 맥주를 마시면서 저녁 시간의 대부분을 보낸다.

heed
[hi:d]

ⓥ (~에) 주의[조심]하다, (~을) 마음에 두다 ⓝ 주의(attention)

연상 일할 때 she(그녀)보다 he(그를) 더(→히:드) 주의해야 한다.(남자가 더 거치니까)

예문 He did not the warning.
그는 경고를 무시했다.

coherent
[kouhíərənt]

ⓐ (의론 등이) 시종 일관된

연상 마치 평원을 달려가는 산맥처럼, 코(가) 얼굴의 here(여기)에서 런 (run;달리는) 것은 시종 일관된 것이다.

예문 They have a **coherent** plan for saving the company.
그들에겐 회사를 구하기 위한 일관된 계획이 있다.

precaution
[prikɔ́:ʃən]

ⓝ 조심, 경계; 예방책; 피임(대책)

연상 ① pre(앞에, 전에) + caution(조심)(→프리코:션) = 사전에 조심하는 것도 조심하는 것이며, 예방하는 것이다.
② 유독한 것인지 냄새를 맡기 위해, 풀이 코(를) 쓴(→프리코:션) 경우 라면 풀이 공해를 조심, 경계하고 있다는 뜻(풀을 의인화해서)

예문 We take every **precaution** to ensure your safety.
우리는 안전을 지키기 위해서 모든 예방조치를 다 해야 한다.

파생 precautionary a. 예방[경계]의:

precedent
[présədənt]

n. 선례, 전례　**a.** [prisí:dənt]　**a.** 앞서는, 선행의

연상 ① pre(앞에, 전에) + 시든 터(cedent)(→프리시:던트) = 풀이 앞서서 시든다면 다른 풀보다 앞서는 것이다.
② 풀이 시든 터(→프리시:던트)에는 전례를 남기고 앞서서 시든 풀들이 더 많다.

예문 There is no **precedent** for it.
그것에 관한 전례는 없다.

파생 precedently　**ad.** 이전에, 먼저, 미리

coexist
[kòuigzíst]

v. 공존하다

연상 얼굴에 코가 exist(존재하는)(→코위그지스트) 것은 얼굴의 다른 부 분과 공존하는 것이다.

예문 They have **coexisted** peacefully without fighting.
그들은 싸움 없이 평화롭게 공존해왔다.

predominant
[pridámənənt / -dóm-]

a. 뛰어난, 탁월한(over); 유력한.　**동** dominant

연상 풀이 도민을 ant(개미)(→프리도미넌트)로 만든다면 그 풀의 능력이 뛰어난 것이다.

예문 He played a **predominant** role in the performance.
그 공연에서는 그가 두드러진 역할을 했다.

파생 predominantly　**ad.** 뛰어나게

predominate
[pridámənèit / -dóm-]

v. 뛰어나다; 탁월하다

연상 풀이 도민(道民)을 다 ate(먹었다)(→프리도먼에잇)면 그 식인풀의 능력이 뛰어나다.

예문 Private interest is not to **predominate** over the public good.
사익이 공익보다 우위를 차지해서는 안 된다.

파생 predomination　**n.** 뛰어남, 탁월함

trespass
[tréspəs, -pæs]

v. (남의 토지·권리 따위에) 침입하다, 침해하다; 방해하다

연상 현관을 통하지 않고 창문 틀에서 pass(통과해)(→트레스패스) 들어가면 남의 집을 침입하는 것이 된다.

예문 Don't **trespass** upon other's privacy.
다른 사람의 사생활을 침해하지 마라.

pillar
[pílər]

n. 기둥; 표주(標柱)

연상 노예의 피를 넣(→필러)어서 신전의 기둥을 만들다.(기둥 하나를 만드는 데 노예의 피와 땀이 들어갔다는 말)

예문 He hid behind a **pillar** when he saw his teacher.
그는 선생님을 보았을 때 기둥 뒤에 숨었다.

incurable
[inkjúərəbəl]

ⓐ 불치의; 고칠 수 없는

연상 in(=not) + curable(치료할 수 있는)(→인큐어러블) = **치료할 수 없는**(curable [kjúərəbəl] a. 치료할 수 있는 ; 항체를 키워 able(할 수 있는)(→키워러블), 즉 **항체를 키워 치료할 수 있는** 것이다)

예문 He is now infected with an **incurable** disease.
그는 불치의 병에 걸렸다.

exclusively
[iksklú:sivli]

ⓐⓓ 배타적으로; 독점적으로; 오로지 ~만

연상 exclude(제외[배제]하다) + -sive(형용사어미) + -ly(부사어미)(→익스크루:시브리) = 다른 것을 제외한다는 것은 독점적으로 한다는 뜻과 같다.

예문 The car is **exclusively** for her use.
그 차는 그녀 전용이다.

파생 exclusive a. 배타적, 독점적

distill
[distíl]

ⓥ 증류하다; (위스키 등을) 증류하려 만들다

연상 ① dis(=not) + till(경작하다)(→디스틸) = **증류하는** 것은 경작에 쓰기 위해서가 아니다.
② dis(=not) + 틸(till)(→디스틸) = **증류할** 때는 틸틸 소리가 나지 않는다.

예문 They **distill** fresh water from sea water.
그들은 바닷물을 증류하여 담수로 만든다.

파생 distillation n. 증류, 증류수

obviate
[ábvièit / ób-]

ⓥ (위험·곤란 따위를) 없애다, 제거하다

연상 나쁜 음식은 아비가 ate(먹어서)(→아비에이트) **없앴다.**

예문 You must the possible **obviate** danger to military operations.
군사 작전에 대하여 일어날 수 있는 위험을 제거해야 한다.

ordain
[ɔ:rdéin]

ⓥ (신·운명 등이) 정하다; (성직자로) 임명하다 ⓢ appoint

연상 오! 대인(大人;거인, 군자)(→오:데인)은 **신이 정하는** 것일까?

예문 He was **ordained** as a priest five years ago.
그는 5년 전에 사제 서품을 받았다.

파생 ordainment n. 서품(敍品), 성직 수임

studious
[stjú:diəs]

ⓐ 학문을 좋아하는; 애써 ~하는

연상 study(공부)를 어서(→스투:디어스) 하려는 사람은 학문을 좋아하는 사람이다.

예문 Her son is a **studious** child.
그녀의 아들은 공부하기를 좋아하는 아이다.

cosmetic
[kazmétik / kɔz-]

n. 화장품 **a.** 화장용의

연상 화장하는 여러 코스(course)가 met(만나서) 익(이익)(→코즈메틱) 되는 것이 화장품이다.(화장은 얼굴에 이익이 된다)

예문 He works for a French **cosmetic** company.
그는 한 프랑스 화장품 회사에 근무한다.

cosmos
[kázməs / ´kɔzmɔs]

n. 우주, 천지 만물; (관념 등의) 질서 있는 체계, **반** chaos.

연상 코스모스(→카즈머스) 꽃잎 하나하나가 마치 우주처럼 조화를 이루고 있다.

예문 There is an invisible but accurate natural laws in the **cosmos**.
우주에는 보이지는 않지만 정확한 자연의 법칙이 있다.

cosmic
[kázmik / kɔ́z-]

a. 우주의

연상 가는 코스가 믹스(mix;섞여 있는)(→ 카즈믹) 우주의 통로

예문 There are the **cosmic** laws governing our world.
우리의 세계를 지배하는 우주의 법칙이 있다.

intensity
[inténsəti]

n. 강열, 격렬; 긴장, 집중, 열렬

연상 in(안에) + ten(10개) + 티(셔츠)(→인텐서티) = 10명의 사람이 있는 그 안에 티(셔츠)가 하나 있으니 그 티(셔츠)의 품질이 강렬해야 된다. (여러 사람이 사용하니까)

예문 The storm resumed with even greater **intensity**.
폭풍이 훨씬 더 강렬하게 다시 몰아쳤다.

ore
[ɔːr]

n. 광석

연상 광석을 처음 발견했을 때 터져 나온 감탄사가 "오!(→오:) 광석"

예문 A lot of iron **ore** is found in this country.
이 나라엔 철광석이 많이 난다.

atheism
[éiθiìzəm]

n. 무신론; 무신앙 생활

연상 점을 치는 사람을 보고, "에이! 씨, 점(→에이씨이점)을 치다니"라고 말한다면 그 사람은 무신론을 믿는 사람일 것이다.

예문 We can not say **atheism** is a religion.
무신론이 종교라고 말할 수는 없다.

ostrich
[ɔ́(ː)stritʃ]

ⓝ 타조.

연상 오스트리아에 rich(풍부한, 많은)(→오스트리취) 것이 **타조**다.

예문 An **ostrich** cannot fly but runs very fast.
타조는 날지는 못하지만 매우 빨리 달린다.

---

courteous
[ké:rtiəs / kɔ́ːr-]

ⓐ 예의바른, 정중한(polite)

연상 그는 막혔던 코(가) 터이어서(→코:티어스) (치료해준 의사에게) 예의바른 사람이 되었다.

예문 His wife is friendly and **courteous**.
그의 아내는 친절하고 정중하다

---

occidental
[àksədéntl]

ⓐ 서양의; 서양인의 **凹** oriental 동양의

연상 악(을) 쓰(며) dental(치과의)(→악서덴틀) 치료를 받는 서양의, 서양인들!(치과치료는 서양에서 먼저 시작되었으니까)

예문 He has studied the continuity of the space in **Occidental** architecture.
그는 서양건축에서 나타나는 공간의 연속성에 관한 연구를 해왔다.

파생 occident n. 서양

---

brevity
[brévəti]

ⓝ 간결, 간략

연상 화재가 났을 때 불에(bre)서 버티(vity)(→브레버티)는 시간은 간결해야 한다. 시간이 길면 위험하다.

예문 **Brevity** is the soul of wit.
재치는 간결함을 으뜸으로 친다.

예문 for **brevity** 요약하여

---

capacious
[kəpéiʃəs]

ⓐ 포용력이 있는, 너른(wide) **凹** incapacious 좁은, 용량이 작은

연상 여분의 cap(모자) a(하나) 있어서(→커페이셔스) 동전을 담을 수 있는 너른 공간이 있고, 마음에 포용력이 있다.

예문 She received me into his **capacious** drawing room.
그녀는 널찍한 거실로 나를 맞아들였다.

---

bout
[baut]

ⓝ 한 판 승부, (권투 따위의) 시합; 한차례; (병을) 한바탕 앓음

연상 옛날엔 장정들이 마을 앞 큰 바위가 있는 곳, 즉 바우 터(→바우트)에서 한 판 승부를 벌리곤 했다.

예문 Our team will have a **bout** with an opponent tomorrow.
내일 우리 팀은 상대 팀과 한 판 승부를 겨룬다.

obsession
[əbséʃən]

n. (망상 따위가) ~을 사로잡음; 강박관념, 망상. **동** preoccupation

연상 귀신이 어떤 사람의 정신을 없애선(없애고 나선)(→업세션) 그 사람을 사로잡음.

예문 Diet has become an **obsession** with her.
다이어트가 그녀에게 강박 관념이 되었다.

improvise
[ímprəvàiz]

v. (시·음악·축사·연설 따위를) 즉석에서 하다[만들다]; 즉흥 연주를 하다

연상 임(im)은 프로(pro) 엔지니어이기 때문에 바이스(→임프러바이즈)를 즉석에서 만들었다.

예문 A Catholic priest **improvise** a sermon.
신부님이 즉석에서 설교했다.

foliage
[fóuliidʒ]

n. (집합적) 잎 ; 잎의 무성함

연상 귀대고 들어 보면 나무의 잎 속에선 늘 포 울리지(→포울리지)!(나 뭇잎 간에 서로 다투는 전쟁의 포성이 울린다는 일종의 은유)

예문 They stood under **foliage** on the side of the road.
그들은 도로가 나뭇잎 아래 섰다.

파생 foliaged a. 잎이 무성한; 잎 장식이 있는

captive
[kǽptiv]

n. 포로; 사로잡힌 사람 **a.** 포로의, 사로잡힌

연상 전쟁 중에 적군을 포로로 잡으면 그 포로의 cap(모자) 수를 세어서 팁(→캡팁)을 주었기 때문에 포로로 사로잡힌 사람을 캡팁이라 하게 되었다고 생각하세요.

예문 Our boss is a **captive** of selfish interests.
우리 사장은 자기 실속만 차리는 사람이다.

epitaph
[épitæf, -tàːf]

n. 비명(碑銘), 비문, 묘비명

연상 애(哀 ; 슬픈) 피 묻은 탑(→에피타앞)이 비명이 아닐까.

예문 The **epitaph** read 'Loving soldier of the country.
그 묘비명에는 '나라를 사랑한 군인' 라고 쓰여 있었다.

caravan
[kǽrəvæn]

n. (사막의) 대상(隊商); 여행대(隊); 이주민의 마차대

연상 car(차)나, a(하나) van(화물차)(→캐러밴)도 없이 낙타로 이동하는 사막의 대상들.

예문 A man is leading a **caravan** in the desert.
한 남자가 사막에서 여행자 대열을 이끌고 있다.

caricature

[kǽrikətʃùər]

n. (풍자) 만화

연상 캐리가 커(서) 처(→캐리커처어)를 얻었다는 풍자만화

예문 The painter draws **caricatures** of well-known politicians on the papers.
그 화가는 신문에 유명한 정치인들의 풍자만화를 그린다.

cask

[kæsk / kɑ:sk]

n. 통(barrel); 한 통(의 양).

연상 case(케이스; 상자)가 크(k)(→캐스크)서 술통과 같은 통으로 사용할 수 있다.

예문 Outside of a wine-shop, a wine **cask** is broken in the street.
포도주를 파는 술집 바깥 거리엔 포도주통이 부서져 있었다.

casket

[kǽskit]

n. (귀중품·보석 등을 넣는) 작은 상자; 관(coffin).

연상 case(케이스) + kit(연장통; 고양이 새끼)(→캐스킷)=고양이 새끼 같이 작은 상자

예문 She enclosed a jewel in a **casket**.
그녀는 보석을 작은 상자에 넣었다.

예문 Her **casket** was covered with pink roses.
그녀의 관은 분홍 장미로 덮여졌다.

UNIT 08 TEST

[1~12] 보기에서 영어에 해당되는 우리말을 찾아 쓰시오.

1. cask _____
2. captive _____
3. bout _____
4. brevity _____
5. occidental _____
6. courteous _____
7. atheism _____
8. ore _____
9. cosmetic _____
10. distill _____
11. precedent _____
12. coexist _____

보기 ① 사로잡힌 사람 ② 한 판 승부 ③ 통 ④ 무신론 ⑤ 간결 ⑥ 서양의
⑦ 예의바른 ⑧ 증류하다 ⑨ 광석 ⑩ 공존하다 ⑪ 화장품 ⑫ 선례

[13~17] 다음 빈칸에 들어갈 적절한 어휘를 고르시오.

13. They stood under _____ on the side of the road.

14. She received me into his _____ drawing room.

15. She enclosed a jewel in a _____ .

16. There are the _____ laws governing our world.

17. He hid behind a _____ when he saw his teacher.

보기 ① casket ② pillar ③ foliage ④ capacious ⑤ cosmic

[18~21] 다음 빈칸에 들어갈 적절한 어휘를 고르시오.

18. A Catholic priest _____ a sermon.

19. He was _____ as a priest five years ago.

20. Private interest is not to _____ over the public good.

21. The painter draws _____ of well-known politicians on the papers.

보기 ① predominate ② improvise ③caricatures ④ ordained

정답 1.③ 2.① 3.② 4.⑤ 5.⑥ 6.⑦ 7.④ 8.⑨ 9.⑪ 10.⑧ 11.⑫ 12.⑩
13.③ 14.④ 15.① 16.⑤ 17.② 18.② 19.④ 20.① 21.③

Further Study

dress up 정장하다, 변장하다

make a fuss about ~

~에 대해 소란을 피우다

die down 사라지다

die hard 쉽게 사라지지 않다

dip into ~에 손을 담그다

take a left 왼쪽으로 돌다(turn left)

have a sale on ~ ~ 세일 중이다

flunk (in) 실패하다

duck down 머리를 숙이다

have a cow 화내다

get stopped for ~ ~(교통위반)로 걸리다

regard A as B A에게 B로 보답하다

regard A with B A에게 B로 보답하다

keep house 가정을 꾸려나가다

set up house 가정을 가지다

get a setback 실패하다, 패배하다

hang out 지체하다

clap and cheer 박수갈채를 보내다

break loose 달아나다, 탈출하다

have a cinch on ~ 꽉잡다

be engaged in ~에 종사하다

be engaged to ~와 약혼하다

break one's word 약속을 어기다

grant a scholarship to ~ 장학금을 주다

make a mountain (out) of molehill

허풍 치다, 떠벌리다

swear at~ ~에게 욕하다

get one's views ~의 의견을 듣다

follow one's nose 앞으로 곧장 가다

set fire to ~ ~에 불을 지르다

stay to the end 끝까지 버티다

have no knowledge of 전혀 모르다

be at the top of the tree in~

~에서 최고가 되다.

get on top of ~ ~에 군림하다

servile
[sə́:rvil, -vail]

a. 노예의; 노예근성의; 자주성이 없는

연상 옛날엔 주인을 serve(섬기는, 봉사하는) 일(→서:브일→서:빌)은 노예의 일이었다.

예문 He tend to be **servile** to public opinion.
그는 여론에 추종하는 경향이 있다.

eddy
[édi]

n. 소용돌이 **v.** 소용돌이 치(게 하)다

연상 애들이 놀고 있는 뒤, 즉 애 뒤(→에디)는 온갖 것이 어지럽혀져 마 치 소용돌이치는 것 같다.

예문 **Eddies** of dust swirled on the ground.
땅에는 먼지 회오리바람이 불었다.

metropolis
[mitrápəlis / -tróp-]

n. 수도(capital); 중심도시, 주요도시

연상 매트(mat, 깔판)로 폴리스(police; 경찰)(→미트로펄리스)와 맞섰던 곳이 수도이거나 중심도시였다.(대도시로 발전과정에 시위가 많았다)

예문 We are used to living in the roaring, surging **metropolis**.
우리는 소란스럽게 인파가 밀리는 대도시에 사는데 익숙해져 있다.

파생 metropolitan a. 수도의, 대도시의

tinkle
[tíŋkəl]

n. 딸랑딸랑[따르릉](하는 소리) **v.** 딸랑딸랑[따르릉] 울다.

연상 tin(양철깡통)이 클(→팅클) 때 딸랑딸랑 소리가 더 세게 난다.

예문 The sheep's bells **tinkled** through the hills.
양의 방울소리가 산 사이로 울려 퍼졌다.

ageism
[éidʒizəm]

n. 노인 차별, 연령 차별

연상 사람을 선택할 때 age(나이)를 보고 점(→에이지점)을 찍는다면 노인차별, 연령차별이다

예문 We all are against **ageism** in the workplace.
우리 모두는 직장에서 노인차별을 반대한다.

mirage
[mirá:ʒ]

n. 신기루; 망상

연상 신기루는 사막의 아름다움, 미(美)라지(→미라:즈)!

예문 His idea of love was a **mirage**.
사랑에 대한 그의 생각은 신기루와 같았다

mischievous
[místʃivəs]

a. 유해한; 장난기가 있는 **동** naughty

연상 mis(잘못된) 칩(chip;감자칩)(이) us(우리에게)(→미스취버스) 유해한 식품이다.

예문 She couldn't stand his **mischievous** pranks.
그녀는 그의 심술궂은 장난을 참을 수 없었다.

impetuous
[impétʃuəs]

a. (바람·속도 따위가) 격렬한; 성급한, 충동적인

연상 사랑하는 임(의) pet(애완동물)이 추워서(→임페츄어스) 격렬하고, 성급한 행동을 했다.(주인에게 달려들었다)

예문 It was an **impetuous** decision to sell the house.
집을 팔기로 한 것은 성급한 결정이었다.

예문 **impetuous** winds 맹렬한 바람

eloquent
[éləkwənt]

a. 웅변의, 능변인

연상 애로 영화 애호가는 능변의 말로써 애로 (영화를) 권터(→엘러퀀트) 라(권하더라)!

예문 Eyes are more **eloquent** than lips.
(속담) 눈은 입보다 더 능변이다.

파생 eloquently ad. 웅변[능변]으로

preoccupy
[pri:ákjəpài]

v. 열중하게 하다, 몰두시키다; 선취[선점]하다

연상 ① pre(앞서,전에) + occupy(점령하다)(→프리:아큐파이) = 앞서 점령한 것이 선점한 것이다. 앞서 점령한 일이 몸과 마음을 열중하게 한다.
② 풀이 occupy(점령한) 땅은 사람들에게 풀 매는데 열중하게 한다.

예문 All the family are **preoccupied** with the work.
온 가족이 그 일에 몰두하고 있다.

파생 preoccupation n. 집착, 몰두

sultan
[sʌ́ltən]

n. 술탄, 이슬람교국 군주

연상 이슬람교국 군주는 물에 술 탄(→술탄→설턴) 듯이 우유부단했을까?

예문 They did not feel any loyalty towards the **Sultan** or the empire.
그들은 국왕에 대한 충성심을 전혀 느끼지 않았다.

suspicion
[səspíʃən]

n. 혐의, 의심

연상 시장 선거에서 돈을 써서 피션(被選;선거로 뽑힘)(→서스피션) 되어 부정선거의 혐의를 받고 있다.

예문 We have a **suspicion** of a his honesty.
우리는 그의 정직함을 의심하고 있다.

예문 under **suspicion** 혐의를 받고

---

triumphant
[traiʌ́mfənt]

a. 승리를 거둔; 의기양양한.

연상 triumph(승리) + ant(형용사 어미)(→트라이엄펀트) = 승리를 거둔, 의기양양한
(triumph [tráiəmf] - 트라이앵글을 들고 싸우는 싸움에선 트라리앵글로 엄포(→트라이엄프)를 놓은 쪽이 승리할까?)

예문 He returned home as a **triumphant** general.
그는 개선장군으로 귀향했다.

---

broth
[brɔ(ː)θ]

n. 묽은 수프; 고깃국

연상 불로써(불을 사용해서)(→블로:쓰) 국을 끓이다

예문 Too many cooks spoil the **broth**.
(속담) 요리사가 많으면 국을 망친다.

---

agonize
[ǽgənàiz]

v. 번민[고민]하다, 괴로워하다

연상 노인들이 괴로워하는 것이 애고(=아이고)! 나이지(→애거나이즈).

예문 He **agonized** over his divorce.
그는 이혼 문제로 고민했다.

파생 agony n. 고민

---

encircle
[ensə́:rkl]

v. 에워싸다, 둘러싸다(surround)

연상 앤(=사람이름)을 놓고 circle(원)(→엔서:클) 모양으로 서니 앤을 둘러싸는 것이 되었다.

예문 The village **encircled** by mountains.
그 마을은 산으로 둘러싸여 있다.

파생 encirclement n. 에워쌈, 포위

---

crook
[kruk]

n. 사기꾼; 갈고리   **v.** 구부리다

연상 그는 키가 커(서) 룩(look;모양)(→크룩)이 마치 사기꾼이 몸을 구부리고 있는 것처럼 보인다.

예문 Frankly speaking, he is a **crook**.
솔직히 말해서, 그는 사기꾼이다.

contemptuous
[kəntémptʃuəs]

ⓐ 모욕적인, 경멸하는

[연상] 그녀는 클래식 연주에서 춤을 큰(con) 템프(temp)로 추어서(tuous)(→컨템프츄어서) 관객들에게 모욕적인 행동을 했다.

[예문] She smiled a **contemptuous** smile to me.
그녀는 나를 얕보는 듯한 웃음을 지었다.

tingle
[tíŋgəl]

ⓝ 따끔거림, 쑤심 ⓥ 따끔따끔 아프다, 쑤시다

[연상] 고무줄을 튕길(→팅글) 때 손이 따끔따끔 아프다.

[예문] My cheek **tingled** from the slap.
손바닥으로 한 대 맞은 뺨이 얼얼했다.

endangered
[endéindʒərd]

ⓐ (동식물이) 멸종 위기에 처한

[연상] en(=make) + danger(위험) + ed(과거분사어미)(→인데인저드) = 생명체가 위험하게 되어진 것이 멸종 위기에 처한 것이다.

[예문] The animal is an **endangered** species.
그 동물은 멸종 위기에 있는 품종이다.

[파생] endanger v. 위험에 빠뜨리다

tick

ⓝ (시계 등의) 똑딱똑딱 소리. ⓥ (시계 따위가) 똑딱거리다

[연상] 티크(→틱) 목재를 손으로 치면 똑딱똑딱 소리가 난다

[예문] As the hours **ticked** away, we waited anxiously for news.
시간이 지남에 따라 우리는 초조히 소식을 기다렸다.

epilogue
[épəlɔ́ːg, -làg]

ⓝ 맺음말, 끝말

[연상] 애(가) 펄에 빠졌다는 록(錄;기록)(→에펄로:그)이 그 책의 맺음말이다.

[예문] I think the play's **epilogue** is redundant and unnecessary.
그 연극의 에필로그는 중복되고 불필요한 것으로 생각된다.

indignation
[ìndignéiʃən]

ⓝ 분개, 분노 ⑧ resentment, rage

[연상] 인디(언) 그 nation(나라)(→인디그네이션)는 분개하고 있다.(백인들이 자기 나라를 빼앗은 것에 대해서)

[예문] He quivered with **indignation** that she should speak to him like that.
그는 그녀가 자기에게 그런 식으로 말을 한 것에 분개해서 몸을 떨었다.

indigo
[índigòu]

n. 쪽(물감); 남색(의)

연상 India(인디아)로 go(가면)(→인디고우) 남색의 바다 인도양이 있다.

예문 She wears a new **indigo** silk dress.
그녀는 새로운 쪽빛 비단 드레스를 입었다.

episode
[épəsòud]

n. 삽화(挿話), 에피소드   **통** event, happening

연상 애들이 다쳐 피나는데 소다(soda)(→에피소드)를 뿌린다면 하나의 에피소드가 된다.

예문 There are many funny **episodes** in the book.
그 책 속에는 많은 재미있는 에피소드들이 들어 있다.

execute
[éksikjù:t]

v. (계획 따위를)실행하다; (법률 등을) 집행하다;(죄인)의 사형을 집행하다

연상 엑스(X)시에서 가장 cute(날렵해)(→엑시큐:트)야 할 것이 바로 계 획을 실행하는 것이다.

예문 We drew up and **executed** a plan to reduce fuel consumption.
우리는 연료 소비를 줄이기 위한 계획을 세우고 실행했다.

예문 He was **executed** for treason.
그는 반역죄로 처형되었다.

파생 execution n. 처형, 사형; 실행, 수행

tonic
[tánik / tón-]

n. 강장제   **a.** 튼튼하게 하는(약제 따위);

연상 원기를 돋우는 진 토닉(Gin Tonic)(→토닉)이란 술은 강장제(주)일까요?

예문 He take a **tonic** medicine everyday.
그는 날마다 강장제를 복용한다.

exposition
[èkspəzíʃən]

n. 박람회, 전람회; 설명, 해설

연상 ① expo(엑스포)는 exposition(→엑스포지션)의 약자로 박람회를 뜻한다.
② export(수출) + position(위치)(→엑스포지션) =수출을 위한 제품을
position(위치)시켜 놓은 곳이 박람회라 생각하면 되요.

예문 We attended an arts and crafts **exposition** at the Trade Center.
우리는 무역 센터에서 열린 예술 공예 박람회에 참석했다.

benefactor
[bénəfæktər]

n. 은혜를 베푸는 사람, 은인

연상 영화 '벤허'에서 벤허가 가진 인격의 factor(요인)(→베너팩터)은 고통 받는 사람에게 선을 베푸는 은인이라는 것이다.

예문 The doctor was a **benefactor** of mankind.
그 의사는 인류의 은인이었다.

prologue

[próulɔːg]

ⓝ 머리말, 서언; (시어) 서사(序詞). **⨁** epilogue

연상 프로 작가들의 록(錄;기록)(→프로우로:그)이 주로 책의 머리말로 실린다.

예문 The **prologue** to the book is written in the form of poem.
이 책의 머리말은 시의 형식으로 쓰여 졌다.

besiege

[bisíːdʒ]

ⓥ ~을 포위 공격하다; ~을 에워싸다; ~에 몰려들다[쇄도하다]

연상 그 군대가 포위 공격한 것은 비가 오지 않는 도시가 아니라 비오는 시지(→비시지) (비오는 시가 포위공격하기 쉬우니까)

예문 For years, the Greeks **besieged** the city of Troy.
다년간 그리스군은 Troy시를 포위하였다.

파생 besiegement n. 포위 (공격)   besieger n. 포위자, 포위군

fad

[fæd]

ⓝ 일시적 유행[열광]; 변덕

연상 여성이 가슴에 패드(pad)(→패드)를 대는 것, 남자의 양복 어깨에 패드를 대는 것은 일시적 유행이었다.

예문 Miniskirts are the **fad** among young women.
미니스커트가 젊은 여인들 사이에 유행이다.

fanatic

[fənǽtik]

ⓝ (~에)광적인 사람, 광신자, 열광자

연상 ① 마음속에서 열정을 퍼내 틱-틱(→퍼내틱) 거리는 사람이 광신자다.

② fan(팬, 열광자) + attic(다락방)(→퍼내틱) = 다락방의 팬이라면 다락방에 광적인 사람이거나 다락방의 광신자일 것이다.

예문 I am not a religious **fanatic** but I am a Christian.
나는 종교적 광신자가 아니라 기독교인이다.

folly

[fáli / fɔ́li]

ⓝ 어리석음; 어리석은 행위 **동** foolishness

연상 파리(→파리) 같은 생활은 어리석음의 생활이다.

예문 It would be **folly** to turn the proposal down.
그 제의를 거절하는 것은 어리석은 일이 될 것이다.

manuscript

[mǽnjəskrìpt]

ⓝ 원고, 필사본

연상 ① manu + script(손으로 쓴 글, 원본, 원고)(→매녀스크립트) = 음식점 매뉴판에 쓴 글도 원고에 속한다.

② 한 시인이 식당의 메뉴(menu;차림표)판에다 쓱쓱 클립(clip;서류집게)(→매녀스크립트)으로 시를 한 편 썼는데 그것이 그 유명한 원고다.

예문 His work is still in **manuscript**.
그의 작품은 아직 원고인 채로 있다.

forbear
[fɔːrbéəːr]

v. 억제하다, 삼가다, 참다

연상 ① for(위하여) + bear(참다)(→포:베어)=사람은 서로를 위하여 억제하고, 참는다.

② for(위하여) + bear(곰)(→포:베어)= 지리산에선 반달 곰을 위하여 등산도 억제하고, 사냥도 삼가고 한다.

예문 She **forbore** to ask any further questions.
그녀는 더 이상의 질문을 삼갔다.

forefinger
[fɔːrfiŋgəːr]

n. 집게손가락(index finger)

연상 ① fore(앞의, 전방의) + finger(손가락)(→포:핑거:) = 엄지손가락을 제외하고 제일 앞에 있는 손가락이 집게손가락이다.

② for(위하여) + finger(→포:핑거:) = 손가락을 위하여 있는 것이 집게손가락이다.(중간에서 엄지도 돕고 나머지 세 손가락도 돕는다)

예문 The woman crossed her **forefinger** and middle finger.
그 여자는 집게손가락과 가운데 손가락을 포갰다.

maple
[méipəl]

n. 단풍(丹楓)나무

연상 캐나다 map(지도)위에 펄럭이는(→메이펄) 단풍나무!(캐나다 국기는 단풍나무로 되어 있다)

예문 **Maple** leaves turn crimson in the fall.
가을이 되면 단풍잎이 진홍색으로 변한다.

chaste
[tʃeist]

a. 정숙한, 순결한

연상 "체, 이스트(→체이스트) 먹고 정숙한 체 한다고?" (이스트 먹으면 속이 부풀어 오르는데 정숙해지겠느냐고 빈정거리는 말)

예문 He remained **chaste** until marriage.
그는 결혼 때까지 순결을 지켰다.

파생 chastity n. 정숙, 순결

module
[mádʒuːl / mɔ́-]

n. (도량(度量)의) 단위, 기준; 규격화된 구성단위, 조립부품

연상 도량의 단위라는 것은 그것을 구성하는 모듈(모두를)(→모쥬울) 말한다.

예문 The course material is divided into four **modules**.
그 교과 자료는 네 개 단위로 나누어진다.

예문 lunar **module** 달착륙선

punch
[pʌntʃ]

n. 구멍 뚫는 기구; ~에 구멍을 뚫다; 주먹으로 치기

연상 그는 오른손으로 펀치(→펀취)를 가해 판자에 구멍을 뚫었다.

예문 He **punched** cards.
그는 카드에 구멍을 뚫었다.

charter
[tʃɑ́ːrtər]

n. 헌장, (목적·강령 등의) 선언서; (버스 등의) 대차계약(서)

v. (항공기 나 배를) 전세 내다

연상 어떤 단체를 설립할 때 설립의 목적이 담기 선언서나 헌장(charter: 챠:터)을 차트(chart; 도표)(→챠:터)에 적어서 행사장에 걸어 놓는다.

예문 They declared the national **charter** for the protection of animals.
그들은 동물 보호를 위한 국민헌장을 선언했다.

purr
[pəːr]

v. (고양이가) 목을 가르랑거리다 **n.** 고양이가 가르랑거리는 소리;

연상 고양이가 자신의 기쁜 기분을 퍼(→퍼:)내기 위해 목을 가르랑거린다

예문 All cats **purr**.
모든 고양이들은 그르렁거린다.

UNIT 09 TEST

[1~12] 보기에서 영어에 해당되는 우리말을 찾아 쓰시오.

1. module _____   2. chaste _____

3. maple _____   4. forbear _____

5. manuscript _____   6. folly _____

7. epilogue _____   8. crook _____

9. tonic _____   10. encircle _____

11. triumphant _____   12. suspicion _____

보기 ① 정숙한 ② 원고 ③ 단위 ④ 맺음말 ⑤ 억제하다 ⑥ 단풍나무 ⑦ 어리석음
      ⑧ 에워싸다 ⑨ 승리를 거둔 ⑩ 사기꾼 ⑪ 혐의 ⑫ 강장제

[13~17] 다음 빈칸에 들어갈 적절한 어휘를 고르시오.

13. I am not a religious _____ but I am a Christian.

14. Miniskirts are the _____ among young women.

15. The doctor was a _____ of mankind.

16. They declared the national _____ for the protection of animals.

17. We attended an arts and crafts _____ at the Trade Center.

보기 ① charter ② benefactor ③ exposition ④ fanatic ⑤ fad

[18~21] 다음 빈칸에 들어갈 적절한 어휘를 고르시오.

18. We drew up and _____ a plan to reduce fuel consumption.

19. He quivered with _____ that she should speak to him like that.

20. As the hours _____ away, we waited anxiously for news.

21. You have to drive slowly on these _____ country roads.

보기 ① indignation ② ticked ③ crooked ④ executed

정답 1.③ 2.① 3.⑥ 4.⑤ 5.② 6.⑦ 7.④ 8.⑩ 9.⑫ 10.⑧ 11.⑨ 12.⑪
      13.④ 14.⑤ 15.② 16.① 17.③ 18.④ 19.① 20.② 21.③

Further Study

desirable 바람직한

desirous 바라는, 열망하는

extinct 사라진, 소멸된, 멸종된

malicious 악의 있는, 심술궂은

malignant 악의에 찬, 악성의

potable 마시기에 적합한

populous 인구가 많은

regrettable 유감스러운

regretful 후회하는, 뉘우치는

respective 각각의, 개개인의

sensual 관능적인

sensuous 감각적인

never say die! 포기하지 마라

neck and neck 막상막하

grin from ear to ear

입이 귀에 걸리도록 싱글벙글하다

draw up budget 예산을 짜다

merry-go-round 회전목마

polka dots 물방울무늬

sick as a dog 몹시 아프다

raise a red flag 화나게 하다, 적기를 들다

cumulative 누적되는, 점진적인

avaricious 탐욕스러운

fidelity 정절

infidelity 간통

frailty 도덕적 결함

ignominy 불명예

enosis 병합, 동맹

distraction 기분전환, 오락; 주의 산만

embezzlement 횡령, 착복

inertia 활발하지 않음, 굼뜸

have a good command of

~을 잘 구사하다

for a change 기분 전환으로

by leaps and bounds 급속하게, 일사천리로

modulate

[mádʒəlèit / mɔ́-]

ⓥ 조정하다 ; 조절하다

연상 주어진 음식을 모둘(모두를) ate(먹은)(→마절레이트) 것은 조정해서 먹었기 때문이다.

예문 That drugs effectively **modulate** the disease process.
그 약은 병의 진행을 효과적으로 조절한다.

---

chirp

[tʃəːrp]

ⓥ (새가) 짹짹 울다, 지저귀다

연상 새가 첩첩(→쳐엎) 산중에서 짹짹 울다.

예문 We can hear the crickets **chirp** in the fall.
가을엔 귀뚜라미가 우는 소리를 들을 수 있다.

---

fungus

[fʌ́ŋgəs]

ⓝ 버섯, 균류(菌類)(mushroom, toadstool 따위)

연상 버섯은 햇빛 아래선 힘없이 펑-가서(→펑거스)(시들어 버려서) 펑거 스라 하는 것이 아닐까?

예문 The chef soaked **fungus** in boiling water to cover for 5 minutes.
요리사는 버섯을 끓는 물에 5분정도 담가 두었다.

---

hustle

[hʌ́səl]

ⓥ (사람 등을) 거칠게 밀치다(jostle) ; 밀고 나아가다

연상 적은 방어가 허술(→허슬)한 곳을 거칠게 밀치고 들어옵니다.

예문 He **hustled** unwelcome visitors out of his house.
그는 귀찮은 방문객을 집밖으로 밀어내었다.

---

manicure

[mǽnikjùəːr]

ⓝ 매니큐어 ⓥ (손·손톱을) 손질하다; (잔디·생울타리 따위를) 짧게 가지런히 깎다.

연상 손톱에 매니큐어(→매니큐어) 하는 것과 같이 잔디를 짧게 가지런히 깎다.

예문 Now the lawns are very well **manicured**.
이제 그 잔디밭은 아주 잘 깎여 있다.

예문 have a **manicure** (미장원에서) 매니큐어를 하다

masquerade
[mǽskəréid]

n. 가장[가면] 무도회; 거짓 꾸밈 **v.** 가장[가면] 무도회에 참가하다

연상 마스크(mask)를 쓴 레이다(radar;전파탐지기기)(→매스커레이드)가 등장한다면 그것은 무기의 가장무도회일 것이다.

예문 He was an imposter, who **masqueraded** as a doctor.
그는 의사로 가장한 사기꾼이었다.

cackle
[kǽkəl]

v. 꼬꼬댁·꽥꽥 울다(암탉 등이); 깔깔대다

연상 암탉이 캐클(→캐클) 거리며 울다.

예문 Black crows **cackled** in the morning.
아침에 검은 까마귀가 까악까악 울었다.

gadget
[gǽdʒit]

n. (기계의) 간단한 장치; 도구, 부속품 **동** device

연상 ① 문명 비관론자들은 기계의 간단한 장치를 개짓(→개짓)(개 같은 짓)이라고 말한다.
② 마치 기계의 간단한 장치처럼 빈틈없던 TV극 <가젯트(→개짓) 형사>를 보셨나요?

예문 We live in a world filled with high-tech **gadgets**.
우리는 고기술 장비가 아주 많이 있는 세상에 산다.

futile
[fjúːtl / tail]

a. 쓸데없는(vain); 하찮은 **동** useless

연상 퓨(few;거의 없는) 타일(tile)(→퓨:타일)은 쓸데없는 타일이다.(타일이 없으니 쓸데없다)

예문 Their attempt to revive him were **futile**.
그를 소생시키려는 그들의 시도는 쓸데없는 것이었다.

파생 futileness n. 쓸데 없음, 무익함

domesticate
[douméstikèit]

v. (동물 따위를) 길들이다; (야만인을) 교화하다

연상 몽골인들은 돔(dome;둥근 지붕)에 스틱(stick; 막대기)을 꽂아 외국 인 케이트(→돔에스티케이트)를 몽골 관습에 길들였다.

예문 Man **domesticated** the dog to help us with hunting.
인간은 사냥을 돕도록 개를 길들였다.

indicative
[indíkətiv]

a. ~을 나타내는, ~의 표시인

연상 관광객으로부터 인디(언) cat(고양이)이 팁(→인디커팁)을 받는다면 고양이는 관광 상품을 나타내는 것이다.

예문 It is the behavior **indicative** of his mental disorder.
그것은 그의 정신 질환을 나타내는 행동이다.

파생 indication n. 지시, 표시

dominant
[dámənənt / dóm-]

a. 지배적인; 우세한; 현저한

연상 그 도의 사람들, 다시 말해 도민은(→도머넌(트)) 군민(=군의 사람들)보다 지배적인 위치에 있다.

예문 Feminism is one of **dominant** themes of our era.
페미니즘은 우리 시대의 지배적인 화제 중에 하나다.

embroider
[ìmbróidər]

v. (~에) 자수하다, 수를 놓다

연상 자수사인 내 임은 불과 오이를 더(→임브로이더) 많이 자수한다.(뜨거움의 상징인 불과 서늘함의 상징인 오이를 대조시키기 위해서)

예문 The girl **embroidered** a scarf in red thread.
소녀는 붉은 실로 스카프에 수를 놓았다.

dribble
[dríbəl]

v. (물방울 따위가) 똑똑 떨어지다; (축구·농구 등에서 공을) 드리블하다

연상 농구 선수가 공을 드리블(→드리블)할 때 땀방울이 똑똑 떨어진다.

예문 Melted wax **dribbled** down the side of the candle.
양초의 녹은 촛농이 줄줄 흘렀다.

enact
[enǽkt]

v. (법률을) 제정하다; 상연[연기]하다

연상 ① en(=make) + act(법령, 행동)(→엔액트) = 행동할 수 있게 만들어 주는 것이 법률을 제정하는 것이다.
② 앤(=사람 이름)이 act(활동할)(→엔액트) 수 있게 해주는 것이 활동 관련법을 제정하는 것이다.

예문 A law is **enacted** by parliament.
법률은 의회에서 제정된다.

파생 enactment n. 법률 제정, 입법 (enaction)

drip
[drip]

v. (액체가) 듣다, 똑똑 떨어지다; **n.** (듣는) 물방울 **통** drop

연상 빗방울이 듣고 있는 풀잎, 즉 들 잎(풀잎)(→드립)에 똑똑 떨어진다.

예문 Water is **dripping** down the walls.
벽에 물이 뚝뚝 떨어졌다.

willow
[wílou]

n. 버드나무(수목·재목); 버드나무 제품

연상 will(~할 것이다) + low(낮은)(→윌로우) = 낮게 될 나무가 버드나무다.(버드나무 가지가 땅으로 축 쳐져서 낮게 드리워지니까)

예문 **Willow** trees are lined up along the rode.
길을 따라 버드나무가 줄지어 늘어서 있다.

skid

[skid]

ⓝ 미끄럼, 옆으로 미끄러지기 　ⓥ 미끄러지다 　㊌ slide

연상 나무판보다는 스키(ski)가 더(→스키드) 잘 미끄러집니다.

예문 The car **skidded** on the ice.
차가 빙판길에 미끄러졌다.

---

celebrity

[səlébrəti]

ⓝ 명성(fame) ; 유명인, 명사.

연상 사람은 명성이 있고, 유명인이 되면 마음이 설레서 부러(일부러) 티(→셀레브러티)를 내게
된다.(대단한 체 티를 낸다)

예문 The film made him an international **celebrity**.
그 영화로 그는 국제적 명사가 되었다.

---

auditorium

[ɔ̀ːditɔ́ːriəm]

ⓝ 강당; 청중석, 방청석

연상 오디오로 토리 음(흡)(→오:디토:리엄)악을 들을 수 있는 곳이 강당, 방청석이다.(토리-
난봉가 토리, 수심가토리 같은 국악의 양식/ 가수 토리도 있음)

예문 The **auditorium** seats over a thousand people.
그 강당은 천명 이상이 앉을 수 있는 좌석이 있다.

---

swap

[swɑp]

ⓥ (물물) 교환하다, 바꾸다

연상 소풍가서 친구끼리 수(水;물)와 와플(waffle;구운 케익)(→스와프)을 교환했다.

예문 Never **swap** horses while crossing the stream.
(속담) 개울을 건너다 말을 갈아타지 마라

---

swarm

[swɔːrm]

ⓝ 떼, 무리; 꿀벌의 떼, 개미 떼.

연상 수(水;물)이 warm(따뜻한)(→스워엄)하면 곤충 떼가 모인다.

예문 We saw a **swarm** of bees passed over the field.
우린 벌떼가 들판을 가로 질러가는 것을 보았다.

---

breadth

[bredθ]

ⓝ 너비(width), 폭; 넓이; 범위

연상 옛날에 식판이나 식탁의 나비, 폭을 측정할 때 bread(식빵)을 써(→브레드쓰)서
측정했다.(자가 귀해서)

예문 The table is two meter in **breadth**.
테이블은 폭이 2미터이다.

예문 by a hair's **breadth** 아슬아슬하게.

bridle
[bráidl]

n. 굴레; 고삐 **v.** ~에 굴레를 씌우다

연상 옛날엔 브라이들(bride를; 신부를)(→브라이들) 굴레를 씌웠다.(도 망가지 못하도록)
(bride - 신부는 사랑이 뜨거워서 불 아이더(→브라이드)라! 불난 아이 같더라!)

예문 Polly saddled and **bridled** her favorite horse.
폴리는 자신의 애마에 안장을 놓고 굴레를 씌웠다.

physicist
[fízisist]

n. 물리학자

연상 피지 섬에 시스트(sister;누이)(→피지시스트)가 물리학자가 되었다 고 한다.(섬에서 사물만
바라보다가 물리학자가 되었다)

예문 He is a famous nuclear **physicist**.
그는 유명한 핵물리학자다.

glee
[gli:]

n. 기쁨, 즐거움(joy)

연상 기쁨에 젖어 있는 사람을 보고 "그리(→그리:) 기쁨이 넘치는가?"라 고 말한다.

예문 in high **glee** 대단히 기뻐서, 매우 들떠서.

예문 The child shouted with **glee** when he saw his father.
아이는 아버지를 보자 기뻐서 소리를 질렀다

prostrate
[prástreit / prɔ-]

v. 넘어뜨리다, 뒤엎다

연상 레슬링과 같은 프로 선수들은 스트레이트(straight; 연속해서)(→프로스트레이트)로 상대
선수를 넘어뜨린다.

예문 They **prostrated** themselves before the altar.
그들은 제단 앞에 엎드렸다.

intensify
[inténsəfài]

v. 격렬[강렬]하게 하다

연상 in(안에) + ten(10명) + 파이(→인텐서파이)= 배고픈 10명의 사람이 있는 그 안에 파이가
하나 있으니 그 파이가 사람을 격렬하게 한다. (서로 먹으려 하기 때문에)

예문 The enemy troops has **intensified** its attacks.
적은 군대가 공격을 강화해 왔다.

파생 intensification n. 강화, 증대

gnaw
[nɔ:]

v. ~을 쏠다, 갉다; 물어 끊다

연상 물고기가 노(→노:)를 물어뜯는다.

예문 The dog was **gnawing** a bone.
개가 뼈다귀를 물어뜯고 있었다.

dehydrate
[di:háidreit]

v. 탈수하다; 건조시키다.

연상 음식을, D급으로 디(=매우) 하이(high;높은) 들에서 ate(먹었으면)(→디:하이드레이트) 그 음식이 몸의 수분을 탈수하게 됩니다.(기압 때문에)

예문 People can **dehydrate** in this sultry weather.
이런 무더운 날씨에서는 사람들이 탈수증을 일으킬 수가 있다

파생 dehydration n. 탈수, 건조

partisan
[pá:rtizən]

n. 한동아리, 일당; 유격병, 빨치산.

연상 party(파티)에서 전(전투)(→파:티전)을 벌린다면 그들은 일당, 또는 유격병일 것이다.

예문 He was rescued by some Italian **partisans**.
그는 이태리 유격병들에 의해 구조되었다.

예문 **partisan** politics 파벌 정치

bitch
[bitʃ]

n. 암컷(개·이리·여우 따위의)

연상 여름 비취(beach; 해변)에는 개의 암컷(→비취)이 많다.(사람들이 데려온 암캐)

예문 He who say so is such a son of a **bitch**.
그런 말을 하는 인간은 진짜 개새끼(같은) 놈이다.

willful
[wílfəl]

a. 계획적인, 고의의

연상 will(의지) + ful(가득한)(→윌펄)=의지가 가득한 것이니 계획적인, 고의적인 것이다.

예문 That behavior was his **willful** abuse of the aged.
그 행위는 노인 에 대한 고의적인 학대였다.

corrosion
[kəróuʒən]

n. 부식(작용), 침식

연상 ① corrode(침식하다) + ion(명사 어미)(→커로우전) = 침식, 무식(작용)
② 코로 전(=파전 같은 전)(→커로우전)을 건드리면 전이 부식한다.

예문 Zinc is used to protect other metals from **corrosion**.
아연은 다른 금속의 부식을 막는데 사용된다.

expertise
[èkspə:rtí:z]

n. 전문 기술[지식] **동** skill, know-how,

연상 전문 기술을 가진 사람이 expert(전문가)이지(→엑스퍼:티즈)!

예문 The variety of technology requires a wide range of **expertise**.
기술의 다양함은 넓은 범위의 전문기술을 필요로 한다.

boon
[buːn]

n. 은혜, 혜택

연상 사람에게 부(富;부유한) 운(運)(→부운)은 하늘이 내린 은혜다

예문 Her kind teaching was a great **boon** to me.
그녀의 친절한 가르침은 나에게 큰 은혜가 되었다.

villain
[vílən]

n. 악인, 악한; (극·소설 따위의) 악역, 원흉.

연상 vlla(별장)+ in(안에) = 강제로, 또는 몰래 빌라 안(→빌런)에 침입하는 사람은 악인이다.

예문 He has played **villains** in most of his movies.
그는 대부분의 영화에서 악역을 해왔다.

comparative
[kəmpǽrətiv]

a. 비교의; 비교적인

연상 compare(비교하다) + -ative(형용사 어미)(→컴패러팁)=비교의

예문 He was the originator of **comparative** cost theory.
그는 비교 생산비 이론의 창시자다.

virtuous
[və́ːrtʃuəs]

a. 덕이 높은, 덕행이 있는

연상 ① virtue(미덕, 덕) + ous(형용사 어미) = 덕이 높은
② 가난한 벗(이) 추워서(→버:츄어스) 도와준다면 그것이 바로 덕이 높은 행동이다.

예문 She led a **virtuous** life.
그녀는 고결한 생애를 보냈다.

plumber
[plʌ́mər]

n. 배관공

연상 수도관과 같은 배관에 볼트를 풀어 뭐(→플러머)가 고장인가 보고 뭐(무언인가)를 설치하는 사람이 배관공이다.

예문 I had the **plumber** fix the faucet this morning.
오늘 아침 배관공을 시켜 수도꼭지를 고쳤다.

plume
[pluːm]

n. 깃털; 깃털장식 **v.** 깃털로 장식하다

연상 새의 깃털이 마치 풀로 만든 룸(room;방), 풀룸(→플루움) 같다.

예문 He was wearing a black hat with an ostrich **plume**.
그는 타조 깃털을 꽂은 검은 모자를 쓰고 있었다.

forfeit

[fɔ́ːrfit]

v. (재산·권리를) 상실하다; 몰수되다, 박탈당하다 **n.** 벌금; 몰수품

연상 for(위하여) + fit(적당한)(→포:핏)= 사회를 사람 살기에 적당한(fit) 곳으로 만들기 위해서(for) 범죄자의 권리는 몰수된다.

예문 He has been **forfeited** his property.
그는 재산을 몰수당했다.

파생 forfeiture n. 몰수, 상실

438

UNIT 10 TEST

[1~12] 보기에서 영어에 해당되는 우리말을 찾아 쓰시오.

1. forfeit _____
2. dehydrate _____
3. plumber _____
4. cottage _____
5. virtuous _____
6. villain _____
7. gee _____
8. boon _____
9. physicist _____
10. auditorium _____
11. embroider _____
12. skid _____

보기 ① 탈수하다 ② 시골 집 ③ 악인, 악한 ④ 상실하다 ⑤ 배관공 ⑥ 기쁨
⑦ 덕이 높은 ⑧ 강당 ⑨ 미끄럼 ⑩ 은혜 ⑪ 물리학자 ⑫ 수를 놓다

[13~17] 다음 빈칸에 들어갈 적절한 어휘를 고르시오.

13. That drugs effectively _____ the disease process.
14. The variety of technology requires a wide range of _____ .
15. He was wearing a black hat with an ostrich _____ .
16. He was the originator of _____ cost theory.
17. Zinc is used to protect other metals from _____ .

보기 ① expertise ② corrosion ③ plume ④ modulate ⑤ comparative

[18~21] 다음 빈칸에 들어갈 적절한 어휘를 고르시오.

18. Polly saddled and _____ her favorite horse.
19. She estimated the _____ of the lake to be 500 meters.
20. We saw a _____ of bees passed over the field.
21. Never _____ horses while crossing the stream.

보기 ① swarm ② swap ③ breadth ④ bridled

정답 1.④ 2.① 3.⑤ 4.② 5.⑦ 6.③ 7.⑥ 8.⑩ 9.⑪ 10.⑧ 11.⑫ 12.⑨
13.④ 14.① 15.③ 16.⑤ 17.② 18.④ 19.③ 20.① 21.②

Further Study

on leave 휴가로,

a week from today

다음 주 오늘(this day week)

see red 분노하다

call the roll 출석을 부르다

fish-and-game administrator

수렵감시관

lose heart 낙심하다

whereabouts 있는 곳, 소재, 행방

turbulence (사회적) 소란

exacerbate 악화시키다(=aggravate)

frivolous 경박한, 천박한

offhand 즉석에서, 준비 없이, 그 자리에서

throw light on ~을 분명히 하다

call ~ name ~을 욕하다

prosaic 단조로운, 지루한

indelible (얼룩 따위를) 지울 수 없는

dual citizenship 이중 국적의

monoculture (농업) 단일경작

do the sights of ~ 명승지를 구경하다

job seeker 구직자

turn into 들어가다, 타고 들어가다

vie for ~을 노려 경쟁하다

wind up ~을 끝내다, 결말을 짓다

die down 사라져 버리다, 잠잠해지다

happy-go-lucky 낙천적인, 태평한

see about 고려하다

break in on 방해하다, 중단시키다

at rest 움직이지 않고 있는, 정지 되어 있는

hold dear 소중히 생각하다

revert to (본래 상태로) 되돌아가다

care nothing for 전혀 관심을 갖지 않다

bring to light 명백히 하다, 밝히다

blunder
[blʌ́ndər]

n. 큰 실수, 대(大)실책 **v.** (큰) 실수를 하다

연상 블란드(blonde; 금발)(→블란더)는 가끔 큰 실수를 하는 것일까?

예문 The president has made one of the greatest policy **blunders**.
대통령은 가장 큰 정책의 실수 중에 하나를 했다.

convex
[kɑnvéks / kən-]

a. 볼록한

연상 그 사건을 정리한 큰 백서(白書)(→컨벡스)를 묶으니 볼록한 형태가 되었다.(종이를 묶으면 중앙이 볼록해진다)

예문 There are basically two basic types of lenses, concave and **convex**.
기본적으로 두 가지 유형의 렌즈, 오목렌즈와 볼록렌즈가 있다.

boutique
[buːtíːk]

n. 부티크, 양품점 (유행 여성복·액세서리 등을 파는 작은 매장)

연상 부(富:부유함) 티가 크(→부:티:크)게 나는 매장이 바로 부티크다.

예문 My mother opened a **boutique** in the department store last year.
어머니는 지난해 백화점 내에 양품점을 하나 열었다.

porcelain
[pɔ́ːrsəlin]

n. 자기(磁器)

연상 포(대포)와 같은 기운이 서린(→포:서린) 것이 자기다.(고온에서 처리한 강한 쇠로 포를 만들듯이 자기도 높은 온도에서 구워 만드니까)

예문 His mother was small and delicate, with skin like **porcelain**.
그의 어머니는 도자기 같은 피부를 가진 작고 섬세한 여인이었다.

crater
[kréitər]

n. 분화구; (달 표면의) 크레이터

연상 크레타(→크레이터) 섬에 분화구가 많다고?

예문 The **crater** is 10 miles long, 5 miles across and half a mile deep.
분화구는 세로 10마일, 가로 5마일, 깊이가 반마일이다.

herring
[hériŋ]

n. 청어

연상 her(그녀의) ring(반지)(→헤링)는 청어로 만들었다면

예문 Have you ever seen shoals of **herring**.
청어 떼를 본 적이 있는가.

cub
[kʌb]

n. (곰과 같은 짐승의) 새끼

연상 컵(cup)(→컵) 모양으로 생긴 곰의 새끼.

예문 We saw a lioness guarding her newborn **cubs** in the forest.
우리는 암사자가 갓 태어난 새끼를 지키는 것을 보았다.

blockhead
[blákhèd]

n. 멍텅구리, 얼간이

연상 block(막다) + head(머리)(→브락헤드)=머리가 막히면 멍텅구리가 된다.

예문 Those **blockheads** have screwed up the whole project.
저런 멍텅구리들이 일을 엉망으로 만들어 놓았다.

duchess
[dʌ́tʃis]

n. 공작(duke) 부인; 여공작

연상 공작부인에겐 덫이 있어(→더춰스) 조심해야 돼 (미인계의 덫)

예문 She is the **Duchess** of York.
그녀는 요크 공작부인이다

duke
[djuːk]

n. 공작(公爵)

연상 그 사람은 두(頭; 머리)가 커(→듀:크)서 공작이 되었단다. 머리가 좋아서.

예문 The **Duke** of Kent was a great general.
켄트 공작은 위대한 장군이었다.

inhuman
[inhjúːmən]

a. 인정 없는, 잔인한; 비인간적인

연상 in(=not) + human(인간적인)(→인휴:먼)= 비인간적인

예문 Success was due to his **inhuman** effort.
성공은 그의 초인적인 노력의 덕택이었다.

picket
[píkit]

n. 말뚝, 긴 말뚝 **v.** 피켓을 들고 시위하다

연상 시위할 때 들고 하는 피켓(→피킷)은 원래 말뚝에서 유래되었다.

예문 Striking workers **picketed** on the street.
파업 노동자들이 거리에서 피켓 시위를 했다

rebate

n. 환불, 보상금 **v.** 환불하다

연상 시골 마을 리(里)에서 배 ate(먹고)(→리베이트) 환불했다.(배가 상했기 때문)

예문 They **rebated** ten dollars to me.
그들은 나에게 10달러를 환불해 주었다

petal
[pétl]

n. 꽃잎

연상 페트(pet)병을, 다시 말해 페틀(페트를)(→페틀) 꽃잎을 꽂아두는 데 쓰세요.

예문 The little girl pulled **petals** off a flower.
어린 소녀는 꽃잎을 떼어내었다.

portfolio
[pɔ́:rtfóuliòu]

n. 종이 집게; 관청의 서류 나르는 가방; 유가 증권 명세표, 자산 구성

연상 지금도 관청의 서류 나르는 가방이나 유가 증권 명세표가 운반될 때 port(항구)에서 포(대포)가 울리오(→포:트포울이오우)! (접근하는 해적에게 겁을 주기 위해서)

예문 She held stocks of 11 companies in her **portfolio**.
그는 자신의 자산구성에서 11개 회사의 주식을 소유했다

hemisphere
[hémisfiər]

n. (지구·천체의) 반구

연상 해미가 가지고 지구본 sphere(구)(→헤미스피어)는 반구다.

예문 the Eastern **hemisphere** 동반구

예문 The animal is found in the southern **hemisphere**.
그 동물은 남반구에서 발견된다.

hereafter
[hiərǽftər]

ad. 지금부터는, 장래에

연상 here(여기, 이때에) + after(이후에)(→히어래프터) = 여기(지금) 이 후가 지금부터는, 장래에다.

예문 He made a mistake this time, but **hereafter** will be more careful.
그가 이번에는 실수를 했지만 다음부터는 더 주의할 것이다.

ongoing
[áŋgòuiŋ, ɔ́(:)n-]

a. 진행 중의 **n.** 진행 **동** in progress

연상 on(위에) + going(가고 있는)(→온고윙)= 어떤 것 위에서 가고 있는 것이 바로 진행 중의 일이다.

예문 The project commenced in 2010 and is **ongoing**.
그 사업은 2010년 시작되어서 지금 계속 진행 중에 있다

chime
[tʃaim]

n. 차임, (조율을 한) 한벌의 종 **v.** (차임·종을) 울리다

연상 출발할 차 시간이 임박(→챠임)하면 종이 울린다.

예문 Our teacher rang the **chimes**.
선생님이 차임을 울렸다.

예문 The clock **chimed** one.
시계기 한 시를 쳤다.

prophecy
[práfəsi / pró-]

n. 예언

연상 pro(프로)선수의 퍼런 시련(→프라퍼시)이 있을 거라는 예언.

예문 His **prophecy** has come true.
그의 예언이 들어맞았다.

prophesy
[práfəsài / pró-]

v. 예언하다; 예측하다

연상 팀 간의 지나친 경쟁으로 pro(프로)선수들 간에 가슴에 멍든 퍼런 사이(→프라퍼사이)가 될 거라고 예언했다.

예문 He **prophesied** of disasters to come.
그는 대참사가 일어난다고 예언했다.

trinity
[tríniti]

n. (기독교) 삼위 일체; 세 개 한 조의 것; 3부분으로 된 것.

연상 사진 찍을 때 트리(tree:나무), 니, 티(셔츠)(→트리니티)가 3부분으로 된 것, 이를 테면 삼위일체가 이루어져야 한다.

예문 The Father, the Son, and the Holy Spirit constitutes the Holy **Trinity**.
(기독교에서) 성부와 성자와 성령이 삼위일체를 이룬다.

vicious
[víʃəs]

a. 사악한, 악덕한; 타락한.

연상 그 식당에선 식수에 비(빗물)를 써서(→비셔스) 사악한 짓을 했다.

예문 His son came to get married to a **vicious** woman.
그의 아들은 사악한 여자와 결혼 하게 되었다.

janitor
[dʒǽnitər]

n. 문지기, 수위 통 doorkeeper

연상 재(=저 애)가 니 터(=너의 집터)(→재너터)를 지키는 문지기니?

예문 He has worked as a **janitor** for the building.
그는 그 건물의 수위로 일해 왔다.

ranger
[réindʒəːr]

n. 돌아다니는 사람; 무장 순찰대원; (국유림의) 순찰 경비대

연상 range(범위) + -er(사람)(→레인저ː) = 국유림 범위 내에서 일하는 사람이 바로 무장 순찰대원, 국유림 순찰 경비대다.

예문 He is a park **ranger** at the Yellow Stone National Park.
그는 옐로스톤 국립공원 감시원이다.

adolescent
[ædəlésənt]

a. 청춘(기)의; 청소년의 n. 청소년

연상 애들이 레슨 받는 장소, 즉 애들 레슨 터(→애덜레슨트)에 있는 사람이 바로 청소년이다.

예문 The persons I am instructing are **adolescent** boys.
내가 가르치고 있는 그 사람들은 청소년들이다.

파생 adolescence n. 청년기, 사춘기

aesthetic
[esθétik / iːs-]

a. 미(美)의; 미학의; 심미적인; 심미안이 있는

연상 가구를 만들기 위해 애써(서) 새 티크(목재)(→에스쎄틱)를 구한다면 미의 감각이 있는 사람이다.

예문 Sometimes we need an **aesthetic** appreciation of the landscape.
때때로 우리는 풍경에 대한 심미적 감상이 필요하다.

파생 aesthetics n. 미학(美學)

rebound
[ribáund]

v. (공 등이) 되튀다; (행동이 본인에게) 되돌아오다.

연상 시골마을 리에서 농구공을 바운드(→리바운드)하면 공이 되튀어서, 자신에게 되돌아온다.

예문 Your lies **rebounded** on you.
너의 거짓말이 너에게 되돌아왔다.

painstaking
[péinstèikiŋ]

a. 수고를 아끼지 않는; 힘드는

연상 pain(고통)을 taking(취하는)(→페인스테이킹) 것이 바로 수고를 아끼지 않는 것이다.

예문 The report was the product of a **painstaking** effort.
그 보고서는 피땀 어린 노력의 결과였다.

vaccination
[væksənéiʃən]

n. 종두(種痘); 백신 주사, 예방 접종

연상 옛날엔 예방접종은 백신(vaccine;접종약)을 nation(나라)(→백서네이 션)에서 관리했다.

예문 They asked if I had my **vaccination**.
그들은 나에게 예방접종을 받았는지를 물었다.

파생 vaccinate v. ~에게 예방 접종을 하다

---

resignation
[rèzignéiʃən]

n. 사직, 사임

연상 ① resign(사임하다) + ation(명사 어미)(→레지그네이션) = 사임, 사직
② 시골 마을 리(里)에서 sign(서명해서) nation(국가)(→레지그네이션) 제출하는 것은 공무원이 사직할 때 사직서를 제출하는 것이다.(공무원은 주로 시골로 가서 은퇴한다)

예문 The protesters called for his immediate **resignation**.
시위자들은 즉각적인 그의 사임을 요구했다.

---

cowardice
[káuərdis]

n. 겁, 소심

연상 "cow(소) 어딨어?"(→카워디스) 하면서 소를 보면서 겁을 내다니, 소심한 인간이야.

예문 He taunted me with **cowardice**.
그는 나를 겁쟁이라고 놀렸다.

---

hereby
[hìərbái]

ad. 이에 의하여, 이에 의하여, 이 결과

연상 here(여기, 이것) + by(에 의하여)(→히어바이) = 이(것)에 의하여

예문 We **hereby** certify that the above information is all true.
위의 내용이 모두 사실임을 확인합니다.

---

cradle
[kréidl]

n. 요람

연상 크게 자랄 아이, 이들, 즉 클 애, 이들(→크레이들)은 요람이 필요하 다.

예문 Greece was the **cradle** of Western civilization.
그리스는 서양 문명의 산실이었다.

---

hermit
[hə́ːrmit]

n. 은둔자, 수행자 (修行者)

연상 그는 성녀인 her(그녀의) 밑(→허:밑) 들어가서 수행자로서 은둔자 생활을 하고 있다.

예문 He has lived as lonely as a **hermit**.
그것은 은자처럼 외롭게 살아왔다.

vault
[vɔːlt]

n. 둥근 천장, 아치형 천장; 지하 (저장)실 **v.** 도약하다

연상 둥근 천장에는 높은 볼트(→볼:트)의 전등이 필요하다.

예문 A great amount of wine is stored a wine **vault**.
지하 저장고엔 엄청난 양의 포도주가 저장되어 있다.

예문 **vault** over a ditch 도랑을 뛰어넘다

---

transient
[trǽnʃənt / -ziənt]

a. 일시적인(passing); 순간적인; 덧없는

연상 trans(변압기)의 선(이) 터(→트랜션트)지는 것은 일시적인 사고이다.

예문 Everything in the world is as **transient** as dew.
세상에 모든 것은 이슬만큼이나 덧없는 것이다.

---

retiree
[ritaiəríː]

n. 퇴직자, 은퇴자.

연상 퇴직자들에게 가장 중요한 것은 시골 마을 리(里)와 타이어(tire)리(→리타이어리)!(조용히 지낼 시골마을과 그곳에 왔다 갔다 할 때 필요로 하는 자동차 타이어가 퇴직자에게 필요한 것이다)

예문 The **retiree** said farewell to his colleagues.
퇴직자는 직장 동료들에게 작별을 고했다.

---

jumble
[dʒʌ́mbəl]

v. 뒤죽박죽을 만들다 ; 뒤섞이다 **n.** 혼잡

연상 들에서 점이 많은 벌, 즉 점 벌(→점블)을 건드리면 사람을 쏘아서 주변을 뒤죽박죽으로 만들어 버립니다. 조심하세요.

예문 She **jumbled** up things in a box.
상자 속의 물건을 뒤범벅으로 해놓다.

---

retrieve
[ritríːv]

v. 만회[회수, 회복]하다; (컴퓨터) (정보를) 검색(檢索)하다.

연상 시골 마을 리(里)에 있는 트리(tree: 나무)는 eve(크리스마스 이브)(→리트리이브)가 되면 주인들이 회수해 간다.(맡겨 놓았던 나무를 가정에서 크리스마스 트리로쓰려고)

예문 They **retrieved** the black box from the ocean.
그들은 블랙박스를 바다에서 회수하다.

---

anteroom
[ǽntirùːm, -rùm]

n. 곁방, (주실(主室)로 통하는) 작은 방; 대기[대합]실.

연상 앤 공주의 티(셔츠)가 있는 room(→앤티루움)은 작은 방이다.

예문 The actresses were standing together in an **anteroom**.
여배우들이 대기실에 함께 서 있었다.

cathedral

[kəθíːdrəl]

n. 주교좌 성당, 대성당

연상 대성당은 크기가 너무 커(서) 시(市)의 들을(→커씨:드를) 상당 부분 차지했다.

예문 The cathedral was built in the middle of the city.
그 대성당은 도심 중앙에 세워졌다.

nozzle

[názəl / nózəl]

n. (끝이 가늘게 된) 대통[파이프·호스] 주둥이, 분사구[공]

연상 호스 주둥이는 절단하지 마라고 no 절(→노절)이라 하는 것 아닐까요?

예문 If you put your finger over the nozzle you could produce a forceful spray.
손가락을 노즐 위에 얹으면 강력한 스프레리를 분사할 수 있다.

448

UNIT 11 TEST

[1~12] 보기에서 영어에 해당되는 우리말을 찾아 쓰시오.

1. cathedral _____　　2. retiree _____

3. hermit _____　　4. transient _____

5. cradle _____　　6. anteroom _____

7. cowardice _____　　8. aesthetic _____

9. adolescent _____　　10. janitor _____

11. vicious _____　　12. jumble _____

보기　① 퇴직자　② 요람　③ 대성당　④ 겁　⑤ 은둔자　⑥ 미학의　⑦ 일시적인
　　　⑧ 곁방　⑨ 사악한　⑩ 뒤섞이다　⑪ 문지기　⑫ 청춘(기)의

[13~17] 다음 빈칸에 들어갈 적절한 어휘를 고르시오.

13. The president has made one of the greatest policy _____ .

14. There are basically two basic types of lenses, concave and _____ .

15. My mother opened a _____ in the department store last year.

16. His mother was small and delicate, with skin like _____ .

17. The _____ is 10 miles long, 5 miles across and half a mile deep.

보기　① boutique　② convex　③ crater　④ porcelain　⑤ blunders

[18~21] 다음 빈칸에 들어갈 적절한 어휘를 고르시오.

18. We saw a lioness guarding her newborn _____ in the forest.

19. Those _____ have screwed up the whole project.

20. The protesters called for his immediate _____ .

21. They _____ the black box from the ocean.

보기　① retrieved　② cubs　③ blockheads　④ resignation

정답　1.③　2.①　3.⑤　4.⑦　5.②　6.⑧　7.④　8.⑥　9.⑫　10.⑪　11.⑨　12.⑩
　　　13.⑤　14.②　15.①　16.④　17.③　18.②　19.③　20.④　21.①

449

Further Study

canon 교회법; 법규; 규범, 표준(criterion)

prostrate 넘어뜨리다, 뒤엎다.

chum
(구어) 단짝, 짝 (대학 따위의) 같은 [반]의 친구

intensify 격렬[강렬]하게하다

intensity 강열, 격렬; 긴장, 집중, 열렬

debut
무대[사교계]에 첫발 디디기, 첫 무대[출연] v. 데뷔하다

indicative ～을 나타내는, ～의 표시인

indication 지시, 표시

I'll buzz you 전화하겠다

indispensable 없어서는 안 될, 절대 필요한

unhurried 서두르지 않은, 신중한

detrimental 손해가 되는, 유해한

ethnicity 민족성.

pave the way for ～에 길을 열다

vivacious
쾌활한, 활발한, 명랑한; (식물) 다년생의

immerse 잠그다, 가라앉히다

bear witness to ～의 증언을 하다

deranged 혼란된, 미친.

clandestine 비밀의(secret), 은밀한

zealot 열중하는 사람, 열광자

deprecate ～에 불찬성을 주장하다,
(전쟁 따위에) 반대하다.

stunt 성장을 방해히다; 저지하다.

remember me to ～에게 안부를 전하다

convergence (한 점에의) 집중, 집중 상태

foreground (그림의) 전경(前景); 최전면

have seen better days 좋은 때도 있었다

brandish (검·곤봉·채찍 등을) 휘두르다

forebear (보통 pl.) 선조.

take steps 조치를 취하다

obsequious 아첨하는; 비굴한;

beyond one's means 분수에 맞지 않게

uncustomary 습관적인, 재래의

step on it 서둘러라

dissipate 분산시키다, 흩뜨리다

decoy 꾀어내다, 속이다

abdomen
[ǽbdəmən]

n. 배, 복부(belly)

연상 애보다 men(성년 남자)(→애브더먼)가 더 발달한 부분이 복부다.(성인남자의 복부 비만으로)

예문 The young lady was suffering from pains in his **abdomen**.
그 소녀는 복부의 통증을 겪고 있었다.

파생 abdominal a. 배의, 복부의

---

fugitive
[fjúːdʒətiv]

a. 도망치는; 탈주한 **n.** 도망자, 탈주자; 망명자 **동** runaway, refugee

연상 일본 후지 TV(→퓨:저티브)에 도망자라는 프로가 있데.

예문 The police are on the track of the **fugitive**.
경찰은 탈주자를 추적 중이었다.

---

creditable
[kréditəbəl]

a. 명예로운; 칭찬할 만한; 신용할 수 있는

연상 credit(신용) + able(할 수 있는)(→크레더블) = 신용할 수 있는 것이 명예로운 것이다.

예문 It was a very **creditable** result for him.
그것은 그에게 아주 칭찬할 만한 결과였다.

---

inaugurate
[inɔ́ːgjərèit]

v. 취임식을 거행하다; 취임시키다

연상 대통령 후보인 이씨와 노씨 중에서 나라에 기여한 비율, 즉 나라에 이, 노(씨가) 기여할 rate(비율)(→이노:겨레이트)로 겨뤄 이긴 자가 대통령 취임식을 거행했다.

예문 He was **inaugurated** 36th President of the United States.
그는 미국 36대 대통령으로 취임했다.

파생 inauguration n. 취임(식)

---

reptile
[réptil, -tail]

n. 파충류의 동물; 파행 동물

연상 래퍼(papper;랩 가수)가 tile(타일)(→레프타일)로 만든 옷을 입으면 파충류 동물처럼 보일 것이다.

예문 Snakes, lizards, and crocodiles are **reptiles**.
뱀, 도마뱀, 악어는 파충류다.

jut
[dʒʌt]

v. 돌출하다[시키다] **n.** 돌출부

연상 여성의 젖(유방)(→젓)은 가슴에 돌출해 있다.

예문 A small window **jutted** out from the roof.
지붕 밖으로 작은 창문이 하나 돌출되어 있었다.

credulous
[krédʒələs]

a. (남을) 쉽사리 믿는

연상 크레디트 카드에 절(그림을) 넣어서(→크레절러스) 사람들이 그 카드를 쉽사리 믿는 경우가 많다.

예문 Love is a **credulous** thing.
사랑은 쉽게 믿어서 속기 쉬운 것이다.

burrow
[bə́:rou, bʌ́r-]

n. 굴(여우·토끼 따위의); 숨은 곳, 피난[은신]처

v. 굴을 파다, 굴에서 살다

연상 남한은 축척한 부(富)로(→버:로우) 차가 다닐 굴을 팠고 북한은 인민 이 맨발로 돈을 벌어(→버:로우) 휴전선에 침투용 굴을 팠다.

예문 Moles **burrowed** their way under fence.
두더지가 울 아래로 굴을 팠다.

bureau
[bjúərou]

n. 사무소; (관청의) 국; 사무국

연상 행정안전부, 외교통상부와 같은 정부의 부(部)보다 로우(low;낮은)(→뷰로우) 행정기관이 바로 **사무국**과 같은 국(局)이다.

예문 He works for the Federal **Bureau** of Investigation.
그는 연방 수사국에 근무한다.

예문 a **bureau** of information 안내소, 접수처

kindred
[kíndrid]

n. 친족, 친척. **a.** 친척관계의

연상 인간의 kind(종류)가 red(빨간)(→킨드리드) 사람들이 있다면 그들끼리 친족 관계일 것이다

예문 They are **kindred** people.
그들은 친척간이다.

buck
[bʌk]

n. 수사슴(stag); 멋내는 사나이, 멋쟁이

연상 미국의 여류작가 Pearl Buck(펄벅)은 진주(펄얼) 수사슴(→벅)이란 뜻이다.

예문 The child is as hearty as a **buck**.
그 아이는 매우 강건하다.

sheriff
[ʃérif]

n. (미) 군(郡) 보안관

연상 치안의 세(勢;세력)를 리프트(rift;들어올리는)(→세리프(트)→셰맆)는 사람이 보안관이다.

예문 He has worked as a county **sheriff**.
그는 군 보안관으로 근무해 왔다.

landslide
[lǽndslàid]

n. 사태, 산사태; 압도적 승리.

연상 land(땅;흙)이 slide(미끄러지는)(→랜슬라이드) 현상이 바로 산사태다.

예문 He won last year's presidential election by a **landslide**.
그는 지난해 대통령 선거에서 압도적 승리를 했다.

posture
[pástʃər / pós-]

n. 자세, 자태.

연상 그가 주먹으로 나의 다리(근육통에 붙인 파스를 쳐(→파스쳐)서 내 몸의 자세를 잡을 수 없었다.

예문 You had better work on your **posture**.
바른 자세로 일하라.

regiment
[rédʒəmənt]

n. (군) 연대. **v.** 연대로 편성[편입]하다.

연상 군대 연대에서 생활하면 레저는 먼터(→레저먼트)에 있다.(레저는 멀 리 있다)

예문 After graduation he joined a **regiment**.
졸업 후 그는 연대에 들어갔다.

tract
[trækt]

n. (지면·바다 등의) 넓이; 넓은 지면, 토지; 지역; 지방.

연상 넓은 지면, 토지(tract)(→트랙트) 경작하는 일을 하는 기계가 바로 트랙터(tractor)이다

예문 A **tract** of cold region has little value to farmers.
추운 지역의 땅은 농부들에게는 거의 가치가 없다.

supernatural
[sù:pərnǽtʃərəl]

a. 초자연의, 불가사의한

연상 super(뛰어난) + natural(자연의)(→수:퍼내처럴)=자연보다 뛰어난 것이 초자연의 것이다.

예문 Shamans are people who talk to the **supernatural**.
무당은 초자연적 존재와 대화를 하는 사람들이다.

abbreviate
[əbríːvièit]

v. 생략하다; 단축하다

연상 날이 가물어 어부(abb)들이 시골마을 리(里, re)에서 비(물, vi)ate(먹고)(→어브리:비에이트) 식수를 구하는 시간을 **단축했다.**

예문 You can **abbreviate** "verbs" to v.
verb(동사)를 v로 줄일 수 있다.

파생 abbreviation n. 생략

---

breathtaking
[bréθtèikiŋ]

a. 깜짝 놀랄 만한, 숨이 멎는 듯한

연상 breath(숨) + taking(가져가다) = 숨을 가져가버릴(=숨을 멎게 할) 정도니 숨이 멎는 듯한 것이다.

예문 The scene was one of **breathtaking** beauty.
그 장면은 숨이 막히게 아름다운 것이었다.

---

shroud
[ʃraud]

n. 수의(壽衣) **v.** (어둠·구름·천 등이) 뒤덮다, 가리다

연상 예수님의 수의가 발견되어서 세상이 **쉬 라우드**(loud;시끄러워)(→슈라우드)**해졌다.**(그 진위를 놓고)

예문 **Shroud** of Turin 튜린의 수의(예수의 시신을 쌌다는 세모시)

예문 The case has been **shrouded** in mystery.
그 사건은 미궁에 빠졌다.

---

algebra
[ǽldʒəbrə]

n. 대수학(代數學); 대수 교과서

연상 내 친구인 앨의 저 브라(=브래지어)(→앨저브러) 크기는 대수학으로 풀어야 할까?

예문 He developed an effective method of teaching **algebra**.
그는 효과적인 대수학 교수법을 개발했다.

---

conversion
[kənvə́ːrʒən]

n. 변환, 전환

연상 어떤 것을 큰 버전(version; 번역, 판)(→컨버:전)을 택한다면 그것은 **변환을** 의미한다.

예문 Many farmers raise an objection to the **conversion** of farmland to residential property.
많은 농부들은 농지의 택지로의 전환을 반대한다.

---

grunt
[grʌnt]

v. (돼지 따위가) 꿀꿀거리다; (사람이) 투덜투덜 불평하다; 으르렁[끙끙] 거리며 말하다(out).

연상 지방근무를 임명 받은 그는 "그런 터(→그런트)에 왜 가나?"며 투덜투덜 불평했다.

예문 The pigs **grunt** and squeal in their sty.
돼지들이 우리 안에서 꿀꿀거리고 꽥꽥 거린다.

simulate
[símjəlèit]

v. ~을 가장하다, ~의 모의실험을 하다. **통** imitate

연상 시(市) 당국에선 오염이 심한 그 시의 물을 ate(먹은→시멀레잇) 것으로 가장하고, 모의시험을 했다.

예문 The device **simulates** conditions in space very closely.
그 장치는 우주에서의 상태를 매우 근접하게 모사한다.

파생 simulation n. ~체험, 가장; 모의실험

gush
[gʌʃ]

n. 용솟음쳐 나옴, 분출; (감정 따위의) 복받침 **v.** 세차게 흘러나오다

연상 파이프에서 가스(gas)가 쉬-(→가쉬)하며 세차게 흘러나오다.

예문 A hot spring **gushes** up in a copious stream
온천이 그치지 않고 솟아오르고 있다.

indolent
[índələnt]

a. 나태한, 게으른

연상 인도(indo)에서 (연장을) lent(빌려주었던)(→인덜런트) 사람들은 게으른 사람들이다.(일하지 않고 연장을 남에게 다 빌려 주었기 때문에)

예문 I am afraid that I am old and fat and **indolent**.
나는 내가 늙고 뚱뚱하며 나태한 인간이 아닌가 생각된다.

파생 indolence n. 나태, 게으름

controvert
[kántrəvè:rt]

v. 반박하다, 논쟁하다

연상 철학 시간에 칸트로 (인해) 벗(→칸트러버엇)들이 논쟁했다.

예문 Maybe you have information that would **controvert** what I am thinking
당신에겐 나의 말에 반박할 정보가 있을 지도 모른다.

decipher
[disáifər]

v. (암호를) 해독하다(decode), 판독하다 **n.** 암호해독

연상 D자 사이에 퍼런(→디사이퍼) 문자를 해독하라.

예문 In the military, he **decipher** codes.
군대에서 그 사람은 암호를 해독하다.

파생 decipherable a. 해독할 수 있는

gospel
[gáspəl]

n. (예수가 가르친) 복음; 복음 성가(~ song)

연상 마치 유전에서 가스(가) 펄펄(→가스펄) 솟는 것 같은 예수의 복음.

예문 She preached the Christian **gospel** to the poor and destitute.
그녀는 가난한 사람들에게 기독교 복음을 설교했다.

penitent
[pénətənt]

a. 죄를 뉘우치는, 회오하는   **동** remorseful

연상 그는 자신의 pen(펜)이 (남의) tent(텐트)(→페너턴트) 구멍 내는 데 사용되게 한 죄를 뉘우치고 있다.

예문 He is **penitent** for his deed.
그는 자신의 행동을 후회하고 있다.

---

gracious
[gréiʃəs]

a. 상냥한, 우아한

연상 그 옷은 그레이(gray; 회색)을 써서(→그레리셔스) 우아한 느낌을 준다.

예문 The old man lived a **gracious** living in the countryside.
그 노인은 시골에서 우아한 삶을 살았다.

파생 graciousness n. 우아함

---

vigil
[vídʒil]

n. 철야, 불침번; 밤샘; 철야기도

연상 옛날 노비들은 마당을 비질(→비질)하는 데 밤샘을 했다.

예문 Her husband kept **vigil** beside her bed for weeks.
그녀의 남편은 몇 주 동안 잠을 자지 않고 그녀의 침대 곁을 지켰다.

파생 vigilant a. 자지 않고 지키는

---

lapse
[læps]

n. (시간의) 경과, 흐름   **v.** (시간이) 경과하다

연상 그 가수의 공연은 랩(rap) 음악에서, 즉 랩(에)서(→랩스) 많은 시간이 경과했다.

예문 After a **lapse** of several years they met up again.
수년 후에 그들은 다시 만났다.

---

lateral
[lǽtərəl]

a. 옆의[으로의], 측면의

연상 레터(letter; 문자)를(→래터럴) 쓸 때 옆으로 쓴다.(가로 쓰기를 한다)

예문 A farmer often cuts the **lateral** branches of a tree.
농부는 가끔 나무의 옆가지들을 자른다.

---

activate
[ǽktəvèit]

v. 활동시키다, 활성화하다; 촉진하다.

연상 act(행동할) 때 배를 ate(먹고)(→액터베이트) 힘을 얻어 행동을 활성화했다.

예문 Video cameras with night vision can be **activated** by movement.
야간 식별 비디오카메라는 사물의 움직임이 있으면 활성화된다.

파생 activation n. 활동화, 활성화; 촉진

legislature
[lédʒislèitʃəːr]

n. 입법부, 입법 기관

연상 예전에 다방 레지(regi)의 집에도 슬레이트(slate) 쳐(→레지슬레처:)주었던 것이 입법부다.(법을 제정해서 가난한 사람의 주택 개량사업 자금을 지원해 주었다는 뜻)

예문 Legislature today approved the policy, but it has not yet become law.
의회는 오늘 그 정책을 승인했지만 그것이 아직 법률화된 것은 아니다.

flea
[fliː]

n. 벼룩

연상 벼룩은 프리(free;자유로운)(→프리:) 것, 높이 뛰어서 프리(flee;도망 가는) 것을 좋아하니까 프리지.

예문 Children in that age are all fit as a flea.
그 나이의 아이들은 모두 (벼룩처럼) 팔팔하다.

lunatic
[lúːnətik]

a. 미친(insane), 발광한 **n.** 미치광이(maniac)

연상 아무에게나 누나가 틱틱거리는(→루:너틱) 것은 미친 짓이다.

예문 It is a lunatic idea.
그것은 미친 생각이다.

virtual
[vəːrtʃuəl]

a. 실제상의, 실질적인; 가상의

연상 성적에서 벗(을) 추월(→버:츄얼)하는 것은 실제상의 일일 수도 있고 가상의 일일 수도 있다. 노력하면 실제상의 일이 되고 노력하지 않으면 가상의 것이 된다.

예문 He is the virtual ruler of the country.
그는 그 나라의 실질적인 통치자다.

예문 virtual reality 가상의 현실

fluent
[flúːənt]

a. 유창한, 능변의

연상 걷잡을 수 없는 신종 플루의 플루(flu,독감)처럼 언(글;언어)가 터(→플루:언트)져 나오는 것이 유창한 것이다.

예문 She's fluent in French.
그녀는 프랑스가 유창하다.

파생 fluency n. 유창함

nautical
[nɔ́ːtikəl, nɑ́ti-]

a. 해상의, 항해의; 선박의

연상 티끌이 없는, 다시 말해 노(no) 티끌(→노:티컬)인 곳이 해상의 영역이다.(큰 파도 때문에 티끌이 남아 있지 않다)

예문 They were 2. 4 nautical miles within Russian territorial waters.
그들은 러시아 영해 2.4해리 안에 있다.

decree
[dikríː]

n. 법령, 포고 **v.** 포고하다

연상 법령으로 포고하는 것은 그 법이 적용 범위가 디(매우 = 대(大)) 크리(→디크리:)!

예문 More than 200 people were free d by military **decree**.
2백 명 이상의 사람이 군사 포고령에 의해 해방되었다.

decimal
[désəməl]

a. 십진법의; 소수의 **n.** 소수, 십진법

연상 대수와 멀리(→데수멀 →데서멀) 떨어져 있는 십진법의 체계.

예문 The recurring **decimal** 5. 999… is also described as 5. 9 recurring.
순환 소수 5.999…는 5. 순환마디 9로 나타내기도 한다.

pendulum
[péndʒələm, -dju-]

n. (시계 따위의) 흔들이, 흔들리는 추

연상 허공에 달아서 **pen**을 매달아 두럼(→펜두럼), 그러면 시계추처럼 흔들이가 될 거야.

예문 Public opinion is like the swing of the **pendulum**.
여론이란 흔들리는 추와 같은 것이다.

UNIT 12 TEST

[1~12] 보기에서 영어에 해당되는 우리말을 찾아 쓰시오.

1. decimal _____   2. nautical _____

3. fluent _____   4. virtual _____

5. lunatic _____   6. activate _____

7. vigil _____   8. decipher _____

9. lateral _____   10. algebra _____

11. controvert _____   12. simulate _____

보기 ① 실제상의 ② 활동시키다 ③ 십진법의 ④ 해상의 ⑤ 유창한 ⑥ 측면의
     ⑦ 반박하다 ⑧ 미친 ⑨ 철야 ⑩ 가장하다 ⑪ 대수학 ⑫ 해독하다

[13~17] 다음 빈칸에 들어갈 적절한 어휘를 고르시오.

13. The young lady was suffering from pains in his _____ .

14. In _____ , our performance was more successful than we had expected.

15. He was _____ 36th President of the United States.

16. The government have to control the power of the state _____ .

17. Moles _____ their way under fence.

보기 ① bureaucracy ② retrospect ③ burrowed ④ abdomen ⑤ inaugurated

[18~21] 다음 빈칸에 들어갈 적절한 어휘를 고르시오.

18. He won last year's presidential election by a _____ .

19. A _____ of cold region has little value to farmers.

20. Shamans are people who talk to the _____ .

21. The scene was one of _____ beauty.

보기 ① tract ② landslide ③ breathtaking ④ supernatural

정답 1.③ 2.④ 3.⑤ 4.① 5.⑧ 6.② 7.⑨ 8.⑫ 9.⑥ 10.⑪ 11.⑦ 12.⑩
     13.④ 14.② 15.⑤ 16.① 17.③ 18.② 19.① 20.④ 21.③

Further Study

orator 연설자, 강연자

subsidiary 보조의; 보충적인 n. 자회사

assorted 여러 종류로 된, 다채로운

tawny 황갈색(의); 황갈색의 것[사람]

envision (미래의 일을) 상상하다; 계획하다

teem 충만[풍부]하다, 많이 있다

exclusively 배타적으로; 독점적으로; 오로지 ~만

incurable 불치의; 고칠 수 없는

courtly 궁정의; 예절 있는

garrison 수비대, 주둔군; 요새

calm down 진정하다

well-rounded 둥글게 된, 다재 다예의

gauche a. 솜씨가 서투른(awkward)

enigma 수수께끼,

resonant 공명하는; 반향하는

disdainfully 경멸적인(scornful), 오만한

leg is asleep 다리가 절린다

sedate 침착한, 조용한

effusive 심정을 토로하는, 감정이 넘쳐나는 듯한

reverent 경건한, 공손한.

loathe 몹시 싫어하다, 진저리를 내다

callous (피부가) 굳은; 무감각한(insensible),

genesis 기원, 발생, 창세기

fluffy 보풀의, 솜털의

relapse 거슬러 되돌아감

booze 술을 많이 마시다

countenance 생김새, 용모

pocketbook 지갑; 핸드백.

stoicism 스토아철학; 금욕,

knowingly 다 알고도, 고의로

oversee
[òuvərsíː]

v. 내려다보다; 감독하다. **동** supervise

연상 over(위에서) + see(보는)(→오우버시:) 것이 내려다보는 것이고 감독하는 것이다.

예문 He has been appointed to **oversee** the work.
그는 그 일을 감독하도록 임명되었다.

tram
[træm]

n. (영) 시가(市街) 전차; (미) 궤도 전차(streetcar, trolley car); 광차

연상 전차가 다닐 수 있는 곳은 궤도라는 틀엡(→트램)니다.

예문 The **tram** stops in front of school.
전차가 학교 앞에 멈춘다.

trample
[træmpəl]

v. 짓밟다; 밟아 뭉개다; 쿵쿵거리며 걷다

연상 ① 아버지는 공부를 않고 노래만 하는 나에게 화가 나서 틀에 들어 있는
앰플(=앰프를)(→트램플) 짓밟아 버렸다.
② 초원을 달려가는 tram(전차)이 풀(→트램플)을 짓밟다.

예문 The elephant **trampled** him to death.
코끼리가 그를 밟아 죽였다.

jeopardize
[dʒépərdàiz]

v. 위태롭게 하다, 위태로운 경지에 빠뜨리다.

연상 그 나라에서 핵연료를 사용하고 난 후 폐기물인 재(를) 퍼다(=퍼와 서) 이제(→제퍼다이즈)
우리를 위태롭게 하고 있다.

예문 Any delays could potentially **jeopardize** the company's ability to do
business.
어떤 지연도 회사의 사업 능력을 잠재적으로 위태롭게 할 것이다.

nocturnal
[naktə́ːrnl / nɔk-]

a. 밤의, 야간의; 야행성의 **반** diurnal 주행성의

연상 낙타가 터널(→낙터:늘)을 통과 할 때 밤의 시간에 하라.(낮에는 차 량 통행에 지장을 주니까
한가한 밤의 시간에 하라는 뜻)

예문 If the animal is **nocturnal**, it may be out during the day.
동물이 야행성이라면 낮 시간 동안은 보이지 않을 것이다.

surfeit
[sə́:rfit]

n. 과다; 과식, 과음 **v.** 과식하다, 과음하다

연상 식사량을 서(서) fit(맞추다)(→서:핏) 보면 **과식하게 된다.**(앉아서 하는 식사보다 서서하는 식사가 더 많이 먹게 된다)

예문 She **surfeited** herself with sweets.
그녀는 단것을 물리도록 먹었다.

---

tenement
[ténəmənt]

n. 집, 건물; (다세대) 주택; 셋방.

연상 많은 건물 중에서 ten(10%)는 먼 터(→테너먼트)에 있는 집, 건물이다.

예문 My family live in overcrowded **tenements**.
우리 가족은 혼잡한 다세대 주택에 산다.

---

transgress
[trænsgrés]

v. (법률·계율 등을) 어기다, 범하다; (한계 따위를) 넘다.

연상 trans(변압기)를 그래스(grass;풀밭)(→트랜스그레스)에 설치하면 법률을 어기는 것이다.

예문 We should not **transgress** against the rules of order.
우리는 법률에 어기는 행동을 해서는 안 된다.

---

enviable
[énviəbəl]

a. 부러운

연상 우리가 앤(en) 비(=왕비)에게 able(할 수 있는)(→엔비어블) 것은 부러운 마음을 갖는 것뿐이다.

예문 He now has an **enviable** reputation as a successful businessman.
그는 이제 성공한 사업가로서 선망의 대상이 되는 평판을 얻고 있다.

---

neurotic
[njuərátik]

a. 신경의; 신경증의(nervous) **n.** 신경증 환자

연상 어떤 사람이 옆에 있는 사람에게 '누어라!'고 틱틱(→누어라틱) 거린 다면 신경의 문제가 있는 신경증 환자일 것이다.

예문 She is **neurotic** about her weight.
그녀는 자신의 체중에 대해 신경과민이다.

---

entangle
[entǽŋgl]

v. 엉클어지게 하다, 얽히게 하다

연상 enter(들어가다) + angle(각도)=(→엔탱글) 어떤 각도로 들어가면 엉클어지게 한다.

예문 A long thread is easily **entangled**.
긴 실은 얽히기 쉽다.

파생 entanglement n. 얽힘, 얽히게 함

enmity
[énmiti]

n. 증오, 적의

연상 그녀는 그녀의 친구 엔미(의) 티(→엔미티)셔츠에 대해 적의를 품었다. 너무 예뻐서

예문 She has **enmity** against me.
그녀는 나에게 적의를 품고 있다.

---

offhand
[ɔ́(ː)fhǽnd / ǽf-]

a. 즉석(卽席)의; 준비 없이 하는; 무뚝뚝한, 퉁명스러운

연상 off(떨어진) + hand(손)(→오프핸드)=손에서 떨어져 있던 일을 하면 준비 없이 하는, 즉석의 일이 된다.

예문 She could not answer that question **offhand**.
그녀는 즉석에서 답을 하지 못했다.

예문 He said to me in an **offhand** manner.
그는 나에게 몹시 냉담한 태도로 말했다.

---

perpendicular
[pə̀ːrpəndíkjələr]

a. 직각을 이루는(to); 수직의

연상 퍼런 pen의 뒤 부분이 기울어(→퍼:펀디큘러) 앞부분과 직각을 이룬다.

예문 The lines are **perpendicular** to each other.
그 두 선이 서로 직각을 이룬다.

예문 a **perpendicular** line 수직선

---

specify
[spésəfài]

v. 일일이 열거하다; 자세히[구체적으로] 말하다[쓰다]

연상 구청에선 숲에서 파이(→스페서파이) 파는 조건을 일일이 열거했다.

예문 The ticket **specifies** that the concert begins at 8:00.
입장권에는 콘서트가 8시에 개막된다고 명기되어 있다.

---

omen
[óumən]

n. 전조, 예감

연상 전조를 알려주는 5(다섯) men(사람)(→오우먼)이 있다고 생각해 보세요.(성공, 실패, 합격, 불합격, 행운을 말해 주는 5 men)

예문 They took the storm as a bad **omen**.
그들은 그 폭풍을 나쁜 징조로 받아들였다.

파생 ominous a. 불길한

---

persuasive
[pərswéisiv]

a. 설득력 있는

연상 경제 사회에서 퍼런 쇠(=돈의 속어) 이십(→퍼쉐이십)만원이 설득력 있는 것이더라.

예문 He is a **persuasive** politician.
그는 설득력이 있는 정치가다.

파생 persuasiveness n. 설득력이 있음

specification
[spèsəfikéiʃən]

n. 상술; 명세서, 설명서
연상 ① specify(일일이 열거하다) + ation(명사어미) = 명세서, 설명서
② 숲에서 피케이(PK; 패널티 킥) 하는 선수(→스페서피케이션)에겐 설명서가 필요하다.
예문 A copy of the **specification** is in the office.
명세서 사본이 사무실에 있다.

carcass
[ká:rkəs]

n. (짐승의) 시체
연상 사냥 갔을 때, car(차)가 커서(→카:커스) 짐승의 시체를 실을 수 있었다.
예문 They eat a deer **carcass**.
그들은 사슴의 시체를 먹는다.

layout
[léiàut]

n. (지면·공장 따위의) 구획, 배치, 설계
연상 lay(놓다) + out(바깥에)(→레이아웃)=건물을 바깥 어느 곳에 놓는 것 이 바로 배치하는 것이다.
예문 He is an expert in **layout**.
그는 설계의 전문가다.

steward
[stjú:ə:rd]

n. 집사, 지배인 ; (여객기) 안내원
연상 스튜어디스(stewardess)는 여객기 여자 안내원이고 스튜어드(→스튜어:드)는 남자 안내원이다.
예문 He was elected a chief **steward**.
그는 직장간사장으로 선출되었다.

oval
[óuvəl]

a. 달걀 모양의, 타원형의. **n.** 타원체 **동** elliptical
연상 오! 벌(→오우벌)을 받고 있군. 달걀 모양의, 타원형으로 몸을 구부려서 벌을 받고 있구나.
예문 The handle is **oval** in shape.
손잡이가 타원형이다.

cataract
[kǽtərækt]

n. 큰 폭포; 억수
연상 cat(고양이) + tractor(트랙터)(→캐터랙트)=고양이나 트랙터도 휩쓸려 갈 정도로 큰 폭포.
예문 There is a **cataract** in the mountain.
산속에 폭포가 있다.

overdue
[òuvərdjúː]

a. (지급) 기한이 지난 ; 늦은, 연착한

연상 ① over(넘어선) + due(지급 기일이 된)(→오우버듀ː)=(지급) 기한이 지난
② over(넘어선) + due(도착할 예정인)= 늦은, 연착한

예문 Her baby is three weeks **overdue**.
그녀의 아기가 (분만) 예정일이 3주 지났다.

overlap
[òuvərlǽp]

v. 겹치다; (시간 따위가) 중복하다

연상 over(위에) + lap(무릎)(→오우버랩)= 한 쪽 다리의 무릎 위에 다른 쪽 다리를 얹으면 무릎이 겹친다.

예문 Put the two pieces of paper together so that they **overlap** slightly.
서로 약간씩 겹치도록 두 종이를 함께 놓아라.

overnight
[óuvərnàit]

a. 밤을 새는; 하룻밤 사이의   **ad.** 밤새껏; 하룻밤 사이에

연상 over(넘어서) + night(밤)(→오우버나이트)= 밤을 넘어서는 것이니까 밤을 새는 것이다

예문 an **overnight** debate   밤새도록 벌이는 토론

예문 His mind changed **overnight**.
그의 마음이 하룻밤 사이에 변했다.

overturn
[òuvərtéːrn]

v. 전복시키다   **n.** 전복

연상 물건을 over(위로) 올려서 turn(돌려버리는)(→오우버터언) 것이 뒤집는 것, 즉 전복시키는 것이다.

예문 He is trying to **overturn** his conviction for armed robbery.
그는 무장 강도에 대한 유죄 판결을 뒤엎으려 하고 있다.

outburst
[áutbə̀ːrst]

n. (화산 따위의) 폭발; (감정 따위의) 격발   **동** explosion

연상 out(밖으로) burst(터지는)(→아웃버ː스트) 것이 폭발하는 것이다.

예문 He was prompted to a rare **outburst** of anger.
그는 분노를 폭발하는 경우가 거의 없었다.

outgrow
[àutgróu]

v. ~에 들어가지 못할 정도로 커지다, 몸이 커져서 입지 못하게 되다. ; 성장하여 (습관·취미 등을) 벗어나다

연상 out(밖으로) + grow(커서)(→아웃글로우)= 몸이 커서 옷 밖으로 나 간다면 옷에 들어가지 못할 정도로 커진 것이다.

예문 The children have **outgrown** their clothes.
아이들이 커서 입던 옷이 작아졌다

outlet
[áutlet]

n. 배출구, 출구; 배수구

연상 out(밖으로) let(나가게 하는)(→아웃렛) 것이 배출구다.

예문 He needed to find an **outlet** for his overflowing energy.
그는 넘쳐나는 힘을 발산할 배출구가 필요했다.

outline
[áutlàin]

n. 윤곽, 외형; 개요

연상 out(밖으로) 들어난 line(선)(→아웃트라인)이 윤곽이다.

예문 The sharp **outline** of the island had become blurred.
뚜렷하던 섬의 윤곽이 흐릿해졌다.

outlive
[àutlív]

v. ~보다도 오래 살다

연상 out(수명을 밖에)까지 live(사는)(→아웃트리브) 것이 ~보다 오래 사는 것이다

예문 He **outlived** his child.
그는 자식보다 오래 살았다.

outlook
[áutlùk]

n. 조망, 전망; 예측, 전망

연상 out(밖으로) look(보는)(→아웃트룩) 것이 바로 조망, 전망이다.

예문 The house has a pleasant **outlook** 전망이 좋다

예문 The country's economic **outlook** is bright.
국가의 경제 전망이 밝다.

outnumber
[àutnʌ́mbər]

v. ~보다 수가 많다; 수적(數的)으로 우세하다.

연상 out(밖으로 벗어난) + number(숫자)(→아웃넘버)=숫자가 밖으로 벗어 난 것이 바로 '~보다 수가 많은' 것이다.

예문 In this city, women **outnumber** men.
이 도시에서는 여자가 남자보다 수가 더 많다.

hilt
[hilt]

n. (칼·도구 따위의) 자루, 손잡이

연상 칼 손잡이는 분명 힐 터(희게 될 터)(→힐트)인데 그 이유는 그곳에 손이 늘 닿기 때문이다.

예문 As the professor criticizes someone, he does it to the **hilt**.
그 교수는 누군가를 비판할 때, 아주 혹독하게 한다.

paddle
[pǽdl]

n. (카누 따위의) 짧고 폭 넓은 노 **v.** 노를 젓다

연상 ① 옛날엔 한 무리 일꾼의 패들(→패들)이 노를 저었다.
　　② 배의 노가 자전거 페달(pedal)과 같은 역할을 하니까 노를 패들이라 하는 거야.

예문 Now, let's have a **paddle** before we leave for home.
집에 가기 전에 배나 좀 타자.

audition
[ɔːdíʃən]

n. 청각; 청력; (가수·배우 등의) 음성 테스트 **v.** 음성 테스트를 하다

연상 가수 지망생들에게 결혼 상대자 선을 보듯이 오디오로 선(→오디션) 을 보는 음성 테스트, 즉 오디션이다.

예문 I did an **audition** for the part of the empress.
나는 황후 역을 위한 오디션을 보았다.

hitch
[hitʃ]

v. (말 따위를) 매다(up); (실 따위를) 얽히게 하다

연상 그의 아내는 he가 술에 취(→히취)하면 그를 나무에 매었다.

예문 He **hitched** up a horse to the wagon.
그는 말을 짐수레에 매었다.

pagan
[péigən]

n. 이교도(異敎徒)

연상 도박에 페이(pay; 보수)를 건(→페이건) 사람은 **이교도**들이다.(도박교도들이니까)

예문 The scholar is interested in all **pagan** religions.
그 학자는 모든 이교도 종교에 관심을 갖고 있다.

pensive
[pénsiv]

a. 생각에 잠긴, 시름에 잠긴 듯한

연상 글을 쓰다가 생각에 잠긴 사람은 흔히 pen을 씹(→펜십)는다.

예문 He falls in a **pensive** mood.
그는 시름에 잠겨 있다.

pang
[pæŋ]

n. (갑자기 일어나는)격심한 아픔, 고통

연상 눈이 팽(→팽) 돌 때 느끼는 고통!

예문 He felt **pangs** of hunger and cold.
그는 극심한 배고픔과 추위의 고통을 느꼈다.

collateral
[kəlǽtərəl]

a. 평행한, 나란히 하는; 부수적인   **n.** 담보물

연상 ① 나는 커(서) 레터를(latter를; 편지를)(→컬래트럴) 전화와 나란히 하는 생활을 하겠다.

② 콜(call,전화하기)와 레터를(latter를; 편지를)(→컬래트럴) 평행되게, 나란히 하는 통신 방법이 좋을 것 같다.

예문 He cannot borrow from banks because they lack **collateral**.
그는 담보물이 부족하기 때문에 은행에서 돈을 빌릴 수 없다.

clone
[kloun]

n. 복제 생물, 클론   **v.** 복제하다

연상 ① 가수 클론(→클론)을 복제하지 마세요.

② 복제한 동물은 커서 lone(외로워)(→클론)질까? (친형제가 없으니까)

예문 The scientists have been trying to **clone** a human for years.
과학자들은 수년간 인간 복제를 시도해 왔습니다.

파생 clonal a. 복제외

gill
[gil]

n. 아가미

연상 물고기에게 길(→길)과 같은 역할을 하는 것이 아가미다.

예문 Fish breathe through their **gills**.
물고기는 아가미로 호흡한다.

UNIT 13 TEST

[1~12] 보기에서 영어에 해당되는 우리말을 찾아 쓰시오.

1. chaste _____

2. clone _____

3. gill _____

4. collateral _____

5. pensive _____

6. audition _____

7. outlook _____

8. pagan _____

9. overturn _____

10. carcass _____

11. outline _____

12. overlap _____

보기 ① 평행한 ② 생각에 잠긴 ③ 정숙한 ④ 복제 생물 ⑤ 아가미 ⑥ (짐승의) 시체
⑦ 청각 ⑧ 조망 ⑨ 겹치다 ⑩ 이교도 ⑪ 전복시키다 ⑫ 윤곽

[13~17] 다음 빈칸에 들어갈 적절한 어휘를 고르시오.

13. He has been appointed to _____ the work.

14. Any delays could potentially _____ the company's ability to do business.

15. If the animal is _____ , it may be out during the day.

16. My family live in overcrowded _____ .

17. We should not _____ against the rules of order.

보기 ① transgress ② jeopardize ③ oversee ④ nocturnal ⑤ tenements

[18~21] 다음 빈칸에 들어갈 적절한 어휘를 고르시오.

18. He now has an _____ reputation as a successful businessman.

19. She could not answer that question _____ .

20. He is a member of a orchestral _____ in New york.

21. Put the two pieces of paper together so that they _____ slightly.

보기 ① offhand ② enviable ③ overlap ④ ensemble

정답 1.③ 2.④ 3.⑤ 4.① 5.② 6.⑦ 7.⑧ 8.⑩ 9.⑪ 10.⑥ 11.⑫ 12.⑨
13.③ 14.② 15.④ 16.⑤ 17.① 18.② 19.① 20.④ 21.③

Further Study

imposture 사기, 협잡

predecessor 전임자; 선행자

expanse 광활한 공간, 넓게 트인 지역

predicate 단정하다 ;근거를 두다

bereave (생명 · 희망 등을) 빼앗다(of)

beseech 간청하다, 애원하다(for).

beset 포위하다, (도로 따위를) 막다

asunder 산산이 흩어져, 조각조각으로

incredible 믿을 수 없는; 거짓말 같은

inveterate (감정 · 병이) 뿌리 깊은; 상습적인.

solidify 단결시키다; 응고시키다

peerless 비할 데 없는, 유례없는.

receptive 잘 받아들이는, 감수성이 예민한,

surreptitious 내밀한, 은밀한

tractable 유순한, 온순한; 다루기 쉬운

juggler 곡예사

restful 평화로운 느낌을 주는, 차분한

fragment 파편, 부서진 조각

genteel 품위 있는, 고상한

synopsis 개관, 개요

demure 새침 떠는, 점잔빼는

disregard 무시하다, 경시하다(ignore).

faultless 결점 없는; 흠(잡을 데) 없는

acme 절정, 정점; 전성기

decrepit 노쇠한, 늙어빠진

intrepid 용맹스러운

affluent 풍부한; 유복한

gregarious

군거하는, 군생하는; (사람이) 사교적인,

effervescent 비등성의, 거품이 이는

dismember ～의 손발을 자르다, 해체하다

wanting

[wɔ́(:)ntiŋ, wánt-]

a. 빠져 있는; ~이 없는; 부족한, ~가 모자라는.

연상 wanting(~을 원한다)(→원팅)는 것은 ~이 없거나 ~이 부족하기 때문이다.

예문 There is something **wanting**.
무언가 빠져 있다.

예문 She is **wanting** in judgment.
그녀는 판단력이 부족하다.

colt

[koult]

n. 망아지(수컷). **cf.** filly(암망아지); 애송이, 미숙한 자

연상 망아지는 어릴 때 코로 울 터(→코울트)인데.(망아지의 코 울음소리가 특이함)

예문 She jumped off from the **colt**.
그녀는 망아지에서 뛰어내렸다.

stationary

[stéiʃənèri / -nəri]

a. 움직이지 않는, 정지(靜止)된.

연상 움직이지 않고, 정지된 것이 station(정거장) 너리(→스테이셔 너리)! (기차는 움직이지만 역은 그 자리에 정지되어 있다)

예문 The students remained **stationary**.
학생들은 움직이지 않았다.

예문 **stationary** troops 주둔군.

stationery

[stéiʃənèri / -nəri]

n. 문방구, 문구류

연상 문방구를 구할 수 있게 해 주는 것은 station(정거장), 너리(→스테이셔너리)! (시골에선 문방구를 구하러 가려면 버스 정류장(bus station)에서 버스를 타고 타운까지 나가야한다)

예문 The **stationery** cabinet door is locked in the office.
사무용품 캐비닛 문이 잠겨 있다.

jeer

[dʒiər]

n. 조소, 조롱 **v.** 조소하다 **동** scoff

연상 비웃는 웃음을 지어(→지어) 남을 조소한다

예문 Don't **jeer** the losing team.
지고 있는 팀을 놀리지 마라.

commissioner
[kəmíʃənər]

n. (정부가 임명한) 위원, 이사; 국장, 장관; 지방 행정관

연상 com(컴퓨터) miss(잘못한) 너(→컴미셔너)가 바로 이사, 국장님들.(예전엔 높은 사람들은 컴퓨터를 잘 못했다)

예문 She was appointed the first woman trade **commissioner**.
그녀는 최초의 여성 통상위원으로 임명되었다.

freckle
[frékl]

n. 주근깨; 기미

연상 풀에 클(→프레클) 주근깨가 사람의 얼굴에 크다니!(풀잎에도 사람의 얼굴처럼 수많은 주근깨가 크고 있다)

예문 She was a **freckle**-faced schoolgirl.
그녀는 주근깨가 있는 여학생이었다.

파생 freckled a. 주근깨가 있는 freckly a. 주근깨투성이의.

stringent
[stríndʒənt]

a. 절박한; 자금이 핍박한(tight); (규칙 따위가)엄중한

연상 스트릿(street; 거리) in(안에서) 전투(→스트린전트)가 벌어졌다면 상황이 절박하고, 시민들 통행이 엄중한 제한을 받는다.

예문 There would be more **stringent** controls on the possession of weapons.
무기 소지에 대한 보다 엄중한 통제가 있게 될 것이다.

예문 a **stringent** remedy 긴급구제책.

caress
[kərés]

n. 애무 **v.** 애무하다

연상 car(차) + -에서 → car에서(→커레서)= 애무하다.

예문 He **caressed** her blond hair.
그는 그녀의 금발을 애무했다.

malady
[mǽlədi]

n. (만성적인) 병, 질병. **동** ailment, disease.

연상 음악의 멜로디(melody)(→맬러디)가 만성적인 병을 치료할 수 있다.

예문 The president said that he would eliminate the social **malady**.
대통령은 사회적 병폐를 일소하겠다고 말했다.

cartridge
[káːrtridʒ]

n. 탄약통; 카트리지(프린터 잉크 통, 필름 통 같은 것)

연상 프린트의 카트리지(→카:트리쥐)가 원래 탄약통이란 뜻

예문 All the soldiers there loaded the **cartridge** into their gun.
그곳에 있는 모든 군인들은 총에 탄창을 장전했다.

freak
[friːk]

n. 변덕(스러운 마음), 일시적 기분(caprice); 변덕스러운 짓; 열광자

연상 free(자유로운) 마음이 커(→프리ː크)서 변덕이 심하다.

예문 My aunt is a jazz **freak**.
내 숙모는 재즈 광이다.

예문 out of mere **freak** 일시적 기분[변덕]에

commentary
[kámǝntèri]

n. 주석서(書); 논평, 비평

연상 최신식 논평이 바로 com(컴퓨터)로 하는 멘터리(→캄먼테리)!

예문 He gave a critical **commentary** on the play.
그는 그 연극에 대한 비판적 논평을 했다.

cabbage
[kǽbidʒ]

n. 양배추

연상 옛날에 양배추를 실어 날랐던 것이 cab이지(승합마차이지)(→캐비지)

예문 She added **cabbage** and carrots and toss well.
그녀는 양배추와 당근을 넣고 잘 섞었다.

Muslim
[mʌ́zlǝm, mús-]

n. 이슬람교도   **a.** 이슬람교도의

연상 무(발음이 무와 같음) + slim(홀쭉한)(→무슬림) = 이슬람교도들의 모습이 마치 채소 밭에서 있는 홀쭉한 무와 같아 보인다.

예문 They say there is no unanimity in the **Muslim** World.
무슬림 세계엔 만장일치가 없다고 말한다.

spurt
[spǝːrt]

v. 뿜어 나오다, 분출(噴出)하다; (경기) 역주(力走)하다.

연상 마라톤 선수가 마지막 역주, 즉 마지막 스퍼트(→스퍼ː트)에서 힘이 뿜어 나온다.

예문 Water **spurted** from the crack in bedrock.
암반 틈새에서 물이 뿜어 나왔다.

perennial
[pǝréniǝl]

a. 연중 끊이지 않는(continual); 여러 해 계속하는; (식물) 다년생의,
n. 다년생 식물

연상 펄엔 (대를) 이을(→퍼레니얼) 다년생 식물들이 연중 끊이지 않고 살고 있다.

예문 Lack of water in the country is a **perennial** problem.
그 나라의 물 부족은 다년간(多年間)에 걸친 문제다.

dolly
[dáli]

n. (소아어) 인형,; (무거운 것을 나르는) 낮고 작은 바퀴 달린 손수레

연상 화가 달리(→달리)의 그림에 '인형' '손수레'가 있었을까?

예문 He wheeled the chair into the office on a **dolly**.
그는 의자를 바퀴달린 받침대에 실어서 사무실 안으로 밀고 들어왔다

anterior
[æntíəriər]

a. (공간적으로) 전방[전면]의, 앞의(to) **반** posterior.

연상 리어카(rear-car)를 끌고 있는 앤(Ann)의 티(셔츠)가 리어카(→앤티리어)보다 전방의 위치에 있다.

예문 It is an event **anterior** to the final examination.
그것은 기말고사보다 앞에 있는 행사다.

sinew
[sínjuː]

n. 힘줄; **pl.** 근육; 원동력

연상 신우(신장의 일부)(→시뉴:)는 힘줄에 닿아 있다.

예문 People say that money is the **sinew** of love as well as war.
돈은 사랑의 핏줄이자 전쟁의 힘줄이라고 사람들은 말한다.

civility
[sivíləti]

n. (형식적인) 정중함, 공손함; 예의바름

연상 도시의 빌라, 다시 말해 시 빌라(에서) 티(셔츠)(→시빌러티)를 입으 면 정중함이 있다고 볼 수 있다.(내의 차림보다 정중하다)

예문 Staff members treat customers with **civility** at all times.
직원들은 고객을 언제나 공손히 대해야 한다.

cabin
[kǽbin]

n. 오두막 (hut); (배의) 객실, 선실

연상 cab(택시) in(안에)(→캐빈) 들어갈 정도의 작은 방이 선실이고, 그 정도로 작은 집은 오두막이다.

예문 At that time all the passengers were in the **cabin**.
그때 모든 승객들은 선실에 있었다.

beaver
[bíːvər]

n. 비버; (일·공부에) 끈질긴 사람

연상 바다에 사는 비버(해리)(→비버)는 일에 끈질긴 사람과 같다.

예문 My father works diligently like a **beaver**.
아버지는 비버처럼 근면하게 일한다.

jostle
[dʒásl / dʒósl]

v. (난폭하게) 떠밀다, 부딪치다 **n.** 서러 밀치기

연상 사람을 난폭하게 떠밀면 경찰서에서 조설(조서를)(→조설) 써야한다.

예문 We **jostled** through the crowd.
우리는 군중을 헤치고 나아갔다.

vintage

n. 포도 수확(기); 포도 수확량, 포도주 생산량; 제작 연대(자동차 등의)

a. 포도 따기[포도주 빚기]의; 낡아빠진, 시대에 뒤진

연상 ① 포도 수확기가 되면 오스트리아 빈은 튀지(→빈티지).
② 요즘 빈티지(→빈티지) 스타일의 옷은 낡아빠진 스타일의 옷을 말한다.

예문 an automobile of the **vintage** of 1985. 1985년형의 자동차

예문 The **vintage** was later than usual.
포도 수확기가 보통 때보다 늦었다.

brawl
[brɔːl]

v. 말다툼하다; 큰소리로 야단치다 **n.** 말다툼

연상 불타는 듯한 놀(→브로올)을 보며 말다툼을 했다. 한 사람은 불이라 하고 다른 한 사람은 놀이라고 우기다 말다툼을 했다.

예문 They were arrested for **brawling** in the park.
그들은 공원에서 싸움을 벌여 체포되었다.

peddler
[pédlər]

n. 행상인

연상 행상인을 하려면 행상인 패(거리)에 들어(→페들어)가야 한다.(행상인은 패거리가 있다)

예문 Her father is **a peddler** selling his wares.
그녀의 아버지는 상품을 팔러 다니는 행상인이다.

commonplace
[kámənplèis / kóm-]

a. 평범한, 개성이 없는; 진부한

연상 common(보통의) + place(장소)(→캄먼플레이스)=보통의 장소는 평범한 곳이다.

예문 Computers are now **commonplace** in the countryside.
이제는 시골에서도 컴퓨터는 아주 흔하다.

quilt
[kwilt]

n. 누비이불 **v.** 속을 두어서 누비다

연상 천의 귈(=귀를) 터(→퀼트)서 누비이불을 만들다

예문 An ancient merchant often **quilted** money in his belt.
옛날 상인들은 가끔 돈을 띠에 넣고 꿰맸다.

lullaby
[lʌ́ləbài]

n. 자장가

연상 럴러 하면서 아이 옆에(by)(→럴러바이) 있는 것이 자장가를 부르는 것이다.

예문 Mother used to sing **lullabies** to me at night.
밤이 되면 어머니는 나에게 자장가를 불러주곤 했다.

lieutenant
[lu:ténənt]

n. (미육군·공군·해병대)중위(first ~), 소위(second ~); (영국 육군) 중위.

연상 촉석루와 같은 루 현판에 기어오르는 **ten**(10 마리) **ant**(개미)(→루:테넌트)가 중위 계급장과 비슷하게 보인다.

예문 **Lieutenant** Samuel Johnson is my younger brother.
Samuel Johnson 중위는 나의 동생이다.

sociology
[sòusiɑ́lədʒi]

n. 사회학

연상 소시(小市:소도시)에 대해 **알**(고 있을) **너지**(→소우시알러지)? 사회학을 공부한 너니까?

예문 He majored in **sociology** in the university.
그는 대학에서 사회학을 전공했다.

파생 sociologist **n.** 사회학자.

maximize
[mǽksəmàiz]

v. 극한까지 증가[확대]하다; 최대화(化)하다. (반)minimize 최소화하다

연상 맥심(커피) 많이 줘(→맥시마이즈)라고 말한다면 그것을 최대화해서 달라는 말이다.

예문 The firm tried to **maximize** efficiency.
그 회사는 효율성을 극대화 하려고 노력했다.

파생 maximization **n.** 극대화, 최대화

memoir
[mémwɑːr]

n. 전기 ; 회고록

연상 memo(메모)해서 와-(→메무아:)하는 감탄이 나오게 쓴 글이 회고록이다.

예문 He also wrote a personal **memoir** called Years Lost.
또한 그는 잃어버린 세월이라는 개인의 회고록을 썼다.

quake
[kweik]

v. 흔들리다(shake), 진동하다(vibrate) **n.** 흔들림

연상 테이블이 흔들리니 케이크(→퀘이크)가 흔들리네.

예문 He is **quaking** with fear .
그는 공포 때문에 떨고 있다.

lust
[lʌst]

n. (강한) 욕망, 갈망 **v.** (명성·부 따위를) 갈망[열망]하다

연상 삶의 **라스트**(last; 마지막) 순간까지 남아 있는 것이 바로 **욕망**(lust; 라스트)이다.

예문 He used her just to satisfy his **lust.**
그는 단지 자신의 욕망을 충족시키기 위해 그녀를 이용했다.

vocation
[voukéiʃən]

n. 직업; 천직, 사명감.

연상 사람들은 주로 **버케이션** (vacation; 휴가) 중에 다른 **직업**(vocation; →보케이션)를 찾는다.

예문 She struggled for years to find her true **vocation.**
그녀는 자신의 진정한 직업을 찾기 위해 몇 해 동안 노력했다.

luster
[lʌ́stər]

n. 광택; 영광 **v.** (도자기 따위에) 광을 내다

연상 어떤 물건을 문지르면 **라스트**(last; 마지막)에 **터**(→라스터)져 나오는 것이 **광택**이다.

예문 His new shoes shines with a gleaming **luster.**
그의 새 신발이 화려한 광택으로 빛난다.

pantry
[pǽntri]

n. 식료품(저장)실

연상 납작한 냄비인 **pan**(팬)을 **털이**(→팬트리) 해(훔쳐) 가는 일이 식료품 저장실에서 일어난다.

예문 They stored the finished product in a cool dark **pantry.**
그들은 완제품을 시원하고 어두운 식품 저장실에 보관했다.

rack
[ræk]

n. 선반

연상 테니스 라켓(racket)은 **선반**(→래크)에 얹어두라.

예문 She hung the towel on the **rack.**
그녀는 수건걸이에 수건을 걸었다.

예문 bicycle **rack** 자전거 보관대   shoe **rack** 신발장

heave
[hi:v]

v. (무거운 것을) (들어)올리다(lift)

연상 무거운 짐을 들어 올릴 때 **he**(그 사람) 입(→히입)이 벌어진다

예문 He helped me **heave** a sack.
그는 내가 자루를 들어 올리는 것을 도와주었다.

possessed
[pəzést]

a. 홀린, 미친; 침착한,

연상 귀신에 의해 possessed(소유당했다)(→퍼제스트)면 귀신에게 홀린 것이다.

예문 People thought that she was **possessed** by the devil.
사람들은 그가 귀신에 홀린 거라고 생각했다.

heathen
[híːðən]

n. 이교도 **a.** 이교(도)의

연상 이교도(heathen)(→히:던)는 히든(hidden; 감추어진) 경우가 많다.

예문 They tried to convert the **heathen**.
그들은 이교도들을 개종시키려 했다.

omnibus
[ámnəbʌs, -bəs]

n. 승합마차; 승합자동차; 여러 가지 물건[항목]을 포함하는

연상 암, 너 버스(→암너버스)는 승합자동차지.

예문 This could also be done through the **Omnibus** Survey.
이것은 여러 가지를 포함하는 조사로 행해질 수 있다.

UNIT 14 TEST

[1~12] 보기에서 영어에 해당되는 우리말을 찾아 쓰시오.

1. heathen _____   2. vintage _____

3. luster _____   4. rack _____

5. quake _____   6. vocation _____

7. sociology _____   8. omnibus _____

9. lust _____   10. lullaby _____

11. peddler _____   12. communion _____

[보기] ① 선반 ② 직업 ③ 흔들리다 ④ 포도 수확(기) ⑤ 이교도 ⑥ 광택
⑦ 친교 ⑧ 욕망 ⑨ 사회학 ⑩ 승합마차 ⑪ 자장가 ⑫ 행상인

[13~17] 다음 빈칸에 들어갈 적절한 어휘를 고르시오.

13. The _____ cabinet door is locked in the office.

14. She was appointed the first woman trade _____ .

15. There would be more stringent controls on the _____ of weapons.

16. The president said that he would eliminate the social _____ .

17. People thought that she was _____ by the devil.

[보기] ① possessed ② stationery ③ commissioner ④ possession ⑤ malady

[18~21] 다음 빈칸에 들어갈 적절한 어휘를 고르시오.

18. He gave a critical _____ on the play.

19. Water _____ from the crack in bedrock.

20. Lack of water in the country is a _____ problem.

21. Staff members treat customers with _____ at all times.

[보기] ① perennial ② civility ③ spurted ④ commentary

[정답] 1.⑤ 2.④ 3.⑥ 4.① 5.③ 6.② 7.⑨ 8.⑩ 9.⑧ 10.⑪ 11.⑫ 12.⑦
13.② 14.③ 15.④ 16.⑤ 17.① 18.④ 19.③ 20.① 21.②

Further Study

bethink ~을 숙고하다, 생각해 내다

bewail 비통해 하다; 한탄하다

bewitch 마법을 걸다, 매혹하다

facilitate (손)쉽게 하다; (행위 따위를) 돕다

crumb 작은 조각, 빵부스러기(fragment)

notch (V자 모양의) 새김 눈, 벤 자리

ethereal 공기 같은, 천상의, 하늘의

downright 명백한, 솔직한

inconvenience 불편

affectionately 애정 깊은; 다정한

oily 기름의, 기름칠한

covenant 계약, 서약, 계약[서약]하다

enrage 노하게 하다, 분격시키다.

oratory 웅변(술); 수사(修辭)

crucify 십자가에 못박아죽이다

equitable 공정한, 정당한

sterile 불모의, 불임의

chicanery 꾸며댐, 속임수

outmoded 유행에 뒤떨어진, 구식의.

succumb 굴복하다, 지다

vertigo 현기, 어지러움

rapprochement 화해; 친선

censure 비난하다, 나무라다

conciliatory 달래는(듯한), 회유적인

skyrocket

급히 상승[출세]하다, (물가 따위가)급등하다

bizarre 기괴한(grotesque), 좀 별난

petulant 성마른, 화 잘 내는

infuse (사상 · 활력 따위를) 주입하다

infusion 주입, 고취

concur 진술이 같다, 일치하다

480

bombard
[bɑmbáːrd]

v. 포격[폭격]하다.

연상 적군이 우리의 밤 바다(→밤바:드)를 폭격했다.

예문 The region has been heavily **bombarded** for the last three days.
그 지역은 지난 3일 동안 맹렬하게 폭격을 당했다.

파생 bombardment n. 포격, 폭격 bombarder n. 폭격기

bloodless
[blʌ́dlis]

a. 핏기[생기]없는

연상 blood(피) + less(없는)(→블라드리스)=핏기 없는, 생기 없는

예문 She looks pale and **bloodless** owing to a bad cold.
그녀는 감기 때문에 창백하고 핏기 없어 보인다.

bloodshed
[blʌ́dʃèd]

n. 유혈(의 참사); 학살.

연상 blood(피) + shed(뿌리다, 흘리다)(→블라드쉐드)= 피를 흘림. 유혈

예문 The two countries called a truce to prevent further **bloodshed**.
두 나라는 더 이상의 유혈 사태를 막기 위해 휴전을 선포했다.

insult
[íns∧lt]

v. 모욕하다 **n.** 모욕적인 언행

연상 아무에게나 인사를 터놓고, 즉 인살 터(→인살트)놓고 하면 모욕하는 것이 될 수 있다.

예문 I felt deeply **insulted** that she hadn't asked me to the meeting.
나는, 그녀가 나에게 그 모임에 참석을 요청하지 않은 것에서 심한 모욕 감을 느꼈다.

hectic
[héktik]

a. (폐결핵 따위로) 얼굴에 홍조를 띤(flushed); 열이 있는;
(구어) 흥분한, 열광적인(frantic); 매우 바쁜

연상 컴퓨터 해커들은 틱(장애), 즉 해커 틱(→헤크틱)으로 얼굴에 홍조를 띨지 모른다.

예문 Despite his **hectic** work schedule, he has rarely suffered poor health.
매우 바쁜 업무 일정에도 불구하고 그는 몸이 아픈 것이 거의 없다.

stag
[stæg]

n. 수사슴; 거세한 황소[수퇘지]; 수탉, (여우·칠면조 등의) 수컷; (구어) (파티 등에) 여성을 동반치 않고 온 남성

연상 동물의 수태(임신)시킬 수 있는 근(男根; 뿌리)(→스태그)는 수사슴 이거나 수퇘지가 가진 것이다.

예문 No **Stags** Allowed. 부부 동반이 아니면 사절.

예문 **Stag** hunting is not forbidden.
수사슴 사냥은 금지되어 있지 않다.

bowwow
[báuwáu]

n. 개 짖는 소리; 와글와글 떠듦

연상 미국 개 짖는 소리가 '바우(bow) + 와우(wow ; 와-하는 감탄사)'(→바우와우) "바우야, 와!"이런 뜻이라면 우습죠.

예문 Dogs barked **bowwow** in the big house.
큰 집 안에서 개들이 멍멍 짖었다.

brace
[breis]

n. 버팀대, 지주(支柱) ;(영)바지 멜빵 **v.** 버티다, 떠받치다

연상 불 속에서 경주, 즉 불 race(→브레이스)를 벌리려면 버틸 수 있는 정신적, 육체적 버팀대가 필요하다.

예문 A patient wears a neck **brace**.
환자가 목 보조기를 착용하고 있다.

revision
[rivíʒən]

n. 개정, 교정(校訂)

연상 ① revise(개정하다) + ion(명사 어미)(→리비전) = 개정, 교정
② 시골마을, 리(里)가 vision(시력, 통찰력)(→리비전)을 가졌다는 것은 시골의 낡은 것을 개정하려는 비전을 가졌다는 뜻이겠지요.

예문 They called for **revisions** to the treaty.
그들은 조약의 개정을 요구했다.

abound
[əbáund]

v. (물건 등이 ~에) 많이 있다; (장소 따위가~로) 그득하다, 풍부하다

연상 농구에서 a(한번) bound(공이 튐)(→어바운드)되는 경우가 많이 있다.

예문 Frogs **abound** in this pond.
이 연못에는 개구리가 많다

파생 abundant a. 풍부한 abundance n. 풍부함

bomber
[bámər]

n. 폭격기; 폭파범

연상 bomb(폭탄) + -er(--하는 것,사람)(→바머:)=폭탄을 떨어뜨리는 것이 폭격기다.

예문 He was a **bomber** pilot in World War Ⅱ.
그는 2차 세계대전에서 폭격기 조종사였다.

absurdity
[əbsə́ːrdəti]

n. 불합리, 어리석음

연상 ① 합리성이 없어(서) dirty(불결한)(→업서:더티) 것이 **불합리**이다.

② 없어 더 티(→업서:더티)가 나는 것이 **어리석음**이다.(어리석음 없을수록 좋은 티가 난다)

예문 She found herself growing increasingly angry at the **absurdity** of the situation.
그녀는 자신이 상황의 불합리함에 점차 화를 내고 있다는 것을 알았다.

파생 absurd **a.** 불합리한, 어리석은

figurative
[fígjərətiv]

a. 비유적인

연상 피겨(스케이팅)는 러(시아) TV(→피겨러티브)로 보라,"고 한다면 그 말은 비유적인 표현이다.(국내 tv에 대한 불만을 비유적으로 나타낸 것일 수 있다)

예문 In his poem we can find many **figurative** language.
우리는 그의 시에서 많은 비유적인 언어를 찾을 수 있다.

revoke
[rivóuk]

v. (명령·약속 따위를) 철회[폐지, 취소]하다, 무효로 하다 **n.** 취소, 폐지

연상 ① 정부에서 시골마을, 리(里)에 대한 보우(保佑;보살피어 도와줌)가 크(→리보우크)서 일부를 철회했다.

② 그 투수는 시골마을, 리(里)의 야구장에서 보크(→리보우크) 반칙(투구 반칙)이 너무 많아 투수 지명을 철회했다.

예문 The police **revoked** his driver's license.
경찰은 그의 운전면허를 취소했다.

parish
[pǽriʃ]

n. 본당(本堂), 교구(敎區)

연상 패리스(paris; 파리시)(→패러쉬)에 가톨릭교회의 본당이 있단다.

예문 He is a **parish** priest.
그는 교구 목사이다

accomplice
[əkámplis / əkʌ́m-]

n. 공범자, 연루자, 협력자

연상 해킹 같은 범죄를 a(하나의) com(컴퓨터)로 하다가 police(→어콤플리스)에 잡혀가는 공범자들이 많다.

예문 He is an **accomplice** to murder.
그는 살인 공범자다.

fickle
[fíkəl]

a. 변하기 쉬운, 마음이 잘 변하는, 변덕스러운

연상 알갱이보다 피(皮;껍데기)가 클(→피클)때 알갱이는 변하기 쉽다.

예문 a **fickle** woman 변덕스러운 여자.

예문 The weather there is very **fickle**.
그곳 날씨는 매우 변덕스럽다.

scrutiny
[skrúːtəni]

n. 정밀한 조사

연상 배의 스크루가 튀니(→스크루:터니) 정밀한 조사가 필요하다.

예문 The company is under **scrutiny** by the authorities.
그 회사는 당국으로부터 정밀한 조사를 받고 있다.

brittle
[brítl]

a. 부서지기[깨지기] 쉬운, ; 덧없는

연상 새의 부리(에) 털(→브리틀)은 부서지기 쉬운 것이다.

예문 As you get old your bones becomes increasingly **brittle**.
나이가 들면서 뼈가 점차 부서지기 쉬워진다.

ingenuity
[ìndʒənjúːəti]

n. 창의, 발명의 재주

연상 인물상 전시회, 인전(人展)에서 누워(서) 티(→인저누:어티)를 내는 인물상이 있다면 그 작품은 창의, 발명의 재주가 있는 작품이다.

예문 He is a man of **ingenuity**.
그는 발명의 재능이 많은 사람이다.

initiate
[iníʃièit]

v. 시작하다, 개시하다, 창시하다 **⑤** begin

연상 친구 인회(가) 쉬 ate(먹는)(→이니쉬에잇) 것을 시작했다.

예문 The new government has **initiated** a program of social reform.
새 정부는 사회 개혁 프로그램을 시작했다.

파생 initiation n. 시작, 개시

initiative
[iníʃiətiv]

n. 발의, 발기; 창의, 독창력
a. 처음의; 창시의

연상 직장에서 인회(는) 쉬어(도) 팁(→이니쉬어팁)(사례금)을 받도록 하는 제도를 발의했다.

예문 The employees in the company lack **initiative**.
그 회사 종업원들은 독창력이 부족하다.

buoy
[búːi]

n. 부이, 부표 **v.** 뜨게 하다(up)

연상 ① 구명부이(→부:이)는 물에 뜨게 한다.
② boy들이 바다에 갈 때 구명부이가 필요하다.

예문 She was **buoyed** up by a sense of hope.
그녀는 희망으로 가슴이 부풀었다.

buoyant
[bɔ́iənt, búːjənt]

a. (액체 등이) 부양성 있는, (물건이) 부력이 있는

연상 buoy(뜨게 하다) + -ant(형용사 어미)(→부:이언트)= 뜨게하는, 부양성이 있는

예문 Salt water is always more **buoyant** than fresh water.
바닷물은 언제나 민물보다 부력이 더 크다.

buzz
[bʌz]

v. (벌·기계 따위가) 윙윙거리다   **n.** (윙윙) 울리는 소리; 버즈

연상 bus(버스)가 윙윙 울리는 소리(→버즈)를 냈다

예문 Bees **buzzed** lazily over the flower bed.
벌들이 화단에서 한가로이 윙윙거렸다.

rustic
[rʌ́stik]

a. 시골의; 시골풍의

연상 러시아에서 스틱(stick;막대기)(→러스틱)을 사용하는 것은 시골의 모습이다.(러시아 노인들은 시골에서만 스틱을 사용한다)

예문 The young couple live in an old cottage full of **rustic** charm.
그 젊은 부부는 시골의 매력이 가득한 오래된 작은 집에 산다.

favorable
[féivərəbəl]

a. 호의를 보이는; 유리한

연상 호의(favor)로 할 수 있게(able)(→페이버러블) 해 주는 것이 호의를 보이는 것이다.

예문 The spectators were **favorable** to our team.
관객들은 우리 팀에 호의적이었다.

salvation
[sælvéiʃən]

n. 구조, 구제; 구조물

연상 바다에 아직 셀(수 있을 정도로) 배가 있어선(→샐베이션) 물에 빠진 사람을 구조할 수 있다.

예문 We should have worked out our own **salvation**.
우리는 스스로 자구책을 강구했어야 했다.

hamper
[hǽmpər]

v. 방해하다, (동작·진보를) 훼방하다;   **n.** 방해물   **동** hinder

연상 ham(햄)이 퍼(→햄퍼)런 색이면 소화를 방해한다.

예문 A snowstorm **hampered** our progress.
눈보라가 우리의 앞길을 방해했다.

handcuff
[hǽndkʌf]

n. 수갑, 쇠고랑 **동** shackle

연상 hand(손)에 컵(cup)(→핸드컵)을 씌워 움직이지 못하게 하면 그것도 일종의 수갑이다.

예문 The policeman then snaps a **handcuff** around the criminal's wrist.
경찰이 범인의 손목에 수갑을 채웠다.

reminiscence
[rèmínísəns]

n. 회상, 추억; 기억력.

연상 20대가 되었을 때 네가 미니(mini) 스커트만 입겠다고 선서(→레미니선스)를 했던 것을 회상할 수 있니?

예문 The book is **reminiscences** of an American soldier.
그 책은 어느 미군의 회고담이다.

haphazard
[hǽphæ̀zərd]

n. 우연(한 일) **a.** 우연한, 되는 대로의

연상 happen(우연히 ~하다) + hazard(위험)(→햅해저드)= 위험함은 흔히 일어나는 우연한 일이다.(hazard - 해져도 위험하지만 해(가) 저 더 위험한 길도 있다)

예문 The town had grown in a somewhat **haphazard** way.
그 도시는 무계획적으로 성장했다.

remnant
[rémnənt]

n. 나머지, 잔여; 찌꺼기 **a.** 나머지의

연상 렘브란트, 넌(=너는)(→렘넌트) 화가 중에서 **나머지**에 속해.

예문 Their outdated custom are a **remnant** from colonial days.
그들의 낡은 관습은 식민지 시대의 잔여물이다.

sentinel
[séntənəl]

n. (문어) 보초; 파수. **v.** 망보다; ~에 보초를 세우다.

연상 군에선 중요 건물 센터(center;중앙)엔 늘(→센터늘) 보초가 출입자를 망보고 있다.

예문 They got past a **sentinel** without detection.
그들은 발각되지 않고 보초 있는 곳을 빠져나가다.

bunk
[bʌŋk]

n. 잠자리, (배·기차 따위의) 침대

연상 그곳은 방(이) 크(→방크/벙크)서 잠자리로 적당하다.

예문 The officer took the **bunk** nearer the door.
장교는 문에 더 가까운 침대를 썼다.

bunker
[bʌ́ŋkər]

n. (골프) 벙커(모래땅의 장애 구역); (군사) 벙커, 지하 엄폐호

연상 군사시설인 지하 엄폐호는 방 크기가 더 크기 때문에 비교급처럼 -er이 붙어 bunker(→벙커)이다.

예문 The supreme commander hid in an underground **bunker**.
최고 지휘관은 지하 벙커에 숨어 있었다.

예문 be **bunkered** 골프에서 (공이) 벙커에 들어가다.

---

gild
[gild]

v. ~에 금[금박]을 입히다, ~을 금도금하다; 금빛으로 칠하다

연상 옛날 전설의 나라, 황금의 나라에선 물건보다는 사람 다니는 길에 더(→길드) 금박을 입혔다.

예문 The setting sun **gilded** the sky.
석양이 하늘을 황금빛으로 물들였다.

---

muddle
[mʌ́dl]

v. 혼합하다; 뒤섞어 놓다

연상 머들(mud들; 진흙을)(→머들)사용할 땐 잘 혼합하여 사용하세요.

예문 Don't **muddle** my books with his.
나의 책과 그의 책을 뒤섞지 않도록 했다.

---

housewarming
[háuswɔ̀ərmiŋ]

n. 새 집 축하 잔치, 집들이

연상 새로 지은 house(집)을 warming(따뜻하게 하는)(→하우스워어밍) 것이 집들이 파티다.

예문 My aunt is having a **housewarming** party on Sunday.
숙모가 일요일에 집들이 파티를 연다.

---

totter
[tátə:r / tɔ́tə:r]

v. 비트적거리다, 비틀[비슬]거리다;

연상 지진으로 토(土;땅)가 터(→토터: / 타터:)져서 사람들이 비트적거렸다.

예문 She **tottered** and fell forward.
그녀는 비틀거리다 앞으로 쓰러졌다.

---

considerate
[kənsídərit]

a. 사려 깊은, (남을) 배려하는

연상 가난한 사람들을 consider(고려하고) 음식을 ate(먹었다)(→컨시더릿)는 것은 동정심이 많은 행동이다.

예문 It is very **considerate** of you to wait for her.
당신이 그녀를 기다려 준 것은 대단히 사려 깊은 일이다.

maze

[meiz]

n. 미로(迷路), 미궁(迷宮) **v.** 미혹시키다

연상 미로에 갇히게 되면 누구나 벗어나지 못하고 거기에 매이지(→메이지)!

예문 They lost their way in the **maze**.
그들은 미로에서 길을 잃었다.

---

warm-hearted

[wɔ́:rmhá:rtid]

a. 마음씨가 따뜻한, 친절한

연상 warm(따뜻한) + hearted(마음을 가진) =마음이 따뜻한

예문 His father is a **warm-hearted** person.
그는 마음이 따뜻한 사람이다.

---

subsidiary

[səbsídièri]

a. 보조의; 보충적인 **n.** 자회사

연상 하루의 섭씨 (기온)만 기록하는 diary(일기장, 일지)(→섭시디에리)가 있다면 그것은 보조의
일기장일 것이다.

예문 He delivered newspapers as a **subsidiary** occupation.
그는 보조 직업으로 신문을 배달했다.

---

yonder

[jándə:r]

a. 저쪽의, 저기의. **ad.** 저쪽에, 저기에(over there).

연상 얀(=야(野)는; 야당은) 더(→얀더:), 저쪽의 자리를 준다. 여당이 중심석에 앉는다.

예문 Now look **yonder**, just beyond the small house there.
이제 저기를 봐, 저기 작은 집 너머로.

UNIT 15 TEST

[1~12] 보기에서 영어에 해당되는 우리말을 찾아 쓰시오.

1. maze _____
2. totter _____
3. considerate _____
4. yonder _____
5. muddle _____
6. bunk _____
7. remnant _____
8. reminiscence _____
9. haphazard _____
10. hamper _____
11. sentinel _____
12. salvation _____

[보기] ① 비트적거리다 ② 저쪽의 ③ 미로 ④ 혼합하다 ⑤ 나머지 ⑥ 사려 깊은
⑦ 보초 ⑧ 방해하다 ⑨ 잠자리 ⑩ 구조 ⑪ 우연(한 일) ⑫ 회상

[13~17] 다음 빈칸에 들어갈 적절한 어휘를 고르시오.

13. The region has been heavily _____ for the last three days.

14. She looks pale and _____ owing to a bad cold.

15. The two countries called a truce to prevent further _____ .

16. I felt deeply _____ that she hadn't asked me to the meeting.

17. Despite his _____ work schedule, he has rarely suffered poor health.

[보기] ① insulted ② bloodless ③ hectic ④ bombarded ⑤ bloodshed

[18~21] 다음 빈칸에 들어갈 적절한 어휘를 고르시오.

18. They called for _____ to the treaty.

19. She found herself growing increasingly angry at the _____ of the situation.

20. The company is under _____ by the authorities.

21. The new government hasa _____ program of social reform.

[보기] ① scrutiny ② revisions ③ initiated ④ absurdity

Further Study

secular 현세의, 세속의

cadet (미) 사관학교 생도, 차남 이하의 아들

smug 독선적인, 점잔빼는

wring 짜다, 비틀다

garb 복장, 옷차림

guise 외관, 외양(appearance)

contention 싸움, 투쟁, 논쟁

clamber 기어오르다, (애쓰며) 기어오르다(up)

candor 공정; 정직, 솔직

contingency 우연(성), 우발 사건

subsume 포섭하다, 포함하다

despotic 전제의, 독재적인

gargantuan 거대한, 굉장히 큰.

potentate 권력가, 주권자

centipede 지네

cataclysm 대홍수(deluge), 대변동

impassion 깊이 감동케 하다

scintillating 번득이는; 재치가 넘치는

illicit 불법의, 불의의

chronologically 연대순으로

unavoidable 피할 수 없는

misdemeanor 경범죄; 비행

urchin 장난꾸러기, 개구쟁이

extraneous 외부로부터의, 밖의

nominal 이름의, 명의상의

conciliate 달래다, 무마하다

incisive 날카로운, 통렬한

cagey 빈틈없는, 조심성 있는

backfire 맞불 놓다, 불리한 결과가 되다

proscribe 인권을 박탈하다

sibling 형제(의), 자매(의)

anemic 풍매 식물

efface
[iféis]

v. 지우다; 삭제하다

연상 마음속에 사랑하는 사람의 얼굴이 이(2개) face(얼굴)(→이페이스)인 경우 하나는 지워라.

예문 He could not **efface** the impression from his mind.
그는 그 인상을 마음에서 지워 없앨 수가 없었다.

파생 effacement n. 지움, 삭제

---

inconsistent
[ìnkənsístənt]

a. 일치하지 않는, 모순된 ; 일관성이 없는

연상 in(=not) + consistent(일치하는)(→인컨시스턴트) = 일치하지 않는(consistent -큰(con) 시스턴(sister는)(→컨시스턴트)는 언행이 일치한다. 그래서 동생들에게 본보기가 된다.

예문 These findings are **inconsistent** with those of previous studies.
이 결과는 종전의 연구 결과와 일치 하지 않는다.

---

bouquet
[boukéi]

n. 부케, 꽃다발

연상 결혼식 때 신부는 부케(→보우케이), 꽃다발을 받는다.

예문 A schoolgirl presented her teacher with a small **bouquet** of flowers.
여학생이 선생님께 작은 꽃다발을 주었다.

---

convulse
[kənvʌ́ls]

v. 진동시키다

연상 신이 지구를 진동시켜서 인간을 큰 벌서(→컨벌스)게 한다.(지진은 신이내린 벌이다)

예문 The island was **convulsed** by the eruption.
섬은 화산의 폭발로 몹시 진동하였다.

파생 convulsion n. 경련, 진동

---

mechanism
[mékənìzəm]

n. 기계(장치); 기법기구

연상 컴퓨터를 이용해서 이슬람의 성지인 메카(mecca)에서 니(가) 점(→메커니즘)을 본다면 그것은 기계장치에 의한 점이다.

예문 The door locking **mechanism** doesn't work.
문의 잠금 기계장치가 작동되지 않는다.

haunch
[hɔːntʃ]

n. (보통 **pl.**) 허리, 궁둥이; (양고기 따위의) 허리 부분

연상 남자의 혼(을) 취(→호온취)하게 하는 그녀의 허리.(남자를 홀리게 하는)

예문 He squatted on one's **haunches**.
그는 웅크리고 앉았다.

havoc
[hǽvək]

n. 대황폐, 대파괴   **통** devastation, destruction

연상 사막과 같이 땅은 해(가) 벅(→해벅)차서 대황폐의 땅이 된다.

예문 High winds have been creating **havoc** on crops.
큰 바람이 농작물에 피해를 끼쳤다.

candor
[kǽndər]

n. 공정; 정직, 솔직

연상 ① candid(정직한, 솔직한)의 명사형이다.
② can(할 수 있다) + 더(→ 캔더) = 더할 수 있다는 말은 공정, 정직해야 함.

예문 The politician spoke very openly and with **candor** about her life.
그 정치인은 자신의 삶에 대해 솔직하게 이야기했다.

mellow
[mélou]

a. (과일이) 익어 달콤한, 감미로운.   **통** ripe

연상 멜론(melon)(→멜로우)은 익어 달콤한 상태에 먹어야 한다.

예문 The basket are full of **mellow** oranges.
바구니에는 잘 익은 오렌지가 가득하다.

consort
[kɑ́nsɔːrt]

n. (특히 국왕·여왕 등의) 배우자 [kɑnsɔːrt]   **v.** 교제하다, 사귀다

연상 국왕의 배우자가 되려면 큰 솥(→ 칸소:트)을 가져야한다.(두 사람 밥을 해먹어야 허니까)

예문 queen **consort**. 여왕의 배우자

예문 Do not **consort** with thieves.
도둑과 사귀지 말라.

sticky
[stíki]

a. 끈적[끈끈]한, 들러붙는; 잘 움직이지 않는

연상 stick이(=지팡이가, 막대기가)(→스틱이→스티키), 노인들이 사용할 때 미끄러지지 않게 끝부분에 끈적한 것이 붙어 있다.

예문 If dough is too **sticky**, add a little more flour.
만약 반죽이 너무 끈적하면, 밀가루를 조금 더 넣어라.

plunder
[plʌ́ndər]

v. (사람·장소)로부터 약탈[수탈]하다(of) **동** pillage

연상 침략자들이 곡식이 있는 푸른 들(→프런더)을 약탈했다.

예문 The pirates began to **plunder** the town.
해적들은 그 마을을 약탈하기 시작했다.

wearisome
[wíərisəm]

a. 피곤하게 하는 ; 싫증나는

연상 건물과 같은 것의 위쪽, 즉 위가 어리어리한 some(어떤; 얼마간의)(→위어리섬) 것은 눈을 피곤하게 하는 것이다.

예문 The movie was very **wearisome**.
그 영화는 매우 지루했다.

patriot
[péitriət, -àt / pǽtriət]

n. 애국자

연상 Pat(패트)씨가 riot(폭동)(→패트리엇)을 진압했다면 그가 애국자다.

예문 We think of him as a true **patriot**.
우리는 그를 진정한 애국자로 여긴다.

collegiate
[kəlíːdʒit]

a. 대학(학생)의; 대학 정도의

연상 college(대학)에서 ate(먹는)(→컬리:직트) 것은 대학의 생활에 속한다.

예문 The 1933 national **collegiate** football championship was won by Michigan.
1933년 미국 대학 풋볼 경기는 미시간 대학이 우승했다.

예문 a **collegiate** life 대학생활

colossal
[kəlásəl]

a. 거대한; 굉장한

연상 콜라 회사를 살(→컬라설) 정도의 돈이라면 굉장한 액수다.

예문 The actress earns a **colossal** amount of money.
그 여배우는 굉장한 양의 돈을 벌었다.

buildup
[bíldʌp]

n. 조립; 증대, 축적

연상 build up(쌓아 올리다; 증강하다)의 명사형이 buildup(→빌덦)이다.

예문 There can be many reasons for the **buildup** of military force.
군사력 증대엔 많은 이유가 있을 수 있다.

stratum
[stréitəm]

n. 층; 지층; (대기·해양의) 층

연상 지층을 잘 살펴보면 층과 층 사이에 스트레이트(straight;일직선)로 틈(→스트레이텀)이 나 있다.

예문 He came from a high **stratum** of life.
그는 상층사회 출신이다.

altruism
[ǽltruːìzəm]

n. 이타주의

연상 앨(=애를) true(진실한) 이점(利點)(→앨트루:이즘)으로 생각하는 것 은 아이를 사랑하는 이타주의다.

예문 They do not do it, by and large, out of **altruism**.
전반적으로 보아 그들이 이타주의에서 그것을 한 것은 아니다.

파생 altruistic a. 이타주의의, 애타적인

clan
[klæn]

n. 씨족(氏族)(tribe), 일문(一門)

연상 클 앤(=크게 될 애는)(→클랜) 다 씨족을 중시한다.

예문 The Campbell **clan** is one of the largest Scottish clans.
Campbell 씨족은 스코틀랜드 최대의 씨족 중에 하나다.

shackle
[ʃǽkəl]

n. 쇠고랑, 수갑, 족쇄(fetters); (비유) 구속, 속박, 굴레(impediment);
v. ~에 쇠고랑[수갑]을 채우다, 족쇄를 채우다

연상 옛날엔 신하가 지나치게 개인의 세(세력)가 클(→섀클) 땐 나라에서 잡아다가 족쇄를 채웠다.

예문 The criminal were kept **shackled** during the trial.
그 범죄자는 재판 도중에 족쇄가 채워져 있었다.

uncover
[ʌnkʌ́vər]

v. 폭로하다, 밝히다; ~ 덮개를 벗기다

연상 un(=not) + cover(덮다)(→언커버) = 덮개를 벗기는, 폭로하는 것이다.

예문 Police have **uncovered** a plot to destroy a building.
경찰은 건물을 파괴하려는 음모를 밝혀내었다.

undress
[ʌndrés]

v. ~의 옷을 벗기다; ~의 장식을 떼어버리다.

연상 un(=not) + dress(옷을 입히다)(→언드레스) = ~의 옷을 벗기다.

예문 She **undressed** her child and put him to bed.
그녀는 어린애를 옷을 벗겨 재웠다.

undying
[ʌndáiiŋ]

a. 죽지 않는, 불멸의

연상 un(=not) + dying(죽는)(→언다잉) = 죽지 않는, 불멸의

예문 He has an **undying** thirst for education and knowledge.
그에겐 교육과 지식에 대한 채워지지 않는 목마름이 있다.

unearth
[ʌnə́:rθ]

v. (땅 속에서) 발굴하다, 파내다.

연상 un(=not) + earth(땅)(→언어:쓰) = 땅이 아닌 곳으로 가져가는 것이 발굴하는 것이다.

예문 An archeologist **unearthed** buried treasures.
어떤 고고학자가 묻혀 있는 보물을 파냈다.

untimely
[ʌntáimli]

a. 때 아닌, 시기상조의

연상 un(=not) + timely(때에 알맞은)(→언타임리) = 때아닌, 시기상조의

예문 She met an **untimely** death at 27.
그녀는 27세에 때 이른 죽음을 맞았다.

upcoming
[ʌ́pkʌ̀miŋ]

a. 다가오는(forthcoming)

연상 땅속에서 up(위로) coming(오는)(→엎카밍) 것이 다가오는 것이다.

예문 Our team will participate in the **upcoming** Asian Games.
다가오는 아시안 게임에 우리 팀이 출전할 것이다.

uphill
[ʌ́phìl]

a. 오르막의, 올라가는; 높은 데에 있는

연상 up(위로) + hill(언덕)(→엎힐)=언덕 위로 가는 것이 오르막의 길이다

예문 The road is **uphill** all the way.
길은 내내 오르막이다.

uproot
[ʌprú:t]

v. 뿌리째 뽑다; (악습을) 근절시키다

연상 up(위로) + root(뿌리)(→엎루웃) = 뿌리를 위로 올리는 것이 바로 뿌리째 뽑는 것이다.

예문 He tried to **uproot** weeds in the garden.
그는 정원에 잡초를 뿌리 째 뽑으려 애를 썼다.

verbal
[və́:rbəl]

a. 말의, 말에 나타낸

연상 ① 법을(→버:블) 다루는 것은 말의 논리다.
② 말의 비유는 버블 (bubble ;거품)과 같다

예문 We can not count on a **verbal** contract.
구두 계약은 믿을 수 없다.

---

verge
[və:rdʒ]

n. 가, 가장자리; 경계 **v.** 가에 있다; (-에) 접하다

연상 버지니아(Virginia)(→버:지) 주는 미국 동부 가장자리에 있다. 그래 서 가장 자리가 길다.

예문 The firm is on the **verge** of ruin.
그 회사는 파멸을 직면하고 있다.

---

verify
[vérəfài]

v. (증거, 증언 등으로)~이 진실임을 증명하다.

연상 ① 제과점에서 very (좋은) 파이(→베리파이)임을 증명하다.
② tm 트로 베리, 베리(berry;딸기)를 넣어 만든 파이(→베리파이)임을 증명하다

예문 We **verified** that he's entitled to the estate.
그가 그 유산을 승계할 권리가 있다는 것을 확인했다.

---

scrub
[skrʌb]

v. 비벼 빨다; 북북 문지르다

연상 무엇을 문지를 때, 아이가 슥 커(서) **rub**(문지르면)(→스크러브) 힘 있게 북북 문지른다

예문 His wife often **scrubs** out a dish.
그의 아내는 가끔 접시를 문질러 닦는다.

---

veterinarian
[vètərənέəriən]

n. 수의사. 동물의사

연상 동물이, 먹은 음식이 체했을 때 동물의 배(를) 틀어 내리는(→베트러네리언) 사람이 동물의사다.

예문 If your dog doesn't eat well, see your **veterinarian**.
개가 먹이를 잘 먹지 않으면, 수의사와 상담하도록 하라.

---

feminine
[fémənin]

a. 여성의; 여자 같은 **반** masculine, male

연상 폐(못쓰게 된) 미닌(=미니는)(→페머닌) 여성의 옷이다.

예문 Taking care of household affairs has been traditional **feminine** role.
가사를 돌보는 것은 전통적인 여성의 역할이었다.

firework

[fáiəwèːrk]

n. 폭죽 pl. 불꽃놀이

연상 fire(불) + work(일)(→파이어워크) = 불을 가지고 하는 일(놀이도 일이다)=불꽃놀이

예문 They let off many **fireworks** in the night sky.
그들은 밤하늘에 많은 불꽃을 쏘아 올렸다.

---

victimize

[víktimàiz]

v. 희생시키다, 희생으로 바치다

연상 경기에서 희생시킨 것은 빅팀(victim) 아이지(→빅터마이즈)! (빅팀의 아이를 출전시키지 않아 희생시켰다)

예문 His family had been **victimized** by racists.
그의 가족은 인종차별주의자들로부터 부당한 괴롭힘을 당해왔다.

---

flux

[flʌks]

n. (물의) 흐름(flowing); (액체·기체 등의) 유동

연상 물에 물이 프러스(plus) 되면 유동(→플럭스)한다.(물이 많아지면 어 디로든 움직인다)

예문 We all learned that there are **flux** and reflux in the tide.
조수에는 간만이 있다는 것을 우리 모두는 배웠다.

---

volley

[váli]

n. 일제 사격; (질문·욕설 등의) 연발 v. (탄환 등을) 일제히 발사하다

연상 태평양 전쟁 때 태평양의 발리(→발리) 섬에서 미군들이 일제 사격을 했다.

예문 Our army fired a **volley** of bullets at the enemy.
우리군은 적에게 일제 사격을 가하다

---

contingency

[kəntíndʒənsi]

n. 우연(성); 우발 사건, 불의의 사태

연상 큰 틴(=티는; 티셔츠는) 전시(→컨틴전시)에 불의의 사태를 일으킨다.

예문 We must prepare for all possible contingencies.
우리는 있지도 모르는 우발사태에 대비해야 한다.

---

waddle

[wádl]

v. 비척비척[비틀비틀, 어기적어기적] 걷다 n. 비척걸음

연상 몸을 와들와들(→와들) 떨면서 걸으면 비틀비틀 걷게 된다.

예문 A fat person **waddled** up the stairs.
어떤 뚱뚱한 사람이 어기적어기적 계단을 올라가다

fellowship
[félouʃip]

n. 친구[동료]임(companionship), 교우(交友), 동료 의식; 우정

연상 fellow(친구)가 함께 ship(배)(→펠로우쉽)를 탈 때 교우, 동료의식이 필요하다.

예문 Sharing a hotel room was a sign of **fellowship**.
호텔에서 한 방을 쓴 것은 유대감의 표시였다.

zodiac
[zóudiæk]

n. (천문학) 황도대(黃道帶), 수대(獸帶); 12궁(宮)

연상 옛날에 어떤 사람을 조우(=만남) 뒤에 액(厄; 사나운 운수)(→조우디 액)이 있을까를
알아내는 것이 황도대, 12 지상신 이었다.(점성술에 이용)

예문 I was born in the year of the Dog in the Chinese **zodiac** cycle.
나는 개띠이다.

zoology
[zouálədʒi]

n. 동물학.

연상 동물학을 할 수 있는 곳이 zoo(동물원) 너지(→조우알러지).

예문 He took a Master´s degree in **zoology**.
그는 동물학에서 석사 학위를 취득했다.

esquire
[eskwáiər]

n. (영국) 향사(鄕士)(기사 바로 밑의 신분); 님, 귀하(경칭; 특히 편지에서 **Esq.**로
약하여 성명 다음에 씀)

연상 신발 상표- 에스콰이어(→에스콰이어) 구두를 선물할 때 받는 사람 이름 뒤에 ~귀하라고
쓴다.

예문 Kent **esquire** won't graduate if he don't well on the ethics
presentation.
켄트 씨는 윤리학 발표를 잘 하지 못하면 졸업하지 못할 것이다.

UNIT 16 TEST

[1~12] 보기에서 영어에 해당되는 우리말을 찾아 쓰시오.

1. waddle _____
2. feminine _____
3. volley _____
4. veterinarian _____
5. scrub _____
6. uproot _____
7. verge _____
8. altruism _____
9. uncover _____
10. flux _____
11. verbal _____
12. victimize _____

보기 ① 일제 사격 ② 비척비척 걷다 ③ 비벼 빨다 ④ 뿌리째 뽑다 ⑤ 가장자리 ⑥(물의) 흐름
⑦ 여성의 ⑧ 동물의사 ⑨ 희생시키다 ⑩ 이타주의 ⑪ 폭로하다 ⑫ 말의

[13~17] 다음 빈칸에 들어갈 적절한 어휘를 고르시오.

13. He could not _____ the impression from his mind.

14. These findings are _____ with those of previous studies.

15. A schoolgirl presented her teacher with a small _____ of flowers.

16. The door locking _____ doesn't work.

17. High winds have been creating _____ on crops.

보기 ① inconsistent ② mechanism ③ havoc ④ efface ⑤ bouquet

[18~21] 다음 빈칸에 들어갈 적절한 어휘를 고르시오.

18. If dough is too _____ , add a little more flour.

19. The 1933 national _____ football championship was won by Michigan.

20. There can be many reasons for the _____ of military force.

21. The Campbell _____ is one of the largest Scottish clans.

보기 ① collegiate ② sticky ③ clan ④ buildup

정답 1.② 2.⑦ 3.① 4.⑧ 5.③ 6.④ 7.⑤ 8.⑩ 9.⑪ 10.⑥ 11.⑫ 12.⑨
13.④ 14.① 15.⑤ 16.② 17.③ 18.② 19.① 20.④ 21.③

Further Study

alibi 현장 부재 증명, 알리바이

biblical 성경의, 성경에서 인용한

waver 흔들리다, 동요

blight (식물의) 마름병, 망치다

contraction 수축, 수렴

blindfold ~에 눈가리개를 하다, 눈가리개

commune 친하게 교제하다(with).

communion 친교, 종교 단체

demoralize

~의 풍기를 문란케 하다, 사기를 저하시키다

expedite 진척시키다, 신속히 처리하다

gluttonous 많이 먹는, 게걸들린(greedy)

glutton 대식가, 폭식가

tenderize (고기 따위를) 연하게 하다

unrefined (말·행동이) 세련되지 않은

unadulterated 섞인 것이 없는, 순수한

adulterated 섞음 질을 한

sheen 번쩍임, 광채, 번쩍이다

equivocal (뜻이)애매[모호]한.

incitement 격려, 고무

baggy 자루 같은; 불룩한

sizable 꽤 큰; 알맞은 (크기의)

pliant 휘기 쉬운, 유연한(pliable)

tenable 공격에 견딜 수 있는, 유지할 수 있는

perpendicular 수직의, 직립한

comma 혼수(상태)

soporific 최면(성)의, 졸린

praiseworthy 칭찬할 만한

conditionally 조건부인, 잠정적인

inattention 부주의, 방심,

foolproof 간단명료한

noxious
[nákʃəs / nɔ́k-]

a. 유해한, 유독한

연상 만약에 쇠의 녹을 썼어(→녹셔스/낙셔스) 음식을 만든다면 그것은 유해한 음식이다.

예문 Many a employee in the factory had died from inhaling **noxious** smoke.
그 공장에 있던 많은 종업원들은 유독성 연기를 마시고 죽었다.

atone
[ətóun]

v. 속죄[보상]하다 ; (실책 등의) 벌충을 하다

연상 그 회사는 농작물의 피해를 입은 농부에게 쌀 a(한) 톤(ton)(→어토운)으로 보상했다.

예문 He wants to **atone** for his earlier error.
그는 이전의 실수에 대해 속죄하기를 원한다.

파생 atonement n. 보상, 속죄

exhaustive
[igzɔ́:stiv]

a. (조사 따위가) 철저한(through), 남김 없는; 고갈시키는, 소모적인

연상 이그(ex)! 죠스(haus, 영화)보고 팁(tive→이그조:스팁) 준 소모적인 사람은 철저한 조사를 해야 한다.(공금을 마음대로 썼으니까)

예문 The researchers made an **exhaustive** investigation of the area.
연구원들은 그 영역에 대한 철저한 조사를 했다.

profuse
[prəfjú:s]

a. 아낌없는; 돈의 씀씀이가 헤픈; 많은

연상 방송 pro(프로)에서 전기 퓨즈(→프러퓨:즈)를 아낌없이 쓴다.

예문 He sent me **profuse** apologies.
그는 나에게 거듭 사과했다.

파생 profusion n. 풍부, 다량

beguile
[bigáil]

v. ~을 현혹시키다; ~을 속이다, 기만하다;

연상 아침에 오는 비가 일(→비가일)을 못할 것처럼 사람을 속였다.(아침 에 오는 비에 속아서 사람들은 일을 시작하지 못했다. 비는 그쳤다)

예문 He **beguiled** his friend by flattery.
그는 감언으로 친구를 속였다.

fret
[fret]

v. 초조하게 하다, 안달나게 하다

연상 사랑하는 사람을 기다리는 정거장의 **프래트폼**(platform)(→프레트)이 그녀를 초조하게 했다.

예문 The news **fretted** her to irritation.
그 소식은 그녀를 초조하게 했다.

파생 fretful a. 초조한

beetle
[bíːtl]

n. 투구벌레(류), 딱정벌레

연상 비틀(→비ː틀)거리며 가는 딱정벌레.

예문 He is as blind as a **beetle**.
그는 지독히 근시안이다.

belligerent
[bəlídʒərənt]

a. 교전 중인; 교전국의

연상 bell(종)이 저렇게 울려대는 터(장소), 즉 bell(벨)이 저런 터(→벌리저런트)는 교전 중인 곳이다.(옛날엔 마을에서 교전이 벌어지면 종을 울려서 사람들에게 알렸다)

예문 He was almost back to his **belligerent** mood of twelve months ago.
그는 12개월 전의 공격적인 심기로 거의 되돌아갔다.

clatter
[klǽtər]

n. (포크·접시 따위의) 덜걱덜걱하는 소리 **v.** 덜걱덜걱 소리나다

연상 교실 class(교실) 터(장소)(→클래터)에서 나는 소리가 덜걱덜걱하 는 소리와 같다

예문 A tea spoon **clattered** in the cup.
티스푼이 찻잔 속에서 달그락거렸다.

taunt
[tɔːnt]

n. 비웃음, 조롱 **v.** 비웃다

연상 그는 높은 토운(tone;어조)으로 트집(→토온트) 잡으며 비웃었다.

예문 His friends **taunted** him about his size.
친구들이 그를 체격을 두고 놀렸다.

chuck
[tʃʌk]

v. 가볍게 치다; 휙 던지다, 팽개치다

연상 그는 아이의 턱을 척(→척) 가볍게 쳤다.

예문 He **chucked** the child under the chin.
그는 아이의 턱을 장난으로 가볍게 쳤다.

profusion
[prəfjúːʒən]

n. 대량, 풍부 **동** abundance

연상 TV 프로를 만들 때 전기 퓨전(퓨즈는)(→프러퓨:전) 대량으로 필요하다.(전기과다 사용으로 프즈가 많이 끊어지기 때문에)

예문 Flowers bloom in **profusion** in the garden.
정원에 꽃이 만발해 있다.

파생 profusive a. 아낌없는, 활수한.

manure
[mənjúəːr]

n. (동물의 배설물로 만든)거름, 비료

연상 옛날엔 뭐, 누어(서), 똥 오줌을 누어(→머누어:)서 거름을 하였다고?

예문 The **manure** should be well dug in.
거름은 흙에 잘 섞어 넣어야 한다.

wean
[wiːn]

v. 젖을 떼다, 이유(離乳)시키다; (나쁜 버릇 따위를) 버리게 하다

연상 젖을 때면 아이의 윈(=위는)(→위인) 이유식에 적응한다.

예문 It is time that the baby was **weaned**.
아이에게 젖을 뗄 때가 되었다.

예문 He **weaned** himself from a bad habit.
그는 악습을 근절했다.

hoard
[hɔːrd]

n. 저장물, 축적 **v.** (몰래) 저장하다

연상 전쟁 중에 방공호와 같은 호(가) 더(→호:드) 있어서 저장물을 보관 할 수 있었다.

예문 People began to **hoard** food and gasoline when the war broke out.
전쟁이 발발하자 사람들은 음식과 기름을 사재기 시작했다.

grate
[greit]

v. 비비다, 갈다 **n.** (난로 따위의) 쇠살대

연상 인간이 돌에 돌을 비비고, 갈고 한 것은 great(→그레이트)(위대한) 발견이었다.(great와 grate는 같은 음이다)

예문 The chef peeled and **grated** the sweet potatoes.
요리사가 고구마의 껍질을 벗기고 갈았다.

gratify
[grǽtəfài]

v. 기쁘게 하다, 만족시키다

연상 집을 짓기 위해 "그래, 터(를) 파니(→그래터파이) 마음을 기쁘게 하는군."

예문 I am **gratified** with [at] the result.
그 결과에 만족하고 있다.

파생 gratification n. 만족(시킴)

sumptuous
[sʌ́mptʃuəs]

a. 사치스러운, 호화로운; 값비싼

연상 섬을 찾아온 침략자들은 섬을 추어서(뒤져서)(→섬츄어스) 사치스러운, 값비싼 물건을 뺏어갔다.

예문 She lives a **sumptuous** residence.
그녀는 호화스러운 저택에 산다.

canine
[kéinain, kǽn-]

a. 개의, 개와 같은; 개속(屬)의

연상 개의 nine(→캐나인/케이나인)이라 하면 개의 아홉 가지 품종을 말한다.

예문 He have studied **canine** diseases.
그는 개의 질병을 연구해왔다.

clench
[klentʃ]

v. (이를) 악물다; (손·주먹 따위를) 꽉 쥐다

연상 어떤 일을 할 클 앤(=크게 될 애는) 취(→클랜취) 하는 자세가 바로 이를 악물고 악착같이 해내는 자세다.

예문 "Got out of here." she said through **clenched** teeth.
"여기서 나가" 라고 그녀는 이를 악문 채 말했다.

obnoxious
[əbnákʃəs / -nɔ́k-]

a. 밉살스러운, 불쾌한   **동** offensive

연상 어부가 쇠의 녹을 써서(→어브녹셔스) 고기를 잡으면 밉살스러운 짓이다.

예문 He is one of **obnoxious** politicians.
그는 역겨운 정치가중 한 사람이다.

thwart
[θwɔːrt]

v. 훼방 놓다, 방해하다; 좌절시키다

연상 이웃나라와 물 때문에 일어난 전쟁, 즉 수(水) war(전쟁) 터(→쓰워:트)져서 나의 일을 훼방 놓았다.

예문 He has been **thwarted** in his ambition.
그의 야심은 좌절되었다.

protrude
[proutrúːd]

v. 밀어내다, 내밀다; 불쑥 나오다

연상 pro(프로)선수들이 있는 터에서 rude(무례한)(→프로우트루:드) 행동을 한 선수는 팀 밖으로 밀어낸다.

예문 The child **protruded** his tongue.
그는 혀를 내밀었다.

thrash
[θræʃ]

v. 때리다, (몽둥이·회초리 따위로) 때려눕히다, 채찍질하다

연상 내가 어릴 때 쓰레기에 쉬(→쓰래쉬)하면 아버지는 회초리로 때렸다.

예문 He **thrashed** the poor servant with his stick.
그는 막대기로 불쌍한 하인을 때렸다.

nibble
[níbəl]

v. (짐승·물고기 등이) 조금씩 물어뜯다

n. 조금씩 물어뜯기, (물고기의) 입질

연상 ① 물고기가 물어뜯듯이 니가 사람을 물어뜯는다면 니(가) 벌(→니벌)을 받는다.
② 물어뜯을 때 입을(→니벌) 사용한다.

예문 He drank wine **nibbling** oranges.
그는 술을 마시면서 오렌지를 조금씩 먹었다.

thump
[θʌmp]

n. 탁, 쿵(소리); (특히 주먹으로) 탁 치기 **v.** (탁) 치다, 때리다.

연상 샤워장 선반에서 떨어진 샴푸(shampoo)(→쌈프) 통이 탁 소리를 내며 내 머리를 쳤다.

예문 He **thumped** a table with his fist.
그는 주먹으로 테이블을 쳤다.

conjecture
[kəndʒéktʃər]

n. 추측, 억측 **v.** 추측하다

연상 자동차 정비소 기사들은 타이어를 큰 잭(jack)으로 쳐(→컨젝쳐)서 타이어 마모 상태를 추측해 본다.

예문 There was a lot of **conjecture** as to the extent of her wealth.
그녀의 건강의 정도에 대한 많은 추측이 있었다.

apostle
[əpásl / əpɔ́sl]

n. 사자(使者); (A-) 사도(예수의 12제자의 한 사람)

연상 가르침을 받느라 한 번씩은 다 마음이 아팠을(→어파슬) 사도들!

예문 The businessman is an **apostle** of free enterprise.
그 실업가는 자유로운 기업 경영의 주창자다.

reciprocal
[risíprəkəl]

a. 상호의(mutual), 호혜적인

연상 시골마을 리(里)와 도시의 시(市)의 pro(프로) 선수들이 클(→리시프러클)려면 상호의 도움이 있어야 한다.

예문 I respect him and that must be **reciprocal**.
나는 그들을 존경했고 그것은 또한 확실히 상호적일 것이다.

perturb
[pərtə́:rb]

v. 교란하다, 혼란하게 하다

연상 처음 맛보는 퍼런 텁텁한(→퍼터업) 음식이 입맛을 교란시켰다.

예문 Her sudden death **perturbed** him.
그녀의 갑작스런 죽음이 그를 동요시켰다.

파생 perturbation n. (심리적인) 동요

prowl
[praul]

v. (먹이를) 찾아 헤매다; 배회하다(wander). **n.** 찾아 헤맴, 배회

연상 그는 애인을 만나기 위해 알프스 융 **프라울**(프라울를)(→프라울) 찾아 헤맸다.

예문 The cat **prowled** in the darkness.
고양이가 먹이를 찾으러 어둠 속에 배회하고 있었다.

apprentice
[əpréntis]

n. 도제(徒弟); 견습(공) **v.** 도제로 보내다

연상 어떤 스승은 제자를 가르치는 **a**(하나) **플랜**(plan;계획)이 **튀**(어)**서**(→어플렌티스)
도제들이 많았다.

예문 He was **apprenticed** to a printer.
그는 어떤 인쇄공의 도제로 보내졌다.

supremacy
[səpréməsi, su(:)-]

n. 지고(至高), 최고; 최상위; 패권

연상 세상의 멋 중에서 수풀에 (있는) **멋이**(→수플레머시) 최고다.

예문 White **supremacy** was on the rise at that time.
그 당시는 백인우월주의가 부활하고 있었다.

파생 supreme a. 최고의

mastermind
[mǽstə:rmàind / má-]

n. 지도자, 주도자; 입안자

연상 모든 것을 **master**(정복하다)한 **mind**(마음)(→마스트:마인드)를 가진 사람이 지도자가
될 수 있다.

예문 He is the **mastermind** of the economic plan.
그는 경제계획의 입안자이다.

snip
[snip]

v. ~을 가위로 자르다, 싹둑 베다 **n.** 싹둑 자름; 가위질

연상 깻잎과 같은 잎을 딸 때 잎 주에서 쓴 맛이 나는 잎, 즉 쓴 잎(→슨닢-스닢)을 가위로
자른다.

예문 They **snipped** stems off apple trees.
그들은 사과나무 줄기를 잘랐다.

revert
[rivə́ːrt]

v. 본래 상태로[습관, 신앙 따위로] 되돌아가다; (처음 얘기·생각으로) 되돌아가다

연상 도시에 나가 살던 우리는 고향 시골마을에서 만나면 옛날 리(里)에 서 벗(→리버엇)으로 되돌아간다.

예문 They **reverted** to the old system.
그들은 옛 제도로 복귀했다.

barrack
[bǽrək]

n. 막사, 병영

연상 옛날에 병영, 막사는 bar(막대기)와 rock(바위)로 주변을 박아 놓았 기 때문에 bar + rock였는데 이것이 barrack(바록→배럭)으로 바뀌게 되 었다고 생각하세요.

예문 The soldiers were ordered back to **barracks**.
병사들은 병영으로 돌아오라는 명령을 받았다.

dainty
[déinti]

a. 우미한, 고상한; 맛좋은

연상 대인(大人; 군자) 티(→데인티)가 나는 사람에게서 우미한 멋을 느낄 수 있다.

예문 His wife is a very **dainty** and courtly woman.
그의 아내는 매우 우아하고 공손한 여성이다.

womb
[wuːm]

n. 자궁(uterus); (아이 배는 곳으로서의) 배,

연상 자궁 안에서 아이의 움(새싹)(→우움)이 돋습니다.

예문 from the **womb** to the tomb (=from the cradle to the grave)
요람에서 무덤까지, 태어나서 죽을 때까지

예문 A child is born after water flows from the **womb**.
아이는 자궁에서 양수가 흐르고 난 뒤에 태어난다.

smack
[smæk]

n. 맛, 풍미; ~낌새; **v.** 맛이 나다 **v.** (손바닥으로) 때리다
v. 세게 때리다 **n.** 철썩 때리기(때리는 소리);(쩍쩍) 입맛 다시기

연상 땅 속의 물줄기, 즉 수맥(水脈)(→스맥)에 따라 물의 맛이 다릅니다.

예문 This meat **smacks** of garlic.
이 고기는 마늘 냄새가 난다.

예문 His stepmother would **smack** him on the face.
계모는 그의 따귀를 때리곤 했다.

smear
[smiər]

v. (기름 따위를) 바르다; 문대다; 문질러 더럽히다 **n.** 얼룩, 오점

연상 피부에 크림을 바르면 피부에 스며(→스미어) 든다.

예문 She **smeared** butter on bread.
그녀는 빵에 버터를 발랐다.

drawback

[drɔ́ːbæk]

n. 결점, 약점; 환부금

연상 draw(끌다) + back(뒤로)(→드로ː백) = 앞으로 나가야 정상인데 뒤로 끄는 것은 결점이다

예문 The main **drawback** to the project is the cost.
그 사업의 주된 결점은 비용이다.

---

scowl

[skaul]

n. 찌푸린 얼굴, **v.** 얼굴을 찌푸리다; 노려보다; (날씨가) 험악해지다.

연상 목동은 쓱 카울(cow를; 소를)(→스카울) 노려보며, 얼굴을 찌푸렸다.

예문 The prisoner **scowled** at the jailer.
죄수는 간수를 노려보았다.

---

demolish

[dimáliʃ]

v. 부수다, 폭파하다

연상 경마장에서 D급 말이 쉬(→디마리쉬) 목책을 부순다.

예문 The building will be **demolished** next year.
그 건물은 내년에 철거될 것이다.

UNIT 17 TEST

[1~12] 보기에서 영어에 해당되는 우리말을 찾아 쓰시오.

1. scowl _____

2. smear _____

3. smack _____

4. dainty _____

5. supremacy _____

6. barrack _____

7. prowl _____

8. apprentice _____

9. perturb _____

10. thrash _____

11. conjecture _____

12. protrude _____

보기 ① 바르다 ② 우미한 ③ 최고 ④ 막사 ⑤ 맛, 풍미 ⑥ 찌푸린 얼굴
     ⑦ 밀어내다 ⑧ 추측 ⑨ 찾아 헤매다 ⑩ 도제(徒弟) ⑪ 교란하다 ⑫ 때리다

[13~17] 다음 빈칸에 들어갈 적절한 어휘를 고르시오.

13. Many a employee in the factory had died from inhaling _____ smoke.

14. He is in serious condition because of _____ bleeding.

15. He was almost back to his _____ mood of twelve months ago.

16. His friends _____ him about his size.

17. The building will be _____ next year.

보기 ① taunted ② belligerent ③ noxious ④ profuse ⑤ demolished

[18~21] 다음 빈칸에 들어갈 적절한 어휘를 고르시오.

18. The main _____ to the project is the cost.

19. People began to _____ food and gasoline when the war broke out.

20. He has been _____ in his ambition.

21. Inflation is _____ away at spending power.

보기 ① hoard ② drawback ③ thwarted ④ nibbling

정답 1.⑥ 2.① 3.⑤ 4.② 5.③ 6.④ 7.⑨ 8.⑩ 9.⑪ 10.⑫ 11.⑧ 12.⑦
     13.③ 14.④ 15.② 16.① 17.⑤ 18.② 19.① 20.③ 21.④

Further Study

entail (필연적 결과로서) 일으키다, 수반하다

plunder (사람·장소)로부터 약탈하다(of)(pillage)

hack 난도질하다

mammoth 매머드와 같은, 거대한

observant 관찰력이 예리한, 준수하는

inanimate 생명 없는, 무생물의

incompatible (~와) (성미·생각이)맞지 않는, 양립할 수 없는

incompetent 무능한, 쓸모없는

incomplete 불완전한, 불충분한

inconceivable 상상할 수 없는(unthinkable)

nefarious 못된, 사악한

cardboard 판지, 마분지

embed (물건을) 끼워 넣다, 묻다

enticing 유혹적인, 매혹적인

intricate 뒤얽힌, 복잡한(complicated)

gnaw 갉다, 갉아먹다

educe (잠재된 능력) 끌어내다, 환기시키다

cogitate 숙고하다, 고안하다

apex 정상(頂上), 꼭대기, 정점

ape 원숭이, 유인원

fervor 백열(상태), 작열

rant 폭언하다, 호언장담하다

giddy 현기증 나는, 어질어질한

vacate (장소 등을) 비우다, 퇴거하다

incoming (들어)옴, 도래

townie 읍의 주민, (경멸적) 도시 사람(townee)

adoptee 양자, 채택

obese 살찐, 뚱뚱한

azure 하늘색의, 하늘색

dingy 거무스름한, 음침한

dizziness 현기증

ornate 잘 꾸민, 잘 장식한

bedazzle 현혹시키다

eulogy 찬사, 칭송

aromatic 향기 높은, 향기로운

jurisdiction 재판권, 사법권

millennium 천년간, 천년기

영단어
자동
연상암기법

초판 1쇄 인쇄 2019년 1월 3일
초판 1쇄 발행 2019년 1월 8일

지은이 이충호
펴낸이 김선식

경영총괄 김은영
책임편집 이호빈 디자인 김누 책임마케터 최혜령
콘텐츠개발5팀장 이호빈 콘텐츠개발5팀 봉선미, 양예주, 김누
마케팅본부 이주화, 정명찬, 최혜령, 이고은, 이유진, 양서연, 기명리, 박태준, 허윤선, 김은지, 배시영
저작권팀 최하나, 추숙영
경영관리본부 허대우, 임해랑, 권송이, 김재경, 손영은, 최완규, 이우철, 김지영, 한유현

펴낸곳 다산북스 출판등록 2005년 12월 23일 제313-2005-00277호
주소 경기도 파주시 회동길 357 3층
전화 02-702-1724 (기획편집) 02-6217-1726 (마케팅) 02-704-1724 (경영관리)
팩스 02-703-2219 이메일 dasanbooks@dasanbooks.com
홈페이지 www.dasanbooks.com 블로그 blog.naver.com/dasan_books
종이 (주)한솔피앤에스 출력·인쇄 민언프린텍

ISBN 979-11-306-2033-6 (14740) 세트 979-11-306-2034-3 (14740)

다산북스(DASANBOOKS)는 독자 여러분의 책에 관한 아이디어와 원고 투고를 기쁜 마음으로 기다리고 있습니다.
책 출간을 원하는 아이디어가 있으신 분은 이메일 dasanbooks@dasanbooks.com 또는 다산북스 홈페이지 '투고원
고'란으로 간단한 개요와 취지, 연락처 등을 보내주세요. 머뭇거리지 말고 문을 두드리세요.